Syrien

Gernot Rotter

.... Syrien

EDITION ERDE REISEFÜHRER

EDITION TEMMEN

Kleine Landeskunde

Reisen in Syrien

Die grünen Seiten

Vorwort

Voranstellen möchte ich diesem Buch zwei nicht unwesentliche Bemerkungen, zum einen zu seiner Entstehungsgeschichte und zum anderen einen Hinweis auf all das, was der Leser darin vergebens sucht (und auch auf das, was er vielleicht nicht sucht, aber findet). Als der Herausgeber dieser Reihe eines Tages bei mir anrief und fragte, ob ich für Edition Erde einen Reiseführer über Syrien schreiben möchte, antwortete ich ihm, er möge sich besser einen Kunsthistoriker oder Archäologen suchen. Zu meiner Überraschung entgegnete er, daß man dies eben gerade nicht wolle; man wende sich bewußt an einen Orientalisten, damit das Land nicht wieder so dargestellt werde, als bestünde es nur aus griechischen und römischen Säulen und christlichen Kreuzritterburgen. Diesmal sollten die arabischen und islamischen Aspekte Syriens stärker in den Vordergrund rücken, da Syrien schließlich ein arabisches Land sei. Als Islamwissenschaftler, der das Land seit fast dreißig Jahren kennt, war ich somit bei der Ehre gepackt und machte mich ans Werk.

Ohne die großartigen Zeugnisse aus Antike und hellenistischer Zeit, die Syrien aufweisen kann, zu vernachlässigen, liegt das Schwergewicht dieses Reiseführers daher auf der wechselvollen arabischen und islamischen Geschichte sowie der landschaftlichen und kulturellen Vielfalt des Landes. Bei den »besonderen Themen« kommen fast ausschließlich arabische Quellen zu Wort, die es dem Leser erleichtern sollen, dieses faszinierende Land stärker von innen heraus kennen- und verstehenzulernen. In den 90er Jahren habe ich das Land mehrmals intensiv bereist. Die Gruppenreisenden sind, wie ich feststellte, in Syrien bei weitem in der Überzahl. Da sie immer von einem ortskundigen Führer begleitet werden, habe ich die Wegbeschreibungen möglichst kurz gehalten, doch immer noch so ausführlich, daß auch derjenige, der auf eigene Faust reist, sich zurechtfinden wird. Im übrigen sind die Syrer ausländischen ›Verirrten‹ und ›Sprachlosen‹ gegenüber ausgesprochen hilfsbereit.

Ich wünsche Ihnen einen erlebnisreichen Aufenthalt in diesem schönen Land. Und: Wenn ein Syrer verreist, fragt er die zu Hause Zurückbleibenden, was er ihnen mitbringen solle. Diese pflegen dann zu antworten: *salamtak*, »dein Wohlbefinden!«

Hamburg, Frühjahr 1999 Gernot Rotter

Kleine Landeskunde

Die Menschen und ihre Wurzeln

Syrien ist ein arabisches Land. Östlich des landwirtschaftlich nutzbaren schmalen Streifens zwischen Mittelmeer und einer von Damaskus und Aleppo gebildeten Linie lebten in den weiten Wüstensteppen arabische Stämme als Nomaden und Halbnomaden schon Jahrhunderte, bevor der Islam in Syrien Einzug hielt. Teilweise waren diese Stämme auch bereits seßhaft geworden und hatten sich mit der alteingesessenen Bevölkerung, den mit ihnen ethnisch und sprachlich eng verwandten Aramäern, vermischt. So war schon im 3. Jahrhundert n. Chr. zumindest die Hälfte der Bevölkerung der glanzvollen Handelsmetropole Palmyra mitten in der syrischen Wüstensteppe arabisch, und unmittelbar vor der Eroberung Syriens durch die Muslime im 7. Jahrhundert n. Chr. bildete der christianisierte arabische Stamm der Banu Ghassan südlich von Damaskus sogar eine der wichtigsten politischen und militärischen Stützen der byzantinischen Besatzungsmacht. Die jahrhundertelange Herrschaft von Griechen, Römern und Byzantinern hat in Syrien zwar vielerlei kulturelle Spuren hinterlassen, eine nennenswerte ethnische Verschiebung erfolgte jedoch ebensowenig wie später unter osmanisch-türkischer Herrschaft vom 16. bis zum Beginn unseres Jahrhunderts.

Aramäer und Araber waren somit in Syrien zur Zeit der islamischen Eroberung die beiden wesentlichen Bevölkerungselemente. Auch wenn nach einigen Jahrzehnten das Griechische als Staatssprache durch das Arabische ersetzt wurde, erfolgte die Arabisierung der aramäischen Bevölkerung äußerst langsam; noch heute gibt es in der Nähe von Damaskus drei Dörfer, in denen Aramäisch, die Sprache Jesu Christi, gesprochen wird.

Ebenso wie die Babylonier, die Juden, die Phönizier, aber auch die Amharen in Äthiopien, sind die Aramäer und Araber Semiten. Den Arabern in ihrer Auseinandersetzung mit Israel »Antisemitismus« zu unterstellen, ist deshalb absurd, denn Araber und Juden sind ethnisch Geschwister. Beide führen ihre Herkunft auf Abraham als gemeinsamen Stammvater zurück, den muslimischen Arabern gilt er auch als der Erbauer der Kaaba. Die Tren-

Fröhlich winkende Kinder – Reisende in Syrien sind immer wieder beeindruckt von der Freundlichkeit und Hilfsbereitschaft der Syrer Fremden gegenüber.

Die arabische Sprache – die »klare Zunge«

Die arabische Sprache ist eine der wort- und formenreichsten auf der Erde. Der Koran bezeichnet sie mehrfach als »klare Zunge«. Dem, der sie erlernen will, erscheint sie jedoch zunächst alles andere als klar - zumal er, wenn er sich einige Zeit in das Hocharabische eingearbeitet hat, bei seinem ersten Orientbesuch betrübt feststellen muß, daß er immer noch kaum ein Wort versteht.
Das Hocharabische ist als Schriftsprache und in der Regel auch als Rundfunksprache in allen arabischen Staaten von Mauretanien am Atlantik bis zum Irak und vom Jemen bis nach Syrien in Gebrauch. Es ist die Sprache des Koran, angereichert durch zahlreiche neue Wortschöpfungen und in geringerem Maße auch durch Lehnwörter aus anderen Sprachen. In den vergangenen 1400 Jahren haben sich jedoch im gesprochenen Arabisch mehrere Dialektgruppen herausgebildet, die vom Hocharabischen teilweise so weit entfernt sind wie etwa das Holländische vom Hochdeutschen. Die syrische Dialektgruppe, die auch verschiedene palästinensische und libanesische Mundarten einschließt, zerfällt in mehrere Einzeldialekte, wobei naturgemäß das Damaszenische und das Aleppinische am weitesten verbreitet und bekannt sind. Daneben hat sich in allen arabischen Staaten ein gewisses »Honoratioren-Arabisch« entwickelt, das sich im Wortschatz weitgehend am Hocharabischen orientiert, oft jedoch in der Aussprache Eigenheiten der jeweiligen Dialekte angenommen hat. Um für die Aussprache nur ein Beispiel zu nennen: Das Hocharabische kennt zwei verschiedene *k*-Laute, nämlich einerseits unser *k* und andererseits einen wesentlich weiter hinten im Rachen gebildeten gutturalen *k*-Laut, den wir in der wissenschaftlichen Umschrift meist mit *q* wiedergeben. In vielen Beduinendialekten wird dieses *q* wie unser *g* gesprochen, ein

Laut, für den es im Hocharabischen keinen Buchstaben gibt. In den meisten Stadtdialekten ist das *q* als Laut dagegen verschwunden und durch ein *hamza* ersetzt worden, was im Englischen als *glottal stop* (Vokaleinsatz) bezeichnet wird; unbewußt sprechen wir diesen »Stop« zum Beispiel in »be'urlaubt«.
Im Hocharabischen steht das *hamza* jedoch für einen völlig anderen Konsonanten. Auch im Ägyptisch-Arabischen findet sich zwar ein Laut *g*, doch ist dieser dort nicht aus dem *q*, sondern aus *dj* entstanden. Fazit: Selbst der im Arabischen einigermaßen Versierte erlebt mancherorts böse Überraschungen. So habe ich in Syrien, zum Beispiel in Sukhne, östlich von Palmyra, zugegebenermaßen stets nur Bruchstücke verstanden.
Wie in anderen semitischen Sprachen basiert jedes arabische Wort in der Regel auf einer sogenannten Wurzel von drei Konsonanten. So hat im Arabischen zum Beispiel die Konsonantenfolge *k-t-b* immer etwas mit »schreiben« zu tun. Die eigentliche Bedeutung im Kontext wird durch Veränderung oder Dehnung der Vokale, durch Verdopplung des mittleren Konsonanten und/oder durch bestimmte Vor- und Nachsilben hergestellt. Im Falle von *k-t-b* heißt zum Beispiel *kataba* »er hat geschrieben«, *aktaba* »er ließ schreiben« oder »diktierte«, *kâtib* heißt »Schreiber«; die Mehrzahl davon lautet *kuttâb*, was aber auch »Koranschule« bedeutet, wovon die Mehrzahl dann wieder *katâtîb* heißt. *Kitâb* bedeutet »Buch«, *maktûb* »Brief«, *mukâtaba* »Korrespondenz«, *maktab* »Büro«, *maktaba* »Bibliothek« usw. Was auf den ersten Blick so fremd und verwirrend wirkt, folgt jedoch einem ausgeklügelten, geradezu mathematisch exakten System. Hat man dieses einmal verinnerlicht, wird das Arabische tatsächlich zu einer ungemein »klaren Zunge«, als die es schon im Koran gerühmt wird.
Vielleicht noch mehr als der Klang des Arabischen wirkt die arabische Schrift auf uns fremd und exotisch. Sie hat 28 Buchstaben, die - je nachdem, ob sie miteinander verbunden werden oder allein stehen - verschiedene Formen annehmen können. Wie die anderen semitischen Schriften (Hebräisch, Aramäisch etc.) wird sie von rechts nach links geschrieben. Die nordsemitische Buchstabenschrift entstand im 2. Jahrtausend v. Chr. in den phönizischen Städten Ugarit, dem heutigen R'as Shamra an der syrischen Küste, und Byblos im Libanon. Über das Griechische gehen auch unsere lateinischen Buchstaben auf jene semitische Schrift zurück. Ein wichtiges Merkmal aller semitischen Schriften besteht darin, daß nur die Konsonanten und die langen Vokale geschrieben werden. Dadurch kann beispielsweise die Buchstabenfolge *ktbt* ganz verschieden gelesen werden: als *katabtu* bedeutet es »ich habe geschrieben«, als *katabat* »sie hat geschrieben« oder als *kutibat* »sie (z.B. die Mitteilung) wurde geschrieben« usw. Nur in den seltensten Fällen, etwa im Koran, wo auf die Vermeidung mehrdeutiger Schreibweisen großer Wert gelegt wird, sind die fehlenden kurzen Vokale durch Sonderzeichen markiert.
Ausgehend vom ältesten Schrifttyp, dem sogenannten *kufi*, hat sich im Laufe der Jahrhunderte eine ganze Reihe von verschiedenen Schreibstilen herausgebildet, die - kalligraphisch umgesetzt - bis heute ein wichtiges Schmuckelement der islamischen Kunst darstellen.

nung der beiden Völker ist anschaulich im Alten Testament beschrieben (Gen. 21): Danach zeugte Abraham, nachdem seine Frau Sara ihm keine Kinder geschenkt hatte, mit der Sklavin Hagar seinen Sohn Ismael. Als darauf Sara doch noch einen Sohn gebar, nämlich Isaak, verlangte Sara, daß Abraham die Sklavin samt dem kleinen Ismael davonjage. Abraham zögerte zwar, doch Gott befahl ihm, Saras Wunsch nachzukommen, woraufhin er die beiden mit Brot und Wasser versah und in die Wüste schickte. Doch bald war der Wasserschlauch leer, und das Kind begann zu weinen. Schließlich erbarmte sich Gott des Knaben und ließ Hagar durch einen Engel verkünden: »Stehe auf, nimm den Knaben und halte ihn fest an der Hand; denn zu einem großen Volke will ich ihn machen.« Das Alte Testament fährt fort: »Und Gott öffnete ihr die Augen, daß sie einen Wasserquell sah. Da ging sie hin, füllte den Schlauch mit Wasser und gab dem Knaben zu trinken. Und Gott war mit dem Knaben: er wuchs auf und wohnte in der Wüste [...].« So wurde Ismael zum Ahn der Araber in der Wüste, sein Halbbruder Isaak zu dem der Juden im Land, »wo Milch und Honig fließen«.
Bei einer Umfrage würden sich heute wohl rund neunzig Prozent der syrischen Bevölkerung als Araber bezeichnen. Den Rest bilden Armenier, Kurden, Türken, Tscherkessen, Nawar (»Zigeuner«) und Juden. Problematisch ist nun, daß sich diese ethnischen Unterschiede nur teilweise mit den religiösen decken.

Syriens Muslime

Nach offiziellen Angaben hatte Syrien 1997 eine rasch wachsende Bevölkerung von rund vierzehneinhalb Millionen Menschen (1974: sieben Millionen!), wobei die zahlreichen palästinensischen Flüchtlinge noch nicht mitgerechnet sind. Rund 85 bis 90 Prozent der Bevölkerung bekennen sich zum Islam. Dies hat sich in der Verfassung des Landes in der Weise niedergeschlagen, daß der Staatspräsident muslimischen Glaubens sein muß; ansonsten herrscht in Syrien Religionsfreiheit.
Der weitaus überwiegende Teil der Muslime (rund siebzig Prozent der Gesamtbevölkerung) gehört der sunnitischen Konfession an, jener islamischen Glaubensrichtung, die von der Atlantikküste Westafrikas bis nach Indonesien, von Ostafrika bis nach Zentralasien die größte Verbreitung gefunden hat. **Sunniten** nennt man sie, weil sie sich neben dem Koran, als dem geoffenbarten Wort Gottes, auf die *sunna*, das heißt auf das Vorbild des Propheten Mohammed in Wort und Tat berufen. Koran und *sunna* bilden die Grundlagen des religiösen Rechts, der *shari'a*, deren

Durch die Einführung der allgemeinen Schulpflicht für Mädchen und Jungen konnte die Analphabetenquote in Syrien auch auf dem Lande drastisch gesenkt werden.

oberster Grundsatz das Glaubensbekenntnis darstellt: »Es gibt keinen Gott außer Gott, und Mohammed ist der Prophet Gottes.« (Das Wort »Allah« wird bei unserer Abhandlung des islamischen Glaubens übrigens nicht vorkommen, da es lediglich die arabische Bezeichnung für »Gott« ist; gemeint ist aber ein- und derselbe Gott, den auch Christentum und Judentum verehren. Kein Mensch käme bei uns auf den Gedanken, von den Franzosen zu behaupten, sie verehrten einen Gott namens »Dieu«. Judentum, Christentum und Islam entstammen den gleichen Wurzeln des semitischen Monotheismus, und Abraham ist für alle der geistige Stammvater. So beten auch arabische Christen zu »Allah«, und für die arabisch schreibenden Juden des Mittelalters war »Allah« nichts anderes als ihr Gott.)
Wenn auch nicht im gleichen Ausmaß wie in manchen anderen islamischen Ländern, so ist doch auch bei den Sunniten in Syrien seit einigen Jahren eine verstärkte Rückbesinnung auf islamische Werte spürbar, äußerlich sichtbar vor allem anhand der zahl-

Das Gebet – eine der »fünf Säulen des Islam«

Von den fünf äußeren religiösen Pflichten, den Glaubensakten des Muslim – das heißt dem Aussprechen des Glaubensbekenntnisses, dem Fasten, der Pilgerfahrt, dem Almosengeben und dem fünfmaligen Gebet am Tag –, ist letzteres für den europäischen Besucher wohl immer noch das ›exotischste‹ Element, zumal es in unseren Bildmedien besonders gerne dargestellt wird.
Der Aufruf zum Gebet erfolgt durch den Muezzin (verballhornt aus arab. *mu'addhin*, Gebetsrufer) vom Minarett der Moschee, heute ersetzt durch einen Lautsprecher, der den Aufruf vom Band wiedergibt. Je nach der Tageszeit des Gebets ändert sich der Aufruf geringfügig. Beim ersten Gebet, also dem zum Sonnenaufgang, lautet er: »Gott ist groß. Ich bekenne, daß es keinen Gott gibt außer Gott und daß Mohammed der Prophet Gottes ist. Auf zum Gebet! Auf zum Heil! Das Gebet ist besser als der Schlaf. Gott ist groß.« Die einzelnen Sätze werden mehrfach gerufen.
Begibt sich der Gläubige dann in die Moschee, vollzieht er folgende Zeremonien: Wenn er die vorgeschriebenen Waschungen nicht schon zu Hause vorgenommen hat, wird er diese im Hof der Moschee verrichten.
Man unterscheidet dabei zwischen einer kleinen und einer großen Waschung. Die kleine, das heißt das Waschen von Gesicht, Händen, Unterarmen und Füßen sowie das Streichen über den Kopf mit der nassen Hand, ist erforderlich, wenn man auf der Toilette war, geschlafen oder die Haut einer Person des anderen Geschlechts berührt hat. (Eine Europäerin sollte es deshalb nicht gleich als Affront ansehen, wenn ein frommer Muslim ihr vor dem Gebet nicht die Hand gibt.) Eine weitere Voraussetzung für die ›Gültigkeit‹ des Gebets ist, daß man vorher die Absicht, das Gebet zu verrichten, ausspricht.

reichen neu gebauten Moscheen, der zunehmenden Beachtung islamischer Kleidervorschriften für Frauen in den Städten und im regen Besuch der Moscheen zu den fünf täglichen Gebetszeiten. Man sollte deshalb aber nicht gleich in den schlimmen Irrtum verfallen, es handle sich bei den Betern um militante »Fundamentalisten«, diese Annahme wäre völlig unangebracht. Nicht alle sunnitischen Muslime Syriens sind Araber. In einem mehr oder weniger breiten Streifen an der Nordgrenze des Landes leben Kurden, die weder Araber noch Semiten, sondern Indogermanen sind; ein erheblicher Teil von ihnen ist erst in den zwanziger Jahren dieses Jahrhunderts aus der Türkei geflohen. Die Kurden, die etwa fünf Prozent der Gesamtbevölkerung stellen, bekennen sich mehrheitlich zum sunnitischen Islam; einige kleinere Gruppen sind Jesiden, früher gelegentlich »Teufelsanbeter« genannt, Anhänger einer synkretistischen Glaubensgemeinschaft, in der altorientalisch Heidnisches, Christliches und Islamisches zusammengeflossen sind. Sunniten sind schließlich auch

Im Gebetsraum wendet man sich dann stehend der Gebetsnische *(mihrab)* zu, die nach Mekka, in Syrien also nach Süden, ausgerichtet ist. In den Zustand der Weihe tritt man ein, indem man mit erhobenen Händen »Gott ist groß« *(Allahu akbar)* spricht.
Danach verrichtet der Beter zusammen mit den anderen Gläubigen und auf Anweisung des Vorbeters mehrere *rak'as*. Eine *rak'a* setzt sich aus folgenden Elementen zusammen: 1. stehende Position, wobei die Hände über dem Gürtel gefaltet sind; 2. Rezitation der ersten Sure und mindestens dreier weiterer Verse des Koran; der Vorbeter *(imam)* kann das gesamte Gebet hier erheblich in die Länge ziehen; 3. eine tiefe Verbeugung, so daß man mit den Händen die Knie berührt; 4. Rückkehr in die aufrechte Position mit bis zum Kopf erhobenen Händen; 5. Niederfallen auf die Knie und Vorbeugen, so daß Handflächen und Stirn den Boden berühren; 6. man bleibt auf den Knien, richtet den Oberkörper auf, setzt sich auf die Fersen und legt die Hände auf die Oberschenkel; 7. erneutes Vorbeugen, so daß Handflächen und Stirn den Boden berühren. Alle diese rituellen Handlungen sind von bestimmten Gebeten und Rezitationen begleitet.
Das Gebet endet mit dem Glaubensbekenntnis (»Es gibt keinen Gott außer Gott, und Mohammed ist der Prophet Gottes«), einer nicht festgelegten Segensformel für Mohammed und die anderen Propheten sowie der Grußformel »Frieden und die Barmherzigkeit Gottes seien über euch«, wobei man letzteres nach links und rechts gewandt zu den nebenstehenden Betern spricht; betet man allerdings allein, gilt der Abschiedsgruß den Engeln.
(Im Texthintergrund ist die erste Sure des Koran abgebildet)

die im Nordwesten am Mittelmeer in einigen Dörfern siedelnden Türken, die noch Türkisch sprechen. Andere Türken sowie – aus Angst vor den russischen Zaren aus dem Kaukasus geflohene – Tscherkessen ebenfalls sunnitischen Glaubens haben sich in verschiedenen Teilen Syriens bereits weitgehend an die arabische Umwelt assimiliert.

Sowenig sich also in Syrien der sunnitische Islam auf die arabische Bevölkerung beschränkt, sowenig beschränkt sich die arabische Bevölkerung auf den sunnitischen Islam. Es sind vor allem drei weitere islamische Konfessionen, deren Anhänger ausschließlich Araber sind, nämlich die Alawiten, die Ismailiten und die Drusen. Dem Außenstehenden gegenüber offenbaren sich die Anhänger dieser Glaubensgemeinschaften meist nur ungern und beschränken sich, nach ihrem Glauben befragt, in der Regel auf die Feststellung, sie seien Muslime. Der Staat ist bemüht, Debatten, die zu Auseinandersetzungen zwischen den Glaubensgemeinschaften führen könnten, gar nicht erst aufkommen zu lassen. Der ausländische Besucher sollte sich in entsprechender Zurückhaltung üben. Am Beginn aller Spaltungsbewegungen im Islam stand der sogenannte Erste Bürgerkrieg nach dem Tod Mohammeds im Jahr 632. Ali, ein Cousin und Schwiegersohn des Propheten, war 656 in Medina zum vierten Kalifen ausgerufen worden. Er erhielt jedoch nur geringe Unterstützung vom politischen und religiösen ›Establishment‹, das sich seit dem Tode Mohammeds herausgebildet hatte und das Ali verdächtigte, mit den Mördern Uthmans, des dritten Kalifen, zumindest sympathisiert zu haben. »Rache für Uthman!« war denn auch die Losung seiner Gegner; als deren Hauptakteur erwies sich Mu'awiya, der sich weigerte, seinen Statthalterposten in Damaskus aufzugeben. Aus dieser Auseinandersetzung ging Mu'awiya schließlich als Sieger hervor. Die *shi'at Ali*, die »Partei Alis«, blieb jedoch im ›Untergrund‹ sehr aktiv. Was die aus dieser Partei hervorgegangene islamische Konfession der **Schiiten** (von *shi'a*, »Partei«) bis heute von den Sunniten scheidet, ist die herausragende Stellung, die Ali und dessen Nachkommen in ihrer religiös-politischen Vorstellungswelt spielen; diese allein können, so die Forderung, das Amt des Kalifats, das von ihnen Imamat genannt wurde, bekleiden. Ayatollah Khomeini zum Beispiel, der ja auch als »Imam« bezeichnet wurde, führte diesen Namen, der eigentlich nur »Vorbeter« bedeutet, lediglich als Ehrentitel.

Die Hauptströmung der Schiiten wird von den sogenannten Zwölfer-Schiiten gebildet, die heute vor allem in Iran, im Südirak und in Teilen des Libanon vertreten sind; in Syrien sind sie zahlenmäßig bedeutungslos. »Zwölfer-Schiiten« werden sie genannt, weil sie der Vorstellung anhängen, daß der zwölfte Imam nicht gestorben, sondern in die *ghaiba*, die Verborgenheit, entrückt sei. Im Gegensatz zu den Sunniten, bei denen gewisse unterschiedliche Rechts- und Kultvorstellungen lediglich bewirkten, daß sich vier verschiedene Rechtsschulen herausbildeten (die Schafiiten, Hanbaliten, Hanafiten und Malikiten), die sich aber gegenseitig respektieren, haben sich die Schiiten weiter in eine größere Anzahl sich gegenseitig nicht selten bekämpfender Konfessionen aufgespalten, wobei Ali von einigen bis zur Göttlichkeit verklärt wurde. Die erste für Syrien relevante Spaltung der Schiiten erfolgte Mitte des 8. Jahrhunderts, als eine Gruppe Isma'il, den Sohn des Dja'far as-Sadik, als siebten und bereits letzten Imam anerkannten, weshalb sie als Ismailiten oder auch als Siebener-Schiiten bezeichnet werden.

Vor allem vom 9. und 10. Jahrhundert an spielten verschiedene Richtungen der **Ismailiten** eine bedeutende Rolle in den politischen und militärischen Auseinandersetzungen. Unter dem Namen Fatimiden konnten sie in Kairo vom 10. bis 12. Jahrhundert ein eigenes schiitisches Kalifat errichten, von wo aus sie zeitweilig ihre Herrschaft bis nach Syrien ausdehnten. Wichtigstes ismailitisches Zentrum in Syrien war schon im 9. Jahrhundert das Städtchen Salamiye in der Mitte des Landes, wo noch heute die Mehrzahl der syrischen Ismailiten ansässig ist (der größte Teil lebt derzeit in Indien). Zur Zeit der Kreuzfahrer wurden die Ismailiten unter der Bezeichnung Assassinen berüchtigt, die dem »Alten vom Berge« (in Persien) anhingen, eine Reihe von Festungen (z.B. Banyas, Kadmus und Masyaf) beherrschten und nicht nur den Kreuzfahrern, sondern auch den sunnitischen Muslimen das Leben schwer machten. Ihre Nachfahren waren im 19. Jahrhundert in heftige Auseinandersetzungen mit den zahlenmäßig überlegenen Alawiten verwickelt, worauf die meisten von ihnen aus den Bergen nach Osten in die Umgebung von Salamiye flohen, wo sie bislang unbesiedeltes Land kultivierten. Sie machen nur etwa ein Prozent der Bevölkerung aus.

Auch die eben genannten **Alawiten** gingen letztlich aus den Ismailiten hervor. Begründet wurde ihre Glaubensrichtung im 9./10. Jahrhundert von einem gewissen Ibn Nusair, weshalb sie auch Nusairier genannt werden. Im 10. Jahrhundert tauchten sie in Nordsyrien auf, mußten aber zunehmend sunnitischem Druck weichen und zogen sich in die damals noch schwer zugängliche Bergwelt des später nach ihnen benannten Djebel an-Nusairiye (auch: Ansariye) zurück, wo sie noch heute leben. Ihre jahrhundertelange Abgeschiedenheit und die Ausübung ihres Glaubens mit den ›esoterischen‹ Regeln einer Geheimreligion brachten ihnen den Ruch großer Rückständigkeit ein. Dieses Vorurteil hört man zwar in Syrien auch heute noch gelegentlich, doch gehören die Alawiten inzwischen zusammen mit den Ismailiten und den Christen zu den aufgeklärtesten und fortschrittlichsten Bürgern Syriens; nicht zuletzt die Tatsache, daß sie zusammen mit anderen religiösen Minderheiten ein wichtiges Element in der seit 1963 in Syrien herrschenden Ba'th-Partei darstellen, sowie der Umstand, daß der Staatspräsident Hafiz al-Asad aus ihren Reihen stammt, haben diese Entwicklung gefördert. Mit circa elf Prozent der Bevölkerung bilden sie die größte muslimische Minderheit in Syrien.

Als weitere Geheimreligion in Syrien gilt die Konfession der **Drusen** mit etwa drei Prozent der Bevölkerung. Auch sie, die an den Abhängen des Hermongebirges im gegenwärtig israelisch besetzten Golan und seit dem 18. Jahrhundert im Hauran (Djebel Druz, »Drusenberg«) siedeln, sind letztlich ein Ableger der Ismailiten oder, genauer gesagt, der Fatimiden. Ihr Begründer ad-Darazi - daher ihr Name - rief Anfang des 11. Jahrhunderts den fatimidischen Kalifen al-Hakim in Kairo als göttliche Inkarnation aus. Bald heftigen Verfolgungen ausgesetzt, konnten sie sich lediglich in ihrem Rückzugsgebiet im Libanongebirge halten. Voll eingeweiht in den Glauben, in den viel Nichtislamisches eingeflossen ist, sind immer nur die sogenannten »Wissenden« *('uqqal)*, im Gegensatz zur großen Mehrheit der »Unwissenden« *(djuhhal)*. Bemerkenswert ist ferner, daß sie keine Moscheen im eigentlichen Sinne, sondern nur schlichte Versammlungsräume haben. Auch wenn sich Alawiten, Ismailiten und Drusen selbst als Muslime betrachten, so wurden sie doch in der Geschichte - und werden es zuweilen noch heute - von den Sunniten der Ketzerei bezichtigt.

Syriens Christen

Eine noch größere Vielfalt als die islamischen weisen die christlichen Konfessionen auf, von denen es in Syrien rund ein Dutzend gibt. Die insgesamt etwa zwei Millionen Christen bilden heute circa dreizehn Prozent der syrischen Bevölkerung. Die erste große Spaltung der Christen im Vorderen Orient entzündete sich an der Frage, ob Christus zwei Naturen habe, nämlich eine menschliche und eine göttliche, oder als das »fleischgewordene Wort Gottes« nur eine. Als das Konzil von Chalkedon im Jahr 451 sich für die Zwei-Naturen-Lehre entschied, trennten sich zahlreiche Anhänger der Lehre von der einen Natur, die sogenannten Monophysiten, von der offiziellen griechisch-orthodoxen Staatskirche und bilde-

ten eigene Kirchengemeinschaften, so zum Beispiel die Jakobiten in Syrien und die Kopten in Ägypten, die fortan immer wieder Verfolgungen durch Byzanz ausgesetzt waren. Kompliziert wird das konfessionelle Gefüge noch dadurch, daß sich die meisten orientalischen Kirchen im 18. Jahrhundert nochmals in der Weise spalteten, daß ein Teil von ihnen sich mit Rom unierte.
Die größte christliche Konfession in Syrien ist die griechisch-orthodoxe Kirche. Der »griechisch-orthodoxe Patriarch von Antiochien und des ganzen Orients« hat heute seinen Sitz in Damaskus, ebenso wie der mit Rom unierte Patriarch der griechisch-katholischen Kirche. Beide Konfessionen – circa sieben Prozent der Gesamtbevölkerung – konzentrieren sich in den großen Städten, sind aber auch noch in einigen größeren Siedlungen im Süden, im Kalamungebirge nördlich von Damaskus und an der Küste vertreten. Sie zeichnen sich durch ein hohes Bildungsniveau aus, und vor allem die Griechisch-Katholischen sind stark westlich orientiert. Dies und überhaupt ihr Bekenntnis zum griechisch-orthodoxen beziehungsweise griechisch-katholischen Christentum hat bei vielen Europäern zu dem beliebten Fehlschluß geführt, sie seien keine Araber. Ganz im Gegenteil: Aus ihren Reihen kam eine Reihe bedeutender arabischer Nationalisten, so zum Beispiel Michel Aflak, einer der Gründer der Ba'th Partei; und in der Liste derer, die im 19. Jahrhundert in Syrien und im Libanon die Renaissance der arabischen Literatur einleiteten, stehen christliche Namen an prominenter Stelle, so beispielsweise die Dichter Nasif al-Yazidji (gest. 1871), seine Söhne Khalil und Ibrahim und seine Tochter Warda; oder Butrus al-Bustani (gest. 1883), der unter anderem die erste moderne arabische Enzyklopädie begründete. Bis zur Spaltung der beiden Konfessionen im 18. Jahrhundert wurden sie übrigens auch Melkiten, »Königliche«, genannt, eine Bezeichnung, die heute nur die Griechisch-Katholischen für sich beanspruchen; »Königliche« hießen sie, weil sie den byzantinischen König beziehungsweise Kaiser als ihr Oberhaupt anerkannten.
Auch die (indogermanischen) Armenier, die rund vier Prozent der Bevölkerung ausmachen, sind in zwei Kirchen gespalten, nämlich in die **armenisch-gregorianische** (monophysitisch), die auch armenisch-orthodoxe Kirche genannt wird, und die mit Rom unierte **armenisch-katholische** Kirche. Ihr Oberhaupt ist jeweils ein sogenannter Katholikos. Durch Übertritte vor allem im 19. Jahrhundert hat sich außerdem eine **armenisch-protestantische** Kirche etabliert. Die meisten Armenier leben in Aleppo und Damaskus. Auffallend ist ihre Konzentration auf bestimmte Berufssparten; so stellen sie zum Beispiel die meisten Fotografen.

Auf das alte monophysitische syrische Christentum gehen die **Jakobiten** mit etwa zwei Prozent der Bevölkerung zurück, die auch als westsyrische Kirche bezeichnet werden und bis heute ihre sehr altertümliche, dem frühen orientalischen Christentum verpflichtete syrisch-aramäische Liturgie bewahrt haben. Sie besitzen zwar auch eine Kirche in Damaskus, leben aber hauptsächlich in Aleppo und den ländlichen Gebieten im Nordosten. Auch sie sind gespalten in die sogenannte syrisch-orthodoxe und die syrisch-katholische Kirche (letztere auch syrianische Kirche genannt). Zahlenmäßig völlig bedeutungslos sind in Syrien die Reste der einst bis nach Zentralasien hinein missionierenden **nestorianischen Kirche**, die zudem ebenfalls in eine unierte Konfession (chaldäisch genannt) und eine nichtunierte (die sogenannte assyrische Kirche) zerfallen ist.
In Damaskus, vor allem aber in Aleppo gibt es schließlich auch größere Gemeinden **maronitischer** Christen. Diese gehen auf einen Mönch namens Maron zurück, der im 5. Jahrhundert im Raum von Apameia in Mittelsyrien wirkte. Die Maroniten, deren Zentrum seit Jahrhunderten der Libanon ist, sind bereits seit der Zeit der Kreuzzüge mit Rom uniert und heute die ›katholischsten‹ Christen des Orients. Aleppo und Damaskus bilden eigene Bistümer.

Syriens Juden

Bis zur Gründung des Staates Israel lebte vor allem in Damaskus und Aleppo eine beachtliche jüdische Minderheit. Durch Auswanderung in die USA und nach Israel ist ihre Zahl seither ständig geschrumpft, obwohl es eine Verfolgung der Juden in Syrien nicht gab und nicht gibt. Zwar soll zumindest in Aleppo die Synagoge noch ›in Gebrauch‹ sein, und in Damaskus sind einige Juden im Antiquitätenhandel aktiv, doch finden in der dortigen Synagoge nur noch bei besonderen Gelegenheiten Gottesdienste statt. Seit 1993 den Juden die Auswanderung offiziell gestattet wurde, ist ihre Zahl weiter drastisch gesunken.

Altorientalische Kulte

Der heutige Besucher Syriens stößt allenthalben auf die Überreste altorientalischer und antiker Kulturen und damit auch auf Zeugnisse der religiösen Vorstellungswelt der heidnischen Zeit. Judentum, Christentum und später der Islam, die alle drei im Westen und Nordwesten der Arabischen Halbinsel ihren Ausgang nahmen und den Glauben an den einen Gott, den Monotheismus, verkündeten, haben auch in Syrien Jahrhunderte gebraucht, um sich gegen das ›Heidentum‹ durchzusetzen. Erst zu Beginn unseres Jahrtausends verlieren sich die Spuren der letzten heidnischen Gemeinschaft im Norden Syriens; von ihr hatte sich in der Stadt Harran (jetzt jenseits der Grenze auf türkischem Gebiet südlich von Urfa gelegen, heute stehen davon nur noch Ruinen), inmitten eines zunächst christlichen und dann muslimischen Umfeldes, ein geistig hochstehendes, sowohl altmesopotamisch als auch hellenistisch geprägtes Zentrum erhalten.

Die Götterwelt Syriens wies eine sehr große Vielfalt auf und zeigte von Region zu Region, von Stadt zu Stadt, von Völkerschaft zu Völkerschaft und von Epoche zu Epoche ein sich immer wieder wandelndes Gesicht. Einflüsse aus Mesopotamien, Anatolien, Ägypten und schließlich auch aus der europäischen Antike (nicht zuletzt über Zypern) sind überall in unterschiedlichem Ausmaß spürbar, so wie auch Syrien wiederum die umliegenden Regionen beeinflußt hat. Es kann hier natürlich keine vollständige Liste der unzähligen Götternamen aufgestellt und erläutert werden, lediglich einige wichtige Grundzüge und Merkmale seien genannt.

Darstellung einer Göttin aus Mittelsyrien

Aus zahlreichen frühen figürlichen Darstellungen weiblicher Gottheiten läßt sich schließen, daß das Weibliche als Verkörperung von Fruchtbarkeit und Sinnlichkeit eine zentrale Rolle auch in der religiösen Vorstellungswelt Syriens spielte. Im 2. Jahrtausend v. Chr. galt allerdings zum Beispiel in Ugarit der männliche El als Oberhaupt der Götterversammlung, und er wurde auch als Vater der Götter und Menschen verehrt. Ob man El aber ursprünglich wirklich als höchste Gottheit schlechthin ansah oder ob auch er nur den Namen einer bestimmten Gottheit unter vielen darstellt (etwa der Sonne), ist umstritten. Sicher kann hingegen gesagt werden, daß El bei den Juden als Elohim (was eigentlich den Plural »die Götter« bezeichnet) und auch bei den vorislamischen Arabern (aus al-ilah, »der Gott«, wurde später Allah) als eine übergeordnete göttliche Instanz betrachtet wurde.

Sozusagen über allem stehend, tritt El jedoch in den damals praktizierten Kulten als offenbar unerreichbare göttliche Größe hinter seine ›Söhne‹ und ›Töchter‹ zurück. Die an erster Stelle verehrte männliche Gottheit wird Baal *(ba'l)* genannt, was eigentlich nichts anderes bedeutet als »Herr«. Daß wir den Namenszusatz »Baal« bei einer ganzen Reihe männlicher Gottheiten finden, zeigt schon, daß sich dahinter lediglich ein Titel verbirgt, der die höchste männliche Lokalgottheit in der jeweiligen Siedlung auszeichnet. Im 2. Jahrtausend v. Chr. wurde Baal aber auch als Name einer bestimmten Gottheit gebraucht, nämlich des semitischen Wetter- und Donnergottes Hadad, und verkörperte schließlich auch den Vegetationsgott. In hellenistischer Zeit wird Baal dann gleichgesetzt mit Zeus beziehungsweise Jupiter.

Der Bezeichnung Baal entspricht die weibliche Form Baalat (Ba'lat, Ba'lthi u. ä.), »die Herrin«. Mit diesem Namen wurde bevorzugt die im Raum Syrien und Palästina verehrte Fruchtbarkeits- und Muttergöttin Astarte bezeichnet, die als Ischtar in Mesopotamien auch ein starkes kriegerisches Element verkörperte. Astarte wurde in hellenistischer Zeit mit Aphrodite beziehungsweise Venus gleichgesetzt, die im ganzen syrischen Raum ebenfalls große Verehrung genoß, an einigen Orten sogar die Hauptgottheit war. Einen hohen Rang bekleidete zum Beispiel in Palmyra auch die Göttin al-Lat (fem. Form von Allah), mit der man ähnliche Attribute wie mit Athene verband. Fruchtbarkeitskulte mit den entsprechenden Mythen spielten eine wichtige Rolle, wobei heilige Steine und Bäume oft als Symbole der jeweiligen Gottheit Verehrung fanden. Auf Reste dieser Vorstellungswelt kann man bis in die jüngste Zeit im Volksglauben stoßen. So binden zum Beispiel Frauen Stoffetzen an einen Granatapfelbaum am Grab eines Heiligen in Nabi Huri (nördlich von Aleppo) und beten um Erfüllung eines Wunsches, der sich meist um Ehe oder Schwangerschaft dreht.

Das Land: Zwischen Meer und Wüste

Mit rund 184.000 Quadratkilometern ist Syrien etwas mehr als halb so groß wie Deutschland. Nicht nur historisch und kulturgeschichtlich, sondern auch geologisch und landschaftlich bildet es eine Einheit mit dem Libanon, Jordanien und Palästina/Israel. Dieser auch als »Großsyrien« bekannte Kulturraum stellt die westliche Hälfte des sogenannten »Fruchtbaren Halbmondes« dar, der sich von Palästina bis in den unteren Irak erstreckt.

Die Vielfalt der Landschaften

Syrien ist ein arabisches Land, und als solches weckt sein Name beim Europäer die Vorstellung von geheimnisvollen, verwinkelten Städten mit bunten, von pulsierendem Leben erfüllten Basaren und von weiten Sandwüsten, durch die Beduinen mit ihren Kamelen ziehen. Gewiß, Syrien hat das eine wie das andere zu bieten - Wüstengebiete allerdings in viel bescheidenerem Umfang als der Europäer glaubt. Dagegen kann es mit ganz anderen landschaftlichen Reizen aufwarten, die für viele unerwartet sein mögen: mit hohen, im Winter oft wochenlang schneebedeckten Bergen, mit romantischen Tälern und grünen Fluren und nicht zuletzt mit Badestränden inmitten subtropischer Vegetation. Diese landschaftlichen Gegensätze sind es, die Syrien seinen besonderen Charme verleihen.

Syrien weist eine klare landschaftliche Gliederung auf. Im Nordwesten besitzt das Land einen schmalen, rund 150 Kilometer langen Küstenstreifen am Mittelmeer, der mit seiner Vegetation und vom Landschaftstyp her anderen Küstenregionen rund ums Mittelmeer ähnelt. Zitronen-, Apfelsinen- und Olivenhaine wechseln mit Gemüse-, Tabak- und Erdnußkulturen. In Richtung türkischer Grenze erstreckt sich ein malerisches Bergland mit dichtem, hohem Kiefernwald. In den Küstenorten wird in bescheidenem Maße Fischfang betrieben.

Östlich des Küstenstreifens erhebt sich das Bergmassiv des Djebel Ansariye (auch: Nusairiye), das bis zu 1500 Meter hoch aufragt und das Libanongebirge nach Norden fortsetzt. In diesem einst schwer zugänglichen und tief gefurchten Kalksteingebirge, in das sich die Alawiten zurückgezogen hatten - noch heute ist es das Zentrum dieser Religionsgemeinschaft -, wird in mühsamer Arbeit und oft im Terrassenfeldbau noch bis in achthundert Meter Meereshöhe eine kärgliche Landwirtschaft betrieben. Darüber haben sich Reste einst dichter Wälder erhalten (Eichen,

Ahorn, Hainbuche u.a.), doch ist das Gelände vorwiegend mit typischer Macchia bewachsen. In den höchsten Lagen schließlich finden sich Tannen und auch noch einige Zedern. Eine reiche, recht ursprüngliche Vegetation weisen zum Teil die östlichen Abhänge des Gebirges auf. In der dichten Macchia soll es bis zum Zweiten Weltkrieg noch allerlei wildes Getier wie Wölfe, Bären, Panther und Hyänen gegeben haben.

Östlich an das Gebirge schließt sich bis zur Linie der Städte Homs - Hama - Aleppo, vor allem entlang des Flusses Orontes, ein sehr fruchtbares Gebiet an, in dem unter anderem Weizen, Gerste, Oliven, Baumwolle, Zuckerrüben, Gemüse und an einigen Stellen sogar auch Wein angebaut werden. Während diese Region altes Siedlungsland ist, wurde ein breiter Streifen östlich der genannten Linie erst in der zweiten Hälfte des 19. und der ersten Hälfte des 20. Jahrhunderts wieder unter den Pflug genommen und neu besiedelt.

Das gleiche gilt für die Ackerflächen, die sich heute in einem mehr oder weniger breiten Gebiet im Norden und Nordosten des Landes entlang der türkischen Grenze hinziehen. Dort und entlang des Euphrat sowie seiner beiden Nebenflüsse Balikh und Khabur ist die Neuansiedlung bis heute in vollem Gange. Seit etwa 1950 durch die systematische Anlage von Pumpstationen und Bewässerungsanlagen, besonders jedoch seit der Fertigstellung des Asad-Stausees zu Beginn der achtziger Jahre ist eine

Damaskus, Stahlstich aus dem 19. Jahrhundert

Syrien i4m Überblick

	Gesamtfläche	Bevölkerung	Dichte	Bruttosozialprodukt pro Einwohner
Syrien	**185.180 km^2**	**14,50 Mio.**	**78 EW/km^2**	**1160 US$**
Ägypten	997.739 km^2	61,50 Mio.	61.8 EW/km^2	710 US$
Sudan	2.505.813 km^2	27,36 Mio.	11 EW/km^2	400 US$
Saudi-Arabien	2.240.000 km^2	17,50 Mio.	8 EW/km^2	7240 US$
Israel	21.946 km^2	5,42 Mio.	247 EW/km^2	14.410 US$
Deutschland	356.978 km^2	81,56 Mio.	228 EW/km^2	25.580 US$
Österreich	83.857 km^2	8,03 Mio.	96 EW/km^2	24.950 US$
Schweiz	39.987 km^2	7,02 Mio.	175 EW/km^2	37.180 US$

Bevölkerung:

Die überwiegende Mehrheit der Bewohner des Landes sind syrische Araber. Über 6% der Bevölkerung zählen zu den Kurden, Teile von ihnen sind staatenlos. Neben der eigenen Bevölkerung von 14,5 Mio. Menschen versorgt Syrien knapp 360.000 palästinensische Flüchtlinge und 4000 Flüchtlinge aus anderen Staaten der Region. Das jährliche Bevölkerungswachstum liegt bei 3,0 % (Durchschnitt Afrika 2,6%), die durchschnittliche Lebenserwartung bei 66 Jahren für Männer und 71 für Frauen (BRD: 73 Männer, 78 Frauen). Die Kindersterblichkeit liegt bei 3,4% (BRD: 0,6%). Noch 36% der Bevölkerung sind Analphabeten.

Religion:

90% Muslime (davon 80% Sunniten), 9% Christen, 7% Alawiten und 1% Ismailiten. Die Minderheit der Alawiten stellt allerdings die politischen und wirtschaftlichen Eliten des Landes.

Politik:

Präsidialrepublik seit 1973, Staatsoberhaupt ist Hafez al-Assad, Regierungschef ist seit 1987 Mahmud az-Zu'bi. Beherrschende gesellschaftliche Kraft ist die »Sozialistische Baath-Partei«, die 135 von 167 Sitzen im Parlament hält. Die syrische KP stellt mit 8 Sitzen die zweitstärkste Fraktion im Parlament.

systematische Ausweitung der landwirtschaftlichen Nutzflächen erfolgt. Angebaut werden in erster Linie Gerste, Weizen und Baumwolle. Wo es die Regenmenge zuläßt, gedeihen aber auch Melonen.

Südlich von Homs, am Ostrand des weit über zweitausend Meter aufragenden Antilibanon, finden wir zahlreiche langgestreckte Bergrücken (vor allem den Kalamun) mit dazwischenliegenden Talebenen. In den Niederungen ist intensive Landwirtschaft nur im Bereich von Bewässerungsoasen, sogenannten *ghutas*, möglich, von denen die Ghuta von Damaskus die berühmteste ist. Sie sind immer noch wichtige Lieferanten für Salat, Zwiebeln, Knoblauch, Auberginen und andere Gemüsearten. Auch in den höher gelegenen Talauen wird Gartenanbau betrieben, wobei zum Beispiel bei Zabadani am Oberlauf des Flusses Barada, der Damaskus mit Wasser versorgt, sogar Kartoffeln angepflanzt werden.

Im Süden bis zur jordanischen Grenze erstrecken sich die Lavalandschaften des Golan (gegenwärtig noch von Israel besetzt), des Hauran und des Djebel Druz. Je nach Alter des Lavagesteins hat sich hier sehr fruchtbarer Ackerboden gebildet, oder aber es sind - wie östlich des Hauran - schwarze Steinwüsten entstanden.

Der ganze Osten Syriens, rund die Hälfte des gesamten Landes, ist Wüstensteppe oder Wüste, durchzogen vom Euphrat und seinem wichtigsten Nebenfluß, dem Khabur. Bevor wir uns jedoch der Wüste zuwenden, sei eines anderen Typs ›Landschaft‹ gedacht, nämlich der Stadt.

Auberginen

Schmelztiegel Stadt

Mit der arabischen Welt verbindet der Europäer vor allem zwei exotische Merkmale: zum einen die Wüste mit ihren Beduinen und Kamelen und zum anderen den Basar als Hauptanziehungspunkt der orientalischen Stadt. »Basar« ist ursprünglich ein persisches Wort, im Arabischen, also auch in Syrien, heißt er Suk *(suq)*. Der Suk ist tatsächlich das charakteristischste Merkmal der Städte des Nahen Ostens. Natürlich unterlagen mit dem Einzug der Moderne auch in Syrien die Städte großen Veränderungen und haben sich vor allem durch moderne Stadtviertel außerhalb des alten Kerns um ein Vielfaches erweitert. Die alten Zentren, und darin eben vor allem die Suks, haben jedoch nichts von ihrer faszinierenden Lebendigkeit verloren.

Die Altstädte weisen einen unregelmäßigen Grundriß auf und waren von Mauern umgeben, die zum Teil bis heute erhalten sind. Aus dem Umland führten die Überlandstraßen durch die

Auch wenn auf den großen Getreidefeldern oder Tabakplantagen vielerorts in Syrien längst Traktoren Einzug gehalten haben, ziehen in der traditionellen Landwirtschaft immer noch Esel den altertümlichen Pflug, wie hier nördlich von Aleppo.

Händler in einem Suk von Aleppo: Von Trödel und Altwaren über Lebensmittel, Textilien und Werkzeug bis zu Goldschmuck und teuren Seidenstoffen – die Suks bieten einfach alles.

Stadttore und bildeten im Inneren die Hauptachsen der Stadt. Das Zentrum der Macht war die Zitadelle, religiöses Zentrum die Große Moschee. Im näheren Umkreis der beiden fanden sich Verwaltungsgebäude und die alten religiösen Schulen (Medresen). Dazwischen lag der Suk mit jeweils einzelnen Gewerben zugewiesenen Gassen, die zum Schutz vor Regen und Sonne meist überdacht waren. In der Regel ließen sich in der Nähe der Hauptmoschee jene Handwerker und Händler nieder, die wertvollere Waren anzubieten hatten, also zum Beispiel Goldschmiede und Textilhändler. Weiter am Rand finden sich die Marktgassen mit den Waren des täglichen und vor allem auch des ländlichen Bedarfs; die Korbmacher und Seiler sind dort ebenso anzutreffen wie die Blechschmiede. Hinter den Geschäften und Werkstätten liegen die alten Khane (Karawansereien), in denen - zum Teil auch heute noch - Großhandelsbüros und Lagerhallen untergebracht sind.

Die eigentlichen Wohnviertel mit ihrem Gewirr enger, verwinkelter Gassen, darunter vieler Sackgassen, waren früher durch Tore, die nachts geschlossen wurden, voneinander abgetrennt. Die verschiedenen religiösen und ethnischen Gruppen wohnen bis in die Gegenwart in eigenen Vierteln, die je nach Größe auch ihre eigene Moschee oder Kirche, ihr Bad, ihren öffentlichen Brunnen, ihre Backstube und andere Einrichtungen besitzen.

Im Laufe des 20. Jahrhunderts erfuhren die Städte tiefgreifende Umwälzungen. Der traditionelle Suk ist zwar immer noch das wichtigste Einkaufszentrum der einfacheren Bevölkerung (und der Touristen), doch haben sich in den breiten, modernen Straßen der ausgedehnten Neubauviertel außerhalb der Altstädte längst Geschäfte westlicher Prägung, Banken, Büros und Hotels ausgebreitet. Höhere Schulen und Universitäten (in Damaskus und Aleppo) haben die alten Medresen abgelöst. Auch eine Abwanderung gerade wohlhabender Bevölkerungsteile aus den Wohnvierteln der Altstädte führte dazu, daß sich dort die eher einfachen und konservativ eingestellten Schichten konzentrieren. In den neuen Vierteln ist die Trennung nach religiöser und ethnischer Zugehörigkeit vielfach aufgehoben. Die Auswahl der Wohngegend richtet sich wie bei uns nach dem Geldbeutel. Erst in allerjüngster Zeit wächst langsam, zumindest in Aleppo und Damaskus, ein Bewußtsein heran, daß die alten Wohnviertel durchaus einen großen Reiz besitzen und in ihrer Bausubstanz erhalten werden sollten.

Die Wüste

Über die Hälfte der Fläche Syriens besteht aus Wüstensteppe und Wüste, die aber nur von höchstens fünf Prozent der Bevölkerung als ›Wohnraum‹ genutzt werden können; in den Städten hingegen leben fast fünfzig Prozent. Größere Gebiete reiner Sandwüste, die auch für die Beduinen nur schwer zugänglich sind, trifft man nur im äußersten Südosten an. Die Wüstensteppe wird vom Euphrat in zwei Teile geteilt, in die Shamiye (»die Syrische«) rechts des Flusses und die Djezire (»die Insel«, weil zwischen Euphrat und Tigris gelegen) links davon. Kies-, Gips- und verfestigte Lehmböden, in der Shamiye unterbrochen durch Kalkberge und Kreidebänke, erhalten immerhin wenigstens achtzig Millimeter Regen pro Jahr, was noch so viel Vegetation gedeihen läßt, daß Kamele, Schafe und Ziegen genügend Weidefläche finden. Ein besonderes Element der syrischen wie auch anderer Wüstensteppen sind »Salzseen«, sogenannte *sabkhas*, tischebene weiße Flächen aus Salzton; sie füllen sich bei entsprechendem Regenfall mit Wasser, das aber im Frühsommer rasch verdunstet. Die größte Sabkha, nämlich die von Djabul, liegt südöstlich von Aleppo und ist inzwischen längst umgeben von neubesiedeltem Gebiet.

Im Laufe mehrerer Jahrtausende sind – im wesentlichen durch menschliches Eingreifen – aus den einst von Pistazienwäldern und vielerlei Steppengräsern bewachsenen Flächen jene kargen Landschaften entstanden, die wir heute dort vorfinden. Selbst die Zwerg- und Dornensträucher, das Rispengras *(poa sinaica)*, der Beifuß *(artemisia herba-alba)*, das Sauergras *(carex)* und das Pfriemengras *(stipa barbata)*, von denen das Rispengras die wichtigste Weidepflanze ist, sind gerade in den letzten Jahrzehnten stark zurückgegangen und haben vielerorts Moos und Flechten Platz gemacht. Der Grund für diese Entwicklung ist in erster Linie die ständige Überweidung der Flächen. Erhalten haben sich an einigen Stellen, vor allem auf sehr salzhaltigen Böden, die bis zu zwei Meter hohen Tamarisken; da sie giftig sind, werden sie von den Tieren gemieden.

Einige Sippen der Schafnomaden haben es trotz ihres meist entbehrungsreichen Alltagslebens zu nicht geringem Wohlstand gebracht. Während das Kamel zunehmend vom Lastwagen verdrängt wird, sind die Schafe weiterhin die wichtigsten Fleisch- und Milchlieferanten des Landes.

Der europäische Besucher Syriens, der heute auf einer der schnurgeraden Teerstraßen die Wüstensteppe durchquert, wird zwar immer wieder die schwarzen Zelte der Nomaden sehen und auch den einen oder anderen Hirten mit seiner Schafherde entdecken, doch nach Kamelen, dem begehrtesten Wüstenmotiv für die Kamera, wird er oft vergebens Ausschau halten. Der Grund hierfür ist zum einen, daß die Zahl der Kamelnomaden, der eigentlichen Beduinen, in den letzten Jahrzehnten drastisch zurückge-

Ibn Khaldun

Kleine Soziologie der Kamelnomaden

Der arabische Geschichtsschreiber, der sich am intensivsten mit dem Gegensatz von Nomaden und Seßhaften befaßt hat, ist der gelegentlich als »erster Soziologe der Welt« bezeichnete Ibn Khaldun (gest. 1406). Er hat ein mehrbändiges Geschichtswerk verfaßt, dem er den Titel *Das Buch der warnenden Beispiele, der größte Diwan der Geschichte der Araber, Perser und Berber* gab. In einem ›Vorwort‹ *(Muqaddima)*, das allein in der englischen Übersetzung drei Bände umfaßt, hat er seine geschichtstheoretischen Überlegungen dargelegt. Darin schreibt er über die arabischen Kamelnomaden: »Sie sind die wildesten menschlichen Wesen, die es gibt. Verglichen mit Seßhaften stehen sie auf einer Stufe mit wilden, unzähmbaren [Tieren] und sprachlosen Raubtieren.« Doch hält er die Beduinen insgesamt für mutiger als die Seßhaften, ja auch für moralisch höher stehend: »Der Grund dafür liegt darin, daß die Seele in ihrem ersten Schöpfungszustand bereit ist, alles anzunehmen, was an Gutem oder Schlechtem zu ihr gelangt, und sich davon prägen zu lassen. Mohammed hat gesagt: ›Jedes Kind wird im Naturzustand geboren. Es sind seine Eltern, die es zu einem Juden, Christen oder Zoroastrier machen.‹ [...] Aus keinem anderen Grund, als daß sich die Seßhaften künstliche Wonnen und verschwenderische Genüsse verschaffen - denn sie neigen zum Weltlichen und sind versessen auf weltliche Begierden -, sind ihre Seelen mit einer Vielzahl von Charakterfehlern und Lasterhaftigkeit besudelt, und der Pfad der Tugend liegt ihnen fern, denn der Weg, den sie einschlagen, ist dementsprechend. Schließlich sind sie soweit, daß ihnen jegliche Scham abgeht; denn viele von ihnen reißen Zoten, ob sie nun unter ihresgleichen sitzen oder mit Höhergestellten oder weiblichen Anverwandten zusammen sind, ohne daß ihnen die innere Stimme des Anstands das Wort abschneidet, weil sie sich in Wort und Tat, bei Zotenreißerei und Heuchelei, an die Genüsse der Niedertracht gewöhnt haben. Wenn sich aber Beduinen ebenso für Weltliches interessieren, geht es ihnen nicht anders, doch sie leben nach dem Maß der Notwendigkeit, nicht des Luxus, nicht aus irgendeiner Begierde heraus, noch zum Vergnügen, noch aus weltlichen Beweggründen; denn ihre Genüsse liegen im Umgang mit ihren Angehörigen, und im Vergleich mit den vielen Wegen der Niedertracht und den Charakterfehlern der Seßhaften haben sie wenige, denn sie sind dem ursprünglichen Naturzustand näher und weiter entfernt von schändlichen Charaktereigenschaften, die die Seele infolge ihrer lästerlichen und häßlichen Genüsse prägen; denn ihre Diät ist leicht im Vergleich zur Diät der Seßhaften, das ist ja offensichtlich. Vielleicht wird im folgenden klar werden, daß Seßhaftigkeit das Endziel der Zivilisation, zugleich aber der Übergang zur Verdorbenheit bzw. das Endziel von Lasterhaftigkeit und Mißachtung der Tugendhaftigkeit ist. Somit ist deutlich, daß die Beduinen dem Guten näher stehen als die Seßhaften.«

(Ibn Khaldun, Muqaddima, *Bd.1, S. 225ff.)*

gangen ist, und zum anderen, daß er möglicherweise zur falschen Jahreszeit unterwegs ist. Viele Angehörige der einst mächtigsten kamelzüchtenden Stämme, vor allem der Shammar im Osten und der Rawalla, einer Untergruppe des Stammesverbandes Anaza, im Westen, sind seßhaft geworden und treiben Ackerbau oder züchten nur noch Schafe und Ziegen. Selbst als Lasttier hat das einstige »Wüstenschiff« längst dem Lastwagen Platz gemacht, mit dem die Kleintiernomaden auch ihre Schafe zu den Weiden transportieren und von den staatlich unterhaltenen Brunnen das Wasser herbeischaffen. Die wenigen Kamelzüchter sind zudem von Oktober bis Mai weiter südlich, auf den Winter- und Frühjahrsweiden in Jordanien und im Irak oder sogar in Saudi-Arabien unterwegs.

Die Ressentiments zwischen Seßhaften und Nomaden sind uralt. Über Tausende von Jahren waren die Beduinen eine ständige Bedrohung für Dörfler und Städter. Je schwächer die politische Macht in den Städten war, desto weiter rückten die Beduinen in kultiviertes Land vor. Erst zu Beginn dieses Jahrhunderts wurde die Macht der Stämme gebrochen, nicht aber ihr Stolz. Auch wenn sie seßhaft geworden sind, rühmen sie sich gern ihrer beduinischen Herkunft und ihres Stammes, und noch heute kann man erleben, mit welchem Mißtrauen syrische Städter den Beduinen begegnen.

Geschichte

Syrien – Schnittstelle zwischen Orient und Okzident

Rund 12.000 Jahre syrischer Geschichte auf wenigen Seiten zusammenzufassen, ist ein gewagtes Unterfangen. Das Ergebnis kann nur ein grobes Raster der wichtigsten Epochen sein, um den Leser in die Lage zu versetzen, Sehenswürdigkeiten und Erklärungen im Reiseteil geschichtlich einordnen zu können und die Vielseitigkeit dieses Landes besser zu verstehen.

Die altsyrischen Reiche

Der westliche Teil des sogenannten »Fruchtbaren Halbmonds«, also der großsyrische Kulturraum, kann sich rühmen, die ältesten festen menschlichen Ansiedlungen zu beherbergen, deren Lebensgrundlage die Landwirtschaft war. Die ersten Dörfer entstanden um 9000 v. Chr. am Ende der Altsteinzeit. Rund tausend Jahre später erhalten Jericho in Palästina und Ugarit an der syrischen Küste ihre ersten ›Stadtmauern‹, und weitere tausend Jahre später tritt neben die Landwirtschaft die Nutztierhaltung hinzu, zunächst mit Ziegen und Schafen und schließlich auch mit Rindern und Schweinen. Die folgenden zwei Jahrtausende (7000–5000 v. Chr.) bringen weiteren revolutionären Fortschritt: Neue Handwerke werden entwickelt, die Techniken des Webens und Töpferns werden erfunden und breiten sich aus, die bisherige Rundbauweise der Häuser weicht, zumindest in einigen Regionen, rechteckigen Häusern mit mehreren Zimmern entlang planmäßig angelegter Straßen. Die Kultur von Tell Halaf weist dann ab circa 5000 v. Chr. bereits eine komplexe gesellschaftliche und politische Struktur auf und betreibt Handel und Handwerk auf hohem Niveau.

Da die Schrift noch nicht erfunden war, wird wohl für immer im Dunkeln bleiben, welche Völkerschaften diese Kulturen hervorgebracht und was für Sprachen sie gesprochen haben. Zahlreiche, offenbar kultische Darstellungen von Frauen legen die Vermutung nahe, daß eine oder mehrere weibliche Gottheiten bei Fruchtbarkeitskulten religiöse Verehrung genossen, was mög-

licherweise noch viel später in Gestalt der großen syrischen Göttin Astarte weiterlebte.
Eine neue kulturelle Revolution erreichte Syrien etwa Mitte des 4. Jahrtausends v. Chr. aus dem unteren und mittleren Mesopotamien, dem heutigen Irak. Etwa ab 3000 v. Chr. hatten dort die **Sumerer** ihre ersten Städte mit großen Tempeln und anderen monumentalen Gebäuden errichtet und in den folgenden Jahrhunderten aus Mengenangaben für bestimmte Waren und Piktogrammen, die sie mit einem Rohrgriffel in den feuchten Ton drückten, die Keilschrift entwickelt, die in der Folgezeit für mehrere Sprachen im gesamten vorderasiatischen Raum zur Verkehrsschrift wurde. Seit ihrer Entzifferung im 19. Jahrhundert kennt man auch die Sprache der Sumerer: Sie ist weder semitisch noch indogermanisch und konnte bislang auch keiner anderen bekannten Sprachfamilie zugeordnet werden. Sumerische Kolonien bestanden in der zweiten Hälfte des 4. Jahrtausends auch in Syrien, so zum Beispiel in Habuba al-Kabira am Euphrat (heute vom Asad-Stausee überflutet) und in Brak im Nordosten.
Das 3. Jahrtausend führte nicht nur in Mesopotamien mit den Akkadern, sondern auch in Syrien zu einer zunehmenden Semitisierung. Bereits um 2800 v. Chr. wurden semitische Völkerschaften auf der Arabischen Halbinsel in Schriftzeugnissen der Sumerer erwähnt. Und wenig später begannen **semitische Völkerschaften** auch in Syrien mit Hilfe der Keilschrift in ihren eigenen Sprachen zu schreiben und ihre Kultur und Geschichte zu dokumentieren.
1964 begannen italienische Archäologen Tell Mardikh, einen Ruinenhügel sechzig Kilometer südwestlich von Aleppo, auszugraben. Elf Jahre später machten sie den für die syrische Frühgeschichte bisher bedeutendsten Fund: Sie entdeckten das Archiv des Palastes der Stadt **Ebla** mit rund 14.000 Tontafeln, von denen der größte Teil in der Zeit von 2400 bis 2250 v. Chr. beschrieben worden war. Die Übersetzung und Auswertung dieser Texte wird noch geraume Zeit in Anspruch nehmen, doch geht aus ihnen schon jetzt hervor, daß Ebla ein blühender Stadtstaat war, dem es zumindest zeitweilig gelang, den gesamten syrischen Raum zu beherrschen. Landwirtschaft, Textilhandwerk und ein florierender Handel mit Kupfer, Silber und Bauholz bildeten die Grundlagen seines Reichtums.
Während Architektur und Kunst von Ebla trotz aller äußeren Einflüsse die Eigenständigkeit dieser Kultur bekunden, erwuchs dem Stadtstaat etwa zur gleichen Zeit am mittleren Euphrat, kurz vor der heutigen Grenze zum Irak, in **Mari** ein Rivale, der kulturell viel stärker von Südmesopotamien her beeinflußt war.

Ebla konnte sich zwar Mari für kurze Zeit unterwerfen, doch dann erhielten beide aus Südmesopotamien, wo sich um 2270 v. Chr. die semitischen Akkader etabliert hatten, eine gefährliche Bedrohung: Ebla wurde um 2250 v. Chr. vermutlich bei einem akkadischen Angriff durch Feuer zerstört, und Mari scheint, wie Brandspuren zeigen, das gleiche Schicksal erlitten zu haben.
Das Ende des 3. Jahrtausends markiert das Erstarken einer neuen semitischen Völkerschaft, der **Amoriter**. Schrittweise und häufig im Konflikt miteinander übernahmen vom mittleren Euphrat bis in den Westen Syriens amoritische Dynastien die Macht. Mari erstarkte unter amoritischen Herrschern erneut - aus dieser Zeit stammt das von französischen Archäologen entdeckte und mehr als 25.000 Schrifttafeln umfassende Palastarchiv der Stadt –, bis der berühmte Hammurabi (1792–1750 v. Chr.), selbst ein Amoriter, von Babylon aus Mari 1759 v. Chr. endgültig zerstörte. Auch Ebla konnte sich nochmals erholen, bevor es um 1600 v. Chr. ebenfalls vernichtet und aufgegeben wurde. Ebla scheint jedoch schon vorher im Schatten eines weiteren amoritischen Stadtstaates gestanden zu haben, nämlich von **Jamchad**, dem heutigen Aleppo. Auch zur Zeit der größten Ausdehnung Babylons unter Hammurabi konnte Jamchad, ebenso wie Katna im Orontes-Tal, seine Unabhängigkeit von Babylon wahren. Während die Spuren des alten Jamchad wohl für immer unter der Stadt Aleppo verschüttet bleiben werden, sind die Reste von Katna nordöstlich von Hims, beim heutigen Dorf Mashrafa ausgegraben worden. Ein weiteres, wenn auch kleineres amoritisches Zentrum war Alalach am unteren Orontes, wo man ebenfalls ein Palastarchiv gefunden hat, das um 1700 v. Chr. angelegt worden war.
Etwa ab 1600 v. Chr. erfährt die politische Landkarte Syriens erneut eine Reihe einschneidender Änderungen, wiederum zum Teil hervorgerufen durch ethnische Verschiebungen. Die **Hurriter**, ein Volk unbekannter Herkunft mit einer offenbar schmalen indogermanischen Oberschicht, hatten sich vom östlichen Kleinasien nach Nordsyrien und Mesopotamien ausgebreitet, wo sie nun mit dem Mitanni-Reich zu einer neuen vorderorientalischen Großmacht zusammenwuchsen. Schon bald gerieten sie in offenen Konflikt mit dem sich aus Inneranatolien südwärts ausbreitenden Reich der **Hethiter**. Während die Sprache der Hurriter, die weder semitisch noch indogermanisch ist, immer noch einige Rätsel aufgibt, redeten und schrieben die Hethiter eine indogermanische Sprache. Hethiter und Hurriter brachten mit dem von Pferden gezogenen schnellen Streitwagen - als Reittier war das Pferd noch unbekannt - auch eine neue, effiziente Waffe ins Spiel. Während des zweihundertjährigen Konflikts zwischen dem Mitanni-Reich und den

In Syrien liegen die Ursprünge der Schriftentwicklung und unseres heutigen Alphabets. Oben: in Stein gemeißelte Hieroglyphentafel aus dem Museum von Aleppo; unten ein Keilschriftsiegel aus Ton des Hethiterkönigs Tudhaliya IV. aus Ugarit (um 1250 v. Chr.) aus dem Nationalmuseum in Damaskus.

Hethitern treten nun auch noch die **Ägypter** auf den Plan, die schon seit längerem erheblichen politischen und vor allem kulturellen Einfluß in Palästina und an der syrisch-libanesischen Küste ausübten. Um 1350 v. Chr. erlitt das Mitanni-Reich eine schwere Niederlage gegen die Hethiter, und diese konnten unter anderem Aleppo ihrer Herrschaft unterwerfen. Während im Osten mit dem erstarkten Assyrien bereits eine neue ›Weltmacht‹ drohte, kam es zwischen Ägyptern und Hethitern 1285 v. Chr. zur berühmten Schlacht von Kadesh (südwestlich von Homs), in der die Hethiter den Pharao Ramses II. schlugen; beide Parteien einigten sich jedoch einige Jahre später auf den Status quo. Ein offenbar ziemlich abruptes Ende erfuhr das Hethiterreich um 1200 v. Chr. Wahrscheinlich begleitet von klimatischen und wirtschaftlichen Katastrophen »wird die gesamte Levante von plündernden und sengenden westlichen ›Seevölker‹-Scharen überzogen, die sich schließlich zum Überfall auf Ägypten sammeln und im letzten Augenblick mit letzter Kraft von Ramses III. vernichtend geschlagen werden (1180/79 v. Chr.). Doch die bronzezeitliche Zivilisation Vorderasiens hat bereits ihr Ende gefunden. Der baldige Abschied Ägyptens von seiner traditionellen Großmachtstellung [...] besiegelt die allgemeine Umwälzung, aus der allmählich neue tragende Kräfte hervorgehen. In Syrien und Mesopotamien sind es die Aramäer, die einer neuen Epoche, etwa mit ihrer nordwestsemitischen Sprache, den eigenen Stempel aufdrücken.« (C. Kühne, in: *Land des Baal*, S. 306)

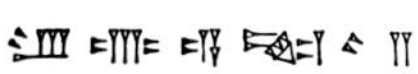

Keilschrift

Bevor diese sogenannten ›Seevölker‹ die Machtverhältnisse in Syrien völlig aus den Fugen brachten, hatte sich im Schatten der ›Großmächte‹ an der libanesisch-syrischen Küste eine Reihe von kleineren, blühenden Handelsstaaten etabliert, von denen Byblos, dem heutigen Djubail im Libanon, und **Ugarit** in Syrien eine überragende kulturgeschichtliche Bedeutung zukommt. Ugarit war ein bereits seit Jahrtausenden besiedelter Ort gewesen und schon im 18. Jahrhundert v. Chr. auch als Königssitz bekannt. Es war damals das nördliche Zentrum der semitischen Völkerschaft der Kanaaniter und unterhielt, wie Funde hinlänglich belegen, enge Beziehungen nach Ägypten, aber auch in den ägäischen Raum. Unter den zahlreichen Tontafeln, die dort gefunden wurden und aus dem 14. und 13. Jahrhundert v. Chr. stammen, dokumentiert ein kleines Täfelchen eine kulturelle Revolution: Nachdem auch in Ugarit bislang die akkadische Variante der Keilschrift, das heißt einer Silbenschrift mit mehreren hundert Zeichen, verwendet worden war, erscheint auf dem Täfelchen ein Konsonantenalphabet mit lediglich dreißig Buchstaben. Aus dieser genialen Erfindung entwickelten sich nicht nur

alle jüngeren semitischen Alphabete, sondern auch - über die Phönizier - unser eigenes, zunächst das griechische und daraus wieder das lateinische.
Das 12. Jahrhundert v. Chr. markiert in vielerlei Hinsicht einen weiteren wichtigen Einschnitt. Dem Eindringen der **Seevölker**, zum Beispiel der Kreter und Philister - »Kren und Pleti« -, nach Palästina stand die Ausbreitung der semitischen **Aramäer** gegenüber. Aus dem Inneren der Arabischen Halbinsel kommend, erlangten sie zwischen Palästina und Mesopotamien sowohl kulturell als auch politisch eine zunehmend dominierende Stellung. Um städtische Zentren wie Damaskus, Aleppo oder Hama entstanden aramäische Königreiche. Das Kamel als neues Transportmittel verschaffte ihnen und den nun erstmals auftretenden Arabern die Möglichkeit zu einem weitgespannten Handel. Ab dieser Zeit begann sich auch langsam das Eisen anstelle der Bronze als Werkstoff durchzusetzen. Aramäisch wurde zur wichtigsten Sprache des Vorderen Orients. Teile der Bibel sind so geschrieben, und kleine aramäische Sprachinseln haben sich in Syrien bis heute erhalten. Doch auch andere semitische Völkerschaften traten jetzt in diesem Raum neu auf den Plan. An der libanesisch-syrischen Küste waren es die aus den Kanaanitern hervorgegangenen **Phönizier**, und in Palästina begann bald die Zeit **Israels**. Am Nordrand Syriens schließlich etablierten sich nochmals kleine hethitische Königreiche.
Doch das System der Kleinstaaten im großsyrischen Raum war keine Idylle: Untereinander verfeindet, standen sie auch unter ständiger Bedrohung von außen. In erster Linie war es **Assyrien**, das über mehrere Jahrhunderte hinweg immer wieder über Syrien herfiel, bis die Region schließlich zu einer wirtschaftlich ausgebeuteten, tributpflichtigen Provinz Assyriens herabsank. Auch als kurz vor dem Jahr 600 v. Chr. die Assyrer die Macht an die **Babylonier** abgeben mußten, änderte sich für Syrien nichts. Vor den Babyloniern mußte auch die zweite Großmacht in diesem Raum, Ägypten, das sich mit ihnen um die Vormacht in Syrien stritt, zurückweichen. Die Verschleppung der Juden ins Exil nach Babylon 597 v. Chr. ist nur eine der grausamen Folgen der babylonischen Herrschaft.
Babylon wiederum wird aber bereits 539 v. Chr. von den **persischen Achämeniden** erobert; diese lassen zwar die Juden nach Jerusalem zurückkehren, beanspruchen sogleich aber die Herrschaft über den gesamten Orient, ja sie greifen sogar darüber hinaus, indem sie nun auch Ägypten ihrem Reich eingliedern. Der achämenidische Staat war in 23 Provinzen, sogenannte Satrapien, gegliedert; die fünfte Satrapie umfaßte Palästina, Syrien und Zy-

Figur, aramäisch, um 800 v.Chr.

pern. Zweihundert Jahre dauerte die persische Herrschaft über Syrien. Gewiß, in Kunst und Religion hat eine so lange politische Abhängigkeit auch in Syrien gewisse Spuren hinterlassen, doch insgesamt ist es erstaunlich, wie weit der syrische Raum seine kulturelle Eigenständigkeit bewahren konnte. Am meisten überrascht, daß das Aramäische - in dieser Zeit die syrische Sprache schlechthin - als sogenanntes ›Reichsaramäisch‹ sogar zur Verwaltungssprache des gesamten Achämenidenreichs avancierte.

Griechen, Römer und Byzantiner

Alexander der Große

War Syrien bis ins 4. Jahrhundert v. Chr. immer wieder zwischen die Mühlsteine der umliegenden Großmächte geraten - im Osten von den Sumerern bis zu den Persern, im Norden Hethiter und Hurriter und im Süden Ägypter -, sah es sich nun auch in der vierten Himmelsrichtung, im Westen, mit einer weiteren Großmacht konfrontiert: den **Griechen**. Wirtschaftliche und kulturelle Kontakte zwischen den syrisch-libanesischen Küstenstädten und der griechischen Inselwelt reichen weit zurück, wobei der Orient - trotz spürbarer griechischer Einflüsse - insgesamt mehr der Gebende als der Nehmende war: »Begegnungen zwischen Morgen- und Abendland - vage sich in der Vorgeschichte der Frühbronzezeit abzeichnend, vom frühen zweiten Jahrtausend an zunehmend und kräftig seit der Jahrtausendmitte, sodann wieder in der Früharchaik in einem solchen Ausmaß, daß diese Epoche die ›orientalisierende‹ der griechischen Kunst genannt worden ist - erfolgten nachweisbar auf dem Seewege zwischen Nordsyrien, Zypern und Hellas und trugen zur Formierung der griechischen Kultur erheblich bei«, schreibt H.-G. Buchholz in *Land des Baal* (S. 314).

Die Qualität dieser Kontakte änderte sich im 4. Jahrhundert v. Chr. grundlegend. Alexander der Große besiegte 333 v. Chr. bei Issos im Nordwesten Syriens (am Golf von Iskenderun in der heutigen Türkei) die Perser. Für die syrische Kultur bildete dieser Sieg einen Markstein, wie er nur mit der islamischen Eroberung rund tausend Jahre später vergleichbar ist: Politisch zerfiel zwar das Reich Alexanders nach seinem Tode so schnell wie es entstanden war, doch die Nachfolgestaaten im Vorderen Orient waren fortan griechisch geprägt, Syrien und Palästina wurden Teile der hellenistischen Welt.

Nach dem Tod Alexanders gingen aus den erbitterten »Diadochenkämpfen« zwischen mehreren seiner Generäle Seleukos und Ptolemäos als Teilsieger hervor. Über ein Jahrhundert lang beherrschten die von ihnen begründeten Dynastien der Seleukiden und Ptolemäer mit wechselnden Grenzen den Vorderen Orient: die Ptolemäer Ägypten und Palästina, die **Seleukiden** Mesopotamien, Kleinasien und Syrien. In den Kriegen, die sich beide lieferten, spielte Syrien wieder einmal die Rolle des Zankapfels. Vor allem das südliche Syrien einschließlich Damaskus wurde meist von den Ptolemäern kontrolliert. Doch das scheinbare Patt zwischen Seleukiden und Ptolemäern war nicht von langer Dauer. Neue Großmächte tauchten schon im 2. Jahrhundert v. Chr. an den Grenzen Syriens auf. Die Seleukiden verloren Kleinasien an die Römer, und im Osten dehnten die iranischen Partner ihre Macht vom Indus bis an den Euphrat aus. Bis zur Ausbreitung des Islam stand dann der Irak mit kurzen Unterbrechungen unter iranischer Vorherrschaft, während Syrien dem hellenistischen Kulturraum verhaftet blieb.

Das Seleukidenreich in Syrien durchlebte, von Thronstreitigkeiten und Aufständen erschüttert, ein Jahrhundert der Agonie, bis endlich der römische Feldherr Pompeius 64 v. Chr. Syrien einschließlich Palästina eroberte und dem **Römischen Reich** eingliederte. Zunächst blieb auch Syrien von den innenpolitischen Streitigkeiten im Römischen Reich nicht verschont, und ebensowenig war die Gefahr durch die Partner im Osten gebannt. Doch mit dem Regierungsantritt von Kaiser Augustus 31 v. Chr. brach für Syrien rund zweihundert Jahre lang unter dem Schild der *pax romana* eine wirtschaftlich wie kulturell ungemein fruchtbare Friedenszeit an.

Seleukiden und Römer verliehen Syrien ein Gepräge, das bis heute weiterwirkt. Die Seleukiden und gerade Seleukos selbst traten als Gründer und Planer von Städten hervor, deren Grundrisse mit ihrer speziellen Anordnung von Gebäuden und Plätzen noch heute den hellenistischen Einfluß verraten. Und die Römer als die Straßenbauer par excellence schützten das Land nicht nur durch einen Limes vor parthischen Überfällen, sondern erschlossen es auch mit einem Netz von Verbindungswegen, über denen zum Teil auch noch die heutigen Straßen verlaufen. Eine systematische Förderung der Landwirtschaft und entsprechender Bewässerungssysteme machte aus vormals den Nomaden überlassenen Gebieten, wie zum Beispiel dem Hauran, regelrechte Kornkammern und Weingärten des Reiches. Diese äußeren Anzeichen dürfen jedoch nicht zu dem Fehlschluß verleiten, Syrien hätte damals auch seine kulturelle Eigenständigkeit verloren. Das Ergebnis war vielmehr eine positive Synthese aus griechisch-römischen und orientalischen Elementen, resultierend aus

einer gegenseitigen Befruchtung, von der beide Seiten profitierten. Wie groß das kulturelle und politische Gewicht Syriens schließlich war, zeigt sich einerseits darin, daß im 3. Jahrhundert n. Chr. mehrere Syrer den kaiserlichen Thron in Rom bestiegen (Heliogabalus aus einer Priesterfamilie von Homs, sein Vetter Severus Alexander und auch Philippus Arabs, »der Araber«, aus Shahba im Süden Syriens), und andererseits in den zahlreichen orientalischen religiösen Vorstellungen und Kulten (einschließlich des Christentums), die in Rom Einzug hielten. Syrische Autoren leisteten schon seit dem 2. Jahrhundert n. Chr. einen erheblichen Beitrag zur griechischen Literatur. So stammten etwa der Begründer des Neuplatonismus, Porphyrios, und sein Schüler Iamblichos aus Syrien; Tyros an der libanesischen Küste und Apameia beherbergten bedeutende Philosophenschulen. Die Eigenständigkeit der syrischen Kultur wird auch dadurch bezeugt, daß die griechische Sprache in Syrien nur von einer schmalen Oberschicht übernommen wurde, während das Aramäische die tägliche Verkehrssprache blieb. Das syrische Christentum, vor allem in Emesa, dem heutigen Homs, artikulierte sich seit Beginn des 3. Jahrhunderts vorwiegend in syrisch-aramäischer Sprache, jener Sprache, die auch Jesus gesprochen hatte.

Im 3. Jahrhundert n. Chr. kündigten sich erneut große Umwälzungen an. Auf die Parther folgte in Persien die Dynastie der Sasaniden, die auf ihren zahlreichen Feldzügen bis tief nach Syrien vorstießen. Der zunehmende Verfall der römischen Macht in Syrien verschaffte dem Land andererseits gewisse Freiräume zwischen den beiden Großmächten Rom und Persien. In diesem Zusammenhang ist vor allem Palmyra zu erwähnen, das aus einem hellenistisch-arabisch-mesopotamischen Handelszentrum - wenn auch nur für wenige Jahre - zu einer orientalischen Großmacht aufstieg, bevor die berühmte Zenobia, die Regentin des palmyrenischen Reichs, 271/72 n. Chr. vom römischen Kaiser Aurelian besiegt werden konnte.

Der römische Kaiser Aurelian

Die Gründung von Konstantinopel im Jahr 330 und schließlich die Aufteilung des Römischen Reiches 395 in ein West- und ein Ostreich markierten für Syrien den Beginn der **byzantinischen Epoche**. Die offizielle Erklärung des Christentums zur Staatsreligion 391/92 führte zu ständigen Verfolgungen des syrischen Heidentums wie auch der Juden; doch konnten sich heidnische Kulte in einigen Zentren noch über Jahrhunderte neben den verschiedenen christlichen Strömungen behaupten. Überall im Lande entstanden Kirchen oder wurden ehemalige Tempel in Kirchen umgewandelt.

Zwei Ansichten vom Baal-Tempel.

Syrien war schon im 4. Jahrhundert, zur Zeit der Perserkriege, immer wieder Aufmarschgebiet der römischen Truppen gewesen. Nachdem das 5. Jahrhundert sich relativ friedlich gestaltet hatte, stand das 6. Jahrhundert unter einem besonders schlechten Stern: Erneut rückten die persischen Sasaniden entweder selbst immer wieder gegen Syrien vor oder in Gestalt ihrer arabischen Vasallen, der Lakhmiden von Hira im mittleren Irak. Da Byzanz die Ostgrenze selbst nicht mehr schlagkräftig verteidigen konnte, übernahmen diese Aufgabe nun ebenfalls arabische Vasallen, nämlich die christianisierten Ghassaniden, die von ihrem Sitz Djabiya, südlich von Damaskus, zeitweilig den gesamten großsyrischen Raum vom Jordan bis zum Euphrat kontrollierten. Zu den ständigen kriegerischen Auseinandersetzungen kamen 526 und 528 noch zwei schwere Erdbeben, vor allem aber eine ständig wachsende Besteuerung durch Byzanz; all das führte zum wirtschaftlichen Niedergang Syriens. Als es von den Persern 609 erobert und von den Byzantinern 629 nochmals zurückgewonnen wurde, muß das Land völlig geschwächt gewesen sein - und bereit, jeden neuen Herrn willkommen zu heißen, der versprach, Unterdrückung, Verfolgung und Ausbeutung zu beenden.

Damaskus: Neunzig Jahre Sitz der Kalifen

Als noch zu Lebzeiten Mohammeds (gest. 632 n. Chr.) erstmals ein kleiner Trupp muslimischer Kämpfer am Rand der byzantinischen Einflußsphäre auftauchte, jedoch ohne große Mühen zurückgeschlagen werden konnte, deutete dies wohl niemand in Syrien als ersten Vorboten einer gewaltigen, den gesamten Orient völlig neu gestaltenden politisch-militärischen, aber auch religiösen Macht. In der Tat blieb die Südgrenze Großsyriens zunächst weitgehend unbehelligt. Der von 632 bis 634 regierende erste Kalif Abu Bakr war vor allem damit beschäftigt, die arabischen Stämme, die zum Islam konvertiert, nach Mohammeds Tod aber wieder abgefallen waren, für den neuen Glauben zurückzugewinnen. Sobald dies erreicht war, wurde unter dem Kalifat Omars (reg. 634–&44) das gesamte Potential an Kämpfern, das aus dem Inneren der Arabischen Halbinsel rekrutiert werden konnte, nach außen gerichtet: gegen Ägypten und Syrien - die byzantinische Einflußsphäre - und gegen den Irak, der vom sasanidischen Persien kontrolliert wurde.

Zwischen Syrien und Mekka bestanden schon in vorislamischer Zeit rege Handelskontakte. Auch Mohammed hatte zumindest einmal eine mekkanische Karawane nach Syrien begleitet, wo ein christlicher Mönch in Bosra seine künftige Prophetenschaft vor-

ausgesagt haben soll. Kein Wunder also, daß Syrien ein vorrangiges Ziel der islamischen Expansion war. Bereits 640 stand der gesamte großsyrische Raum einschließlich Jerusalem unter muslimischer Herrschaft. Mehrere Gegebenheiten förderten diese rasche Eroberung: Zum einen lebten bereits seit Jahrhunderten zahlreiche arabische Stämme in Syrien, zum anderen waren diese Araber, wie auch die meisten Aramäer, Anhänger des monophysitischen Christentums, das unter der byzantinischen Herrschaft immer wieder schweren Verfolgungen ausgesetzt gewesen war. So ist es nicht erstaunlich, daß die meisten Städte mehr oder weniger kampflos in die Hände der Muslime fielen und ihre Bewohner die neuen Herren geradezu willkommen hießen, zumal sie von diesen in der Ausübung ihres Glaubens nicht behelligt wurden. Für Damaskus wurde der folgende Übergabevertrag beschlossen, der auch für andere Städte Modellcharakter hatte: »Im Namen Gottes des Allbarmherzigen, des Allgütigen! Dies garantiert Khalid ibn al-Walid den Bewohnern von Damaskus, wenn er in die Stadt einzieht: Sicherheit für ihre Person, ihren Besitz und ihre Kirchen; die Stadtmauer wird nicht zerstört, und in ihre Häuser wird niemand einquartiert. Damit stehen sie unter dem Vertrag Gottes und unter dem Schutz des Propheten, der Kalifen und der Gläubigen. Wenn sie die Djizya-Steuer entrichten, wird ihnen nur Gutes widerfahren.« (Baladhuri, *Futuh al buldan*, S. 144) Die erwähnte Djizya-Steuer mußten generell die sogenannten »Leute des Buches« *(ahl al-kitab)* bezahlen, das heißt die Anhänger einer Offenbarungsreligion, in Syrien also Juden und Christen.

Neben dem zuvor genannten Khalid ibn al-Walid, der aus dem Irak in einem abenteuerlichen Zug durch die Wüste den muslimischen Truppen in Syrien zu Hilfe gekommen war, spielte bereits während der Eroberung eine andere Persönlichkeit eine führende Rolle. Er sollte einer der überragenden politischen Köpfe der frühislamischen Zeit werden: Mu'awiya ibn Abi Sufyan aus der mekkanischen Kaufmannssippe der Banu Umayya, der **Omayyaden**, die in Mekka schon vor der Islamisierung den Ton angegeben und sogar lange Jahre zu den erbittertsten Gegnern des Propheten gezählt hatten. Vom Kalifen Omar zum Statthalter von Syrien ernannt und von dessen Nachfolger Uthman im Amt bestätigt, widersetzte Mu'awiya sich im sogenannten Ersten Bürgerkrieg erfolgreich dem Kalifatsanspruch Alis, des Vetters Mohammeds und Begründers der *shi'at Ali* (der »Partei Alis«), und übernahm im Jahr 661 selbst die Kalifenwürde. Mu'awiya verlegte den Sitz des Kalifats von Medina nach Damaskus, machte das Amt des *amir al-mu'minin*, »des Herrschers der Gläubigen«, wie sich die Kalifen auch nannten, in seiner Sippe, den Banu Umayya, erblich und begründete damit eine der blühendsten Epochen der Geschichte Syriens.

Die Dynastie der Omayyaden

Von den insgesamt vierzehn Kalifen dieser Dynastie zwischen 661 und 750 waren neben Mu'awiya vor allem Abdalmalik und dessen Söhne al-Walid I. und Hisham von herausragender Bedeutung, nicht nur für Syrien, sondern für das ganze islamisch-arabische Reich, das unter ihnen seine größte Ausdehnung erreichte: Von Spanien und der Atlantikküste Nordafrikas im Westen bis zum Indus im Osten, vom Kaspischen Meer im Norden bis zu den Katarakten des Nil im Süden. Während das persische Reich der Sasaniden in dieser Zeit zusammenbrach und im islamischen Staat aufging, hielt Byzanz - wenn auch um zahlreiche asiatische Gebiete verkleinert - in Kleinasien stand. Schon unter Mu'awiya stießen muslimische Heere zwar zweimal bis Konstantinopel vor, doch erst rund achthundert Jahre später sollte die Stadt unter muslimische Herrschaft geraten, erobert aber nicht von den Arabern, sondern von den Türken.
In Syrien übernahm Mu'awiya im wesentlichen die Verwaltungsstrukturen, die er vorfand. Selbst die Amtssprache Griechisch blieb, und als oberster Finanzbeamter wirkte der melkitische Christ Mansur ibn Sardjun (Sergius), der schon den Byzantinern gedient und die Übergabe von Damaskus an die Muslime mit eingefädelt hatte; sein Sohn und schließlich auch sein Enkel Johannes Damascenus, der sowohl in der katholischen als auch in der orthodoxen Kirche als Heiliger und Kirchenlehrer verehrt wird, folgten ihm in dieser Funktion nach. Auch die Distrikte, in die Syrien administrativ aufgegliedert wurde, folgten älteren Verwaltungseinheiten. Unter Mu'awiya bestanden vier »Militärbezirke« *(adjnad)*, nämlich Homs, das mittlere und nördliche Syrien einschließlich der Küste, Damaskus einschließlich des heutigen Libanon, al-Urdunn (»Jordanien«) - dem heutigen Nordisrael und Nordjordanien entsprechend - und schließlich Filastin (Palästina). Sein Sohn Yazid I. (reg. 680-683) teilte die Nordprovinz unter Homs und Kinnasrin auf, wobei letzterem auch Antiochien und Aleppo unterstanden.
Nach dem Tode Yazids I., dem man einen ›unislamischen‹, ausschweifenden Lebenswandel vorwarf, drohte das junge Arabische Reich erneut auseinanderzubrechen. Es waren zunächst Marwan I. (reg. 684-685) und dann vor allem sein Sohn Abdalmalik (reg. 685-705), die den sogenannten Zweiten Bürgerkrieg

im Islam – Gegner waren die Schiiten und ein selbsternannter Gegenkalif in Mekka – für sich entscheiden und das Reich erneut zur Einheit führen konnten. Abdalmalik war es dann auch, der nach Kriegsende das Reich systematisch arabisierte, indem er das Arabische zur offiziellen Verwaltungssprache erhob. Als weiteres Mittel dazu diente die Umstellung der Währung: Waren zunächst die byzantinischen Münzen einfach nachgeprägt, später nur leicht verändert worden (z.B. durch Weglassen des Kreuzes), so erhielten sie nun ihr eigenes Aussehen durch Aufschriften, wie dem islamischen Glaubensbekenntnis und dem Prägedatum in islamischer Zeitrechnung. Mit der Errichtung des Felsendoms in Jerusalem setzte Abdalmalik nicht nur ein erstes Zeichen zur Entwicklung einer eigenständigen islamisch-arabischen Architektur, sondern demonstrierte auch die neue politisch-religiöse Macht nach außen. Sein Sohn al-Walid I. (reg. 705–715) führte diese Politik mit dem Bau der Omayyadenmoschee in Damaskus fort, und Hisham (reg. 724–743) schließlich krönte mit der Errichtung seiner berühmten »Wüstenschlösser« diese erste Blüte der jungen islamisch-arabischen Kultur.

Der Untergang der Omayyaden im Dritten Islamischen Bürgerkrieg Mitte des 8. Jahrhunderts, also circa hundert Jahre nach dem Tod des Propheten, markiert bereits den Anfang vom Ende des Arabischen Reiches. Die unterworfenen Völker, die sich zunehmend dem Islam anschlossen, forderten die im Koran verkündete Gleichheit aller Gläubigen gemäß dem Grundsatz: »Die Gläubigen sind doch Brüder« (Sure 49, Vers 9). Bagdad, inzwischen politisches und auch kulturelles Zentrum der islamischen Welt, orientierte sich noch verstärkt nach Osten, nachdem sich unter den Omayyaden eine fruchtbare Synthese europäischer und arabischer Kultur anzubahnen schien. Die arabische Literaturszene wird nun eine Domäne von Nichtarabern vornehmlich persischer Herkunft. Auch in Verwaltung und Militär geben diese zunehmend den Ton an.

Die Dynastie der Omayyadenkalifen steht für eine Blütezeit der islamischen Baukunst. Als eines der herausragendsten Beispiele für die architektonischen Leistungen dieser Epoche gilt die ab 705 errichtete Omayyadenmoschee in Damaskus.

Die Provinz Syrien – umkämpft, zerstritten, ausgebeutet

Mit der Verlegung des Kalifensitzes nach Bagdad, in den Irak, wurde Syrien unter der neuen Dynastie der **Abbasiden** zunächst einmal zur Provinz - politisch wie kulturell. Bald setzten auch auseinanderstrebende Kräfte innerhalb des Abbasidenreiches ein, die zur Entstehung zahlreicher unabhängiger oder quasi-unabhängiger Staatengebilde führten: Die islamische Welt fand seither nie mehr zu einer politischen Einheit zurück. Syrien drohte immer wieder zerrieben zu werden, wobei der Norden mit Aleppo und der Süden mit Damaskus als Zentrum häufig in Gegensatz zueinander gerieten.

Rund zweihundert Jahre lang wurde Syrien zu einer islamgeschichtlichen Randerscheinung. Eine Verschiebung der Handelswege zugunsten des Irak, ein Vordringen der Beduinen bis in die Herrschaftsstrukturen der Städte hinein; die Inbesitznahme alter, landwirtschaftlich kultivierter Gebiete durch Nomadenstämme, die - längst ihrer Einnahmequellen aus Beutezügen gegen byzantinisches Gebiet beraubt - nach neuen Lebensgrundlagen suchten, all das führte zu einem dramatischen wirtschaftlichen Niedergang des Landes. Die abbasidischen Kalifen in Bagdad blieben hier unbeliebt. Nicht nur die Christen (z.B. 759/60 im Libanon) probten den Aufstand, sondern auch die untereinander verfeindeten großen Stammesverbände der Kais und Kilab im Norden und Osten Syriens wehrten sich vehement gegen die von Bagdad bestallten Steuereintreiber. Befriedungsversuche, zum Beispiel durch den bei uns so berühmten Kalifen Harun ar-Rashid, blieben kurze Zwischenspiele.

Es waren vor allem zwei ideologische Strömungen, die damals in Syrien die anti-abbasidische Bewegung vorantrieben: Einerseits war es die Erinnerung an die »goldene Zeit« der Omayyaden, die für verschiedene Aufstände zum Leitbild wurde und eine omayyadische Restauration zum Ziel hatte - Omayyaden herrschten inzwischen im islamischen Spanien -, und andererseits waren es schiitische Ideen, die sowohl in der städtischen als auch in der ländlichen, und da vor allem in der beduinischen Gesellschaft immer mehr Raum gewannen.

Der zunehmende Machtverlust des sunnitischen Abbasidenkalifen von Bagdad stärkte die Machtgelüste seiner Statthalter in den Provinzen. In der zweiten Hälfte des 9. Jahrhunderts hatte sich in Ägypten die von Bagdad quasi unabhängige Dynastie der **Tuluniden** etabliert, der es zwischen 877 und 905 gelang, sich fast ganz Syriens zu bemächtigen. In diese Zeit (901) fiel auch

die Invasion der **Karmaten**, einer extremistischen, sozialrevolutionären schiitischen Sekte, der sich viele Beduinen angeschlossen hatten. Sie richteten fast im ganzen Lande schwere Verwüstungen an und konnten erst vor den Toren von Damaskus gestoppt werden.
Zu Beginn des 10. Jahrhunderts begründeten die **Hamdaniden**, ein vornehmes Geschlecht aus dem Stamm der Taghlib, im Norden Syriens und des Irak ein knappes Jahrhundert lang eine eigene - schiitische - Herrscherdynastie. Herausragender Vertreter der Hamdaniden war Saifaddaula (reg. 945-967), der sich während seiner gesamten Regierungszeit von der Hauptstadt Aleppo aus gegen die Angriffe der Byzantiner wehren mußte, die einmal (962/63) sogar Aleppo - mit Ausnahme der Zitadelle - einnahmen. Höchsten Ruhm hat sich Saifaddaula, »das Schwert des Staates«, jedoch auf anderem Gebiet erworben, nämlich als großzügiger Mäzen von Gelehrten und Literaten. Berühmte Dichter wie al-Mutanabbi und Philosophen wie al-Farabi verkehrten an seinem Hof. Ihm widmete auch der ungemein produktive Literat Abu 1-Faradsch al-Isfahani sein zwanzigbändiges Hauptwerk, das *Kitab al-Aghani* (»Buch der Lieder«), das mit seinen unzähligen Gedichten, Biographien, Anekdoten und Geschichten noch heute eine unerschöpfliche Quelle der arabischen Kulturgeschichte darstellt.
Nicht nur die zwischenzeitlich wieder mächtiger gewordenen Byzantiner bedrängten die Hamdaniden. Zumindest zeitweilig mußten sie eine ägyptische Oberherrschaft dulden, die sich auch den Süden Syriens und Palästina unterwarf: die **Ikhshididen** 935 bis 969 und anschließend die Fatimiden. Der bedeutendste Herrscher unter den Ikhshididen war der abessinische Eunuch und Prinzenerzieher Kafur Abu l-Misk (»Kampfer, Vater des Moschus«), der als Förderer von Literatur und Wissenschaft mit Saifaddaula in Aleppo rivalisierte. Die Ikhshididen wurden in Ägypten von den aus dem Westen heranrückenden **Fatimiden** abgelöst, die sogleich, ohne nennenswerten Widerstand zu erfahren, auch das südliche Syrien und Palästina ihrem Reich einverleibten. Der Begründer der Dynastie der Fatimiden, die Schiiten ismailitischer Prägung waren, stammte aus dem heute noch ismailitischen Salamiye, nordöstlich von Hims in Syrien, und gab sich als siebter Imam und Mahdi aus. Nach der Eroberung Ägyptens und der Gründung von Kairo 969 errichteten die Fatimiden dort ein eigenes Kalifat. So hatte die islamische Welt zweihundert Jahre lang gleichzeitig drei Kalifen: zwei sunnitische in Bagdad beziehungsweise in Córdoba und einen schiitischen in Kairo. Im Norden Syriens wüteten derweil die Byzantiner, die

nun über hundert Jahre lang in Antiochia herrschten und zeitweilig auch Aleppo tributpflichtig machten. Dort konnte sich zwischen 1023 und 1079 nochmals eine arabische Beduinendynastie, die **Mirdasiden**, etablieren.
In der zweiten Hälfte des 11. Jahrhunderts traten dann zwei neue Machtfaktoren auf, welche die politischen Verhältnisse in Syrien wiederum völlig veränderten: die türkischen (sunnitischen) Seldschuken und die christlichen Kreuzfahrer. Die **Seldschuken** stammten aus Zentralasien und hatten sich im Rahmen einer regelrechten türkischen ›Völkerwanderung‹ quer durch den Iran immer weiter westwärts ausgebreitet. Im Verlaufe dieses Vordringens geriet Kleinasien allmählich unter türkische Herrschaft. Der Kalif von Bagdad erkannte die Seldschuken als die eigentliche Macht im Staate an und verlieh ihren Führern bezeichnenderweise den Titel Sultan (arab. »Macht«, »Herrschaft«). Hauptgegner der Seldschuken bei ihrer Expansion nach Westen waren einerseits die Byzantiner und andererseits die schiitischen Fatimiden. Mit der Herrschaft der Seldschuken begann ein längerer Prozeß, in dessen Verlauf sich der bisher stetig gewachsene politische Einfluß der Schiiten zugunsten der Sunniten wendete.
In Syrien unterwarf sich Aleppo 1070 dem Seldschukensultan Alp Arslan, Damaskus wurde 1076 erobert. 1084 wurde auch Antiochia (heute das türkische Antakya) den Byzantinern wieder entrissen. Neben den Sultanaten von Damaskus und Aleppo herrschten von nun an über Antiochia und Homs, ebenso wie über Jerusalem, mehr oder weniger unabhängige Seldschukenemire, zwischen denen es immer wieder zu Auseinandersetzungen kam Die Fatimiden konnten nur noch einige Städte an der Küste des Libanon und Palästinas halten.

Mit Kreuz und Schwert: Das Abendland kehrt zurück

In dieser unübersichtlichen Lage tauchten nun auch noch die **Kreuzfahrer** auf: 1098 eroberten sie Antiochia, und schon im Jahr darauf ihr Hauptziel bei der »Befreiung des Heiligen Landes«, Jerusalem, das kurz zuvor die Fatimiden wieder an sich gerissen hatten. Sukzessive unterwarfen die Kreuzfahrer nun die gesamte Küste. Eindrucksvolle Burgen entstanden, in Syrien vor allem der Krak des Chevaliers (Hisn al-Akrad), Chastel-Blanc (Safita) und Margatum (Markab). Zur Zeit seiner größten Ausdehnung umfaßte das christliche Königreich Jerusalem unter Balduin I. von Bouillon (reg. 1100–1118) vier Feudalstaaten: im Nordosten die Grafschaft Edessa (heute Urfa in der Türkei) zu

Befestigungsanlagen von Antiochien

beiden Seiten des Euphrat, im Norden das Fürstentum Antiochia, in der Mitte die Grafschaft Tripoli, die von Markab bis Byblos reichte, und schließlich im Süden das eigentliche Königreich Jerusalem mit Palästina und Transjordanien. Zentralsyrien zwischen Damaskus und Aleppo konnte dagegen nicht bezwungen werden, auch wenn sich Damaskus zeitweilig zu Tributzahlungen verpflichten mußte.

Nach dem Tod König Balduins II. (reg. 1118-1131) begann der Kreuzfahrerstaat bereits zu zerfallen. Einen ersten Abschluß fand dieser Prozeß durch die muslimische Rückeroberung Jerusalems 1187. In diesem halben Jahrhundert erwuchsen den Kreuzfahrern zwei sunnitisch-muslimische Widersacher, die ihnen erstmals gewachsen waren: **Nuraddin**, »das Licht des Glaubens«, und **Salahaddin**, »die Güte des Glaubens«, letzterer bei uns als Saladin bekannt. Bereits Nuraddins Vater, der seldschukische *atabek* und Heerführer Zangi, führte von Mosul aus einen erbitterten Kampf gegen die Kreuzfahrer und konnte ihnen 1144 die Grafschaft Edessa wieder entreißen. Die Schwäche der Muslime war zu diesem Zeitpunkt vor allem die Zersplitterung der einzelnen Atabeks untereinander, die sich im Ernstfall auch nicht scheuten, mit den Kreuzfahrern gemeinsame Sache zu machen, und gegen Rivalen aus den eigenen Reihen vorzugehen. Erst Nuraddin gelang es, indem er sich sowohl Aleppo als auch Damaskus unterwarf, die syrischen Kräfte zu bündeln. Aus seinem Umkreis, nicht aus seiner Familie, stammte dann der kurdische Emir Saladin, der endgültig das Blatt zugunsten der Muslime wenden konnte.

Saladins erste entscheidende Tat war 1173 zunächst einmal die Beseitigung der in ständige Palastintrigen verstrickten Dynastie der schiitischen Fatimidenkalifen in Ägypten. Nach Nuraddins Tod 1174 regierte er - nominell immer noch im Auftrag des sunnitischen Kalifen von Bagdad, de facto aber unabhängig - als Großsultan neben Ägypten auch Syrien. Höhepunkt seiner Feldzüge gegen die Kreuzfahrer bildete dann 1187 sein Sieg bei Hittin in Palästina und die anschließende Rückeroberung von Jerusalem sowie anderer Städte. Zwar versuchten die Kreuzfahrer im folgenden Dritten Kreuzzug, mit dem der Name Richard Löwenherz verbunden ist, nochmals Boden gutzumachen, doch Jerusalem blieb fortan - mit einer kurzen Unterbrechung nach

Die Kreuzfahrer aus der Sicht eines muslimischen Zeitgenossen

Heute werden die Kreuzfahrer im Rückblick aus arabisch-muslimischer Sicht häufig als die Vorreiter des aggressiven westlichen Expansionsdrangs gesehen. Daß sie eine militärisch-politische Gefahr für die islamische Welt darstellten, kann man nicht bestreiten, als kulturelle Bedrohung wurden sie zur damaligen Zeit aber nicht empfunden. Usama ibn Munkidh, der Burgherr der Festung Shaizar, erzählt in seinen Memoiren so manche amüsante Begebenheit, die er mit den Kreuzfahrern, die von den Arabern allesamt »Franken« *(ifrandj)* genannt wurden, erlebte. Das Gefühl, in seiner kulturellen und religiösen Identität bedroht zu sein, kommt darin nicht zum Ausdruck, im Gegenteil: »Gepriesen«, so schreibt er, »sei der Schöpfer, der alles erschaffen hat! Wenn man die Franken kennengelernt hat, kann man nur Gott, den Erhabenen, loben und preisen und die Franken als Tiere betrachten, die außer Tapferkeit und Kampfesmut keine Tugend besitzen, so wie den Tieren die Stärke und die Fähigkeit zum Tragen von Lasten eigen sind [...]. Alle Franken, die erst seit kurzem ihr Land verlassen haben, sind roher in ihrem Wesen als jene, die sich schon an unser Land gewöhnt haben und mit den Muslimen Umgang pflegen [...].« (Usama, *Ein Leben im Kampf gegen Kreuzritterheere*, S. 150)

Zahlreiche Beispiele führt Usama für die geistige Beschränktheit der Kreuzfahrer an. Besonders entsetzt haben ihn ihre primitiven und brutalen medizinischen ›Heilmethoden‹, die ihm angesichts der damals bereits hochentwickelten Medizin der – sowohl muslimischen wie christlichen – Araber wahrhaft barbarisch erscheinen mußten. Ein Beispiel aus seiner Feder möge genügen:

»Der Herr von Munaitira [eine Kreuzfahrerfestung in der Nähe von Tripoli im Libanon] schrieb an meinen Oheim und bat ihn, einen Arzt zu schicken, der seine kranken Leute behandeln sollte. Mein Oheim sandte ihm daraufhin einen [arabisch-] christlichen Arzt namens Thabit. Als dieser schon nach zehn Tagen wieder zurückkam und wir verwundert zu ihm sagten, er habe die Kranken aber schnell behandelt, erzählte er: ›Sie brachten mir einen Ritter, an dessen Bein ein Abszeß aufgetreten war, und eine Frau, die von Auszehrung befallen war. Dem Ritter machte ich einen kleinen Breiumschlag, worauf sich der Abszeß öffnete und besserte. Der Frau verordnete ich eine Diät und führte ihren Körpersäften Feuchtigkeit zu. Dann kam ein fränkischer Arzt zu ihnen und erklärte: ›Der versteht doch nichts davon, wie sie zu behandeln sind!‹ Und den Ritter fragte er, ob es ihm lieber sei, mit einem Bein zu leben oder mit beiden Beinen zu sterben. Als der Ritter sagte, er würde lieber mit einem Bein leben, erklärte der Arzt, man solle ihm einen kräftigen Ritter und eine scharfe Axt bringen. Nachdem dies geschehen war, legte er das Bein des Kranken auf einen Holzklotz und befahl dem Ritter, das Bein mit einem einzigen Hieb abzuhauen. Vor meinen Augen schlug der Ritter einmal zu, und da das Bein dann noch nicht abgetrennt war, ein zweites Mal, wobei das Mark aus dem Bein herauslief und der Kranke auf der Stelle starb. Dann untersuchte er die Frau und erklärte: ›Diese Frau hier hat in ihrem Kopf einen Teufel, der sich in sie verliebt hat. Schert ihr die Haare!‹ Man schor ihr die Haare, und sie aß wieder ihre normalen Speisen mit Knoblauch und Senf. Als sich daraufhin ihre Auszehrung noch verschlimmerte, erklärte er, der Teufel sei endgültig in ihren Kopf eingedrungen, schnitt ihr mit einem Rasiermesser ein Kreuz in den Kopf, zog die Haut in der Mitte ab, bis der Schädelknochen sichtbar wurde, und rieb die Stelle mit Salz ein. Die Frau starb sofort. Als ich die Leute dann fragte, ob sie mich noch bräuchten, verneinten sie. So bin ich nun wieder hier, nachdem ich von ihrer Heilkunde gelernt habe, was ich vorher nicht wußte.‹ «

(Usama, Ein Leben im Kampf gegen Kreuzritterheere, *S.150f.)*

dem Fünften Kreuzzug - unter muslimischer Herrschaft. Nach Saladins Tod 1193 wurde das Reich unter seinen Erben aus der von ihm begründeten Dynastie der **Ayyubiden** aufgeteilt. Die Kreuzfahrer mühten sich noch hundert Jahre, verlorenes Terrain zurückzugewinnen, doch vergebens. Die Geschichte der Kreuzfahrer in Syrien liest sich wie eine unaufhörliche Folge von Kämpfen und Schlachten, von Bündnissen quer durch die Konfessionen und entsprechenden Wortbrüchen, von der Errichtung von Burgen und deren Eroberung. Gerade Syrien erlebte jedoch dank Nuraddin, Saladin und einiger ihrer Erben eine Blütezeit, die nur mit der Zeit der Omayyaden, die schon ein halbes Jahrtausend zurücklag, vergleichbar ist. Handel, Gewerbe und Landwirtschaft gediehen wie lange nicht mehr. Die Kreuzfahrer selbst haben außer Zerstörung, Leid und Tod wenig zurückgelassen, doch förderten sie durch die Öffnung ihrer europäischen Märkte in Syrien den Handel und das Gewerbe - nicht zuletzt das Kunsthandwerk. In friedlichen Zeiten gab es auch rege persönliche Kontakte zwischen Kreuzfahrern und Syrern, auch muslimischen. Kulturell war die gegenseitige Befruchtung allerdings eine Einbahnstraße, die vom Orient in den Westen und kaum umgekehrt verlief. In Sprache, Kunst, Kultur und Wirtschaft haben die Kreuzfahrer viel mehr übernommen als sie geben konnten, denn die arabische Kultur war der europäischen damals weit überlegen.

Die Mamluken

Das 13. Jahrhundert brachte erneut einschneidende Umwälzungen mit sich. Wieder wurde die gesamte islamische Welt in ihrer Existenz bedroht, im Osten durch die Mongolen, im Westen nochmals durch die Kreuzfahrer. In seinem berühmten unblutigen Kreuzzug 1228 bis 1229 gelang es dem Staufer Friedrich II., der übrigens besser Arabisch als Deutsch gesprochen haben soll, vom Ayyubidensultan in Kairo nur durch Verhandlungen und Vertrag Jerusalem für die Christen zurückzuerhalten. Schon fünfzehn Jahre später ging es dann allerdings endgültig verloren. Bedrohlicher für die Muslime gestaltete sich der Kreuzzug des französischen Königs Ludwig IX., »des Heiligen«, der die Ayyubiden in ihrem Zentrum, in Ägypten, angriff; 1249 konnte jedoch auch er besiegt werden. Es war dies die letzte größere Unternehmung im Namen des Kreuzes im Nahen Osten.

Das Kommando über die siegreichen muslimischen Truppen führte in dieser Schlacht ein Mamluk namens Baibars. (*Mamluk* ist im Arabischen eine Bezeichnung für Sklave, was im Deut-

Die zahlreichen mittelalterlichen Kreuzritterburgen Syriens gelten in der arabischen Welt als steinerne Mahnmale für den Expansionsdrang Europas. Oben Kal'at Markab; unten Kal'at Salahaddin.

schen zu »Mameluck« verballhornt wurde.) Die Ayyubidensultane, wie auch andere muslimische Dynastien jener Zeit, rekrutierten ihre Elitetruppen vorwiegend aus türkischen Sklaven, die in großer Zahl zunächst aus Zentralasien, dann aus Südrußland und dem Kaukasus importiert wurden. Bereits ein Jahr nach der Schlacht gegen Ludwig den Heiligen ging 1250 in Ägypten die Ayyubidenherrschaft zu Ende, und ihre Mamluken übernahmen selbst die Macht. Der erwähnte Baibars war von Anfang an eine der treibenden militärischen Kräfte, auch wenn er selbst erst zehn Jahre später Sultan wurde.

Während diese Entwicklungen Syrien zunächst nur am Rande berührten, braute sich im Osten neues Unheil zusammen. 1258 wüteten die Mongolen unter Hülägü auf grausamste Weise in Bagdad, wobei so viele Menschen ums Leben kamen, daß die Überlebenden aus den Schädeln der Getöteten Pyramiden errichtet haben sollen. Das abbasidische Kalifat, ohnehin nur noch ein Schatten seiner selbst, war dem Untergang geweiht. Die Mamluken ›hielten‹ sich in Kairo zwar noch einen Kalifen aus dem Abbasidengeschlecht, der jedoch nur ihrer eigenen Legitimation diente. Rasch drangen die Mongolen weiter nach Westen vor, eroberten Aleppo und Damaskus und hinterließen Tod und Verwüstung. Erst die Mamluken konnten sie in einer Schlacht in Palästina 1260 abwehren. Eine Bedrohung für Syrien blieben die Mongolen aber noch lange.

Die Mamluken vereinigten Syrien wieder mit Ägypten und traten das Erbe der Ayyubiden an. Baibars nahm eine Kreuzritterfestung nach der anderen ein, und seine Nachfolger setzten das Werk fort, bis sie schließlich 1302 mit der kleinen Insel Arwad vor der syrischen Küste, wo sich die Templer noch hatten halten können, auch den letzten Stützpunkt der Kreuzfahrer besetzten. Zuvor hatten die Mongolen, unter denen das nestorianische Christentum eine bescheidene Verbreitung gefunden hatte, nochmals den Versuch gemacht, in einer großen Allianz mit den christlichen Mächten die Mamluken aus Syrien zu vertreiben, doch scheiterte das Vorhaben. Die Mongolen selbst, die bald darauf den Islam annahmen, tauchten noch mehrmals in Syrien auf. Zuletzt war es der bei uns als »Tamerlan« bekannte Timur, der 1401 Aleppo ausraubte. Er plünderte und steckte auch Damaskus in Brand; die meisten waffenfähigen Männer wurden versklavt, und die geistige und künstlerische sowie handwerkliche Elite, zum Beispiel Architekten oder Schmiede, wurde in seine Residenz, nach Samarkand in Zentralasien, verschleppt.

Die wiederholten Heimsuchungen durch die Mongolen, Pestepidemien, vor allem jene von 1348, in erster Linie aber die brutale Ausbeutung der Bevölkerung durch die Mamluken, die Steuern in absurder Höhe verlangten, warfen Syrien erneut zurück. Angesichts dieser Verhältnisse ist es erstaunlich, daß das Land bis ins 14. Jahrhundert ein reges geistiges Leben zu verzeichnen hatte und daß auch wirtschaftlich zumindest bestimmte Handels- und Handwerkszweige durchaus florierten. Letzteres ist nicht zuletzt darauf zurückzuführen, daß der Handel auf der Arabischen Halbinsel und der Zwischenhandel mit Asien und Europa weiterliefen. Die ersten europäischen Konsuln in bestimmten Hafenstädten - hier wurde Beirut für Syrien immer wichtiger - trugen wesentlich dazu bei, daß dieser Zwischenhandel nicht abbrach. Erst die Entdeckung des Seeweges nach Indien durch die Portugiesen Ende des 15. Jahrhunderts setzte dieser Mittlerstellung Syriens zwischen Asien und Europa ein Ende.

Unter osmanischer Herrschaft

Zu Beginn des 16. Jahrhunderts war der Mamlukenstaat dermaßen heruntergekommen, daß es nur eines potenten Angreifers bedurfte, um ihm den Todesstoß zu versetzen. Diese Rolle übernahmen die Osmanen, jenes türkische Herrscherhaus, das sich, aus einem kleinen Fürstentum im untergehenden Seldschukenreich entstanden, im 14. Jahrhundert im Nordwesten der heutigen Türkei etabliert hatte. Nachdem sich ihre militärischen Aktivitäten zunächst auf Eroberungen auf dem Balkan und die Einnahme von Konstantinopel (1453) konzentriert hatten, unterwarfen sie zu Beginn des 16. Jahrhunderts auch den größten Teil der arabischen Welt. Der sunnitische Islam wurde Staatsreligion, die nichtislamischen Konfessionen erhielten insofern einen Sonderstatus, als sie jeweils als eigene ›Nation‹ *(millet)* anerkannt wurden, die ihre inneren Angelegenheiten, und hier vor allem das Personenstandsrecht, selbst regeln durften.

In Syrien akzeptierten die Bewohner 1516 die neuen Herren, die nun vierhundert Jahre bis zum Ersten Weltkrieg das Land regieren sollten - die längste Fremdherrschaft, die Syrien je zu erdulden hatte. Eingeteilt wurde das Land in drei jeweils einem *pasha* unterstehende Regionen: Damaskus mit zehn ›Landkreisen‹, darunter Jerusalem und Beirut; Tripoli, wozu auch Homs und Hama gehörten, sowie Aleppo mit ganz Nordsyrien. Später wurden Saida im Libanon und Akko in Palästina zu einer weiteren Verwaltungsregion zusammengefaßt. Die Posten der Paschas wurden in Konstantinopel versteigert, und folglich hatten die meisten Amtsinhaber nur ein einziges und sehr kurzfristiges Interesse, nämlich möglichst schnell möglichst viel Geld aus ihrer

T. E. Lawrence: Der Aufstand der Araber

T. E. Lawrence (1888–1935)

T. E. Lawrence hat mit seinem berühmten Werk *Die sieben Säulen der Weisheit* dem Aufstand der Araber gegen die Türken ein literarisches Denkmal gesetzt. Er, der als Archäologe und Arabist ausgebildet war und ein geradezu romantisch-schwärmerisches Verhältnis zu den Arabern hatte, war während des Ersten Weltkriegs politischer Agent Englands im Nahen Osten, und es gelang ihm, ein enges Verhältnis zu Faisal, einem der Söhne Husains, des Scherifen von Mekka, aufzubauen. Als auf der Friedenskonferenz in Paris 1919, an der auch Lawrence teilnahm, immer deutlicher wurde, daß England und Frankreich nicht willens waren, die Erwartungen der Araber zu erfüllen, widersetzte sich Lawrence der britischen Orientpolitik und quittierte 1922 enttäuscht den Dienst. In den folgenden Zeilen geht er zunächst kurz auf die Bedeutung der arabischen Zivilisation im Mittelalter ein, um anschließend - in einer sehr subjektiven Sicht - die Rolle der Türken im arabischen Raum in osmanischer Zeit und das Aufkommen des arabischen Nationalismus zu schildern:

»Die arabische Zivilisation war abstrakter Art, mehr moralisch und intellektuell als physisch, und ihr Mangel an Gemeinsinn machte ihre ausgezeichneten individuellen Eigenschaften wertlos. Aber in ihrer Epoche waren sie vom Glück begünstigt: Europa war der Barbarei verfallen, die Erinnerung an griechische und lateinische Bildung schwand aus dem Gedächtnis der Menschen. Aus diesem Gegensatz heraus erschien das Nachahmungstalent der Araber schöpferisch und ihr Staat blühend. Aber sie erwarben auch wirkliches Verdienst dadurch, daß sie die klassische Vergangenheit für die Zukunft des abendländischen Mittelalters bewahrten.

Mit dem Auftreten der Türken wurde diese Blütezeit zu einem entschwundenen Traum. Nacheinander gerieten alle Semiten Asiens unter ihr Joch und starben darunter langsam dahin. Ihrer Besitztümer wurden sie beraubt; ihr Geist schrumpfte ein unter dem erstarrenden Hauch eines Militärregiments. Türkische Herrschaft hieß Polizeigewalt; die politischen Theorien der Türken waren so roh wie ihre Praxis. Sie brachten den Arabern bei, daß die Interessen einer Sekte höher ständen als die des Vaterlands und daß die Nebensächlichkeiten der Provinz wichtiger wären als die Nation. Sie säten Uneinigkeit unter sie und brachten sie dahin, einander zu mißtrauen. Sogar die arabische Sprache wurde aus Gerichten und Ämtern, aus Verwaltung und höheren Schulen verbannt. Araber konnten nur dem Staate dienen, wenn sie ihre rassische Eigenart aufopferten. Diese Maßnahmen wurden nicht ruhig hingenommen. Die Beharrlichkeit der Semiten zeigte sich in den zahlreichen Aufständen in Syrien, Mesopotamien und Ägypten gegen die groben Formen türkischer Durchdringung; und ebenso erhob sich Widerstand gegen ihre hinterhältigeren Versuche der Aufsaugung. Die Araber dachten nicht daran, ihre reiche und schmiegsame Sprache gegen das rohe Türkisch einzutauschen; statt dessen durchsetzten sie das Türkische mit arabischen Worten und hielten sich an die Schätze ihrer eigenen Literatur.

Sie verloren den Sinn für ihr Land, für ihre [...] politischen und historischen Erinnerungen. Aber um so fester hingen sie an ihrer Sprache und machten sie geradezu zu ihrem eigentlichen Vaterland. Die oberste Pflicht jedes Moslem war, den Koran zu studieren, das heilige Buch des Islams, nebenbei auch das größte arabische Literaturdenkmal. Das Wissen darum, daß diese Religion die seinige und nur er allein imstande war, sie vollkommen zu verstehen und auszuüben, gab jedem Araber einen erhöhten Standort [...].

Dann kam die türkische Revolution, der Fall Abdul Hamids und der Sieg der Jungtürken. Sofort lichtete sich der Horizont für die Araber. Die jungtürkische Bewegung war eine Auflehnung gegen den hierarchischen Aufbau des Islams und gegen die panislamischen Theorien des alten Sultans, der den Anspruch erhoben hatte, als geistlicher Leiter aller Moslems zugleich ihr alleiniger und absoluter weltlicher Herrscher zu sein. Unter dem Antrieb konstitutioneller Theorien vom souveränen Staat erhoben sich die jungen Politiker und warfen den Sultan ins Gefängnis. Zu einer Zeit also, da Westeuropa gerade anfing, die Nationalität um der Internationale willen aufzugeben [...] fing Westasien an, die Katholizität gegen eine nationalistische Politik einzutauschen und von Kriegen zu träumen, die nicht mehr für Glauben und Dogma, sondern für die nationale Selbständigkeit geführt wurden. Diese Bestrebungen hatten zuerst und am stärksten im Nahen Osten eingesetzt, in den kleinen Balkanstaaten, und hatten sie durch fast beispielloses Märtyrertum zu ihrem Ziel geführt: der Loslösung von der Türkei. Später hatte es nationalistische Bewegungen in Ägypten, Indien, Persien und schließlich in Konstantinopel gegeben, wo sie von den neuen amerikanischen Erziehungsideen noch unterstützt und verschärft worden waren, Ideen, die, auf den alten Orient losgelassen, als gefährlicher Explosivstoff wirkten. Die amerikanischen Schulen, die nach den Grundsätzen freier Forschung unterrichteten, traten für Unabhängigkeit der Wissenschaft und unbeschränkte Meinungsäußerung ein. Ohne es zu wollen, lehrten sie die Revolution, denn es war für den Einzelnen in der Türkei unmöglich, zugleich ein moderner Mensch und ein treuer Untertan zu sein, wenn er einem der unterworfenen Völker angehörte – den Griechen, Arabern, Kurden, Armeniern oder Albanern –, über welche die Türken so lange zu herrschen vermocht hatten.

Im Vertrauen auf ihren ersten Erfolg ließen sich die Jungtürken von der Logik der von ihnen vertretenen Prinzipien weitertreiben und predigten als Protest gegen die panislamischen Bestrebungen die allgemeine Verbrüderung der Osmanen. Die unterworfenen Völker – weit zahlreicher als die Türken selbst – glaubten nur allzugern, daß man sie zur Mitarbeit am

Bau des neuen Ostens aufgerufen habe. Erfüllt von den Lehren Herbert Spencers und Alexander Hamiltons, stellten sie eiligst ein Programm sehr weitgreifender Reformen auf und begrüßten die Türken als ihre Gesinnungsgenossen. Erschrocken über die Kräfte, die sie entfesselt hatten, erstickten die Türken das Feuer so schnell, wie sie es geschürt hatten. [...] Aber zuvor mußten sie ihr eigenes Reich von den störenden fremden Volkselementen säubern, die sich der Türkisierung widersetzten. Die Araber, als der stärkste fremde Volksteil in der Türkei, mußten zuerst an die Reihe kommen. So wurden die arabischen Abgeordneten fortgejagt, die arabischen Bünde verboten, die arabischen Notabeln geächtet. Arabische Kundgebungen und die arabische Sprache wurden von Enver-Pascha noch rücksichtsloser unterdrückt als früher von Abdul Hamid.
Doch die Araber hatten einen Vorgeschmack der Freiheit bekommen. Sie konnten ihre Anschauungen nicht so rasch wechseln wie Kleider; und die stärksten Geister unter ihnen waren nicht so leicht niedergeworfen. Wenn sie türkische Zeitungen lasen, ersetzten sie in den nationalen Auslassungen das Wort ›Türkisch‹ durch ›Arabisch‹. Unterdrückung trieb sie zur Gegenwehr. Da ihnen gesetzmäßige Auswege versperrt waren, wurden sie Revolutionäre.
Die arabischen Gesellschaften bestanden unterirdisch weiter [...]. Die Mitglieder schworen, sich die militärischen Kenntnisse ihrer Herren anzueignen und sie gegen diese im Dienste des arabischen Volkes zu gebrauchen, wenn der Augenblick des Aufstandes gekommen war.«

(T. E. Lawrence, *Die sieben Säulen der Weisheit*, S. 26ff.)

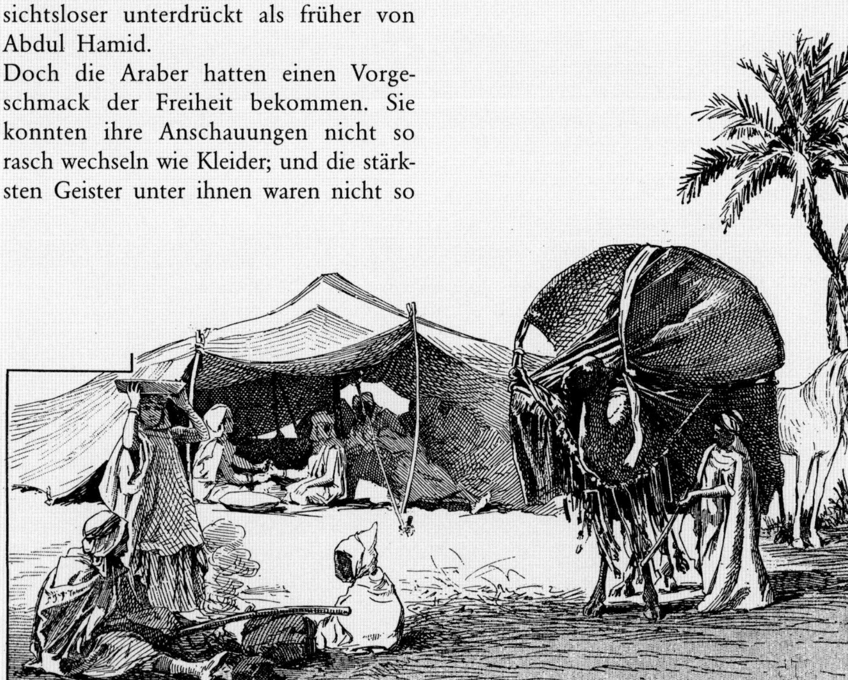

Position herauszuschlagen. Alljährlich zogen sie mit ihren Janitscharen aus, um die Steuern einzutreiben. Allein Damaskus erlebte in 180 Jahren 133 Paschas. Da sie meist nur ihre Hauptstadt und deren nächste Umgebung kontrollierten, war das flache Land weitgehend einheimischen Lehnsherren überlassen, von denen man ›lediglich‹ Tributzahlungen verlangte, in deren häufige interne Kämpfe man sich aber kaum einmischte.
Bis zur Mitte des 19. Jahrhunderts erlebte Syrien unter den Osmanen nur wenige erfreuliche Phasen. Mehrere Lokalherrscher versuchten in diesem Zeitraum, mit Duldung der Osmanen oder gegen sie, eigene ›Reiche‹ zu begründen. Diese verworrenen politischen und wirtschaftlichen Verhältnisse und die Schwäche der Zentralmacht ermöglichten es den Beduinen, in besiedeltes Land vorzudringen. Viele Dorfbewohner traten daraufhin die Flucht in die Städte an. Von über dreitausend Dörfern, die Ende des 16. Jahrhunderts im Verwaltungsbezirk von Aleppo existierten, sollen 1780 noch ganze vierhundert übrig gewesen sein!

Der Untergang des Osmanischen Reichs

Zunächst nur wirtschaftliche, schließlich aber offen machtpolitische Interessen verfolgend, drängten in diesen Jahrhunderten immer stärker die europäischen Mächte in den syrischen Raum. Aufgrund sogenannter Kapitulationsverträge erlaubten ihnen die Osmanen schon im 16. Jahrhundert, Handelsniederlassungen zu gründen. Franzosen und Engländer nutzten diese Chance besonders ausgiebig.
Den Händlern folgten bald Missionare und Lehrer. Das Zivilisationsgefälle, das zur Zeit der Kreuzfahrer noch von Ost nach West verlief, hatte sich inzwischen umgekehrt. Mit den europäischen Schulen, die vor allem von den Christen besucht wurden, erhöhte sich deren Bildungsniveau beträchtlich. Da Franzosen und Engländer sich schließlich immer massiver in die Politik einmischten – Napoleon war 1798 in Ägypten gelandet – und sich als Schutzmächte und Förderer der orientalischen Christen sahen, führte dies unter anderem zu wachsendem Haß der Muslime gegen ihre christlichen Volksgenossen. Trauriger Höhepunkt dieser Entwicklung waren 1860 die Christenmassaker im Libanon und in Damaskus, eines der dunkelsten Kapitel der syrischen Geschichte. Wer den Mob in Damaskus dazu anstachelte, wird wohl für immer unklar bleiben. Fest steht, daß die türkischen Besatzer die Christen entwaffneten und im übrigen dem Morden untätig zusahen.
In der zweiten Hälfte des 19. und im beginnenden 20. Jahrhundert versuchten die Osmanen, durch verschiedene Verwaltungs-

reformen Anschluß an Europa zu finden. In Syrien führte dies zu einer gewissen Stabilisierung und zum Aufblühen der Landwirtschaft, nachdem die räuberischen Beduinenstämme weitgehend ›gezähmt‹ worden waren. Das Vorbild der Unabhängigkeitsbewegungen auf dem Balkan, die Ausbreitung des europäischen Nationalstaatsgedankens und andere Entwicklungen ließen auch in der arabischen Welt den Wunsch nach Selbständigkeit wachsen. Das Osmanische Reich hatte sich selbst überlebt.

Der arabische Raum als Spielball kolonialer Interessen

In einem Briefwechsel hatten die Briten zu Beginn des Ersten Weltkriegs dem Scherifen Husain in Mekka das vage Versprechen gegeben, man werde die Araber nach einem Sieg über die Osmanen, sofern die Araber sich an diesem Kampf beteiligten, dabei unterstützen, einen unabhängigen arabischen Staat zu gründen. Der »Aufstand der Araber« gegen die Türken ist durch den Engländer T. E. Lawrence in die Literatur eingegangen.

Doch während noch die Araber, schlecht ausgerüstet, aber heldenmütig, für die Befreiung von der türkischen Vorherrschaft zu kämpfen meinten, hatten Briten und Franzosen bereits 1916 das sogenannte Sykes-Picot-Abkommen geschlossen, von dessen Existenz die Araber erst nach dem Krieg erfuhren. Darin hatten die beiden europäischen Mächte für die Zeit nach dem Krieg den Nahen Osten bereits fein säuberlich unter sich aufgeteilt – durch Grenzlinien, die meist recht willkürlich und mit dem Lineal gezogen waren. Die sogenannte Balfour-Erklärung von 1917, in welcher der britische Außenminister Arthur J. Balfour dem französischen Baron Rothschild den Beschluß seiner Regierung mitteilte, eine »nationale Heimstätte für das jüdische Volk in Palästina« zu errichten – wobei die Rechte der dort lebenden nichtjüdischen Menschen, das heißt also der arabischen Palästinenser, allerdings nicht beeinträchtigt werden sollten –, war ebenfalls ohne Rücksprache mit den Arabern zustandegekommen.

Als Faisal, den die Araber schon als König ihres neuen Arabischen Reiches, zumindest aber eines großsyrischen Staates vom Sinai bis nach Antiochien, sahen, 1919 mit seinen Kriegern in Damaskus einzog, herrschte Euphorie. Doch aus der Begeisterung wurde in wenigen Monaten Enttäuschung und Wut. In Versailles wurde der großsyrische Raum entsprechend dem Sykes-Picot-Abkommen in Mandate aufgeteilt: Palästina und Jordanien erhielten die Engländer, Syrien und Libanon die Franzosen. Die Briten konnten die Franzosen zwar noch dazu bewegen,

Faisal wenigstens nominell als König von Syrien zu dulden. Der syrische Nationalkongreß wählte ihn auch, doch da er sich nicht bereitfand, nur als Marionette der Franzosen zu agieren, wurde er bereits im Juli 1920 von französischen Truppen aus Damaskus vertrieben. (Die Briten ›entschädigten‹ ihn dann mit der Königswürde über ›ihren‹ Irak.) War schon die Abspaltung des Libanon und Palästinas von Syrien historisch nicht unproblematisch, so ging Frankreich bald noch einen Schritt weiter: Es teilte auch Restsyrien 1920 und 1921 schrittweise in verschiedene staatliche Gebilde auf, nämlich in einen Staat Aleppo, wozu damals auch noch das Gebiet von Alexandrette (Iskenderun) gehörte, einen Staat Damaskus sowie einen von diesen unabhängigen Staat der Alawiten an der Küste und im Ansariye-Gebirge sowie schließlich einen weiteren im Haurangebirge im Süden für die Drusen. Frankreich überschätzte jedoch die ethnischen, religiösen und lokalen Animositäten zwischen den einzelnen Regionen. Längst war ein gesamtsyrisches Nationalbewußtsein, vor allem unter den Intellektuellen und den traditionell führenden Familien, gewachsen. Der Unmut über Frankreichs Politik entlud sich im Sommer 1925 zunächst im Djebel Druz, dem »Berg der Drusen«, im Süden, griff jedoch bald auf Damaskus über. Die Franzosen reagierten mit aller Härte. Hunderte von Menschen starben bei regelrechten Massakern, und zweimal bombardierte die Besatzungsmacht sogar Damaskus, wobei auch eine Reihe wertvoller Bauwerke zerstört wurde. Erst Ende 1926 kehrte halbwegs Ruhe ein.

Es folgten zehn Jahre fruchtloser Versuche, einen Kompromiß zu finden zwischen Frankreichs Bestreben, das Land für immer an sich zu binden, und dem Wunsch der syrischen Nationalisten nach uneingeschränkter Unabhängigkeit. Zwar wurden Parlamentswahlen abgehalten und Regierungen gebildet, doch wenn das Parlament eine Frankreich nicht genehme Entscheidung fällte, wurde es eben suspendiert.

1936 endlich schien Bewegung in die verfahrene Situation zu kommen. Der »Nationale Block«, die einflußreichste syrische Oppositionspartei, erhielt immer stärkeren Zulauf, Demonstrationen waren an der Tagesordnung, und Frankreich mußte fürchten, auch international immer stärker in die Isolation zu geraten, nachdem England bereits einen Vertrag mit dem Irak geschlossen hatte, in dem dessen Weg in die Unabhängigkeit festgeschrieben worden war. So sah sich nun auch Frankreich gezwungen, sich mit den syrischen Nationalisten zusammenzusetzen und einen Vertrag zu entwerfen, der dem Land nicht nur die Unabhängigkeit und die Mitgliedschaft im Völkerbund versprach,

sondern auch seine territoriale Integrität. War man in Syrien zunächst noch skeptisch gewesen, ob die mit diesem Entwurf nach Paris gereisten Nationalisten erfolgreich zurückkehren würden, wandelte sich diese Skepsis in Gewißheit, als in Frankreich die linke Volksfront unter Léon Blum die Wahlen gewann. Um so abgrundtiefer war dann die Enttäuschung: Der Vertragsentwurf wurde vom neuen französischen Parlament nicht ratifiziert. Man war wieder da, wo man schon 1926 gewesen war.
Bereits im folgenden Jahr erhielt das Mißtrauen der Syrer neue Nahrung. Im Mai 1937 schloß Frankreich mit der Türkei ein Abkommen, in welchem dem Distrikt von Alexandrette (Iskenderun und Antakia) wegen der dort lebenden großen türkischen Minderheit ein Sonderstatus eingeräumt wurde. Das syrische Parlament wehrte sich gegen diese Regelung, was Frankreich aber nicht scherte: In einem Freundschaftsvertrag mit der Türkei 1938 machte es den Weg frei, daß die Türkei 1939 das Gebiet annektieren konnte. Zwar muß man Frankreich zugute halten, daß es am Vorabend des Zweiten Weltkriegs versuchte, mögliche Bündnispartner des Dritten Reichs auf seine Seite zu ziehen, doch für Syrien war es eine Katastrophe. Nicht nur, daß es weitere 14.000 Armenier und viele Tausende Araber aufnehmen mußte, die vor dem türkischen Nationalismus flohen - nachdem es bereits im Ersten Weltkrieg Tausenden von armenischen Flüchtlingen Zuflucht gewährt hatte -, sondern es hatte mit Iskenderun auch seinen wichtigsten Mittelmeerhafen verloren. (Auch seit seiner Unabhängigkeit hat Syrien dieses französische Geschenk an die Türkei nie gebilligt, weshalb auch heute auf vielen Karten noch der alte Grenzverlauf zur Türkei eingetragen ist.)

Das arabische Syrien findet zu sich selbst

Erst der Zweite Weltkrieg brachte die entscheidende Zäsur im Kampf um die Unabhängigkeit Syriens. Englische und französische Truppen marschierten 1941 nach Syrien ein und leiteten die Unabhängigkeit des Landes in die Wege. Im Jahr 1945 war Syrien Gründungsmitglied der Arabischen Liga und wurde auch Mitglied der UNO. Zwar versuchte anfänglich auch noch General de Gaulle, Demonstrationen in Syrien gegen die militärische Präsenz Frankreichs mit Gewalt niederzuschlagen, doch war die Entwicklung nicht mehr aufzuhalten. Als Churchill drohte, britische Truppen gegen die Franzosen in Syrien einzusetzen, und die UNO Anfang 1946 sogar eine Resolution verabschiedete, in der Frankreich zum Abzug aller seiner Truppen aus Syrien aufgefordert wurde, räumten die Franzosen schließlich das Land. Es spricht übrigens für die Syrer, daß sie trotz dieser leidvollen Erfahrung mit Frankreich zu diesem immer noch ein besonders enges kulturelles Verhältnis pflegen. Der rege Besuch der Sprachkurse des französischen Kulturinstituts in Damaskus ist der beste Beleg dafür.

Die ersten Jahrzehnte des jungen Staates waren von ständigen Staatsstreichen und den damit einhergehenden unsicheren Verhältnissen gekennzeichnet. Der Zusammenschluß von Syrien und Ägypten 1959 zur Vereinigten Arabischen Republik wurde schon 1961 durch einen Offiziersputsch beendet. 1963 kam die Ba'th-Partei an die Macht, die das Land nun bereits seit über dreißig Jahren regiert. Der Leitspruch der Partei lautet »Einheit, Sozialismus und Freiheit«, wobei »Einheit« immer noch die Sehnsucht nach einem vereinigten arabischen Staat ausdrückt und »Freiheit« nicht die individuelle Freiheit, sondern die Freiheit des Landes von kolonialistischer und imperialistischer Unterdrückung meint. Der gegenwärtige Präsident, Hafiz al-Asad, wurde 1971 erstmals gewählt und hat dem Land - bei aller westlichen Kritik an seiner autoritären Amtsführung - eine beachtliche wirtschaftliche und politische Stabilität gebracht. Seit einigen Jahren bemüht sich die Regierung zudem, durch eine vorsichtige Liberalisierung des öffentlichen Lebens und eine Öffnung zum Westen das negative Image zu korrigieren.

Der Nahostkonflikt

Syriens Außenpolitik wird in vielerlei Hinsicht vom Dauerkonflikt mit Israel bestimmt. Die Serie der offenen militärischen Auseinandersetzungen begann 1948 unmittelbar nach Gründung des israelischen Staates. Die Niederlage von 1967 im Sechs-Tage-Krieg bescherte Syrien den Verlust der Golanhöhen und stürzte die ganze arabische Welt geradezu in eine Sinnkrise. Der Oktoberkrieg 1973, der Jom-Kippur-Krieg, brachte weitere schwere Verluste, und die israelische Invasion in den Libanon 1982 führte zu einer neuerlichen Konfrontation zwischen der israelischen Armee und den im Libanon stationierten syrischen Truppen. Alle diese Kriege führten zu einer Vergrößerung des von Israel kontrollierten Gebietes. Ob der 1993 eingeleitete Friedensprozeß im Nahen Osten auch eine Normalisierung der israelisch-syrischen Beziehungen mit sich bringt, hängt davon ab, ob Israel die von ihm unter Mißachtung entsprechender UNO-Beschlüsse annektierten Golanhöhen bedingungslos räumt oder nicht. Im Gespräch mit den Menschen in Syrien kann man immer wieder den Wunsch nach Frieden mit Israel heraushören. Die hohe Belastung des Staatshaushalts durch Militärausgaben ist wirtschaftlich eine schwere Bürde, deren sich Politiker wie Bürger durchaus bewußt sind. Doch auch die Angst vor weiteren Expansionsgelüsten Israels sitzt tief. Wie tief, läßt folgendes Erlebnis erahnen: Als ich einer hohen Beamtin palästinensischer Abstammung in Damaskus beiläufig erzählte, daß ich in diesem Reiseführer das Kapitel über Palmyra mit der alten arabischen Legende beginnen möchte, wonach Salomo die Stadt begründet habe, bat sie mich - und dies in vollem Ernst -, die Geschichte lieber wegzulassen, da Israel sonst vielleicht auf den Gedanken käme, damit einen Anspruch auf Palmyra zu begründen, so wie es mit dem Alten Testament seine Existenz in Palästina rechtfertigt.

Solange die Golanhöhen im Südwesten des Landes von Israel besetzt bleiben, dürfte der Dauerkonflikt zwischen beiden Staaten ungelöst bleiben, doch in jüngster Zeit ist wieder Bewegung in die starren Fronten gekommen, die Anlaß zur Hoffnung geben könnte. Nachdem Anfang 1999 der israelische Premier Netanjahu - ein erklärter Gegner des Friedensprozesses - gestürzt wurde, hoffen alle auf eine moderatere Haltung Israels nach den anstehenden Neuwahlen.

Der Friedensprozeß zwischen Palästina und Israel wird - sollte er erfolgreich sein - auch positive Auswirkungen auf das syrisch-israelische Verhältnis haben.

Islamisch-arabische Architektur

Da in diesem Buch insbesondere die Aspekte Syriens als islamisches Land berücksichtigt werden, soll hier ein kurzer Überblick über die wesentlichen Merkmale islamisch-arabischer Architektur und ihrer Geschichte gegeben werden. Der Aufbau und Stil der verschiedenen Kirchentypen und die wichtigsten Charakteristika antiker Tempelanlagen werden an den betreffenden Stellen im Reiseteil erläutert. Die architektonisch bedeutsamsten Epochen Syriens in islamischer Zeit sind die erste Hälfte des 8. Jahrhunderts (Omayyaden), das 12. bis 15. Jahrhundert (Zangiden, Ayyubiden, Mamluken) und die folgende Osmanenzeit, vor allem in ihrer Anfangsphase.

Moscheen und Medresen

Moschee heißt auf Arabisch *masdjid*, »Ort, an dem man sich niederwirft«, oder *djami'*, »Sammelnde«, weil sie am Freitag, dem »Tag der Versammlung«, wie dieser Wochentag im Arabischen genannt wird, die Gläubigen zur wöchentlichen Predigt ruft. Mit *djami'* wurden ursprünglich nur die großen Moscheen, die sogenannten »Freitagsmoscheen«, bezeichnet, in denen der Kalif oder sein Statthalter präsent waren und am Freitag die Predigt hielten. Im allgemeinen haben Moscheen einen annähernd quadratischen Grundriß. In Syrien bildet das Rechteck der nördlichen Hälfte den ummauerten, aber nicht überdachten Hof *(sahn)*, das südliche Rechteck den überdachten eigentlichen Gebetsraum *(musalla)*. Im Hof, der bei größeren Moscheen an drei Seiten von Säulengängen *(riwaq)* umgeben ist, befindet sich ein Brunnen oder ein Wasserbecken, wo man vor dem Gebet die rituellen Waschungen vornehmen kann (was aber heute in der Regel bereits zu Hause erledigt wird). Wichtigstes Ele-

Minarett

ment des meist überkuppelten Gebetsraumes ist die Gebetsnische *(mihrab)*, die in Syrien nach Süden weist, weil die Gebetsrichtung *(qibla)* nach Mekka ausgerichtet sein muß. In Syrien ergab sich dadurch bei der Umwandlung christlicher Kirchen, die stets von Westen nach Osten ausgerichtet waren, in Moscheen der Vorteil, daß man lediglich den südlichen Eingang der Kirche zumauern und eventuell an der ehemaligen Apsis der Kirche einen neuen Eingang durchbrechen mußte, was tatsächlich oft geschehen ist.
In den Freitagsmoscheen steht rechts neben dem *mihrab*, der dem Vorbeter *(imam)* vorbehalten ist, die meist aus Holz gefertigte Kanzel *(minbar)*, von welcher der Freitagsprediger *(khatib) zu* den versammelten Gläubigen spricht. Die *qibla*-Wand sowie Mihrab und Minbar sind die zentralen Punkte der Moschee und dementsprechend die bevorzugten Objekte künstlerischer Ausgestaltung. Da bildliche Darstellungen im Islam verboten sind, dienen häufig kunstvolle Schriftbänder - meist Koranverse - als Schmuck. Eine gewisse Ausnahme bilden die reichen Mosaike im Hof der Omayyadenmoschee in Damaskus mit ihren Darstellungen paradiesischer Landschaften. Zuweilen finden sich im Betraum durch niedrige Balustraden abgeteilte Sektionen *(maqsura)* speziell für Frauen. Der Boden des Betraumes ist mit Teppichen, zumindest aber mit Matten bedeckt.
Markantestes äußeres Kennzeichen der Moschee ist das Minarett *(manara* oder *ma'dhana)*, von wo der Muezzin *(mu'adhdhin)* - heute allerdings nur noch seine mit Lautsprechern verstärkte Stimme vom Band - die Gläubigen fünf mal am Tag zum Gebet ruft. Nachdem in den ersten Jahrzehnten des Islam der Gebetsruf noch vom Dach des Gebetshauses erschallte, entwickelte sich in Syrien das Minarett schrittweise von niederen, viereckigen Türmen über achteckige, schlankere und höhere Strukturen (mit quadratischem Grundriß) bis zu den runden, bleistiftartig in den Himmel ragenden hohen Minaretten der Osmanenzeit.
Viele Moscheen in Syrien weisen im Gebetsraum selbst oder in einem Nebenraum eines oder mehrere Gräber auf, in denen der Stifter und seine Familie, eine andere herausragende Persönlichkeit oder bestimmte Reliquien beigesetzt sind. Der Übergang von der Moschee zur Grabmoschee im engeren Sinne ist fließend. Viele dieser Bauwerke werden an den Gedenktagen der hier begrabenen Honoratioren oder Heiligen von Pilgern besucht.
Die Moschee war von Anfang an auch stets ein Ort der religiösen Unterweisung, vor allem des Studiums von Koran und *hadith* sowie der sich daraus entwickelnden islamischen Rechtswissenschaft. Große Moscheen bargen oft eigene Räume für die Unterbringung von Lehrern und Studenten. Vom 12. Jahrhundert

So wie die Glocke vom Kirchturm bei uns an den Gottesdienst mahnt, so ruft der Muezzin vom Minarett aus zum Gebet. Und wenn auch heute meist ein Lautsprecher den »echten« Muezzin ersetzt, so verbreiten diese schlanken Bauten durch die eleganten Formen immer noch ihren orientalischen Zauber.

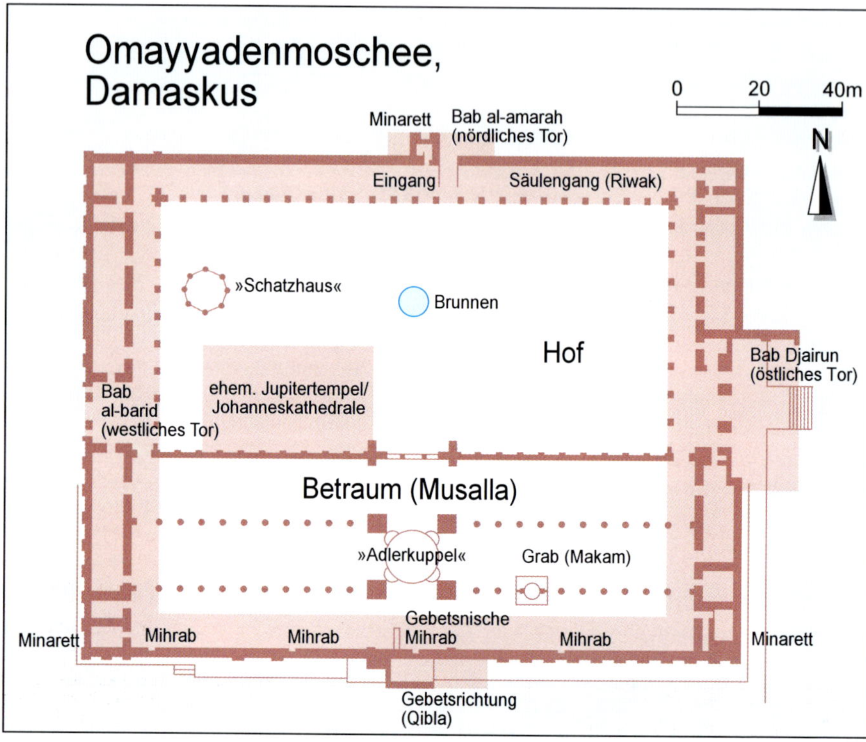

Die Omayyadenmoschee (Baubeginn 705 n. Chr.) erhielt als Typus einer Hofmoschee eine wegweisende Bedeutung für die islamische Architekturgeschichte über die Grenzen Syriens hinaus. Sie wurde von dem Omayyadenkalifen al-Walid I. auf dem inneren Tempelhof des römischen Jupiterheiligtums aus dem 1. Jahrhundert n. Chr. errichtet.

an – in Syrien vor allem durch Nuraddin und Saladin sowie der von letzterem begründeten Ayyubidendynastie in hohem Maße gefördert – wurden eigene »Schulen« (*madrasa*, eingedeutscht als »Medrese«) errichtet. Diese unterschieden sich von Moscheen in der Regel nur dadurch, daß sie sich von ihrer Funktion her eben primär als Schulen definierten und immer einige zellenähnliche Räume als Unterkunft für Lehrer und Schüler sowie meist auch eine Küche aufwiesen. Charakteristisch für Syrien ist, daß die Medresen ob die Gräber ihrer Stifter bergen oder mit deren Mausoleen verbunden sind; besonders typisch sind dabei die *turbas* in Damaskus.

Fließend sind auch die Übergänge von Moschee, Medrese und *turba* zu zwei weiteren religiösen Einrichtungen, dem *khanqah* und der *zawiya*. Der *khanqah* war Moschee und Medrese zugleich, nicht selten auch Mausoleum, diente aber vor allem den mystischen Orden als Treffpunkt, Wohn- und Gästequartier. In osmanischer Zeit wurden solche Gebäudekomplexe meist mit dem türkischen Wort *tekke* (oder arab. *takiya*) benannt. Als *zawiya* wiederum, ein Begriff der ursprünglich »Ecke«, »Winkel« bedeutet und auch die »Zelle« des christlichen Mönchs bezeichnete, firmieren in Syrien meist kleinere Moscheen, vor allem aber solche, in denen sich Gruppen von Mystikern um einen besonders verehrten Scheich oder dessen Grab versammeln.

Der Khan

Mit dem ursprünglich persischen Begriff *khan* (»Haus«) wurden im Mittelalter zwei verschiedene Einrichtungen des Handels bezeichnet, nämlich zum einen die eigentlichen Karawansereien, das heißt, die Rast-, Schutz- und Versorgungsstationen entlang der wichtigsten Handels- und Pilgerrouten, und zum anderen große Handelskontore in den Städten. Die hohe Zeit der Khane in Syrien war die der Mamluken und Osmanen. Die Architektur der Karawansereien aus dieser Epoche ist relativ einheitlich und hat sich über die Jahrhunderte kaum verändert. Ihr Grundriß ist rechteckig oder quadratisch, und die Mauern sind fensterlos. Zentraler Punkt im offenen Innenhof ist ein Wasserbecken, und umlaufend reihen sich die Räume für Menschen und Tiere so-

Innenansicht der Assad Pascha al-Azm Karawanserei in Damaskus. Stahlstich aus der Mitte des 19. Jahrhunderts

wie zum Lagern von Waren. Ein kleiner Moscheeraum, zuweilen auch ein Bad, vervollständigen die Ausstattung.
Im Gegensatz zu den Karawansereien, die als Zwischenstation der reisenden Kaufleute fungierten, waren die oft eindrucksvollen Khane in den Städten die Zielpunkte der Händler: Sie bildeten die Zentren des Großhandels und auch des Kreditgewerbes. Um einen - in Damaskus üblicherweise mit Kuppeln überdachten, in Aleppo offenen - Innenhof mit einem Brunnen in der Mitte liegen die einzelnen Geschäfte; das Stockwerk darüber bildet eine umlaufende Galerie mit weiteren Geschäften und Wohnräumen. Heute sind viele Khane nur noch Lagerplätze für mehr oder weniger sperrige Waren, doch werden einige in zentraler Lage auch noch in der traditionellen Weise genutzt. Die syrische Altertümerverwaltung ist bestrebt, die architektonisch besonders wertvollen Khane vor dem Verfall zu bewahren.

Der Hammam

Ibn Khaldun, einer der größten Staatstheoretiker und Historiker, den die arabische Welt im ausgehenden Mittelalter hervorgebracht hat, schreibt in einem dreibändigen »Vorwort« *(Muqaddima)* zu seinem umfangreichen Geschichtswerk *Das Buch der warnenden Beispiele* über die Tendenz großer Städte zum Luxus und zu entsprechend aufwendigen Gewerben und Handwerken: »Auch [öffentliche] Bäder fallen unter diese Rubrik. Sie existieren nur in dichtbesiedelten Städten mit einer hochentwickelten Kultur - als eine Art von Luxus, der sich aus Reichtum und Wohlstand ergibt. Deshalb gibt es in mittelgroßen Städten keine [öffentlichen] Bäder. Zwar wollen manche Herrscher [auch dort] Bäder, errichten sie auch und machen sie funktionsfähig. Da jedoch von der großen Masse der Bevölkerung kein Bedürfnis danach besteht, werden sie bald vernachlässigt und verfallen. Die Betreiber verlassen sie schnell, da sie wenig Gewinn aus ihnen ziehen.« (Ibn Khaldun, *Muqaddima*, Bd.2, S.302). Tatsächlich läßt sich vielerorts an der Zahl der Bäder einer Stadt der Grad ihres Wohlstands zu einer bestimmten Zeit ablesen. In Bezug auf Syrien aber hat Ibn Khaldun insofern unrecht, als dort meist auch kleinere Städte öffentliche Bäder besaßen und umso mehr die großen: So gab es Mitte des 12. Jahrhunderts allein in der Innenstadt von Damaskus schon vierzig Bäder, hundert Jahre später waren es doppelt so viele, was für die wirtschaftliche Blüte der Stadt unter den Ayyubidenherrschern spricht.

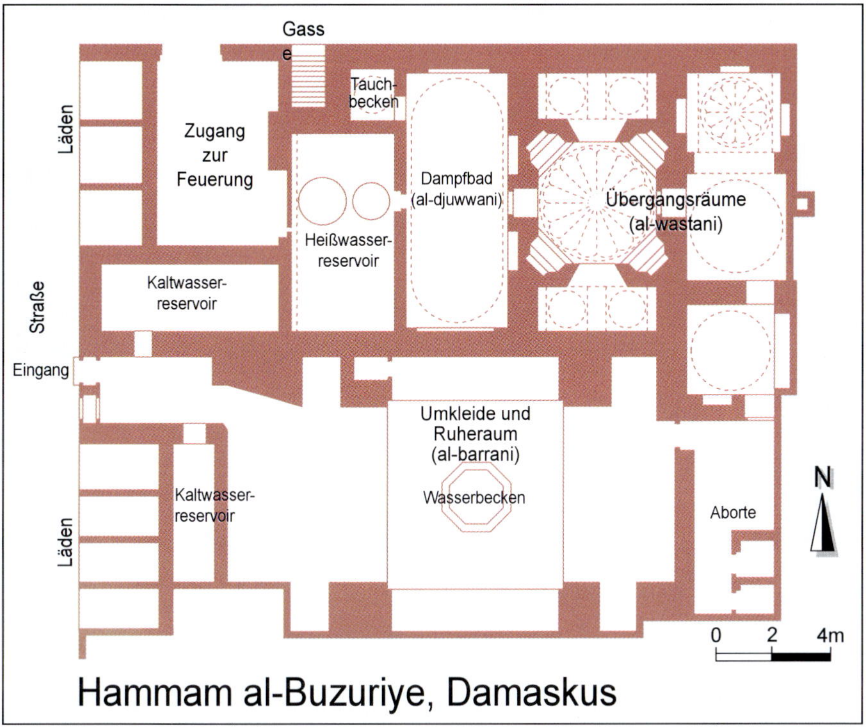

Der *hammam*, wie das öffentliche Bad im Arabischen heißt, ist in der englischen und deutschen Sprache als »türkisches Bad«, im Französischen dagegen als »maurisches Bad« bekannt. In islamischen Ländern hat er vor allem zwei Funktionen: eine religiöse und eine gesellschaftliche. Einerseits konnte man sich dort vor dem Gebet von der »großen Unreinheit« befreien, weshalb die Bäder oft in der Nähe von Moscheen liegen, andererseits traf man sich in ihnen zum ungezwungenen Plausch. Zahlreiche traditionelle Bäder werden auch heute noch genutzt, einige architektonisch und vom Inventar her besonders eindrucksvolle, wie der Hammam des Nuraddin in Damaskus und der Hammam des Yalbugha in Aleppo, sind heute regelrechte Touristenattraktionen. Der Hammam setzt in den islamisch geprägten Ländern die Tradition der spätantiken Thermen fort, wenn er auch nicht deren Ausmaße erreicht und sich die räumliche Anordnung und auch die Art der Nutzung im Laufe der Zeit etwas verändert hat. Ist er in einem Suk gelegen, befinden sich Läden rechts und links des mehr oder weniger aufwendig gestalteten Eingangs; die traditio-

Der Hamman al-Buzuriye in Damaskus weist den typischen Grundriß eines orientalischen Badehauses auf. Vom unbeheizten Umkleide- und Ruheraum wird der Besucher durch einen oder zwei Räume geleitet, die mit steigender Temperatur auf das eigentliche Dampfbad vorbereiten.

nellen Bäder sind sehr oft mit eindrucksvollen Fassaden geschmückt.
Auf den Eingang folgt meist ein Korridor oder eine Treppe, die vielfach abgewinkelt ist, damit das Bad von der Gasse aus nicht eingesehen werden kann. Zunächst betritt man den gesellschaftlich wichtigsten, den unbeheizten Umkleide- und Ruheraum (*al-barrani*, »der Äußere«). Normalerweise hat er die Form eines Kreuzes und weist an den Seiten jeweils einen tonnengewölbten, an einer Seite offenen Langraum *(iwan)* auf. Zwei weitere Räume (*al-wastani*, »der Mittlere«) - bei kleineren Bädern manchmal auch nur einer - bereiten den Besucher mit steigenden Temperaturen auf »das Innerste« *(djuwwani)* des Hamman vor, das eigentliche Dampfbad.

Traditionelle Wohnarchitektur

Zwar macht auch in Syrien das traditionelle Wohnhaus vielfach einer recht gesichtslosen Betonarchitektur Platz, doch hat sich sowohl auf dem Lande als auch in der Stadt noch so viel ältere Bausubstanz erhalten, daß man einen guten Eindruck von der herkömmlichen Architektur erhält. Natürlich gibt es erhebliche regional und sozial bedingte Unterschiede, doch läßt sich eine Reihe von Charakteristika feststellen, die allen Wohnformen - vom Beduinenzelt über das Bauernhaus bis zum vornehmen städtischen Palast - gemeinsam sind.
Das »Haarhaus« *(bait sha'r)*, wie das Beduinenzelt auch genannt wird, besteht aus zusammengenähten Bahnen eines dicken Gewebes aus schwarzem Ziegenhaar. Die dem Wind zugewandte Rückseite des Zelts ist stets verschlossen. Das rechte Drittel des Inneren nimmt der Männerraum ein mit der von Sitzmatten umgebenen Feuerstelle und den Gerätschaften zum Kaffeekochen. Hier werden auch die Gäste empfangen und bewirtet. Bunte Tücher trennen diesen Raum vom Frauentrakt, in dem die tägliche Hausarbeit verrichtet und auch gekocht wird.
Zwischen Gäste- und Privatbereich wird auch in den Bauernhäusern unterschieden. Hinzu kommt bei ihnen der von einer Mauer umgebene Hof, durch den man zum Haus oder zu den einzelnen Gebäudeteilen gelangt. Unter den ländlichen Haustypen wirken die runden, in jahrtausendealter Tradition aus Lehmziegeln errichteten sogenannten »Bienenkorbhäuser« (*qubab*, Einzahl *qubba*) besonders malerisch. Sie finden sich östlich der Linie Homs - Aleppo und haben im europäischen Raum ihre Parallele in den Trulli-Häusern Apuliens.

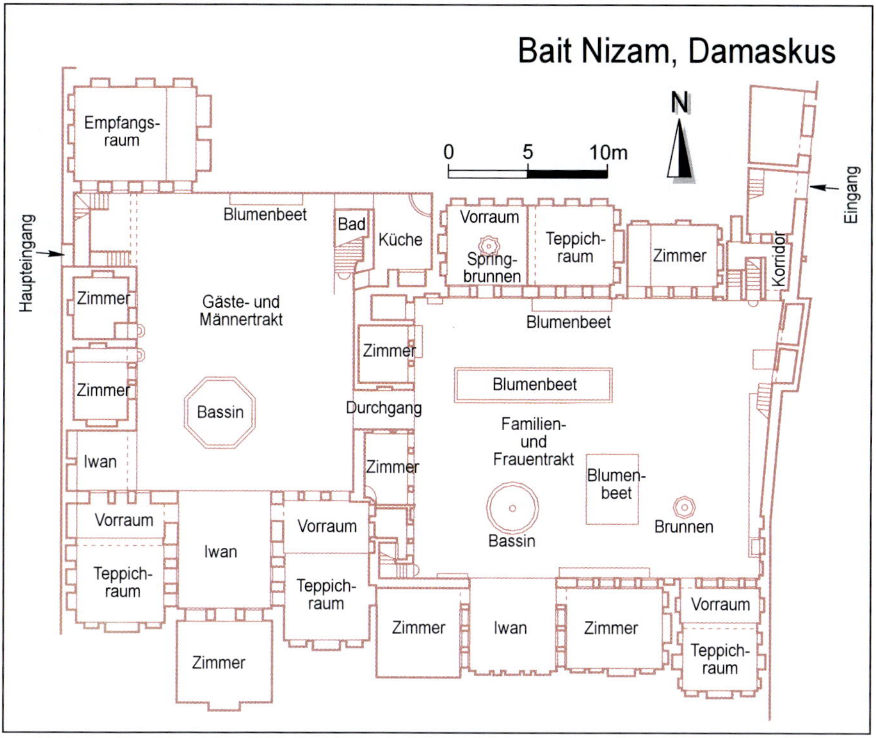

Stadthäuser, meist zweigeschossig, weisen im Parterre eine fensterlose Fassade auf, die nur durch eine Tür aufgebrochen wird. Durch diese gelangt man in den mit einem Wasserbecken und Pflanzen ausgestatteten Innenhof, von dem aus man die einzelnen Räume erreicht. Der Gästebereich *(madafa)* des Hauses liegt stets dem Eingang am nächsten. Größere Stadthäuser und -paläste besitzen hohe, zum Hof hin völlig offene Räume, sogenannte Iwane, und Arkaden *(riwaq)*. Die Ruhe und Beschaulichkeit der Innenhöfe steht vielfach in krassem Gegensatz zum turbulenten, geschäftigen Treiben in den Gassen.

Bait Nizam in Damaskus: Wichtigstes Merkmal des traditionellen Wohnhauses in der islamisch-arabischen Architektur ist die Trennung zwischen »öffentlichem« Bereich (Gäste- und Männertrakt) und privatem Teil (Familien- und Frauentrakt).

Tradition und Moderne

Feste und Feiertage

Aufgrund seiner vielfältigen Religionen und Konfessionen besitzt Syrien einen reichen Festkalender. Während die verschiedenen christlichen Gemeinschaften neben den hohen kirchlichen Feiertagen wie Weihnachten und Ostern (bei den Orthodoxen liegen diese eine Woche später als bei uns!) eine große Zahl von Festen zu Ehren ihrer Heiligen begehen, sind die höchsten islamischen das »Opferfest« *('id al-adha)* am 10. des letzten Monats und das »Fest des Fastenbrechens« *('id al-fitr)*. Letzteres findet am Ende des Monats Ramadan, des 9. Monats im islamischen Kalender, statt, und obgleich das »kleine Fest« *(al-'id as-saghir)* genannt, feiert man es mit wesentlich größerem Aufwand als das »große Fest« *(al-'id al kabir)*, wie das »Opferfest« auch bezeichnet wird. In verschiedenen Varianten wird im Koran ein Wort des Propheten überliefert, wonach der Gläubige zwei »Freuden« habe: das »Fastenbrechen« und die »Begegnung mit dem Antlitz Gottes«, wobei letztere gern auf das Opferfest bezogen wird.

Das **Fest des Fastenbrechens** *('id al-fitr)* dauert drei Tage und ist ein staatlicher Feiertag. Aufgrund des kürzeren islamischen Jahres verschiebt sich der Termin in unserer – offiziell auch in Syrien gültigen – Zeitrechnung jährlich um circa elf Tage nach hinten. In seiner gesellschaftlichen Bedeutung ist es mit den christlichen Weihnachten zu vergleichen, wie sie in europäischen Ländern gefeiert werden: Man legt Festtagskleidung an, macht – vor allem den Kindern – Geschenke und besucht Verwandte und Freunde. In gemischten Gemeinden feiert man das »Fastenbrechen« oft auch gemeinsam mit christlichen Nachbarn und Bekannten.

Über das Fastengebot im Ramadan schreibt der Koran: »Ihr Gläubigen! Euch ist vorgeschrieben zu fasten, so wie es auch denjenigen, die vor euch lebten, vorgeschrieben worden ist. Vielleicht werdet ihr gottesfürchtig sein – für eine bestimmte Anzahl von Tagen. Wenn einer von euch krank oder auf Reisen ist, dann soll er an einer entsprechenden Zahl anderer Tage fasten. Und diejenigen, die es können, sollen als Ersatzleistung den Armen zu essen geben [...]. Der Monat Ramadan ist es, in dem der Koran als

Die Gebetsnische einer Moschee

Rechtleitung für die Muslime herabgesandt worden ist – als klarer Beweis der Rechtleitung und der Rettung. Wer nun von euch diesen Monat erlebt, soll in ihm fasten.[...] Gott will es euch leicht machen, nicht schwer. Macht darum die Zahl der Fastentage voll und preist Gott dafür, daß er euch rechtgeleitet hat. Vielleicht werdet ihr dankbar sein.« (Koran, Sure 2, Verse 183–185)

Auch wenn das Fest des Fastenbrechens in Kalendern genau angegeben ist, kann sich das Datum nochmals um einen Tag verschieben: Es muß nämlich erst ein glaubhafter Zeuge vor dem religiösen Gericht bekunden, daß er die dünne Sichel des Neumondes wirklich gesehen hat. In Syrien ranken sich in diesem Zusammenhang viele Geschichten um den »Einäugigen von Homs«, der mit seinem einen, besonders scharfen Auge den Beginn des Festes gemeldet hatte. Im Grunde ist der gesamte Monat **Ramadan** ein einziges Fest. Gewiß, von Sonnenaufgang bis Sonnenuntergang wird gefastet. Und immer mehr Muslime, auch eher laxe Gläubige, halten sich wieder an die Fastenregel. Davon befreit sind Schwerarbeitende, Schwangere, Kranke und Reisende. Nicht selten kann man heute in Syrien beobachten, daß Christen aus Sympathie mitfasten. Aber auch als nichtmuslimischer Reisender sollten Sie das Fasten zumindest in der Öffentlichkeit respektieren.

Kurz vor Sonnenaufgang verkündet in den größeren Städten ein Kanonenschuß, daß ein letztes Mal gegessen und getrunken werden darf. Am Abend wird das Ende des Fastens auf die gleiche Weise angekündigt. Schon Stunden vorher herrscht reges Treiben auf den Straßen: Man sieht mit Lebensmitteln bepackte Menschen durch die Straßen nach Hause hasten, und die Restaurants füllen sich, noch ehe der Knall ertönt. Gerade an den Abenden im Ramadan werden reiche Tafeln zusammengestellt, an deren Beginn meist eine dünne Linsensuppe steht, um den leeren Magen nicht gleich mit schwerer Kost zu überlasten. Der Gläubige verbringt aber den Abend nicht nur mit Essen, sondern besucht anschließend eine der zahlreichen hell erleuchteten Moscheen und nimmt an den sogenannten *tarawih*-Gebeten teil, die zwischen zwanzig Minuten und mehreren Stunden dauern können. Doch im Ramadan sind nicht nur Essen und Trinken eingeschränkt. Während des Tages soll man auch auf alles verzichten, was vom eigentlichen Sinn des Fastens, der inneren Einkehr und religiösen Besinnung, ablenkt, wie etwa Rauchen, sexuelle Aktivitäten und sogar das Tragen von Parfum. Man soll Koranverse rezitieren und zotige Reden meiden.

Das **Opferfest** (*'id al-adha*, sprich: ad-ha) beginnt am 10. des letzten Monats (*Dhu l-hidjja* = Pilgermonat) des islamischen Kalenders und dauert vier Tage. Am ersten Tag schlachten die Pilger im Tal von Mina bei Mekka die Opfertiere. Ebenso sollte jeder Muslim, der es sich leisten kann, auch zu Hause verfahren und das übrigbleibende Fleisch an die Armen verteilen. Schon an den Tagen zuvor werden in den Familien eifrig Süßigkeiten gebacken; vor allem *ma'mul*, aus Mehl, Butter, Mandeln oder Pistazien gebackene kleine runde Kuchen, die als Köstlichkeit geschätzt werden.

Zu Beginn des Opferfestes, nach dem ersten Gebet und noch vor Sonnenaufgang, bringen viele Gläubige Myrthenzweige zu den Gräbern ihrer verstorbenen Verwandten. Da Männer und Frauen in Festtagskleidung und -stimmung gemeinsam die Gräber besuchen, bietet sich dabei eine gute Gelegenheit zum ›Anbandeln‹, und Prediger fühlen sich schon hin und wieder bemüßigt, das anzuprangern. Nach dem Besuch der Gräber begeben sich die Männer in die Moschee, während die Frauen zu Hause das Frühstück vorbereiten. Im Anschluß daran erhalten Frauen und Kinder »das Geld zum Fest« *('idiyye)*, dann gibt es Mittagessen bei den Eltern oder Großeltern des Mannes. Der zweite Tag ist dann den Schwiegereltern gewidmet. Die Kinder erhalten bei diesem Fest, wie bei uns an Weihnachten, auch von den Verwandten Geschenke.

Ein weiterer offizieller muslimischer Feiertag ist **Mohammeds Geburtstag** (am 12. Rabi' al-awwal, dem dritten Monat des islamischen Kalenders). Bei der Bevölkerung hat sich dieser Tag immer einer großen Beliebtheit erfreut, auch wenn muslimische Gelehrte davor warnen, diesen Tag überzubewerten, damit die Gläubigen nicht in den ›Fehler‹ verfallen, es den Christen gleichzutun, die Christi Geburt zum höchsten Feiertag erhoben haben; Mohammed aber - dies will man damit sagen - sei Mensch, nicht Gott gewesen, wie dies die Christen fälschlicherweise dem »Propheten Jesus« zugeschrieben hätten. Mohammeds Geburtstag wird somit in Syrien vor allem in den Moscheen als Tag der inneren Einkehr begangen.

An all diesen religiösen Feiertagen sind die Angehörigen mystischer Bruderschaften, bei uns als Derwische bekannt, mit ihren *dhikr*-Übungen besonders aktiv. Der *dhikr* ist ein oft stundenlanges Wiederholen von Gebetsformeln und Beinamen für Gott, häufig begleitet von Musik und rhythmischen Tänzen. Für den

europäischen Besucher ist die Teilnahme an einem Dhikr ein äußerst beeindruckendes Erlebnis; soweit nicht spezielle touristische Veranstaltungen angeboten werden - wie zuweilen in Aleppo und neuerdings auch in Damaskus -, sollte der Interessierte mit der gebührenden Achtung vor der tiefen Religiosität und mit der entsprechenden Zurückhaltung den *dhikr* erleben.
Ein weiterer Höhepunkt im Festkalender ist der **15. Sha'ban** (8. Monat), besser gesagt die Nacht davor, in der - so will es die Legende - der Lebensbaum geschüttelt wird. Wessen Name auf einem der herabfallenden Blätter steht, der wird im folgenden Jahr sterben. In Deir Hafir, einem Dorf östlich von Aleppo, treffen sich alljährlich an diesem Tag zahlreiche mystische Bruderschaften; in religiöser Ekstase gehen dabei einige Männer soweit, sich mit Spießen zu durchbohren.
Neben den offiziellen islamischen Feiertagen wird eine Reihe privater Feste gefeiert, allen voran Geburt, Beschneidung (in Syrien nur bei Jungen) und Hochzeit. Die alljährliche Wiederkehr der entsprechenden Daten, wie bei uns etwa der Geburtstag, wird in der Regel nicht besonders beachtet. Geburt und Beschneidung werden meist nur im engeren Familien- und Freundeskreis festlich begangen. Dagegen ist die Hochzeit ein Anlaß, zu dem nicht selten spontan auch zufällig Anwesende eingeladen werden. Dem Bericht einer syrischen Zeitung zufolge werden noch sechzig Prozent aller Ehen von den Eltern arrangiert, wobei Verbindungen zwischen Cousin und Cousine besonders beliebt sind. Am Tag vor der Hochzeit wird - getrennt nach Geschlechtern - die Einkleidung *(talbise)* gefeiert, bei der die Gäste Süßigkeiten, manchmal auch einen Koran als Geschenk erhalten. Am Hochzeitstag wird der Ehevertrag geschlossen, in dem die Höhe der Brautgabe *(mahr)* festgelegt ist, die in den Besitz der Frau übergeht. Von den zahlreichen Hochzeitsbräuchen, die regional verschieden sein können, sei hier nur einer herausgegriffen: Man klebt ein Stück Teig über die Tür, und je länger dieses haften bleibt, desto länger wird die Ehe glücklich sein.
Neben den religiösen und privaten Festen gibt es eine Reihe von staatlichen Feiertagen, die auf einschneidende politische Ereignisse in der jüngeren Geschichte des Landes hinweisen, so etwa das Revolutions- und Unabhängigkeitsfest am **8. März** in Erinnerung an die Machtübernahme der Ba'th-Partei 1963 oder der **6. Oktober** zum Gedenken an den Beginn des Krieges gegen Israel im Jahr 1973.

Folgende Doppelseite:
Modernes Syrien

KARNAK
TOURS

»Lebwohl, Damaskus« – Die Macht der gesellschaftlichen Konventionen

Eine Geschichte von Ilfah Idlibys

Einen anschaulichen Eindruck von den auch heute vielfach noch starren Konventionen im Bereich von Familie, Ehe, Selbstbestimmung der Frau sowie der streng gezogenen sozialen Barrieren vermittelt die folgende (leicht gekürzte) Geschichte von Ilfah Idliby. Die Autorin, 1912 in Damaskus geboren, hat einige der Beschränkungen, die vielen Frauen in traditionellen Gesellschaften heute noch auferlegt werden, am eigenen Leib erlebt: Sie mußte mit siebzehn Jahren ihr begonnenes Studium abbrechen, weil ihre Familie eine Heirat für sie arrangiert hatte. Aber sie war selbstbewußt genug, ihren eigenen Weg zu suchen – im Schreiben von Geschichten, die vielfach den Wertekonflikt zwischen Tradition und Moderne in der syrischen Gesellschaft zum Thema haben:

[...] Zwanzig volle Jahre ist das jetzt her. Damals zählte ich achtzehn Jahre, und wir wohnten im Amarah-Viertel. Unmittelbar uns gegenüber erhob sich das Haus Halim Baschas, des mächtigsten und angesehensten Fürsten im Viertel. Du kannst mir glauben, daß ich, trotz all der Gebäude, die ich inzwischen bewohnt habe, die alten damaszenischen Häuser bevorzuge und mich nach ihnen zurücksehne. Ich bin der Überzeugung, daß ihrer traditionellen Bauweise etwas Demokratisches zugrunde liegt. Von außen sind sie völlig gleich; keines ragt höher empor als das andere; die Mauern stützen sich gegenseitig; ihre Wasserzufuhr ist gemeinsam und offen; ihre Dächer ergänzen einander; die kleinen Fenster gleichen einander und erwecken so den Eindruck, als lebten die Menschen brüderlich in einer großen Familie und würden einander über die Not hinweghelfen. Erst dann, wenn man den dunklen Korridor zum Innenhof durchschreitet, erkennt man den Unterschied der verschiedenen Häuser eines Viertels. Das Haus Halim Baschas war das größte unter ihnen. In seinem *Barrani* versammelten sich jeden Abend die angesehenen Männer der Obrigkeit. Meines Vaters Platz war stets an der rechten Seite des Baschas, denn er war nicht nur sein Nachbar von Geburt an, sondern auch sein alter Freund. [...]

Hin und wieder besuchte ich diese Abendgesellschaften mit meinem Vater und spähte nach einem Platz aus, von dem ich den *Dschuani* jenseits des Innenhofes beobachten konnte. Ich hoffte, Sanijah, des Baschas Tochter, zu erblicken, die mir dann und wann durch die Türöffnung des Dschuani einen Blick zuwarf, der mich die ganze Nacht von ihr träumen ließ.

Ich liebte Sanijah, ich war verrückt nach ihr. Tag um Tag wartete ich auf die Kutsche, die sie in die Schwesternschule des Bab-Tuma-Viertels fuhr. Musik erklang in meinen Ohren, wenn ich den Schlag der Pferdekutsche auf dem steinigen Boden der Gasse vernahm. Ich wartete, bis der Wagen vorbeifuhr und ich Sanijah gesehen hatte; dann rannte ich beglückt in meine Schule. Meistens kam ich zu spät und wurde oft hart bestraft. Doch ich nahm die Strafe willig hin.

Als Sanijah ihr vierzehntes Lebensjahr vollendet hatte, nahm ihr Vater sie – nach den Sitten der damaligen Zeit – aus der Schule. Die Zeit des Lernens war vorbei; nun hieß es, zu Hause abzuwarten, wer sie heiraten würde. Von dem Tag an ging sie nur noch dicht verschleiert in Begleitung ihrer Mutter oder Tante aus. Sie zu sehen, war äußerst schwierig. Doch Verliebte sind erfinderisch, wenn es um ein Stelldichein geht. Sanijahs netzartig vergittertes Fenster lag dem meinen, das ebenso vergittert war, gegenüber. Wenn ich von Sehnsucht gepeinigt wurde, legte ich mir ein Kopftuch über und kauerte hinter dem Fenster, bis meine Geliebte mir gegenüber erschien. Wir tauschten Gesten und Worte aus, die nur uns etwas bedeuteten. Der Flußwasserkanal, der durch das Haus des Baschas in das unsrige floß, war der zuverlässigste Briefträger. Zur verabredeten Zeit beobachtete ich den Kanal und fing alles auf, was das Wasser mit sich brachte: eine ausgehöhlte und dicht verschlossene Aubergine, eine leere Flasche, eine kleine Büchse. Alles, was wasserdicht war und schwimmen konnte, eignete sich ja dazu, einen Brief zu befördern.

Eines Tages starb die Frau eines Mitgliedes der Obrigkeit. Das bedeutete, daß alle angesehenen Männer des Viertels – der Bascha inbegriffen – drei Abende lang, jeweils zwischen dem Abend- und dem Nachtgebet, das Haus der Verstorbenen aufsuchen und gemeinsam mit den Verwandten des trauernden Ehemanns das Beileid der Bekannten in Empfang nehmen mußten. Denn die Bewohner eines Viertels waren wie eine Familie. An diesem Tag brachte mir der Kanal folgenden Brief von Sanijah: ›Ich werde auf dich im Barrani nach dem Abendgebet warten. Fürchte dich nicht, ich werde allein sein. Alle besuchen heute abend um diese Zeit die Verwandten der Dahingeschiedenen.‹ Ich werde diesen Abend unter dem Jasminbaum nie vergessen. Der Mond goß seinen goldenen Schein über uns aus; Schatten umtanzten uns; die *Nafurah* sang für uns; der Jasminbaum überschüttete uns mit seinen Blüten, die auf dem schwarzen Haar Sanijahs wie weiße Sterne haften blieben. Sie trug ein blaues, seidenes Kleid, das bei jeder Bewegung knisterte; aus ihrem Haar, ihrem Halsausschnitt stieg der Orchideenduft ihres Parfüms in meine Nase. Ihre Augen funkelten wärmer als sonst; ihre zarte Hand lag unruhig in der meinigen. Mein Herz trommelte in meinen Ohren; mein ganzer Körper zitterte vor Leidenschaft; und eine überwältigende Freude befiel mich. Zögernd und sanft umarmte ich Sanijah und zog sie dichter an meine Brust.

›Wenn wir nur Flügel hätten!‹ rief ich leise.

›Wohin sollten wir mit ihnen fliegen?‹ fragte sie.

›Zum Mond!‹

›Das wäre herrlich! Mir ist, als wären wir schon auf der Reise.‹ Bevor ich noch antworten konnte, vernahmen wir ein leises Geräusch in der Nähe, dessen Ursache mir bis heute unbekannt geblieben ist. Jedenfalls erschraken wir sehr, während wir soeben noch dem Gipfel der Glückseligkeit entgegenstrebten. Im Nu war alles vorbei, und wir eilten in entgegengesetzten Richtungen davon. Das war meine letzte Begegnung mit Sanijah. Einige Tage danach überbrachte mir der Kanal wieder einen Brief. Ein Mitglied der Obrigkeit habe ihren Vater besucht, schrieb sie, und um ihre Hand für seinen Sohn gebeten. Ich solle daher schleunigst um ihre Hand werben, bevor es zu spät sei.

Spornstreichs eilte ich zu meiner Mutter und gestand ihr meine Gefühle. Ich flehte sie an, meinen Wunsch dem Vater vorzutragen. Ich sprach hastig, während mein Herz unter furchtbarer Angst litt. Meine Sorge vervielfachte sich beim Anblick meiner nachdenklich gestimmten Mutter. Ihre tröstenden Worte vermochten nicht, mich zu beruhigen. Aber schließlich konnte auch sie ihre Bedenken nicht länger verheimlichen: ›Ich fürchte, mein Sohn, sie werden eine Verschwägerung mit uns ablehnen. Denn wir sind ihnen weder an Rang noch an Reichtum ebenbürtig‹, sagte sie zögernd. Mein Vater überraschte uns, und ich zog mich zurück. Als meine Mutter ihn von unserem Gespräch unterrichtet hatte, erwachte sein alter Soldatenstolz, und er bestand darauf, den Bascha in dieser Angelegenheit sofort zu besuchen. Meine Mutter war der Ansicht, wir sollten lieber warten, bis sie durch einen Späher die nötigen Vorbereitungen getroffen hätte. Doch mein Vater wollte durchaus nicht so lange warten.

Eine Weile später kehrte er besiegt und gedemütigt zurück. Selbst seine hohe Gestalt schien um einige Zentimeter zusammengeschrumpft zu sein. Er war von dem Bascha bitter enttäuscht, der zu ihm trotz aller Freundschaft gesagt haben soll: ›Wie kannst du es überhaupt wagen, zu mir mit solch einer absurden Bitte zu kommen? Hast du den himmelweiten Unterschied zwischen unseren beiden Familien vergessen?‹ Mein gekränkter Vater schwor, den Bascha nie wieder zu besuchen oder anzusprechen, und meine Hoffnungen und Träume zerbrachen, wie zartes Glas auf einem Felsen zerbricht. – Und nun wirst du mich sicherlich fragen, wie es weiterging. [...] Lange suchte ich im Wirrwarr der Gefühle nach dem richtigen Ausweg. Ich mußte mich, wollte ich meinem Leben einen neuen Inhalt geben, von der Tochter des Baschas lösen, an die ich von Kindheit an gebunden war. Um meiner Qual zu entrinnen, mußte ich Damaskus verlassen. Aber würde ich es lange aushalten können, weit entfernt von Sanijah zu bestehen? Ein Onkel von mir lebte damals in Sao Paulo, der zweitgrößten Stadt Brasiliens; er besaß dort große Ländereien und Plantagen. Da er keinen Nachkommen hatte, schrieb er mir häufig mit der Bitte, ihm bei der Verwaltung seines großen Besitzes zu helfen. Meine Eltern haben mich oft ermuntert, dieser Bitte zu folgen; doch ich hatte immer wieder abgelehnt, um in der Nähe meiner Geliebten sein zu können. Nun hatte ich keinen Grund mehr zur Ablehnung.

Als Sanijah von meiner Absicht erfuhr, schrieb sie mir mehrere Briefe und flehte mich an, zu bleiben. Sie versprach, passende Gelegenheiten ausfindig zu machen, um mich dann und wann zu treffen. Diese Briefe quälten mich sehr. Wie konnte es Sanijah einfallen, die Frau eines anderen und gleichzeitig meine Geliebte sein zu wollen! Sollte ich mich Tag um Tag verkleidet hinter den Fenstergittern nach ihr sehnen? Von meiner Kindheit an war ich dazu erzogen worden, Hinterlist und Betrug zu verachten. Ich konnte nichts anderes tun: Mut, Anstand und Gewissen verlangten von mir, daß ich mich entfernte. Und so floh ich – für zwanzig lange Jahre.

In Südamerika glückte mir, was immer ich unternahm. Ich war ehrgeizig und hatte Erfolg. Nur eines fehlte, und kein Erfolg konnte es mir ersetzen: die Liebe. Ich hatte viele Frauen kennengelernt, aber zu keiner empfand ich wirklich Zuneigung, und Heiratsabsichten blieben mir fern. Sanijah lebte in mir weiter, und sie und Damaskus verschmolzen für mich zu einem Begriff. Wenn ich den einen Namen hörte, mußte ich sogleich auch an den anderen denken. Meine Liebe zu beiden wuchs und wuchs und wurde schließlich unerträglich.

Und eines Nachts entschloß ich mich, in die Heimat zurückzukehren. Nach meiner Ankunft in der Stadt meiner Geburt war ich erstaunt über die wirtschaftlichen und günstigen Veränderungen meiner Heimat. Mein erster Schritt war es, wie du dir denken kannst, Erkundigungen über Sanijah einzuziehen. Plötzlich fühlte ich mich wieder wie damals als Zwanzigjähriger und fieberte nach einem Wiedersehen. Doch während meiner langen Abwesenheit war die Zahl unserer gemeinsamen Bekannten zusammengeschmolzen. Da geschah etwas ganz Erstaunliches, etwas, das ich nie zu vermuten gewagt hätte. Die erste Einladung, die ich erhielt, kam von – Sanijah! Ich wollte meinen Augen nicht trauen. Wie war das möglich? Waren die alten Traditionen schon so weit überwunden? Sanijah, die vor zwanzig Jahren nur verschleiert und in Begleitung ausgehen durfte, lud heute einen Bekannten in ihr Haus, um ihn ihrem Mann vorzustellen! Selbstverständlich konnte ich die angegebene Stunde kaum abwarten, dennoch zögerte ich vor ihrer Tür für einen Augenblick. Ich fürchtete, der Wirklichkeit zu begegnen und das Idealbild meiner Geliebten zu verlieren, jenes Bild, das mein Gedächtnis seit unserem letzten Beisammensein unter dem Jasminbaum nie verlassen und das ich zum Maßstab weiblicher Schönheit erhoben hatte.

Meine Angst war unbegründet. Mit ihren fünfunddreißig Jahren war sie zur reifen Schönheit erblüht. Ihre Brust war voller, die Taille geschmeidiger, der Gang beherrschter, ihr Wesen fraulicher. Ein Hauch von Traurigkeit umhüllte ihr Gesicht und steigerte nur noch seinen Reiz. Ihr Mann, ein kleiner, dicklicher Kerl mit einfältigen Gesichtszügen, begrüßte mich matt. Sein einziger Vorzug war wahrscheinlich, daß er als Sohn einer angesehenen Familie geboren wurde und Reichtum ererbt hatte. Das also war der Mann, den Sanijahs Vater ausgewählt hatte und an dessen Seite sie, gehorsam dem Willen ihres Vaters, ein stumpfes Leben führen mußte, ganz gewiß ein Leben ohne Liebe.

Unser erstes Beisammensein verlief eintönig und förmlich. Seitdem sah ich sie mehrere Male in ihrem Hause oder in der Stadt. Aber niemals waren wir allein. Heute weiß ich, daß dies ihr Wunsch so sehr war wie der meine.

Ein Jahr verstrich seit meiner Rückkehr, dann kam der vorgestrige Abend. Ich war zum Abendessen in ihr Sommerhaus in Zabadani eingeladen. Ich fand das Haus von Obstbäumen und Pappeln umsäumt; pünktlich erschien ich zur verabredeten Stunde. Ihr Mann habe sich verspätet, erklärte sie. War das von ihr geplant, oder war es Zufall? Sie saß auf der Terrasse und trug ein blaues seidenes Kleid, das bei jeder Bewegung knisterte; aus ihrem Haar

stieg ein vertrauter Duft hoch, Orchideenduft! War auch das zufällig, oder wollte sie die Erinnerung an unser Stelldichein von damals in mir wachrufen?
Sie beugte sich zu mir vor und sagte vertraulich: ›Du hast viel von Amerika erzählt. Aber von dir hast Du noch kaum gesprochen.‹
›Interessiert es dich denn?‹
›Sehr sogar! Mehr als du erwartet!‹
›Worüber willst du etwas hören? Über die Plantagen oder ...‹
›Nein, über die Frauen‹, unterbrach sie mich, ›die Frauen, die du geliebt hast.‹
Sie schien erregt zu sein, denn ihre Stimme zitterte.
›Kannst du mir glauben, wenn ich gestehe, das ich nur dich in den anderen liebte? Einmal verliebte ich mich in eine Frau, weil ihr Lachen dein Lachen war; ein anderes Mal ließ ich mich von der Figur einer jungen Frau hinreißen, weil sie mich an dich erinnerte. Für deine Augen jedoch fand ich keinen Vergleich.‹
Sie seufzte tief und starrte vor sich hin.
›Ist das die Wahrheit?‹ fragte sie dann.
›Zweifelst du daran?‹
Die Trauer wich aus ihren Zügen, und ihre Augen funkelten wie einst. Sie legte ihre Hand in meine – sie war heiß und zart wie damals –, und mit sanfter Stimme flüsterte sie: ›Ist die Zeit immer noch nicht gekommen, daß uns Flügel wachsen?‹
›Denkst du noch an unser Gespräch im Barrani eures Hauses im Amarah-Viertel?‹ fragte ich.
›Liebster! Wie sollte ich den schönsten Augenblick meines Lebens je vergessen?‹
›Die Flügel sind kräftig genug. Würdest du denn mit mir fliegen?‹
›Bis an das Ende der Welt!‹
Zögernd und sanft umarmte ich sie und preßte ihren geschmeidigen Körper an meine Brust; mein Herz trommelte in meinen Ohren; ich zitterte, und eine überwältigende Freude befiel mich. Plötzlich vernahmen wir ein leises Geräusch in der Nähe, und wir erschraken.
Diesmal blieb die Ursache nicht unbekannt: Es waren zwei Kinder in weißen Nachthemden, die ihrer Mutter gute Nacht sagen wollten.
›Ich bin gleich wieder da‹, sagte Sanijah verlegen und folgte den Kindern, die fröhlich vor ihr einherhüpften. Ich schaute ihnen nach, bis sie im Haus verschwunden waren. Welch ein Bild! Durfte ich hier eingreifen und den Frieden dieser Kinder stören? Ich eilte die Stufen der Terrasse, die in den Garten führte, hinunter und floh.‹
Sa'di Bek lehnte sich von seinem Zuhörer zurück und fragte: ›Weißt du, warum ich dich heute abend eingeladen habe, Fuad?‹ Aus der Tasche zog er eine Flugkartre und legte sie vor seinen Freund hin.
›Ich wollte mit dir meine letzte Nacht in Damaskus verbringen. Du solltest mir Gesellschaft leisten bis zur Zeit meines Abfluges. Jetzt ist es soweit. Sag nichts, Fuad. Es ist die einzige Lösung. Die Liebe glüht in meinem Herzen wie einst; und ich würde es nicht vermeiden können, ihr zu begegnen, solange wir in der gleichen Stadt leben. Entweder muß ich sie entführen, was ich für ein Verbrechen halte; oder ich muß Damaskus verlassen, wie ich es vor zwanzig Jahren getan habe. Ich wählte den zweiten Weg.‹ Schwermütig stand der Bek auf, schaute in die grüne Ebene vor Damaskus und murmelte: ›Lebwohl, Damaskus!‹ «

(Sami Kabbani, Hrsg., Die Taube der Moschee, *S. 64-72)*

Die syrische Küche

Vorausgeschickt sei ein Erlebnis: In der Empfangshalle des »Zenobia« in Palmyra, eines sehr gut geführten Hotels der Mittelklasse, saß an einem frühen Nachmittag, als die Küche schon geschlossen hatte, ein älteres deutsches Touristenehepaar und verlangte vom herbeigeeilten Kellner »Kaffee und frische Croissants«. Gebracht wurden - immerhin erstaunlich, da der Kellner des Deutschen ebensowenig mächtig war wie die beiden Deutschen einer Fremdsprache - eine Kanne heißes Wasser, ein halbleeres Glas mit Nescafé Pulver und etwas angetrocknetes Fladenbrot. Der Deutsche ereiferte sich über die »Unverschämtheit«. Ich entschuldigte mich beim Kellner für meinen Landsmann und bestellte für mich einen Tee, ein Schälchen Oliven und zwei *'aruse*, »Bräute«, das heißt mit Schafskäse, Eiern und sonstigen einheimischen Produkten reich gefüllte und zusammengerollte Brotfladen - und wunderte mich, wie jemand auf den Gedanken kommen konnte, mitten in der syrischen Wüste Croissants essen zu wollen.

Oliven

Syrien besitzt eine hohe Eßkultur. Von *fast food* und *instant food* noch relativ unberührt, bietet die syrische Küche eine große Vielfalt. In Hotels und Restaurants der oberen Klassen wird zwar in zunehmendem Maße auch »internationale Küche« angeboten, die jedoch in der Regel weit hinter den kulinarischen Genüssen der einheimischen zurückbleibt. Getreu dem Spruch »In Rome do as Romans do«, »In Rom verhalte dich wie ein Römer«, sollte der Besucher jene Restaurants besuchen, in denen die Syrer selbst verkehren. Zu einem richtigen Essen gehören Muße und gute Gesellschaft. Die Hauptmahlzeit wird am Abend eingenommen.

»Gib uns unser täglich Brot«, heißt es im Vaterunser, das einst im Orient entstanden ist. Brot ist das Nahrungsmittel der Araber schlechthin und gehört zu jeder Mahlzeit. Das traditionelle runde arabische Fladenbrot *(khubz)* hat im Inneren eine Luftblase, die beim Backen auf den heißen Steinen des Ofens entsteht. Daneben gibt es das ganz dünne *mar'u'*; das zu bestimmten Gerichten, etwa der Vorspeise *fattush*, gehört, aber auch als ›Einwickelpapier‹ beispielsweise für Hähnchen verwendet wird. Fladen dienen beim traditionellen Essen auch als ›Besteck‹. Das Brot wird dazu in Stücke gerissen und mit den Fingern der rechten Hand so gefaltet, daß damit alle festen Speisen gef genommen werden können.

Eine strenge Abfolge von einzelnen Gängen ist unüblich. Nach der Suppe, die meist nur an bestimmten Festtagen gereicht wird,

stellt man sich zunächst aus einer Vielfalt von Hors d'œuvres die sogenannte *mezze* zusammen. Dazu gehören *hummus* (Kichererbsenbrei mit Sesamöl, Knoblauch und Zitronensaft), *mutabbal* (Auberginenmus mit Öl und Gewürzen), *tabule* (gehackte Petersilie, gestoßener Weizen, Tomaten, Knoblauch, Essig und Öl), *fattush* (gemischter Salat mit Brotstücken), *laban bi-khiyar* (Yoghurt mit Gurkenstücken), *laban bi-tum* (Yoghurt mit Knoblauch), *muhammara* (scharfe Paprikacreme mit zerstoßenen Biskuits, Walnüssen, Granatapfelsaft und Gewürzen, eine armenische Spezialität) und *wara' 'inab* (mit Reis und Pinienkernen gefüllte Weinblätter). Nicht fehlen darf auch eine Auswahl von in Salz eingelegtem Gemüse, vor allem Rettiche oder Gurken, und natürlich Oliven. All diese Köstlichkeiten werden in kleinen Schalen gereicht, aus denen sich die Gäste reihum mit Brot bedienen - ein Eldorado für Vegetarier.

Kaffepflanze mit Kaffeebohnen

Doch nicht nur Vegetarier kommen auf ihre Kosten. Bevorzugtes Fleisch sind Huhn und Hammel, die in verschiedenen Varianten angeboten werden. An der Küste - neuerdings auch am Asad-Stausee und am Euphrat - ißt man hervorragende Fischgerichte, vom Grill oder gebraten. Unter den Meeresfischen gilt der Sultan Ibrahim (Rote Meeräsche) als besondere Delikatesse. Noch zu den Vorspeisen rechnet man verschiedene *kibbe*-Gerichte, wie etwa *kibbe nayye* (rohes, fein durch den Fleischwolf gedrehtes Hackfleisch, gemischt mit gestoßenem Weizen, Olivenöl, Knoblauch und anderen Gewürzen) oder *kibbe labniyye* (Hackfleischbällchen in Yoghurt). Die auf den Speisekarten als Hauptgang bezeichneten Fleischgerichte werden zu den Vorspeisen serviert, von denen man also während der ganzen Mahlzeit immer wieder naschen kann. Die *kebab*- und *köfte*-Gerichte ähneln denen in der Türkei.

Den Abschluß des Essens bildet der Kaffee, der entweder *turki*, türkisch, oder *'arabi*, arabisch, zubereitet ist. Diese erste Variante kennen wir als türkischen Mokka. Der ›arabische‹ Kaffee ist noch konzentrierter und wird aus langstieligen Messingkannen schluckweise in kleine Täßchen gegossen. Wer mit der Tasse wackelt, zeigt dem Kellner oder Gastgeber, daß er nichts mehr möchte.

Besucher aus dem Abendland, die zum Essen - neben dem immer gereichten Wasser - gern etwas Alkoholisches genießen möchten, sollten sich gleich erkundigen, ob derlei ausgeschenkt wird. Während des Monats Ramadan sollte man sich diese Frage in muslimischen Lokalen verkneifen. Keine Probleme gibt es damit natürlich in den Christenvierteln (etwa Bab Tuma in Damaskus oder al Aziziye in Aleppo). Übrigens: Das syrische Bier ist durchaus wohlschmeckend, was man vom Wein nur sehr selten, näm-

Die syrische Küche bietet eine große Vielfalt; besonders würzig und raffiniert zubereitet sind die diversen Vorspeisen (mezze). In traditionellen Familien wird das Essen auch heute noch auf dem Boden serviert.

»... denn er heilt siebzig Krankheiten«: Der Knoblauch

A und O eines guten Essens überall auf der Welt sind die Gewürze. Seit der Antike lief der Zwischenhandel für Pfeffer, Zimt oder Ingwer über den Nahen Osten nach Europa. Im Mittelalter erlebte dieser Handel seinen Höhepunkt, wobei neben Alexandria in Ägypten die Küstenstädte Syriens sowie Aleppo und Damaskus Hauptumschlagplätze für den Warenverkehr vor allem mit Venedig waren. Über die Araber wurde seit dem 7. Jahrhundert n. Chr. auch der Zucker - unser Wort Zucker ist von dem arabischen *sukkar* entlehnt - im Mittelmeerraum bekannt gemacht. Und bei Gewürzen verrät zuweilen der Name seine arabische Herkunft (z.B. Safran aus arab. *za'faran*). Raffinierte Gewürzmischungen verbreiten noch heute im *Suk al-'Attarin*, dem »Basar der Gewürzhändler«, in den großen Städten ihren betörenden Duft.

Das wichtigste Gewürz für fast alle Salate und Fleischgerichte in Syrien ist Knoblauch *(tum)*. Wie hoch seine Wertschätzung im Lande ist, läßt sich schon daran ablesen, daß kein geringerer als Syriens Verteidigungsminister Mustafa Tlas 1992 ein kleines Buch mit dem Titel *Der Knoblauch und das lange Leben* veröffentlicht hat. Der Minister kann sich bei seiner Begeisterung für den Knoblauch auf höchste Autorität berufen. Schon der Koran zählt den Knoblauch zu den Grundnahrungsmitteln. In der zweiten Sure, Vers 61, bitten die Juden Moses: »Bete doch für uns zu deinem Herrn, damit er für uns hervorbringt, was die Erde wachsen läßt: Grünzeug, Gurken, Knoblauch, Linsen und Zwiebeln.« Und in der Sunna ist eine Reihe von - echten oder erfundenen - Prophetenworten überliefert, die Mohammeds Wertschätzung für den Knoblauch zum Ausdruck bringen. »Der Knoblauch zählt zu den guten [im Sinne von: erlaubten] Speisen«, heißt es da ebenso wie: »Eßt Knoblauch und nehmt ihn als Medizin, denn er heilt siebzig Krankheiten!« Gewiß, auch des unangenehmen Geruchs war er sich damals bewußt: »Wer Knoblauch oder Zwiebeln gegessen hat, soll sich von uns und unserer Moschee fernhalten und zu Hause bleiben!« Würde man sich in Syrien streng an dieses Prophetenwort halten, wären die Moscheen wohl meistens leer.

Zeichnung: Jelka Blendermann

lich bei nichtindustrieller Herstellung durch die Bauern (z.B. in Ma'lula), sagen kann. Das typisch syrische Alkoholgetränk ist der Anisschnaps Arak, vergleichbar dem türkischen Raki oder dem griechischen Ouzo, jedoch gehaltvoller.

Das traditionelle Handwerk

Das syrische Handwerk hat uralte Wurzeln, und seine Produkte spiegeln die Vielfalt der Völker und Kulturen wider, die dort im Laufe der Geschichte miteinander verschmolzen sind. Naturgemäß hat die Industrialisierung in diesem Bereich einen massiven Umbruch mit sich gebracht; das traditionelle Handwerk ist auf dem Rückzug und wird von billiger Massenproduktion verdrängt. Doch ausgestorben ist es noch nicht und bietet den Touristen, dank derer manche Sparten überhaupt nur überleben konnten, eine große Fülle an landestypischen Erzeugnissen. Auch wohlhabende Syrer lernen seit einigen Jahren die Schönheit ihrer traditionellen und hochentwickelten Handwerkskunst wieder schätzen.
Übrigens: Die Ausfuhr von echten antiken Gegenständen ist verboten oder bedarf einer Sondergenehmigung der Altertümerverwaltung. Offiziell nicht erlaubt, aber geduldet ist die Mitnahme von antiken Gold- und Silbermünzen. Naturgemäß ist deshalb der Anteil an Fälschungen hoch. Kupfermünzen - vor allem früharabische aus omayyadischer und abbasidischer Zeit - lohnen dagegen meist das Fälschen nicht und sind aber, historisch gesehen, sogar meist noch interessanter als die Gold- und Silberprägungen. Doch sollte in jedem Fall beim Kauf ein Fachmann zu Rate gezogen werden.
Es kann hier nur auf einige wenige traditionelle Produkte etwas näher eingegangen werden. Der Besucher, der aufmerksam durch die Suks schlendert, wird so manches entdecken, was ihn zum Kauf reizt, zum Beispiel bei den Textilien oder den Erzeugnissen der wenigen noch verbliebenen Glasbläser.

Metall-Einlegearbeiten (Tauschierarbeiten)

Das Tauschieren (verballhornt aus dem arab. Wort *tarsi'*) ist eine im gesamten Orient im Mittelalter zu hoher Blüte entwickelte Handwerkskunst. Dabei werden zunächst bestimmte Muster mit einem Stichel in die Oberfläche von Gegenständen - meist aus Eisen, Bronze oder Messing - eingeritzt, zuweilen auch eingeätzt und anschließend andersfarbige weichere Metalle und Metall-

drähte - Kupfer, Silber oder Gold - in die Vertiefungen eingehämmert. Das Ergebnis sind streng geometrische Formen oder stilisierte Pflanzenmotive (Arabesken) und vor allem Schriftbänder auf diversen Gegenständen, wie zum Beispiel Tischplatten, Vasen oder Räuchergefäßen. Besondere Kostbarkeiten waren tauschierte Schwerter aus Damaszener Stahl.

Den Anstoß zur Entwicklung dieses Kunsthandwerks gab der Umstand, daß reine Gold- und Silbergefäße in der islamischen Welt als Prunk und Luxus verpönt waren. Um dennoch wertvolle Gebrauchsgegenstände mit künstlerischem Anspruch zu schaffen, verfiel man darauf, die ›billigen‹ Metalle mit den wertvollen zu kombinieren, und durch den farblichen Kontrast der verschiedenen Werkstoffe erhalten die Tauschierarbeiten ihren besonderen Reiz. Tauschierte Waren wurden vom 13. bis zum 16. Jahrhundert in erheblichem Umfang nach Europa exportiert, eine handwerkliche Tradition, die Ende des 19. Jahrhunderts wiederaufgenommen wurde. Heute beliefern syrische Werkstätten, die häufig in armenischer oder jüdischer Hand sind, zunehmend auch die wohlhabenden Haushalte in den Scheichtümern am Golf.

Typische Damaszener Formen

Holz-Einlegearbeiten (Intarsien)

Syrien ist seit Jahrhunderten berühmt für seine Intarsienarbeiten. Bevorzugt verwendet werden Edelhölzer, allen voran Kirsch-, Walnuß- und Rosenholz (früher auch Zedernholz), in die Vertiefungen eingekerbt werden. Als Verzierung dienen Plättchen aus Knochen, Perlmutt, Metall und Stein oder auch andersfarbige Hölzer, die zu geometrischen Mustern und stilisierten Pflanzenmotiven geformt werden. Besonders in älteren Arbeiten werden einzelne Motive und Materialien oft von ebenfalls eingelegtem Silberdraht umgeben. Mit Intarsienschmuck versehen kann man im Grunde jeden Holzgegenstand, von der Moscheekanzel über Türen, Tischchen und Truhen bis hin zu zusammenklappbaren Koranständern, Saiteninstrumenten - vor allem Knick- und Langhalslauten -, Brettspielen und allen Arten von Kästen und Kästchen.

Echte ältere Stücke zu erwerben, wird natürlich heutzutage immer schwieriger. Immer häufiger hingegen sind die Versuche von Herstellern und Händlern, Neues ›auf alt zu trimmen‹. Der unerfahrene Käufer sollte deshalb Vorsicht walten lassen. Aber auch die neuen Arbeiten erreichen oft ein hohes handwerkliches Niveau.

Gerade bei der Herstellung der berühmten »Damaszener Kästchen« hat die Rationalisierung ebenfalls um sich gegriffen: Ver-

Aufwendige Mosaike schmücken vor allem Sakralbauten. Doch die Kunst der Fertigung solch komplexer Bilder wie hier in der Omayyadenmoschee beherrscht heute niemand mehr.

schiedenfarbige Holz-, in zunehmendem Maße auch Plastikstreifen werden zunächst zu bestimmten Mustern zusammengeleimt, wobei sich lange Stangen ergeben, von denen dann dünne Scheiben abgeschnitten und in das jeweilige Objekt eingelegt werden. Statt Knochen wird heute auch vielfach gepreßtes Knochenmehl verarbeitet. Wertmaßstab sollte die möglichst ausschließliche Verwendung von echten Materialien sein, doch ist es für den Nichtfachmann im allgemeinen schwierig, den Unterschied zu erkennen. Hübsch anzusehen sind die Produkte allemal - so oder so.

Schmuck

Im Gegensatz zu Gold hat die Verarbeitung von Silber in Syrien eine lange Tradition. In den vergangenen Jahrzehnten hat der Goldschmuck jedoch zunehmend den Silberschmuck verdrängt. Herkömmliche Silberschmiede arbeiten zur Zeit nur noch in Damaskus, Aleppo und Deir ez-Zor; ob es früher auch in anderen Städten Silberschmiede gegeben hat, ist unklar. Das Handwerk scheint vielfach von Christen, vor allem Armeniern, und Juden ausgeübt worden zu sein.
Schmuck ist im arabischen Raum das Kapital der Frauen schlechthin und Zeichen ihres Prestiges beziehungsweise des Wohlstandes ihrer Familie. Sie erhalten ihn bei der Hochzeit und zum Teil später als Anerkennung für ihre Arbeit. Er dient im Falle der Scheidung als mehr oder weniger bescheidene finanzielle Absicherung.
Beim Kauf eines Schmuckstücks sollte man den Preis für unbearbeitetes Silber oder Gold zugrunde legen und zwanzig bis dreißig Prozent für die handwerkliche Arbeit hinzurechnen. Schmuck aus Edelmetallen wird nach Gewicht verkauft! Edelsteine spielen im traditionellen Volksschmuck keine Rolle. An ihre Stelle treten Halbedelsteine, zum Beispiel Achat oder Türkis, sowie einfache bunte Glasperlen.
Groß ist die Vielfalt der Schmuckarten und -formen: Breite, aus flachem Metall gebogene Armreife stehen massiven runden, teils gedrehten Arm- und Fußreifen gegenüber, wie sie gerne von Beduinenfrauen getragen werden. Besonders hervorzuheben sind jene Stücke, die in Niello-Technik bearbeitet sind (auch bei Fingerringen); bei Niello-Arbeiten wird folgendermaßen verfahren: Es werden Muster in ein helleres Metall, vorzugsweise Silber, eingraviert, die dann mit einer Legierung aus Silber, Blei, Kupfer, Schwefel und Salmiak ausgefüllt werden. Üppige Ohrringe – vielfach ist man versucht, von regelrechten Ohrgehängen zu spre-

Beliebte Mitbringsel aus Syrien sind die berühmten »Damaszener Kästchen«. Die wertvollen älteren Intarsienarbeiten sind zwar rar und teuer geworden, aber auch die neueren Stücke zeigen vielfach ein hohes handwerkliches Niveau.

Halskette aus Mari

chen - werden häufig durch an Kettchen angebrachte Münzen oder Münzimitationen verlängert. Letzteres gilt auch für den Stirn-, Schläfen-, Hals-, Brust- und Rückenschmuck, wie er zum Teil noch bei festlichen Anlässen von Bäuerinnen und Beduinenfrauen angelegt wird. Gürtel- und Gürtelschnallen werden ebenfalls als Schmuckobjekte gestaltet. Eine spezielle Schmuckgattung bilden die zahlreichen Amulette, die an Kettchen oder Schnüren befestigt um den Hals oder die Schulter getragen werden. Es handelt sich dabei meist um zylindrische, drei- oder viereckige Behältnisse, in denen das eigentliche Amulett - ein Stück Papier mit magischen Quadraten oder Sprüchen - aufbewahrt wird. Eine kurdische und drusische Spezialität ist der sogenannte Kopfdeckelschmuck, eine runde, gewölbte, aus Silber oder einer Silber-Kupfer-Legierung getriebene und filigran besetzte Scheibe, die auf einem Fes oder Kopftuch befestigt wird.

Ob Schmuck, Intarsien, Tauschierarbeiten, Glaswaren oder reich bestickte Frauengewänder, Brokat- und Seidenstoffe sowie bunte Strohmatten - an Mitbringseln aus Syrien mangelt es nicht. Zu erstehen sind diese kunsthandwerklichen Kostbarkeiten und vieles mehr in den Suks der großen Städte, allen voran Damaskus und Aleppo.

Abbildung linke Seite: An Festtagen legen syrische Bäuerinnen und Beduinenfrauen überaus kunstfertig und phantasievoll bestickte Gewänder an. Die farbenprächtigen Kleider sind in den Suks erhältlich und finden auch bei den Reisenden viel Gefallen.

Reisen in Syrien

Bei einer organisierten Gruppenreise steht die Route von Anfang an fest. Sie wird in der Regel in Damaskus beginnen, wo die erste Übernachtung in Syrien eingeplant ist. Auch der Einzelreisende, der mit dem Flugzeug kommt und dann - sei es mit einem Mietwagen, sei es mit öffentlichen Verkehrsmitteln wie Sammeltaxi (Mikro), Bus und Bahn - seine Rundfahrt durch Syrien organisiert, tut gut daran, Damaskus als Ausgangspunkt zu wählen, da er hier das größte Angebot an Unterkunfts- und Informationsmöglichkeiten, Autovermietungen, wichtigen Behörden und diplomatischen Vertretungen vorfindet.

Daher beginne ich meine Beschreibung des Landes ebenfalls mit Damaskus und Umgebung. Die weitere Reihenfolge der Stationen und Regionen - Palmyra, Euphrat, Aleppo, Hama/Homs und schließlich die Küste - ist ein völlig subjektiver Vorschlag, wobei ich selbst an dieser Route das Wechselbad der verschiedenen Landschaften, in das der Besucher nacheinander getaucht wird, besonders reizvoll finde: Großstadt - Wüste - Flußoase - Großstadt - dörfliche Landwirtschaft - Sommerfrische in den Bergen - subtropische Küste.

Inkonsequent bei meinem Routenvorschlag ist die Tatsache, daß er nicht auch in Damaskus endet, sondern in Ugarit, nicht weit von der türkischen Grenze entfernt. Hierzu hat mich wohl meine eigene Erfahrung gedrängt: Denn ich selbst habe Syrien viel häufiger mit dem Auto in Richtung Türkei verlassen als mit dem Flugzeug direkt nach Europa, so wie ich es persönlich auch reizvoller finde, über den Landweg - durch verschiedene Kulturen, Völker, Sprachen und Klimata langsam in den Orient ›hineinzuwachsen‹. Dem Pkw-Reisenden sei empfohlen, über die Grenzstation Bab al-Hawa einzureisen und dann von Aleppo aus seine Reise weiter zu organisieren.

Junge Frau aus einer Gruppe von Schafnomaden mit ihren Herden in Nordostsyrien.

Damaskus – das »Paradies auf Erden«

Damaskus, die Hauptstadt Syriens, ist eine ungemein quirlige Metropole. Die Stadt, die bald zwei Millionen Einwohner haben dürfte, leidet unter den Folgen der modernen ›Zivilisation‹: Das tägliche Verkehrschaos, Wohnungsnot und Umweltverschmutzung quälen die Menschen hier ebenso wie in anderen Ballungszentren - nicht nur in der Dritten, sondern auch in der Ersten Welt. Dennoch hat sich Damaskus manches von seinem orientalischen Charme bewahrt, der ihm jahrhundertelang den Ruf sicherte, das »Paradies auf Erden« zu sein. Zu Recht hat die UNESCO die Altstadt von Damaskus in den Katalog der herausragenden Baudenkmäler der Menschheit aufgenommen.

Blickt man vom »heiligen Berg« Kasyun auf Damaskus hinab, kann man den Oasencharakter der Stadt noch gut nachvollziehen. Die Fruchtbarkeit verdankt dieser Ort dem Barada, einem Flüßchen, das im Antilibanon entspringt und - heute häufig überbaut - Damaskus durchquert, bevor es sich ostwärts in der Wüste verliert. Mit Hilfe eines ausgeklügelten Bewässerungssystems wurde der fruchtbare Boden schon früh landwirtschaftlich genutzt.

Zur Geschichte der Stadt

Damaskus (arab. *Dimashq* oder einfach *ash-Sham*, die alte Bezeichnung für Syrien) war bereits im 4. Jahrtausend v. Chr. besiedelt. Es wird schon im Buch Genesis (14:15) des Alten Testaments erwähnt und gilt als Geburtsort Abrahams. Jahrhundertelang die Hauptstadt der Aramäer, mußte es sich gegen Israel und Assyrien ebenso behaupten wie anschließend gegen die Babylonier und Achämeniden. Diesen orientalischen Epochen folgte vom 4. Jahrhundert v. Chr. an fast ein ganzes Jahrtausend ›westlicher Herrschaft‹ durch Griechen, Römer und schließlich Byzantiner. Es waren die Römer, die der wachsenden Stadt ein neues Gesicht gaben. Ein beinahe rechteckiges Areal wurde von einer Stadtmauer umgeben. Von dieser Mauer und ihren Toren sind beachtliche Teile erhalten. In der Nordwestecke, dort, wo sich jetzt die mittelalterliche Zitadelle erhebt, errichteten die Römer eine Festung. Der Hadad-

Tempel wurde Jupiter geweiht und verschiedentlich umgebaut. Noch heute ist die einst schachbrettartige Anlage der Straßen in der Altstadt gut zu erkennen. Der ehemalige Decumanus, die Straße, die Damaskus vom Osttor (Bab sharki) nach Westen als Querachse durchschnitt, ist bis zur Gegenwart die wichtigste Durchgangsstraße der Stadt, wenn sie auch zum Teil vier Meter über dem ursprünglichen Niveau verläuft. Sie wird in der Apostelgeschichte (9:11) des Neuen Testaments im Zusammenhang mit der Bekehrung des Paulus als »Gerade Straße« erwähnt.
Das Erscheinungsbild der Stadt änderte sich unter den Byzantinern lediglich durch den Bau von Kirchen beziehungsweise durch die Umwandlung des Jupitertempels in eine Kirche, die Johannes dem Täufer geweiht wurde. Auch die Muslime, von den mehrheitlich jakobitischen Christen im Jahr 636 als Befreier von der byzantinischen Herrschaft begrüßt, verzichteten auf größere Umgestaltungen. Es dauerte zwei Generationen, bis sie mit der Omayyadenmoschee auf dem alten Tempelgelände das erste genuin islamische Baudenkmal der Stadt errichteten.

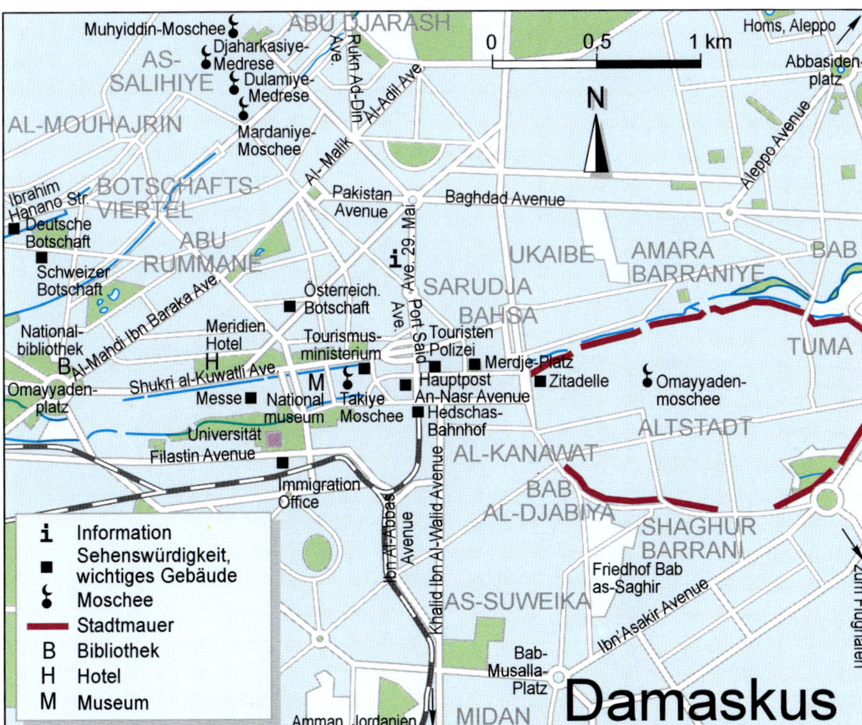

»... wo graziöse und leuchtende Schönheit sich entfaltet«

Lang ist die Liste der arabischen Reisenden, die ihre Bewunderung für Damaskus in überschwenglichen Worten zum Ausdruck gebracht haben. Eines der schönsten literarischen Zeugnisse über diese Stadt hinterließ der spanisch-arabische Reisende Ibn Djubair, der im Sommer 1184 Damaskus besuchte:
»Damaskus ist das Paradies des Orients, der Ort, wo graziöse und leuchtende Schönheit sich entfaltet, das Siegel der Länder des Islam, wo wir Gastfreundschaft suchten: die Braut der Städte. Sie ist von Blüten süßduftendender Kräuter geschmückt und bedeckt mit den Brokat-Kleidern der Gärten. Ihre Schönheit sichert ihr einen hohen Rang, und auf ihrem Hochzeitsstuhl ist sie reich geschmückt. Damaskus wurde geehrt, als Gott dem Messias und seiner Mutter dort Zuflucht gewährte ›auf einem Hügel mit Wiesen und Quellen‹ (Koran 23,50), mit tiefem Schatten und paradiesgleichem Wasser. Die Bäche winden sich wie Serpentinen durch jede Straße, und der parfümierte Zephir ihrer Blumengärten bläst Leben in die Seele. Jenen, die sie betrachten, zeigt sich die Stadt in ihrem Brautkleid und ruft ihnen zu: ›Kommt her an den Hochzeitsplatz der Schönheit und haltet eine Mittagsrast!‹ [...] Die Gärten umgeben sie wie der Lichthof den Mond, sie umfassen sie wie der Kelch eine Blüte. Im Osten erstreckt sich ihre grüne Umgebung, so weit das Auge reicht; in welche der vier Himmelsrichtungen man auch schaut, trifft der Blick auf ihre reifen Früchte. Diejenigen, die sagten: ›Wenn das Paradies auf Erden ist, dann ist ohne Zweifel Damaskus ein Teil davon. Wenn es im Himmel ist, dann wetteifert es mit ihm und teilt den Ruhm‹, sprachen die Wahrheit.«

(Ibn Djubair, Tagebuch eines Mekkapilgers, *S. 196)*

Mit dem Niedergang der Omayyadendynastie 750 und der Verlegung des Kalifensitzes nach Bagdad durch die Abbasiden endete bereits die erste große Blütezeit des islamischen Damaskus. In den folgenden rund vierhundert Jahren, in denen die Stadt unter ständig wechselnden Herren häufiger anarchische Zustände als friedliche Zeiten durchlebte, veränderte sich ihr Bild: Die unterschiedlichen Konfessionen schotteten sich in eigenen Vierteln ab, die Muslime im Westen, die Christen im Nordosten und die Juden im Südosten.
Die einzelnen großen Sippen waren bestrebt, unter sich zu bleiben. Kleine autonome Einheiten mit eigenen Moscheen beziehungsweise Kirchen und Synagogen, eigenem Bad oder eigener Bäckerei entstanden. Die verwinkelten Gassen wurden nachts mit Toren verschlossen, Sackgassen boten den besten Schutz. Es entwickelte sich schrittweise der verwirrende Stadtgrundriß, wie wir ihn heute noch in Teilen der Altstadt vorfinden.
Eine zweite Blüte, vergleichbar nur der Omayyadenzeit, erlebte die Stadt erst wieder unter Nuraddin und der ihm nachfolgenden, von Saladin begründeten Dynastie der Ayyubiden, also in dem Jahrhundert von 1154 bis 1260. Begünstigt durch einen beachtlichen wirtschaftlichen Aufschwung und beseelt von dem religiösen Auftrag, nicht nur die Kreuzfahrer aus dem Lande zu treiben, sondern auch dem sunnitischen Islam seine Vorrangstellung gegenüber den schiitischen Strömungen zurückzugeben, errichteten sie eine Fülle von Moscheen und Medresen in der für sie typischen Ablak-Bauweise mit ihrem durch abwechselnd helle und dunkle Steine gebänderten Mauerwerk. Allein die Zahl der Medresen erhöhte sich in Damaskus von zwanzig auf achtzig, darunter einige, die noch heute zu den eindrucksvollsten islamischen Baudenkmälern zählen. In dieser Zeit entstand außerhalb der Altstadt unter anderem das Viertel Salihiye an den Hängen des Kasyun, heute ein wahres ›Museum‹ ayyubidischer Baugeschichte.
Die Ayyubidenherrschaft wurde durch die Mongolen beendet, die 1260 Damaskus eroberten. Sie kamen noch zweimal wieder: in den Jahren 1300 und 1400/01. Besonders zu diesem letztgenannten Zeitpunkt erlebte Damaskus ein fürchterliches Ausmaß an Zerstörungen und Plünderungen, vor allem aber auch den Verlust seiner fähigsten Handwerker, die der Mongolenführer Timur in seine Heimat nach Zentralasien verschleppte. Die Mamluken, die nach der ersten Mongoleninvasion Syrien beherrschten und Damaskus nach Kairo als ihr zweitwichtigstes städtisches Zentrum betrachteten, hinterließen zwar außerhalb der Altstadt – vor allem in den Vierteln Midan, Salihiye und

Sarudja – eine lange Liste beeindruckender Bauwerke, doch der schleichende kulturelle und wirtschaftliche Niedergang der Stadt war unaufhaltsam.

Als die osmanischen Türken 1516 Damaskus einnahmen, erfuhren sie praktisch keinen Widerstand. Der mamlukische Statthalter, den die Osmanen im Amt beließen, probte zwar fünf Jahre später den Aufstand, wurde aber vernichtend geschlagen. Zur Strafe hausten die Janitscharen (s. Glossar) fürchterlich und zerstörten ein Drittel der Stadt. Damaskus wurde fortan von einem Pasha regiert und war nur eines von zahlreichen sogenannten Pashaliks des gewaltigen Osmanischen Reiches. Dennoch dehnte sich die Stadt noch mehr aus und erfuhr im Westen und Südwesten eine Reihe von Erweiterungen mit sehenswerten Moscheen und anderen öffentlichen Einrichtungen, die nun zunehmend den charakteristischen türkisch-osmanischen Stil annahmen. Erstmals seit langem entstanden auch in der Altstadt wieder bedeutende Bauwerke: Es war die Zeit der großen Khane, die vom 16. bis zum 18. Jahrhundert südwestlich der Omayyadenmoschee errichtet wurden. Auch wenn die meisten Pashas eher mittelmäßige Stadtoberhäupter waren und nur an ihre persönliche Bereicherung dachten, gab es doch einige herausragende Gestalten, darunter As'ad Pasha al-'Azm im 18. Jahrhundert, dem die Stadt unter anderem den prächtigen 'Azm-Palast südlich der Omayyadenmoschee verdankt.

Für die folgenden Spaziergänge durch die Stadt benötigt der Besucher, sofern er sie in Muße genießen und die Sehenswürdigkeiten nicht nur ›abhaken‹ will, einige Tage, im Idealfall eine Woche. Derjenige, der nur einen Tag für Damaskus eingeplant hat, sollte sich weise auf einige Highlights beschränken: Nationalmuseum, die Suks, Omayyadenmoschee, 'Azm-Palast, Hammam Nuri, den einen oder anderen Khan und eines der vornehmen Bürgerhäuser aus dem 19. Jahrhundert.

Vom Nationalmuseum zur Omayyadenmoschee

Fast alle Hotels befinden sich westlich und nordwestlich der Altstadt, im näheren und weiteren Umkreis des Merdje-Platzes. Da auch das **Nationalmuseum** in diesem Viertel liegt (500 Meter westlich des Merdje-Platzes am Barada), bietet es sich als Ausgangspunkt für einen ersten Spaziergang an. Auch ausgesprochenen Museumsmuffeln sei ein Besuch dieses bedeutendsten historischen Museums in Syrien dringend empfohlen, da man sich anhand der übersichtlich angeordneten, zuweilen auch auf

Damaskus – Kupferstich aus dem Jahre 1575 von Hogenbergh

Englisch (meist aber auf Französisch und Arabisch) gut beschrifteten Exponate einen ersten Überblick über die reiche Geschichte des Landes verschaffen kann. Am Eingang gibt es eine Museumsbroschüre, die man unbedingt erstehen sollte, auch wenn darin zum Beispiel die inzwischen ausgestellten Funde aus Ebla noch nicht berücksichtigt sind. Das in den dreißiger Jahren konzipierte Museum wurde bis in die sechziger Jahre vielfach ausgebaut und neu arrangiert, und zusätzliche Erweiterungen sind für die kommenden Jahre geplant.

Nur einige Glanzpunkte des Museums, darunter originalgetreue Nachbauten antiker Stätten, seien hier in historischer Reihenfolge genannt: Statuen, Tontafeln und Elfenbeinschnitzereien aus den altsyrischen Reichen Ebla, Mari und Ugarit; das Familiengrab des Yarhai aus Palmyra (2. Jahrhundert n. Chr.) mit den berühmten Reliefs der Bestatteten; die Synagoge von Dura

Europos aus dem 3. Jahrhundert n. Chr. mit Fresken, auf denen zahlreiche alttestamentliche Themen dargestellt sind; Mosaike mit klassischen mythologischen Motiven aus Palmyra und dem Hauran; Fassade und Eingangsbereich des Omayyadenpalastes Kasr al-Hair al-Gharbi aus der ersten Hälfte des 8. Jahrhunderts, die nun als Haupteingang des Museums dienen; eine Sammlung arabischer Münzen, die durch alle islamischen Jahrhunderte führt; Empfangsraum eines vornehmen Damaszener Bürgerhauses von 1737 (mit ergänzenden Exponaten und nicht im ursprünglichen Grundriß wiedergegeben).

Neben dem Museum in Richtung Innenstadt befindet sich das Tourismusministerium. Hinter den beiden Gebäudekomplexen liegt die **Takiye Sulaimaniye**, bestehend aus Moschee, Medrese und einem kleinen touristischen Suk für Kunsthandwerk. Auch ein Militärmuseum ist hier untergebracht. Moschee und Medrese wurden auf Befehl Sulaimans II., »des Prächtigen«, von Sinan, dem wohl bedeutendsten osmanischen Architekten, konzipiert und 1560 beziehungsweise 1566 fertiggestellt. Es sind die ersten Bauwerke in ganz Syrien, in denen der typisch osmanische Stil zum Ausdruck kam; er löste den mamlukischen Baustil ab. »Das architektonische Formenrepertoire, wie die zartgliedrigen Arkaden, die Dominanz der Kuppel bei der zentralen Moschee, die (beiden) schlanken zylindrischen Minarette sowie der Arkadenhof der anliegenden Medrese, [...] läßt sich nur durch unmittelbare Einflüsse aus der osmanischen Türkei erklären« (Michael Meinecke, *Die mamlukische Architektur in Ägypten und Syrien*, S. 123). Doch sind auch charakteristische syrische Bauelemente eingeflossen, vor allem der horizontale Wechsel verschiedenfarbiger Steine. Den großzügigen Hof der Moschee umschließen überkuppelte kleinere Gebäude, worin sich früher Küchen und Zimmer für die durchreisenden Mekkapilger befanden. In der wesentlich kleineren Medrese mit ebenfalls malerischem Innenhof kann man Handwerkern bei der Herstellung traditioneller Damaszener Stuckelemente für die Verkleidung von Decken und Wänden zusehen.

Oberhalb der Takiye führt in Richtung Altstadt die Shari' Muslim al-Barudi zur **Sahat al-Hidjaz**, dem »Hedschas-Platz«, so benannt nach dem an diesem Platz liegenden **Hedschas-Bahnhof**. Dieser wurde 1903 errichtet und bietet mit seiner gelungenen Synthese aus europäisch-kolonialistischen, osmanisch-türkischen und syrisch-damaszenischen Stilelementen einen Kunstgenuß eigener Art. Eisenbahnfans können hier zudem – auch angesichts der alten, aber durchaus noch einsatzfähigen Waggons – nostalgischen Träumen nachhängen. Vielen Besuchern Syriens ist nicht bewußt, daß das Land über ein recht gut ausgebautes Eisenbahnnetz verfügt, das alle wichtigen Städte miteinander verbindet. Der Bahnhof von Damaskus war übrigens auch Ausgangspunkt der legendären, in den Jahren 1901 bis 1908 unter deutscher Leitung verlegten Hedschas-Bahn, die von Damaskus nach Medina führt.

Folgt man der Straße, die nun Shari' an-Nasr heißt, weiter in Richtung Altstadt, sieht man bald auf der linken Seite die in neuerer Zeit erbaute **Tankiz-Moschee** mit Geschäften im Parterre und schließlich rechts den **Justizpalast**. Am Ende der an-Nasr-Straße erhebt sich links die in die Stadtmauer integrierte **Zitadelle**, die Festung von Damaskus, eine der größten ihrer Art. In der heutigen Form stammt sie vom Beginn des 13. Jahrhunderts und geht auf al-Malik al-'Adil, einen Bruder Saladins, zurück. An gleicher Stelle stand schon das römische Kastell, von dessen Mauerwerk vieles wiederverwendet wurde. Die Zitadelle wird seit Jahren grundlegend restauriert, doch bleibt das Innere dem Besucher verschlossen, da es militärisches Sperrgebiet ist.

Blickt man von dem 1992 vor der Festung aufgestellten bronzenen Saladin-Standbild zurück nach Westen, sieht man schräg gegenüber, jenseits der vierspurigen Straße die hohe Portalfront sowie das Minarett der **Sandjakdar-Moschee**, einem Musterbeispiel mamlukischer Architektur: Die Portalnische ist überwölbt von einem besonders hohen *mukarnas*, darunter in einem quadratischen Feld ein verschlungenes weiß-rotes Bänderdekor. Die Moschee datiert aus dem Jahr 1349 und wurde von Arghun Shah errichtet, der als Sklave aus China an den Hof der Mamluken gekommen war; dort diente er sich hoch, bis er es 1347 zum Statthalter von Damaskus brachte. Als er kurz darauf unter mysteriösen Umständen den Tod fand, war die Moschee noch nicht vollendet. Heute hat sich nur ihre Vorderfront weitgehend original erhalten, die Anfang dieses Jahrhunderts wegen einer Straßenerweiterung einige Meter zurückversetzt wurde, der Rest wurde verschiedentlich umgebaut. Betritt man die Moschee, liegt rechts ein - nicht immer geöffneter - Raum, in dem sich vier mit grünen Tüchern verhängte *makame* befinden. Der größte davon wird als Grab des 'Abbas ibn Mirdas, des Fahnenträgers des Propheten, verehrt; daher kommt auch der Name der Moschee: *sandjakdar* ist das türkische Wort für »Fahnenträger«.

Zurück zur Festung! Rechts daneben befindet sich der Eingang zum **Suk al-Hamidiye**, der bekanntesten, belebtesten, buntesten und lautesten Basarstraße, welche die Altstadt von Damaskus aufweist. Sie ist gleichzeitig der kürzeste Weg (ca. 500 Meter) zur Omayyadenmoschee, dem Hauptziel aller Damaskus-Reisen-

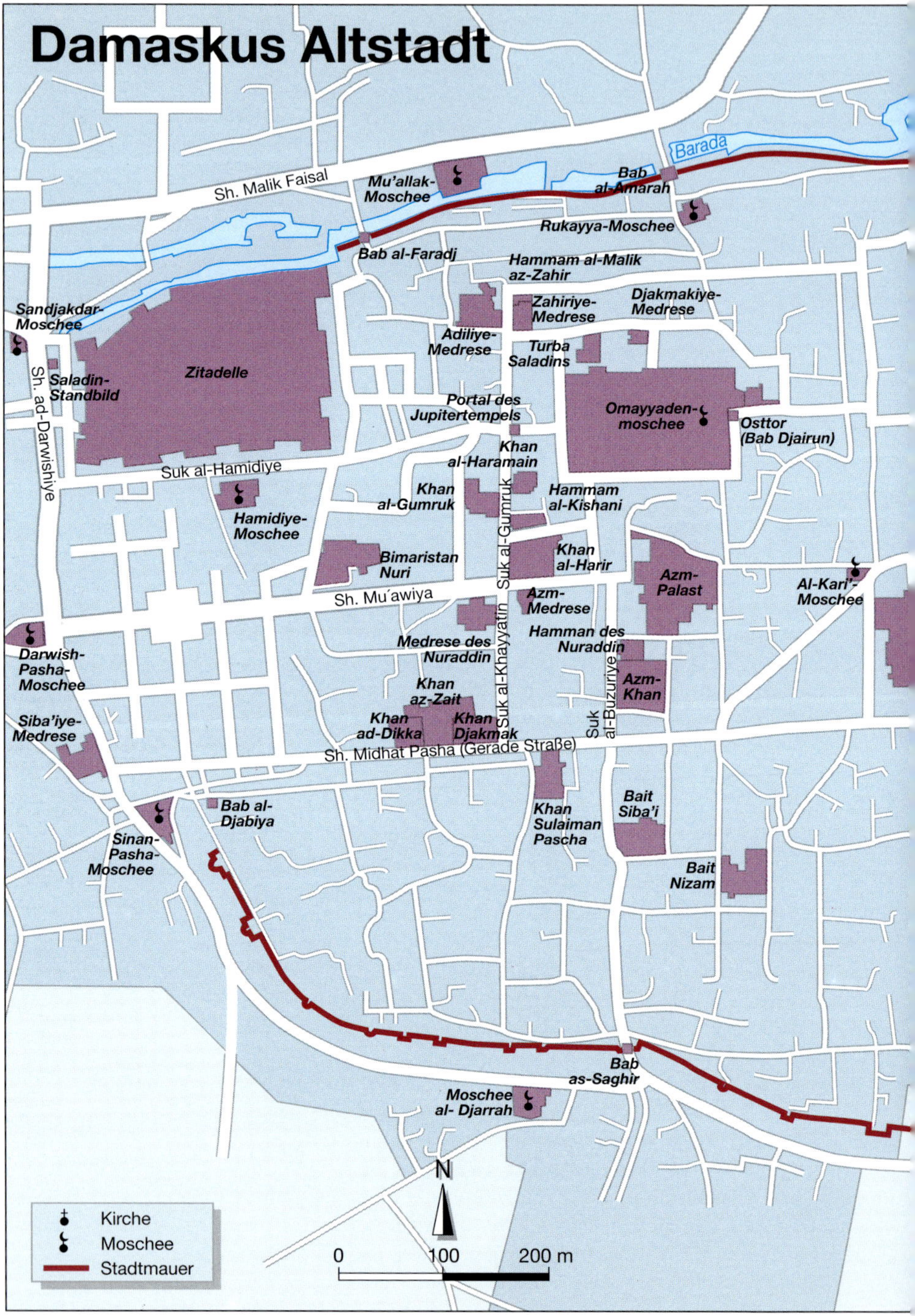
Damaskus Altstadt
Barada
Sh. Malik Faisal
Mu'allak-Moschee
Bab al-Amarah
Rukayya-Moschee
Bab al-Faradj
Hammam al-Malik az-Zahir
Sandjakdar-Moschee
Zahiriye-Medrese
Djakmakiye-Medrese
Adiliye-Medrese
Turba Saladins
Sh. ad-Darwishiye
Saladin-Standbild
Zitadelle
Portal des Jupitertempels
Omayyaden-moschee
Osttor (Bab Djairun)
Khan al-Haramain
Suk al-Hamidiye
Khan al-Gumruk
Hammam al-Kishani
Hamidiye-Moschee
Suk al-Gumruk
Khan al-Harir
Bimaristan Nuri
Azm-Palast
Al-Kari'-Moschee
Sh. Mu'awiya
Azm-Medrese
Suk al-Khayyatin
Hamman des Nuraddin
Medrese des Nuraddin
Darwish-Pasha-Moschee
Suk al-Buzuriye
Azm-Khan
Khan az-Zait
Siba'iye-Medrese
Khan ad-Dikka
Khan Djakmak
Sh. Midhat Pasha (Gerade Straße)
Bab al-Djabiya
Khan Sulaiman Pascha
Bait Siba'i
Sinan-Pasha-Moschee
Bait Nizam
Bab as-Saghir
Moschee al- Djarrah
N
Kirche
Moschee
Stadtmauer
0
100
200 m

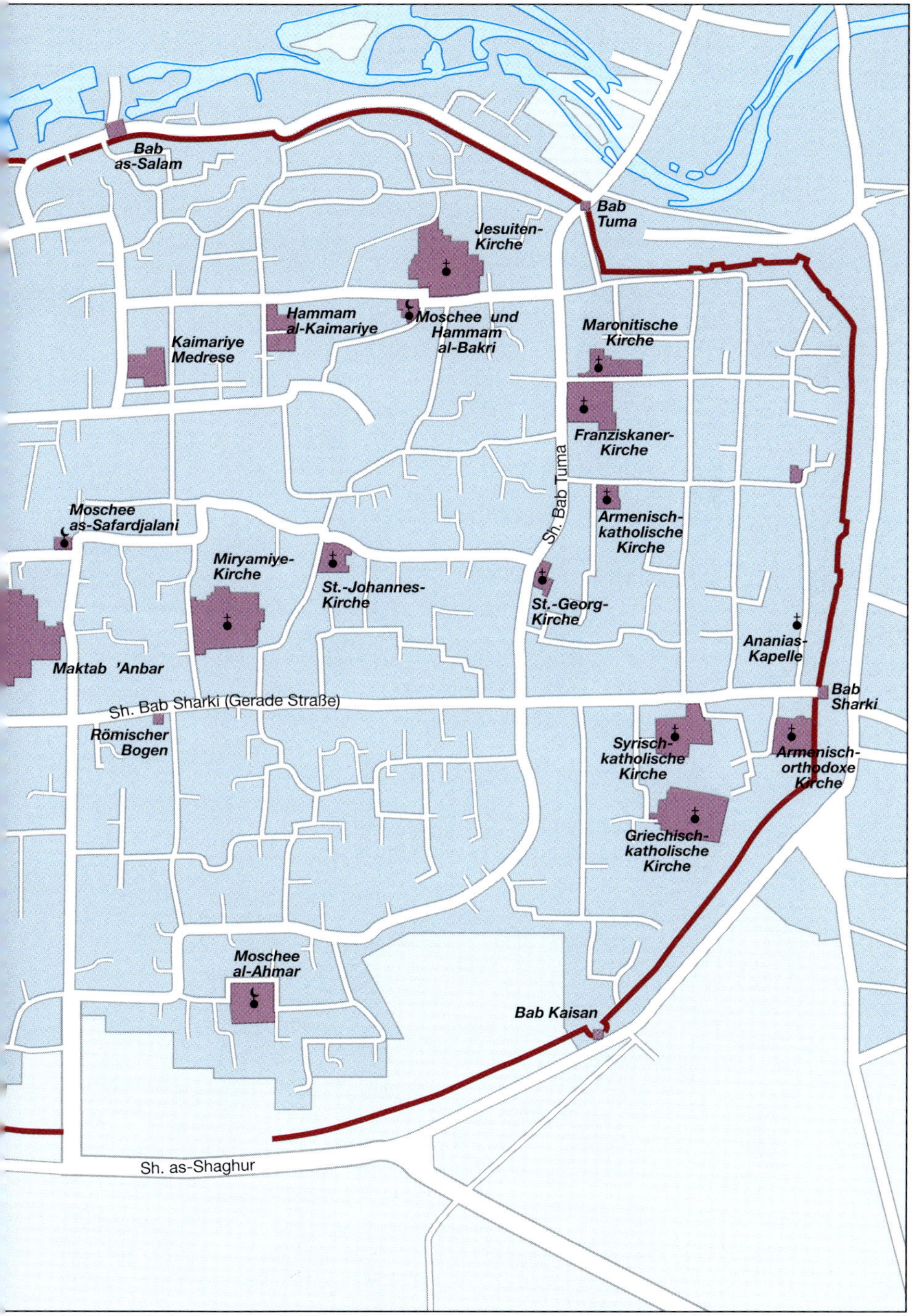
Bab as-Salam
Bab Tuma
Jesuiten-Kirche
Hammam al-Kaimariye
Moschee und Hammam al-Bakri
Maronitische Kirche
Kaimariye Medrese
Franziskaner-Kirche
Sh. Bab Tuma
Armenisch-katholische Kirche
Moschee as-Safardjalani
Miryamiye-Kirche
St.-Johannes-Kirche
St.-Georg-Kirche
Ananias-Kapelle
Maktab 'Anbar
Sh. Bab Sharki (Gerade Straße)
Bab Sharki
Römischer Bogen
Syrisch-katholische Kirche
Armenisch-orthodoxe Kirche
Griechisch-katholische Kirche
Moschee al-Ahmar
Bab Kaisan
Sh. as-Shaghur

den, und ist daher entsprechend vom Tourismus geschädigt. Dutzende von Schleppern versuchen, die Touristen - meist schon am Fotoapparat zu erkennen - in einen der Souvenirläden zu drängen, wo es angeblich alles »for nothing« gibt. Höfliche Bestimmtheit bringt normalerweise Erlösung von den Plagegeistern. Die Errichtung des Suks ab 1781 geht im wesentlichen auf den osmanischen Gouverneur Mohammed Pasha zurück, der einer der beliebtesten Vertreter Istanbuls in Damaskus war und in der Stadt eine rege Bautätigkeit entfaltete. Über 120 Geschäfte soll der Suk bereits damals beherbergt haben. Überdacht war er ursprünglich vor allem mit Ziegeln, die - wie bei anderen Suks auch - vor rund hundert Jahren durch Zinkblech ersetzt wurden. Seit seiner Gründung hat der Suk zahlreiche Veränderungen erfahren, wurde 1911 und 1920 Opfer von Feuersbrünsten und geriet 1925 unter schweres Bombardement französischer Flugzeuge.
Hinter der dritten rechts einmündenden Quergasse befindet sich der Eingang zur **Hamidiye-Moschee**, die auf den Trümmern der 1942 zerstörten Ahmadiye-Medrese aus weißem Stein und Beton errichtet wurde. Dieser 1553 erbauten Ahmadiye-Medrese verdankt übrigens, nach Meinung von al-'Ulabi, der 1989 eine ausführliche Übersicht aller Moscheen und Medresen der Stadt geschrieben hat *(Khitat Dimashq)*, der Suk seinen Namen und nicht, wie häufig angegeben, dem osmanischen Sultan Abdalhamid.
Am Ende des breiten Suks durchschreitet der Besucher die Relikte eines monumentalen **römischen Portals**. Den Besucher, der meiner Beschreibung für den ersten Spaziergang durch Damaskus vom Nationalmuseum bis hierher gefolgt ist, dürfte inzwischen der Hunger plagen. Diesen zu stillen, bietet sich hier eine vorzügliche Gelegenheit. Biegt man nämlich unmittelbar vor dem antiken Portal in die Gasse nach links, erreicht man nach einigen Schritten auf der linken Seite den Eingang zum Restaurant al-'Izz *(mat'am al-'izz)*, das bei Einheimischen wie ausländischen Besuchern gleichermaßen beliebt ist und - umrahmt von damaszenisch-orientalischem Ambiente - eine große Auswahl von syrischen Vor- und Hauptspeisen zu vernünftigen Preisen offeriert. *Shahiyan tayyiban*, guten Appetit!
Zurück zum antiken Portal; es bildete einst den westlichen Eingang zum äußeren Tempelhof des Jupiterheiligtums, der das gewaltige Ausmaß von 385 mal 305 Metern besessen haben soll. Von seinen Umfassungsmauern aus gewaltigen Quadern kann man im Kern der Altstadt noch mancherlei Überreste entdecken. Auch der innere Tempelhof, auf dem heute die **Omayyaden-**

Halb Kirche, halb Moschee

Der muslimisch-arabische Reisende Ibn Djubair aus Spanien, der, wie bereits erwähnt, Damaskus Ende des 12. Jahrhunderts besuchte, gibt zur Geschichte der Omayyadenmoschee folgenden Bericht:

»Al Walid hatte die Hälfte der Kirche, die in den Händen der Christen geblieben war, beschlagnahmt und sie durch seine Moschee umschlossen. Denn die Kirche hatte aus zwei Teilen bestanden: Der östliche gehörte den Muslimen, der westliche den Christen. Das war so, weil Abu'Ubaida ibn al-Djarrah die Stadt betreten hatte und im Zentrum der Kirche eintraf, als er schon Frieden mit den Christen geschlossen hatte. Doch Khalid ibn al-Walid hatte als Angreifer die Stadt von der östlichen Seite betreten und war gekommen, um die östliche Hälfte der jetzigen Moschee einzunehmen. So gelangten die Muslime in den Besitz der östlichen Seite und wandelten sie in eine Moschee um, während die Hälfte, die unter den Kapitulationsvertrag fiel, die westliche, eine Kirche in den Händen der Christen blieb, bis der Kalif al-Walid sie um Übergabe bat. Doch sie lehnten ab, woraufhin er sie mit Gewalt besetzte und selbst mit der Zerstörung begann. Die Christen behaupteten, wer auch immer sie zerstöre, werde verrückt, doch al-Walid antwortete sofort: ›Ich werde der erste sein, der im Dienste Gottes verrückt wird‹, und begann, sie mit eigenen Händen niederzureißen. Die Muslime beeilten sich, ihre Zerstörung zu vollenden. Die Christen beriefen sich auf den Schutzbrief von Omar [...] aus der Zeit seines Kalifats und brachten den Pakt herbei, den sie von dem Gefährten des Propheten erhalten hatten und in dem ihnen die Kirche überlassen worden war. Al-Walid schlug vor, sie ihnen zurückzugeben, doch die Muslime waren darüber beunruhigt. So entschädigte er die Christen mit einer großen Summe, die sie akzeptierten.«

(Ibn Djubair, Tagebuch eines Mekkapilgers, *S. 197)*

moschee (s. Grundriß S.78) steht und der ins 1. Jahrhundert n. Chr. datiert wird, beeindruckt mit seinen 157 mal 100 Metern. Seine Mauern blieben bei der Umwandlung zur Moschee erhalten; dabei hat die westliche Mauer mit ihren achtzehn fast elf Meter hohen Wandsäulen die Zeiten am besten überdauert. Von den vier ursprünglichen, vierstöckigen Ecktürmen ist der im Südwesten noch weitgehend erhalten. Das ehemalige hohe Hauptportal in der Mitte der Südmauer - flankiert von zwei kleineren Eingängen - wurde zugemauert, um dort im Inneren den Mihrab anbringen zu können; seit vor einigen Jahren die an der Mauer liegenden Geschäfte abgerissen wurden, ist das Tor mitsamt der griechischen Inschrift wieder sichtbar: »Dein Reich, Christus, ist ein ewiges Reich, und deine Herrschaft überdauert alle Geschlechter.« Nähert man sich heute vom Suk al-Hamidiye dem Westeingang der Moschee, dem sogenannten **Bab al-barid** (»Posttor«), fällt der Weg etwas ab. Um den Eindruck ermessen zu können, den die Anlage einst vermittelte, muß man sich bewußt machen, daß der Tempel - ähnlich wie der Baaltempel in Palmyra - auf einem fünf Meter hohen Sockel ruhte und hoch über die ihn umgebenden Gassen und Häuser hinausragte. Die heutigen Gassen liegen fünf bis sieben Meter über dem damaligen Straßenniveau!

Gegen Ende des 4. Jahrhunderts n. Chr. wurde der heidnische Kult - die Anlage war Jupiter geweiht - eingestellt und der eigentliche Tempel im Inneren des Hofes als Kirche benutzt oder bereits damals durch den zeitlich nicht genau datierbaren Bau der Johanneskathedrale ersetzt. Als die Muslime etwa zweieinhalb Jahrhunderte später Damaskus einnahmen, geschah dies relativ friedlich, und die Christen durften ihre Kirchen behalten. Bei der Johanneskathedrale wurde allerdings eine gemeinsame Nutzung durch Muslime und Christen vereinbart. Erst Kalif al-Walid ibn Abdalmalik (reg. 705-715) gestaltete den gesamten alten inneren Tempelbezirk in eine Moschee um.

Während in der älteren europäischen Forschungsliteratur meist davon ausgegangen wurde, daß der Betraum *(musalla)* der Moschee im wesentlichen mit der ehemaligen Johanneskathedrale identisch sei, nimmt man heute an, daß es sich dabei um eine islamische Neugestaltung handelt, auch wenn vielfach auf Spolien zurückgegriffen wurde und syrisch- beziehungsweise byzantinisch-christliche Einflüsse unverkennbar sind.

Der Tourist betritt heute den Moscheehof durch den Nordeingang (ob nach Abschluß der Renovierungsarbeiten der Zugang für die Besucher wieder ans Westtor verlegt werden soll, entzieht sich meiner Kenntnis) und befindet sich nun genau gegenüber

Mosaiken mit den Darstellungen einer Paradieslandschaft schmükken den Haupteingang zum Gebetsraum der Omayyadenmoschee in Damaskus. Dadurch wird das Betreten des Gebetshauses symbolisch selbst zum Eintritt ins Paradies.

der fast vollständig mit Mosaiken bedeckten hohen Eingangsfassade des Querschiffs, das von der sogenannten Adlerkuppel überragt wird. In dem von doppelgeschossigen Arkaden umgebenen Hof fällt rechts (im Westen) das ebenfalls mit Mosaiken verzierte, achteckige und auf Säulen ruhende ehemalige »Schatzhaus« *(Kubbat al-khazina)* auf. In der Mitte des Hofes steht der Brunnen für die rituellen Waschungen, flankiert von zwei Säulen, auf denen früher Laternen angebracht waren. Von den herrlichen, farbenprächtigen Mosaiken, die ursprünglich die gesamten Arkaden, die Fassade des Querschiffs und das Schatzhaus bedeckten, haben sich einige im Westeingang und am Querschiff original aus der Bauzeit (ab 708) erhalten. Große Teile sind jedoch das Werk späterer Rekonstruktionen. (Leider sind die modernen Ergänzungen nicht kenntlich gemacht.) Dargestellt sind wunderschöne Paradieslandschaften mit Pflanzen und Gebäuden vor goldfarbenem Hintergrund - aber keine Menschen, entsprechend dem zwar nicht aus dem Koran, aber aus dem Hadith hergeleiteten Bilderverbot.
Im dreischiffigen, fast 140 Meter breiten und 40 Meter tiefen Betraum zeigt das Querschiff genau auf die zentrale und reich verzierte Gebetsnische *(mihrab)* mit der Kanzel *(minbar)* daneben. In der Mitte zwischen diesem Hauptmihrab und den beiden Seitenwänden liegen jeweils zwei weitere Gebetsnischen, links der »Mihrab der Prophetengefährten«, rechts der »Mihrab des schafiitischen Imam«. Ein vierter, der »westliche Mihrab«, findet sich schließlich nahe der rechten Ecke. Auf diese Weise hatten alle vier sunnitischen Rechtsschulen ihre eigene Gebetsnische in der Moschee. Links im Betraum, zwischen den vorderen Arkaden, steht ein hoher Schrein, der angeblich das Haupt Johannes' des Täufers birgt. Dieser genießt auch bei den Muslimen unter dem Namen Yahya ibn Zakariya hohe Verehrung, da er den göttlichen Auftrag erhalten hatte, »das Wort Gottes zu bestätigen« (Koran, Sure 3:34). Zuweilen wird er deshalb auch als einer der Propheten angesehen, die Mohammed vorausgegangen waren.
Beim Bau der Moschee wurden zunächst die vorhandenen vier Ecktürme des inneren Tempelbezirks als Minarette verwendet, nachdem sie vorher als Wehr- und Aussichtstürme und wohl auch für Leuchtfeuer genutzt worden waren (Minarett, arab. *manara*, »Leuchtturm«). Die Sockelfundamente der beiden Minarette an den Ecken der Südwand, das »Westminarett« und das »Jesusminarett« stammen noch aus vorislamischer Zeit, doch sind die Aufbauten mamlukische Arbeiten aus dem 15. Jahrhundert. Das »Brautminarett« am Nordeingang zum Hof stammt im un-

teren Teil wohl aus der Omayyadenzeit (8. Jahrhundert), wurde aber verschiedentlich umgebaut, so zum Beispiel im 12. Jahrhundert.
Die Moschee ist im Lauf ihrer Geschichte mehrmals ausgebrannt, so in den Jahren 1068, 1339, 1400 - angezündet von den Mongolen - sowie 1449 und 1893. Sie wurde zwar stets wieder aufgebaut, doch ging natürlich vieles für immer verloren. Im vergangenen Jahrzehnt hat man gewaltige Anstrengungen unternommen, um sie wieder in vollem Glanz erscheinen zu lassen, doch ist von Fachleuten auch manche Kritik über die Art der Restaurierungsarbeiten geäußert worden, nicht zuletzt an den Rekonstruktionen der zerstörten Mosaikteile an der Fassade. Die Omayyadenmoschee hat die spätere islamische Architekturgeschichte in hohem Maße beeinflußt. Vor allem aber ist sie - nach Mekka, Medina und Jerusalem - für den östlichen Mittelmeerraum die vierte der heiligen Stätten des sunnitischen Islam, und ihre Bedeutung als Pilgerziel reicht weit über Syrien hinaus. Nach dem überwältigenden Eindruck der Omayyadenmoschee sehnt sich der Besucher sicher nach einem Plätzchen zum Ausruhen. Es bietet sich eines am eindrucksvollen römischen Ostportal des Tempel- beziehungsweise Moscheehofes an, wo früher eine Kolonnadenstraße nach Osten begann und wo heute das Naufara-Kaffeehaus seinen Platz gefunden hat. Es lädt dazu ein, bei einem Glas Tee und einigen Zügen aus der Wasserpfeife zu orientalischer Gelassenheit zurückzufinden. Für den größeren Hunger offeriert das gleichnamige Restaurant gegenüber seine syrischen Spezialitäten, und im sehenswerten Hammam an-Naufara daneben kann man die Wohltaten eines ›türkischen‹ Bades in vollen Zügen genießen.

Wasserpfeife

Nördlich der Omayyadenmoschee

Die Omayyadenmoschee wirkt wie ein Teiler der Altstadt. Westlich und südwestlich erstrecken sich die ausgedehnten Suks mit ihren Khanen und Gewerbebetrieben, östlich und südöstlich liegen die nach Religionsgemeinschaften getrennten Wohnquartiere, nördlich und nordwestlich hingegen sind die großen Medresen konzentriert. An der Nordwestecke der Moschee befindet sich das **Mausoleum Saladins**. Die *turba* - ein typischer ayyubidischer Grabbau - wurde 1195/96 von Saladins Sohn al-Afdal errichtet und Saladin, der zunächst in der Festung bestattet worden war, dorthin umgebettet. Ein weiterer Sohn Saladins baute kurz darauf um die Turba eine Medrese (al-'Aziziye), von der heute allerdings nur noch einige Überreste stehen; zu Beginn dieses Jahrhunderts wurde die freie Fläche in einen hübschen Garten umgestaltet. Die Turba enthält heute zwei Sarkophage. Den linken aus Marmor stiftete Kaiser Wilhelm II. anläßlich seines Besuches in Damaskus 1898. Der rechte – durch Glas geschützte – ist alt (Ende 12. Jahrhundert) und zeigt eine klare geometrische Ornamentik, wie man sie zuweilen auch über Portalen aus jener Zeit findet. Darüber verläuft eine kunstvolle Inschrift im Kufi-Duktus mit dem sogenannten Thronvers (Koran 2:256): »Sein Thron reicht weit über Himmel und Erde. Und es fällt ihm nicht schwer, sie vor Schaden zu bewahren. Er ist der Erhabene und Gewaltige.« An der Wand gegenüber dem Eingang steht auf blauen Fayencen eine längere osmanisch-türkische Inschrift aus dem Jahre 1724/25.

Saladin

Östlich des Saladinmausoleums liegt rechter Hand die **Djakmakiye-Medrese**, errichtet 1420 an der Stelle eines von den Mongolen in Schutt und Asche gelegten älteren Vorgängerbaus. Ihr Stifter war der turkmenische Mamlukenemir Djakmak, der damals für Sultan al-Mu'ayyad in Damaskus herrschte. Nach dessen Tod versuchte er zu putschen, wurde jedoch festgenommen, ermordet und in seiner soeben fertiggestellten Medrese beigesetzt, zu der auch ein *khankah* (»Kloster«) und eine Koranschule für Waisenkinder gehörten. An der äußeren Nord- und Ostwand ist ein schönes Schriftband bemerkenswert, in dem sich Djakmak unter anderem als »Ruhm des Islam und der Muslime, Herr der Emire in der Welt und Schwert des Fürsten der Gläubigen« preist. Im Inneren der Medrese, deren Dach 1941 Opfer einer französischen Fliegerbombe geworden war, kann man einen reich verzierten Mihrab und eine bunte Holzdecke im Damaszener Stil besichtigen. Darüber hinaus enthält sie heute ein kleines, aber durchaus sehenswertes epigraphisches Museum, in dem neben historischen Schreibutensilien Beispiele für die Entwicklung arabischer Schrifttypen auf verschiedenen Materialien gezeigt werden.

Auf die Djakmakiye-Medrese folgt – getrennt durch den Zugang zum Nordeingang der Omayyadenmoschee – eine weitere mamlukische Medrese, die jedoch gegenwärtig nicht zugänglich ist. Geht man die Gasse weiter entlang und wendet sich an der nächsten Kreuzung nach links, stößt man nach etwa hundert

Metern rechter Hand auf die **Rukayya-Moschee**, einen modernen, ganz im Stil neuer iranischer Moscheen errichteten Prachtbau aus Stahlbeton, der mit Fayencen üppig verkleidet ist. Die kleine, ältere Moschee, die diesem Bau gewichen ist, hieß Masdjid ar-Ra's, »Moschee des Kopfes«, oder auch Mashhad al-Husain, »Grabstätte Husains«, da in ihr angeblich der Kopf Husains, des Sohnes von Ali, dem Schwiegersohn des Propheten und vierten Kalifen, bestattet lag. Tatsächlich soll sein Kopf im Jahr 680 vom omayyadischen Statthalter im Irak an den Kalifen in Damaskus geschickt worden sein. Mehr Glaubwürdigkeit besitzt jedoch die Version, wonach der Kopf des Ayyubidenherrschers al-Malik al-Kamil hier bestattet wurde, nachdem ihn der Mongolenführer Hülägü 1260 eigenhändig getötet hatte. Die jetzige Moschee ist nach Rukayya, der Tochter Husains benannt, die ebenfalls hier ihre letzte Ruhe gefunden haben soll. Diese Auffassung ist aber kaum älter als hundert Jahre. Dennoch investierten religiöse Kreise im Iran - bei den dortigen Schiiten genießen die Nachkommen Alis besondere Verehrung - unmittelbar nach der iranischen Revolution 1978/79 gewaltige Summen, um (wie auch mit der Zainab-Moschee bei Damaskus) den schiitischen Gläubigen ein weiteres prunkvolles Pilgerziel in Syrien zu erschließen. Dem Bau sind übrigens auch die Reste der früher innerhalb ihrer Mauern gelegenen »inneren Mukaddamiye-Medrese« von 1184 und andere historische Gebäude zum Opfer gefallen. »Diese Gebäude wurden eingerissen, und man begann sogleich mit einem gewaltigen Bau aus Stahlbeton im Herzen von Damaskus [...] in persischem Stil! Das Viertel wurde zu einem vielbesuchten Ort der Schiiten, vor allem der Schiiten des Iran, die dieses Projekt durchgeführt haben.« (al-'Ulabi, *Khitat Dimashq*, S.335)

Wendet man sich vom Saladinmausoleum dagegen nach Westen, so erreicht man am Beginn einer rechts einmündenden Gasse zwei weitere große Medresen: links die 'Adiliye, ihr gegenüber die Zahiriye. Mit dem Bau der **'Adiliye-Medrese** hatte bereits Nuraddin 1172/73 begonnen, sie blieb jedoch bis zu seinem Tod unvollendet. Erst al-'Adil, Saladins rechte Hand, sein jüngerer Bruder und Nachfolger, nahm das Projekt wieder auf, dessen Abschluß aber erst wiederum dessen Sohn al-Mu'azzam 1222 mit großem Pomp feiern konnte. Die Medrese, die das Grab al-'Adils birgt, bietet vor allem mit ihrem Portal ein klassisches Beispiel der hochentwickelten, mit geometrischen Ornamenten spielenden ayyubidischen Architektur. Der liebevoll begrünte Innenhof lädt zur Meditation ein. Bedeutende arabische Literaten und Gelehrte haben hier einst studiert, unterrichtet und geschrieben; um nur einige Beispiele zu nennen: Der Historiker

Medresen als Stiftungen: Über den einstigen Wert des Geldes

Über die ursprünglichen Aktivitäten und die Organisation in der Zahiriye-Medrese sind wir durch den Historiker und Geographen Ibn Shaddad außergewöhnlich gut unterrichtet, der in den Diensten des Sultans az-Zahir Baibars stand und eine detaillierte Biographie dieses Herrschers verfaßte. Er war von dessen Sohn as-Sa'id als Stiftungsbevollmächtigter eingesetzt worden und zitiert in seinem Buch die Stiftungserklärung, die er vor hochrangigen Zeugen abgab und die wohl beispielhaft ist für ähnliche Einrichtungen aus jener Zeit:
»Unser Herr, al-Malik as-Sa'id, der Beschützer der Welt und des Glaubens - möge Gott seine Herrschaft stärken! - hat mich bevollmächtigt, daß ich in seinem Namen das vormals als Haus des 'Akiki bekannte Anwesen und die dort neu errichteten Gebäude zu einer Stiftung erkläre, von der der Kuppelbau als Mausoleum für unseren Herrn, den Sultan al-Malik az-Zahir - Gott heilige seine Seele - und der Rest als schafiitische und hanafitische Medrese dienen soll, der schafiitische Teil östlich des Portals, der hanafitische westlich davon. Zu diesem Zweck hat er mit Wirkung vom 16. *Dhu l-Ka'da 676* (= 10. April 1278 n. Chr.) das ganze Dorf [es folgt eine lange Liste von Dörfern, Gärten, Khanen, Bädern etc.] zur Stiftung gemacht. Für das Mausoleum bestimmt er einen schafiitischen Imam mit monatlich 60 Dirham, von den freigelassenen Sklaven des Sultans al-Malik az-Zahir zwei Aufseher, die das Mausoleum und die darin befindlichen Einrichtungen instandhalten, mit monatlich jeweils 60 Dirham, einen Gebetsrufer mit monatlich 20 Dirham, zwei Teppichbreiter mit jeweils 20 Dirham, einen Pförtner mit 20 Dirham, 16 Koranleser, von denen jeweils zwei für drei Stunden Tag und Nacht den Koran rezitieren, mit jeweils 25 Dirham, darunter zwei Fromme, von denen jeder zusätzlich 10 Dirham erhält, damit er davon in jedem Monat für 8 Dirham Kerzen, Öl und alles sonstige kauft, was das Mausoleum an Matten, Lampen und Brennmaterial braucht. Für jeden der beiden Teile der Medrese wurde je ein Lehrer mit 150 Dirham (plus 1 kg Brot), Repetitoren mit jeweils 40 Dirham usw. eingesetzt« (Ibn Shaddad, *Tarikh al-Malik az-Zahir*, S. 226-228). Es sei nochmals daran erinnert, daß das Gebäude für 48.000 Dirham gekauft worden war, während - zum Vergleich - zur selben Zeit ein Huhn zwei Dirham und ein Kilogramm Brot einen halben Dirham kosteten!

Syrische Münzen

Abu Shama (gest. 1268) schrieb hier sein umfangreiches *Buch der beiden Gärten* über die Geschichte Nuraddins und Saladins; zumindest zeitweise arbeitete hier auch Ibn Khallikan, der mehrmals Oberrichter von Damaskus war, an seinem mehrbändigen biographischen Lexikon mit dem poetischen Titel *Die Großen, die dahingegangen, Nachrichten von Edlen, die zu uns drangen, die wir aus Schriften und Berichten eingefangen*, das noch heute eine unerschöpfliche kulturgeschichtliche Quelle darstellt; auch Ibn Malik (gest. 1274), einer der bedeutendsten arabischen Philologen seiner Zeit und der Verfasser der *Alfiya*, einer arabischen Grammatik in tausend Versen, lehrte an diesem Ort.

Von der ursprünglichen Bausubstanz der gegenüberliegenden **Zahiriye-Medrese** sind nur die Vorderfront mit dem Portal sowie der Kuppelbau des Mausoleums erhalten; alles übrige wurde in neuerer Zeit recht lieblos ergänzt. Das Mausoleum beherbergt das Grab des Mamlukensultans az-Zahir Baibars, der in seiner siebzehnjährigen Herrschaft (1260–1277) über Ägypten und Syrien allein den Kreuzfahrern 21 Niederlagen beibrachte und sie aus allen wichtigen Festungen einschließlich des Krak des Chevaliers und auch aus Antiochia (heute Antakya in der Türkei) vertrieb. Von diesen Rückschlägen erholten sich die Kreuzfahrer nie mehr. Baibars wurde nach seinem Tod zunächst in der Festung von Damaskus beigesetzt und erst später in die Medrese umgebettet. An ihrer Stelle stand ursprünglich das vornehme Wohnhaus eines Emirs der schiitischen Hamdanidendynastie, bevor es Saladins Vater erwarb, dessen Nachkommen es bis 1277 gehörte. Dann kaufte es Baibars Sohn al-Malik as-Sa'id für 48.000 Silberdirham, um einerseits eine Medrese sowohl für die schafiitische als auch für die hanafitische Rechtsschule einzurichten und andererseits das Mausoleum für seinen Vater zu bauen. (Um die Summe bewerten zu können: Ein Arbeiter erhielt monatlich 20 bis 25 Dirham; ein Kilogramm Hammelfleisch oder ein Huhn kostete zwei Dirham und ein Kilogramm Brot einen halben Dirham.) Der Bau dauerte bis 1281, und später fand dort auch al-Malik as-Sa'id selbst seine letzte Ruhe. Das Mausoleum liegt rechts hinter dem Eingang und ist verschlossen, der Hausmeister öffnet jedoch gerne. Bemerkenswert sind die fein gearbeiteten Mosaike; sie imitieren mit der Darstellung von Bäumen und Gebäuden vor goldfarbenem Hintergrund die Paradieslandschaften der Mosaike in der Omayyadenmoschee.

Der sehr modern eingestellte und reformfreudige osmanische Gouverneur Midhat Pasha ordnete 1878 an, daß alle über die verschiedenen Medresen und sonstigen Einrichtungen in Damaskus verstreuten arabischen Handschriften zentral in der Zahiriye

Abu l-Madjd, der erste Chefarzt des Nuri-Hospitals

Das Bimaristan Nuri zählt zu den bedeutendsten Krankenhäusern des islamischen Mittelalters, wenn auch bei weitem nicht zu den ältesten. Das älteste dürfte vermutlich das von Kalif Harun ar-Rashid zu Beginn des 9. Jahrhunderts in Bagdad errichtete gewesen sein. Auch in Damaskus hatte das Nuri-Hospital einen Vorläufer, das »alte Krankenhaus«, das ebenfalls südwestlich der Omayyadenmoschee gelegen haben muß und dessen Gründungsdatum von einigen Geschichtsschreibern sogar ins frühe 8. Jahrhundert gelegt wird; seine erste gesicherte Datierung stammt allerdings erst von 973/74. Es sollten noch einige Jahrhunderte vergehen, bis Europa - mit architektonischen Anleihen aus dem Orient - den hohen medizinischen und baulichen Standard dieser arabischen Vorbilder erreichte.
Über den ersten ›Chefarzt‹ des Nuri-Hospitals berichtet einer seiner Biographen: »Abu l-Madjd zählte zu den berühmten Gelehrten. Er war ein geschickter Arzt und auch versiert in Geometrie und Astronomie. Ebenso verstand er sich auf Musik, spielte die Laute und Flöte, kannte sich in den übrigen Musikinstrumenten aus, schuf eine Orgel und spielte sie hervorragend. Medizin studierte er bei seinem Vater und anderen. Als Nuraddin während seiner Herrschaft das Krankenhaus in Damaskus erbaute, übertrug er ihm darin die Medizin. Abu l-Madjd machte daraufhin [täglich] seine Runde bei den Kranken und betrachtete ihren Zustand; bei ihm [waren] die Aufseher und Wärter der Kranken, damit alles, was er diesen verschrieb, ihnen auch unverzüglich verabreicht wurde. War er damit fertig, begab er sich zur Festung, um dort die Kranken beim Sultan und andere zu untersuchen. Darauf kehrte er ins Krankenhaus zurück, setzte sich in den großen, ganz mit Teppichen ausgelegten Iwan und ließ die Behandlungsbücher bringen. Nuraddin hatte ihm eine große Anzahl medizinischer Bücher gestiftet, die in zwei Wandnischen im vorderen Teil des Iwans aufbewahrt wurden. Viele Ärzte und andere Interessierte pflegten zu ihm zu kommen und vor ihm zu sitzen. Medizinische Themen wurden erörtert, und die Studenten lasen. So blieb er in Erörterungen und im Verlaufe von Behandlungen drei Stunden lang bei ihnen. Danach bestieg er sein Reittier und ritt nach Hause.«
(adh-Dhahabi, *'Ibar*, Bd. 4, S. 24)

archiviert werden sollten. Dies war der Grundstock für eine überaus kostbare Handschriftenbibliothek, die mehrere tausend Bände umfaßt und zu einem wahren ›Mekka‹ für Orientalisten aus aller Welt wurde. Seit diese Sammlung 1986 in die Asad-Bibliothek am Omayyadenplatz ausgelagert wurde, hat die Zahiriye leider etwas von ihrer altehrwürdigen Atmosphäre der Gelehrsamkeit verloren.
Links an die Zahiriye-Medrese schließt ein **Hammam** an, der vor wenigen Jahren gründlich restauriert wurde und nur für Männer zugänglich ist. In seiner Bausubstanz datiert dieses Bad aus dem 10. Jahrhundert und ist mit seiner reichen Marmorausstattung, der bemalten Holzverkleidung und den bunten Glasfenstern in der Kuppel sowie mit einem prachtvoll ausgestatteten Iwan zweifelsohne eines der schönsten von Damaskus. Wie die Medrese trägt es den Namen des Mamlukensultans al-Malik az-Zahir.
Einer der kürzesten Wege, um von hier die Altstadt zu verlassen, führt durch das **Bab al-Faradj** (»Tor der Freude«). In Wirklichkeit besteht es aus zwei Toren, von denen das äußere von Nuraddin 1154 im Zuge einer Neubefestigung der Stadt errichtet wurde; das innere stammt aus dem 13. Jahrhundert. Vom Bab al-Faradj kommend stößt man auf die al-Malik Faisal Avenue, in der (100 Meter nach rechts) das farbenfrohe **Minarett der al-Mu'allak-Moschee** aufragt. Der Name (arab. *mu'allaq*, »aufgehängt«) rührt von dem Umstand her, daß unter der Moschee der Barada hindurchfließt, sie also über dem Fluß ›hängt‹. Sie wird auch Bardbak-Moschee genannt nach ihrem Erbauer, einem Mamlukenemir Anfang des 16. Jahrhunderts. Das Minarett wurde nach einem Blitzeinschlag 1648 restauriert, ohne daß jedoch der ägyptisch-mamlukische Stil verändert wurde.

Südlich und südwestlich der Omayyadenmoschee

Etwa in der Mitte des **Hamidiye-Suks** sind einige Meter nicht überdacht, und an dieser Stelle zweigt eine Gasse nach Süden ab. Folgt man dieser, sieht man bald auf der linken Seite die rote Mukarnas-Kuppel des **Bimaristan Nuri** (»Krankenhaus des Nuraddin«) aus dem Jahre 1154. Seit Abschluß der Restaurierungsarbeiten 1976 beherbergt das ehemalige Bimaristan (auch kurz Maristan genannt) das kleine »Museum für arabische Medizin und Naturwissenschaften«, in dem einige historische Instrumente, Lehrbücher und andere Utensilien ausgestellt sind.
Die ursprüngliche Konzeption des Bauwerks hat sich trotz einiger späterer Erweiterungen klar erhalten: Um einen rechteckigen In-

nenhof, der ganz von einem Bassin in der Mitte beherrscht wird, liegen zentriert an den Seiten drei kleine Iwane und ein großer (der oben genannte Untersuchungs- und Vorlesungsraum) und - ebenfalls vom Hof zu erreichen - an den Ecken vier abgeschlossene Räume. Die zurückgestufte Portalnische wird über einem antiken Türsturz von einem Mukarnas-Gewölbe gekrönt, bei dem über einer Blendarkade eine Kuppel emporwächst, die sich aus zehn Reihen von Nischen und Zellen zusammensetzt. Dabei handelt es sich um Stuckverzierungen, die von einem Holzgerüst getragen werden. Vom Stil her nimmt diese Kuppel die ebenfalls eindrucksvolle Mukarnas-Kuppel über dem Portalgewölbe vorweg.

»Die Hospitäler«, schrieb Ibn Djubair Ende des 12. Jahrhunderts, »gehören zu den großen Glanzpunkten des Islam, ebenso wie die Medresen. Eine der herrlichsten Medresen der Welt ist die von Nuraddin, in der sich sein Grab befindet. Sie ist ein prächtiger Palast Über ein Aquädukt fließt Wasser durch eine große Leitung hinein, füllt ein längliches Trinkbecken und ergießt sich schließlich in das große Bassin in der Mitte. Von dem schönen Anblick werden die Augen verzaubert.« Diese **Medrese des Nuraddin**, eine der berühmtesten von Damaskus überhaupt, liegt gut hundert Meter östlich des Bimaristan. Von dort stößt man über die erst in neuerer Zeit angelegte Shari' Mu'awiya (auch Suk Mu'awiya genannt) wieder auf den überdachten Suk. Nuraddin ließ die Medrese zwischen 1167 und 1172 errichten. Er finanzierte ihren Bau und den des Hospitals mit 300.000 Golddinar (= 6 Millionen Silberdirham!), mit denen sich ein namentlich nicht genannter »König der Kreuzritter« aus arabischer Gefangenschaft freigekauft hatte. Vorher soll an gleicher Stelle ein Palast gestanden haben, den einige Omayyadenkalifen genutzt hatten. Die Medrese selbst, von der man jüngst einen Teil des Moscheehofes einer Straßenerweiterung geopfert hat und an der man gegenwärtig einige Restaurierungen vornimmt, ist heute kaum mehr sehenswert; um so beeindruckender dagegen ist die erhaltene Trompenkonstruktion der Kuppel über dem Grab Nuraddins links des Eingangs! Im Anschluß an die Gebetszeiten öffnet der Muezzin gerne die Turba (sonst kann man auch im Geschäft gegenüber dem Eingang fragen).

Ab der Kreuzung an der Medrese nennt sich die nach Süden führende Gasse Suk al-Khayyatin (»Basar der Schneider«), die nach Norden führende Suk al-Gumruk (»Basar des Zolls«) oder auch Suk al-Haramain/Suk Darwish Pasha; auf offiziellen Karten hingegen wird sie als Shari' Nuraddin bezeichnet. In beiden Richtungen stößt man auf eine Reihe von Khanen. Nach Norden auf der rechten Seite zunächst der **Khan al-Harir** aus dem 16.

Jahrhundert, zuweilen auch nach seinem Erbauer, dem osmanischen Gouverneur Darwish Pasha, benannt; man betritt den Eingang von der nördlichen Quergasse aus. Der Khan birgt mit seinen gewaltigen Ausmaßen auf zwei Stockwerken mehrere Dutzend Geschäfte und Lagerräume.

An der gegenüberliegenden Ecke steht ein ehemaliges Bad, der **Hammam al-Kishani**, den ebenfalls Darwish Pasha errichten ließ. Da das Bad bereits vor hundert Jahren aufgegeben wurde und heute Geschäfte für Frauen- und Brautkleidung beherbergt, läßt sich seine einstige Pracht nur mehr erahnen. Links folgt der **Khan al-Gumruk** aus dem 17. Jahrhundert mit Umbauten, die im 19. und 20. Jahrhundert durchgeführt wurden. Unter den sechs Kuppeln der ungewöhnlichen L-förmigen Anlage, deren Eingänge im Norden und Osten liegen, hat sich ein eigener Suk entwickelt, ebenfalls hauptsächlich für Frauenbekleidung. Einige Schritte weiter befindet sich auf der rechten Seite schließlich der **Khan al-Haramain**, der seinen Namen »Khan der beiden heiligen Stätten« der Tatsache verdankt, daß er zu einer Stiftung für die Armen aus Mekka und Medina gehörte. Das heutige Gebäude stammt aus dem letzten Jahrhundert, nachdem der Vorgängerbau abgebrannt war. Früher war diese Anlage auch als Khan aldjawari (»Khan der Mädchen«) bekannt, da dort Sklavinnen verkauft wurden.

Zurück zur Kreuzung an der Medrese des Nuraddin! Nimmt man die Gasse nach Osten, liegt rechts unmittelbar nach der Kreuzung der Eingang der **Medrese Abdallah Pasha al-'Azm**, in der sich heute in malerischem Ambiente ein bei Europäern beliebter Souvenirladen befindet, von dessen Dachterrasse man einen sehr schönen Blick auf die Omayyadenmoschee genießt. Der Bau dieser einstigen Koranschule wurde von dem osmanischen Gouverneur von Damaskus, Mohammed Pasha al-'Azm, im Jahr 1779 begonnen und von seinem Sohn 'Abdallah, dessen Namen sie heute trägt, beendet.

Folgt man der Gasse weiter, stößt man auf eine etwas verwinkelte Kreuzung. Nach links, in Richtung Omayyadenmoschee, geht es zum **Suk as-Sagha** (»Basar der Goldschmiede«). Darin liegt nach einigen Schritten rechts der **Khan as-Safardjalani**. Dieser Khan aus der ersten Hälfte des 18. Jahrhunderts wird noch heute voll genutzt. Architektonisch bietet er zwar wenig Herausragendes, doch seine Atmosphäre ist durch die drei nach oben geöffneten Kuppeln über dem Innenhof sehr stimmungsvoll.

Zurück an der Kreuzung liegt links (im Osten), etwas zurückversetzt, der berühmte **Kasr al-'Azm** oder **'Azm-Palast**, der sozusagen zum Pflichtprogramm eines jeden Besuchers der Damas-

Pilgerkarawane nach Mekka

zener Altstadt zählt. Diese um 1749 errichtete Anlage bildet zweifelsohne den Höhepunkt der osmanischen Wohnarchitektur in Damaskus. Errichtet wurde er von As'ad Pasha al-'Azm, der hier von 1743 bis 1757 als osmanischer Gouverneur residierte, bevor er von Istanbul aus abgesetzt, sein Besitz konfisziert und er selbst ein Jahr später umgebracht wurde. Bis dahin hatte er jedes Jahr persönlich die Pilgerkarawane nach Mekka angeführt und wurde nur ein einziges Mal von Beduinen überfallen - eine Tatsache, die damalige Chronisten besonders hervorheben! Naturgemäß war das Gelände des Palastes - so nahe an der Omayyadenmoschee - zuvor nicht unbebaut gewesen. Zumindest die Reste eines Palastes des mamlukischen Statthalters Tinkiz (reg. 1312-1330) befanden sich wohl an dieser Stelle, und es ist immer noch nicht widerlegt, daß dort nicht auch die erste Residenz al-Khadra', »die Grüne«, stand, die der Begründer des arabischen Syrien, Kalif Mu'awiya, erbaut hatte.

Die fast ausschließlich erdgeschossige Anlage des 'Azm-Palastes umschließt einen großen Wohnhof (56 mal 24 Meter, arab. *maskan*, türk. *haramlik* genannt) mit zwei Brunnenbassins und Ziergarten, einen kleinen Gästehof (arab. *madafa*, türk. *salamlik*), ebenfalls mit Brunnenbassin und Obstgarten sowie schließlich einen Küchenhof. Darum gruppieren sich mehrere Iwane und *ka'as*, zahlreiche Zimmer und schließlich im Südosten auch Bad und Moschee. Die Stallungen befanden sich westlich des Eingangs, außerhalb der Anlage. In den Räumen um den Wohnhof ist heute das liebevoll zusammengestellte Museum für Folklore und Volkskunst untergebracht.

Im **Gewürzbasar**, der direkten Verbindung von hier nach Süden zur Geraden Straße, findet sich links der Eingang zum **Hammam des Nuraddin**, dem berühmtesten Bad von Damaskus. Es wurde von seinem Namensgeber 1171/72 errichtet, mußte aber, nachdem es offenbar weitgehend verfallen war, 1594 unter dem osmanischen Gouverneur Ahmad Pasha al-Hafiz von Grund auf restauriert werden. In neuerer Zeit diente es dann als Lagerraum für die Händler des Suks und beherbergte auch eine Seifenfabrik, bis schließlich 1975 die Altertümerverwaltung die Anlage erwarb und sie nach fünfjähriger Restaurierung wieder ihrer ursprünglichen Funktion zuführte. Anerkennend und gleich-

zeitig kritisch bemerkt al-'Ulabi: »Das Bad zählt heute zu den schönsten Bädern von Damaskus. Es wird von einer bestimmten Gruppe von Neureichen frequentiert, Friedens-, nicht Kriegsgewinnlern. Die Armen müssen sich damit begnügen, es von außen zu betrachten« (*Khitat Dimashq*, S.536). Touristen, kann man hinzufügen, sind natürlich auch jederzeit willkommen.
Ein paar Schritte weiter, ebenfalls auf der linken Seite, befindet sich der Eingang zum **Khan des As'ad Pasha al-'Azm**, der auch den al-'Azm-Palast erbaute. Der Kahn wurde zwischen 1752 und November 1753 auf einer Fläche von zweitausend Quadratmetern errichtet und bildet den Höhepunkt der osmanischen Khan-Architektur in Damaskus. Durch das eindrucksvolle, von einem Mukarnas gekrönte Portal und das anschließende Eingangsgewölbe betritt man den quadratischen Innenhof, der von vier durch Bögen verbundenen Pfeilern in neun überkuppelte Quadrate unterteilt und dessen Mitte von einem Brunnenbassin eingenommen wird. Umlaufend befanden sich im Erdgeschoß 21 Geschäfte - mit jeweils einem Büroraum und einem Lager - und im Obergeschoß hinter einer Galerie sogar 45 Läden. Um 1985 begann die Altertümerverwaltung die Kaufleute auszuquartieren, um das Gebäude einer grundlegenden Restaurierung zu unterziehen. (Wegen der andauernden Umbauarbeiten ist das Gebäude in der Regel für Besucher geschlossen.)
Unmittelbar nach dem As'ad Khan stößt der **Suk al-Buzuriye** auf die querverlaufende **Gerade Straße**, die *via recta*, die bereits im Neuen Testament (Apostelgeschichte 9:11) erwähnt ist und die gesamte Altstadt von Westen nach Osten durchschneidet. Ihr westlicher Teil heißt heute Midhat-Pasha-Straße, nach dem letzten großen osmanischen Reformer; der östliche wird Bab-Sharki-Straße genannt, nach dem »Osttor«, wo die Straße endet. Geht man an der Einmündung des Suk al-Buzuriye in die Gerade Straße nach Westen, so gelangt man zu mehreren bedeutenden Khanen, die alle noch voll genutzt werden. Der erste, nach etwa fünfzig Metern links, ist der **Khan Sulaiman Pasha**, errichtet von Sulaiman Pasha al-'Azm, dem ersten osmanischen Gouverneur aus der 'Azm-Familie, in den Jahren 1732 bis 1737. Er galt früher als der zweitschönste Khan der Stadt, ist jedoch heute - als Lager vor allem für Öle und Fette - sehr heruntergekommen; seine beiden einstigen Kuppeln sind eingestürzt und abgeräumt. Wieder circa fünfzig Meter weiter befindet sich rechts der **Khan Djakmak**, benannt nach seinem Erbauer, einem mamlukischen Gouverneur Anfang des 15. Jahrhunderts. Während dieser Khan nicht mehr viel Ursprüngliches vorzuweisen hat, kann man im unmittelbar anschließenden **Khan az-Zait**

SOUK AL-
de zaan
COCOA POWD

(»Khan der Oliven«) noch etwas frühosmanische Atmosphäre atmen: Er geht wohl im wesentlichen auf das 16. Jahrhundert zurück und birgt einen malerischen Innenhof mit schwarz-weißem Marmorpflaster und zwölf Kuppeln über den Seiten.

Die Wohnviertel im Südosten und Osten der Altstadt

Die südöstlich und östlich der Omayyadenmoschee gelegenen Viertel sowie einige unmittelbar anschließende außerhalb der alten Stadtmauer waren und sind in erster Linie Wohnviertel, getrennt nach Konfessionen. Nordöstlich der Omayyadenmoschee leben meist Sunniten, noch weiter nordöstlich, im Djura-Viertel, waren die Schiiten konzentriert. Sunnitisch ist auch das Gebiet im Süden des mittleren Abschnitts der Geraden Straße, an das sich ostwärts das Judenviertel anschließt. Ein Stadtteil nördlich der Geraden Straße, nordwestlich des Judenviertels, war wieder den Schiiten reserviert, und im gesamten östlichen Drittel der Altstadt, das im wesentlichen identisch ist mit den Vierteln Bab Tuma und al-Antush, lebten und leben Christen - ebenfalls wieder konfessionell getrennt.

Da während der schweren Christenverfolgung im Jahr 1860 ein Großteil dieses Areals in Flammen aufging, sind die zahlreichen Kirchen alle jüngeren Datums, auch wenn sie zum Teil auf alten Fundamenten ruhen. Dies soll nicht besagen, daß die eine oder andere Kirche nicht durchaus sehenswert ist. Dem Besucher, der sich für die eindrucksvolle traditionelle Liturgie der verschiedenen orientalisch-christlichen Konfessionen interessiert, sei ein Spaziergang in diesem Viertel am Sonntagmorgen oder an einem der kirchlichen Feiertage empfohlen, wenn in allen Kirchen Messen gelesen werden.

Es bietet sich an, diesen Spaziergang dort zu beginnen, wo wir den letzten beendet haben: im ersten Drittel der Geraden Straße (Midhat Pasha) oder genauer, an der Einmündung des Buzuriye-Suks in die Gerade Straße. Wendet man sich von der Kreuzung nach Süden in Richtung Bab as-Saghir, liegt links der nun nicht mehr überdachten Straße ein ehemals sehr wohlhabendes Wohnviertel. Die völlig unscheinbaren Fassaden der verwinkelten Häuser in den engen Gassen täuschen, denn dahinter verbargen sich im 18. und 19. Jahrhundert ungemein prachtvolle Wohnkomplexe. Drei dieser Häuser, die nahe beieinander liegen, werden seit Mitte der achtziger Jahre vorbildlich restauriert, nämlich **Bait Siba'i**, **Bait Nizam** und **Bait Sawan**. Die Restaurierung des letzteren, des bescheidensten der drei, wurde Anfang 1994 abgeschlossen,

Im Suk al-Buzuriye kauft der Kenner die Gewürze nicht »von der Stange«, sondern läßt sie sich ganz nach eigenem Geschmack mischen.

und es wird nun für festliche Abendveranstaltungen genutzt. Die schwarz-weiß-gelb gebänderten Innenmauern, die mit großzügigen Brunnenbassins ausgestatteten Höfe, umlaufende breite Mosaikbänder mit geometrischen Ornamenten, ungemein farbenfrohe Damaszener Holzdecken, kunstvoll verlegte Böden aus verschiedenfarbigem Marmor, reich verzierte Holztüren, Mihrabähnliche Wandnischen und viele andere Elemente dieser fast schon ›rokokohaften‹ Endphase der osmanisch-damaszenischen Innenarchitektur - sie alle legen Zeugnis ab nicht nur vom Reichtum der Besitzer dieser Häuser, sondern auch von der hohen Handwerkskunst ihrer Gestalter. Das sogenannte »Weintraubenzimmer« im Bait Nizam mit seinen gold- und spiegelverkleideten Wänden und seiner den Mosaiken der Omayyadenmoschee nachempfundenen Paradieslandschaft an den Wänden ist in seiner Pracht wohl kaum mehr zu überbieten.
Ein anderes Juwel dieser spätosmanisch-damaszenischen Architektur ist das sogenannte **Maktab 'Anbar** (die »Schule des 'Anbar«), nicht weit entfernt von den soeben geschilderten Häusern. Man geht zurück zur Geraden Straße und folgt dieser ostwärts. Kurz nachdem die Überdachung zu Ende ist, biegt man links in die 'Anbar-Straße ein, an deren Ende man schon das kleine gebänderte Minarett der **al-Kari'-Moschee** erblickt. Es ist eine kleine, malerische Moschee von 1699/1700, gegenüber einem ehemaligen Bad gleichen Namens gelegen, das bis in die ausgehende Mamlukenzeit zurückreicht; heute sind dort mehrere Werkstätten untergebracht.
Kurz vor der Moschee liegt rechts der Eingang zum Maktab 'Anbar, einer großzügigen Anlage um zwei begrünte Innenhöfe mit Wasserbassins. Der Name rührt von einem reichen jüdischen Händler namens Hodscha Yusuf Efendi 'Anbar her, der 1867 in der Absicht mit dem Bau begann, sich einen Wohnpalast zu schaffen, der mit einer gelungenen Synthese aus orientalischen und europäischen (vor allem italienischen) Stilelementen in Damaskus vergebens seinesgleichen suchen sollte. Der Bau war noch nicht vollendet, als der osmanische Staat 'Anbar wegen angeblicher Schulden enteignete und die Anlage nun selbst fertigstellen ließ. 1887/88 wurde darin die erste moderne höhere Schule der Stadt eröffnet, die zu Beginn des 20. Jahrhunderts rund sechshundert Schüler hatte. Unterrichtssprache war zunächst ausschließlich Türkisch, erst einige Jahre später wurde Arabisch als Zweitsprache zugelassen. Die 'Anbar-Schule, die als Vorläuferin einer Universität angesehen werden kann, wurde zu einem Zentrum des intellektuellen Widerstandes gegen die Türkifizierung. Auch nach dem Ersten Weltkrieg, unter französischem Mandat, diente

das Gebäude weiter als Schule, und aus ihr ging eine Reihe bedeutender politischer und literarischer Persönlichkeiten hervor. Nach einem Brand 1986 wurde der Bau zwar sogleich wieder restauriert, dient aber heute nicht mehr als Schule, sondern als Sitz der Altstadtverwaltung.

Zurück zur Geraden Straße! Folgt man ihr weiter nach Osten, liegen links nach den wiederaufgerichteten Resten eines römischen Torbogens und etwas von der Straße zurückversetzt die **Miryamiye** (Marienkirche) und der Sitz des griechisch-orthodoxen Patriarchen. Die Marienkirche existierte bereits zur Zeit der islamischen Eroberung im 7. Jahrhundert und war in jener Liste von vierzehn Kirchen und einer Synagoge aufgeführt, deren Erhalt und weitere Nutzung den Christen und Juden von den Eroberern vertraglich zugesichert wurde. Die Kirche ist mehrmals zerstört und wiederaufgebaut worden: So wurde sie 1260 angezündet, weil man die Christen verdächtigte, mit den Mongolen paktiert zu haben. Bis auf den Grund vernichtet wurde sie auch 1400 von Timurs Truppen, und bei dem Christenmassaker 1860 ging sie erneut in Flammen auf.

Etwa 150 Meter vor dem Bab Sharki auf der rechten Seite liegt – möglicherweise auf den Fundamenten der byzantinischen Pauluskirche – die **syrisch-katholische Kirche Mar Fram** (hl. Ephrem) und das entsprechende Patriarchat, benannt nach Ephrem, »dem Syrer«, der im 4. Jahrhundert als Kirchenlehrer wirkte. Dahinter die **griechisch-katholische Kirche** mit dem Sitz des Patriarchen. Unmittelbar vor dem Bab Sharki folgt rechts der Geraden Straße die **armenisch-orthodoxe Kirche Mar Sarkis** (hl. Sergius), die gleichzeitig Sitz des Metropoliten ist, der dem Patriarchat von Antelias (im Libanon) untersteht. Von den rund achttausend Armeniern in Damaskus, deren Wohnviertel südlich der Kirche außerhalb der Stadtmauer liegt, sind rund achtzig Prozent armenisch-orthodox, der Rest armenisch-katholisch oder armenisch-protestantisch. Nach Auskunft des Metropoliten stammt der älteste Beleg für die Existenz einer armenischen Kirche an dieser Stelle aus dem Jahre 1721, die letzte umfassende Restaurierung erfolgte 1936.

Geht man durch das **Bab Sharki** (»Osttor«), das aus dem 2. Jahrhundert datiert und das einzige erhaltene Stadttor aus der Römerzeit ist, und folgt man dann rechts etwa dreihundert Meter der Hauptstraße entlang der Stadtmauer, gelangt man zum **Bab Kaisan**; diesem gegenüber erstreckt sich der ausgedehnte **griechisch-orthodoxe Friedhof**. Dieses ehemalige mamlukische Stadttor ist seiner Funktion schon seit langem beraubt und birgt die sogenannte **Kapelle des heiligen Paulus**, die daran erin-

nert, daß der Apostel an dieser Stelle von seinen Anhängern in einem Korb von der Mauer herabgelassen worden sein soll, um den ihn verfolgenden Juden zu entfliehen (Apg. 9:25).
Die Bekehrung des brutalen Christenverfolgers Saulus zum Apostel Paulus soll - so überliefert die Bibel (Apg. 9:1-20) - hier in Damaskus stattgefunden haben (und wurde als »Damaskus-Erlebnis« gewissermaßen sprichwörtlich). Saulus war auf dem Weg nach Damaskus, wo er Christen verfolgen und gefangennehmen wollte, als er plötzlich eine Erscheinung in Form einer Stimme und eines hell aufleuchtenden Lichts hatte, woraufhin er erblindete, nichts mehr aß und trank. Seine Gefährten führten ihn in die Stadt zur Geraden Straße. Dorthin soll Gott einen bekehrten Damaszener namens Ananias geschickt haben: »Da ging Ananias hin, trat in das Haus, legte die Hände auf ihn und sprach: ›Bruder Saul, der Herr hat mich gesandt, Jesus, der dir auf dem Wege, den du kamst, erschienen ist, damit du wieder sehend werdest, und erfüllt mit Heiligem Geist.‹ Sogleich fiel es wie Schuppen von seinen Augen, und er konnte wieder sehen, stand auf und wurde getauft.« (Apg. 9:17f.)
Die Wirkungsstätte des genannten heiligen Ananias war die **Ananiaskapelle**, auf die man stößt, wenn man von der Geraden Straße unmittelbar vor dem Bab Sharki der Gasse innerhalb der Stadtmauer nach Norden folgt. Die eigentliche Ananiaskapelle, in der der Heilige einst gelebt haben soll, liegt heute unter der Erde und stellt einen der ältesten christlichen Sakralbauten überhaupt dar. Was allerdings von der Kapelle wirklich original ist, läßt sich aufgrund zahlreicher baulicher Veränderungen kaum noch feststellen. (Ist der Zugang verschlossen, am Hofportal klingeln!)
Westlich der Ananiaskapelle findet sich eine Reihe weiterer Kirchen, auf deren ausdrückliche Erwähnung aus Platzgründen hier verzichtet wird. Vielleicht ist es nach diesem langen Spaziergang auch an der Zeit, an das leibliche Wohl zu denken. Im Viertel **Bab Tuma** (»Tor des heiligen Thomas«), dessen Kern im 13. Jahrhundert entstand (Restaurierung im 14. Jahrhundert), findet man im neueren Teil außerhalb der Stadtmauern eine Reihe vorzüglicher Speiselokale, in denen - da wir ja bei Christen sind - selbst im Ramadan zum Essen ein gutes Fläschchen Arak mit Eis serviert wird.

Der Stadtteil as-Salihiye

Schon zur Zeit der Ayyubiden, vor allem aber unter den Mamluken und Osmanen wurde die Damaszener Altstadt für die angewachsene Bevölkerung zu eng. Eine Reihe von neuen Vierteln außerhalb der Stadtmauern entstand, von denen as-Salihiye, Midan und Sarudja wegen ihrer Fülle schöner historischer Bäuten zu den sehenswertesten gehören. Das Viertel as-Salihiye erstreckt sich im Nordwesten der Stadt an den Hängen des Kasyun. Zu Beginn des 13. Jahrhunderts war es noch ein selbständiges großes Dorf gewesen, inmitten von ausgedehnten Gärten, die von zwei künstlichen Kanälen bewässert wurden: dem bereits von den Aramäern angelegten Nahr Tura und dem vom Omayyadenkalifen Yazid I. gegrabenen Nahr Yazid.

Als Ausgangspunkt für den lohnenden Spaziergang durch as-Salihiye bietet sich der Platz **al-Djisr al-Abyad** (offiziell heißt er **Omar al-Abrash**) an. Am Nordrand des Platzes liegt die Moschee gleichen Namens, auch **al-Madrasa al-Mardaniye'** genannt. Wie mehrere bedeutende Gebäude in diesem Viertel geht auch diese Moschee auf die Stiftung einer Frau zurück, in diesem Fall auf Azizat ad-Din Akhsha Khatun, einer Gemahlin des Ayyubidenherrschers al-Malik al-Mu'azzam (reg.1218–1227). Die Moschee wurde mehrfach umgebaut und restauriert. Die Stifterin, die nach dem Tode ihres Mannes zunächst in ihren Heimatort Mardin (heute in der Türkei gelegen) zurückkehrte, begab sich später auf Pilgerfahrt nach Mekka; danach war sie aber so verarmt, daß sie sich - alle mildtätigen Spenden von sich weisend - als Wasserverkäuferin verdingen mußte, worauf sich ihre Spuren verlieren.

Geht man die dem Eingang der Moschee gegenüberliegende Gasse (Djaddat Ibn al-Mukaddam) geradewegs nach Norden den Berg hinauf, liegt rechts die ehemalige Koranschule **ad-Dalamiye**. Sie wurde 1443/44 von dem aus Basra im Irak stammenden Zainaddin Dalama gestiftet, der als Händler in Damaskus zu Ansehen und Reichtum gelangt war. Sein Grab ist rechts hinter dem Eingang zu besichtigen. Vom ursprünglichen Bauwerk sind nur noch die Eingangsfassade und einige hangwärts gelegene Teile erhalten. Die Moschee wurde 1986 umgebaut und aufwendig restauriert und gilt nun als eine der prächtigsten von Damaskus. Zum gleichen Zeitpunkt wurde das al-Asad-Institut zur Einprägung des Koran« angebaut.

Die Gasse weiter aufwärts stößt man links an der Einmündung einer weiteren kleinen Straße auf den **Hammam al-Mukaddam**, das einzige, das von einst achtzehn Bädern in diesem Viertel erhalten ist und noch heute betrieben wird. Es stammt aus dem 13. Jahrhundert. Folgt man der Gasse noch weiter hinauf, trifft man ebenfalls linker Hand auf die sogenannte **»Neue Moschee« (al-Djami' al-Djadid)**, auch Djami' al-Khatun genannt. Ihre komplizierte Baugeschichte hat sich auch in ihrer Architektur niedergeschlagen. Den Grundstein legte al-Khatun 'Ismataddin, zunächst eine der Frauen Nuraddins, später Saladins; sie ließ sich hier eine Turba errichten, in der sie 1185 beigesetzt wurde. 1255 wurde direkt daneben eine kleine Moschee gebaut, die Ende des 14. Jahrhunderts unter anderem durch Einbeziehung eben jener Turba erweitert und von nun an die »Neue Moschee« genannt wurde. Weitere Veränderungen und Erweiterungen folgten in osmanischer Zeit. In unserem Jahrhundert diente der Bau einige Jahre als Volksschule.

Ein paar Schritte oberhalb dieser Moschee stößt die Gasse auf eine andere, die offiziell **Djaddat Madaris Asadaddin** heißt, in diesem Streckenabschnitt aber auch als **Djaharkasiye** (auch Djarkasiye oder Sharkasiye) bekannt ist. An dieser Gasse, die sich gut einen Kilometer am Hang entlangzieht und in ihrer westlichen Hälfte einen bunten, lebhaften Suk bildet, finden sich die bedeutendsten historischen Bauwerke des Viertels. Unmittelbar dort, wo man die Gasse erreicht, erhebt sich gegenüber die **Djaharkasiye-Medrese** mit ihren drei malerischen, großen, roten Kuppeln; zu Beginn unseres Jahrhunderts waren sie zerstört, sind aber inzwischen wieder erneuert. Der Bau wurde ursprünglich 1211 von Sarimaddin Khutluba errichtet, einem Mamluken des Emirs Fakhraddin Djaharkas, der wiederum in den Diensten Saladins stand und an dessen Seite zahlreiche Feldzüge bestritt. Djaharkas selbst hat sich vor allem in Kairo baugeschichtliche Denkmäler gesetzt. Saladins Bruder und Nachfolger al-'Adil belehnte ihn später unter anderem mit Banyas an der syrischen Küste. Er starb in Damaskus und wurde 1211 in der nach ihm benannten Medrese beigesetzt. Auch Sarimaddin, ihr Bauherr, fand hier später seine letzte Ruhe.

Folgt man der Gasse zunächst nach links (nach Westen), sieht man auf der linken Seite das viereckige, aus Lehmziegeln errichtete Minarett der **Medrese al-Atabakiye**. Diese Medrese, zu der man einige Stufen hinabsteigt, wurde 1243 ebenfalls von einer Frau gestiftet, nämlich von Turkan Khatun, einer Tochter des Zangiden 'Izzaddin Mas'ud, der mit einer längeren Unterbrechung von 1180 bis 1218 als Atabek (s. Glossar) - daher der Name der Medrese - in Aleppo regierte. Während die ursprüngliche Fassade weitgehend erhalten blieb, erfuhr die Medrese im Inneren zahlreiche Änderungen (denen auch das Grab der Stifte-

rin zum Opfer fiel), doch präsentiert sie sich heute wieder als recht sehenswert.
Der Ayyubide al-Malik al-Ashraf, »der edelste König« und Ehemann der eben genannten Stifterin, ist Bauherr der links unmittelbar folgenden **Hadith Schule al-Ashrafiye al-Barraniye**, die 1236 errichtet wurde, gegen Ende seiner Herrschaft über Damaskus. (Den Zusatz al-barraniye, »die außerhalb gelegene«, trägt sie, um sie von einer Hadith-Schule gleichen Namens in der Altstadt zu unterscheiden, die vom selben Herrscher begründet wurde). Geboren in Kairo als Sohn des al-Malik al-'Adil, eines Bruders Saladins, war er zunächst entscheidend an den Kämpfen gegen die Kreuzfahrer beteiligt, bevor er - nach dem Tod seines um einen Tag jüngeren Halbbruders al-Mu'azzam - Damaskus übernahm. Seine *djihad*-Begeisterung, seine rege Bautätigkeit und seine Freigebigkeit priesen schon seine Zeitgenossen. Die Hadith-Schule erlebte jedoch ein trauriges Schicksal. Bereits sechzig Jahre nach ihrer Gründung wurde sie von den Mongolen heimgesucht. Im 19. Jahrhundert diente sie als Lager für Stroh und wurde als ärmlicher Wohnraum genutzt. Das Innere, heute wieder Moschee, geht auf eine kürzliche Restaurierung zurück.
Links der Moschee schließt direkt die **Murshidiye-Medrese** an, die 1252 von einer weiteren Frau, Khadidja Khatun, diesmal der Tochter des bereits erwähnten Ayyubiden al-Malik al-Mu'azzam (reg.1218–1227) gestiftet wurde. Ihr Vater hatte sie mit einem der Khwarizm-Shahs in Zentralasien verheiratet, doch kam es nicht zum Vollzug der Ehe. Khadidja blieb vielmehr in Damaskus, wo sie im Garten der Mardaniye-Medrese 1256 starb und in der von ihr gestifteten Murshidiye-Medrese bestattet wurde. Das Minarett ist sehr hoch, quadratisch, war ursprünglich wohl mit abwechselnd dunklen und hellen Steinbändern errichtet, verjüngt sich nach oben und ist dadurch in seiner Gestaltung ungewöhnlich für Damaskus.
Die Gasse birgt im folgenden, bis sie auf die 'Afif-Straße stößt - und auch darüber hinaus -, mehrere Turbas, die alle aus dem 13. Jahrhundert stammen. Die meisten tragen längere Bauinschriften über dem - in vielen Fällen verschlossenen - Eingang, die aber in der Regel nur für den Fachgelehrten von Interesse sind.
Kehrt man zurück zur Djaharkasiye und folgt nun der Gasse durch das rege Markttreiben ostwärts, gelangt man nach gut zweihundert Metern zu drei beieinanderliegenden Gebäudekomplexen, von denen das erste rechts das **Bimaristan al-Kaimari** ist. Dieses Krankenhaus wurde 1258 vollendet, zwei Jahre nach dem Tod seines Stifters, des kurdischen Großemirs Saifaddin Ali ibn Yusuf al-Kaimari. Dieser Saifaddin hatte für seine Frau, eine

Tochter des Emirs 'Izzaddin, eine Brautgabe von über 200.000 Golddinaren sowie zwanzig Maultierladungen Hausrat vereinbart. Nach islamischem Recht wird die vom Ehemann gezahlte Brautgabe alleiniger Besitz der Frau. Als die Dame starb, kam Saifaddin zu ihrem Vater, um ihm das Geld zu bringen, doch dieser lehnte mit den Worten ab: »Es ist nicht Sitte der Kurden, Brautgaben und Erbschaften anzunehmen.« Daraufhin stiftete Saifaddin das gesamte Geld für die Errichtung dieses Krankenhauses. Von der einstigen Pracht des Gebäudes künden der mit zahlreichen Inschriften verzierte Mukarnas über dem Portal sowie Reste von Dekorationen im Innern. Gegenüber dem Krankenhaus befindet sich das Mausoleum des Stifters, das 1994 restauriert wurde. An das Krankenhaus schließt rechts die **Muhyiddin-Moschee** an, die älteste und meines Erachtens eine der schönsten osmanischen Moscheen von Damaskus überhaupt. Sie ist meine Lieblingsmoschee in dieser Stadt, wobei ich nicht so recht erklären kann, warum. Gewiß, sie hat ein außergewöhnlich schönes Minarett mit zwei umlaufenden Balkonen für den Muezzin, wobei der untere auf einem Mukarnas sitzt; der Hof mit dem Wasserbecken ist liebevoll begrünt, und der Betraum scheint mit seiner Ruhe weit entrückt vom geschäftigen Treiben in den Gassen des Viertels. Doch letzteres ist bei vielen Moscheen der Fall. So wird es wohl doch der Name des Mannes sein, dem diese Moschee geweiht ist und dessen Grab sie birgt, der ihr ein besonderes, zur Meditation einladendes Flair verleiht. Hinter dem Namen Muhyiddin, »Wiederbeleber des Glaubens«, verbirgt sich kein geringerer als Ibn al-'Arabi, einer der größten Mystiker, den die islamische Welt hervorgebracht hat. Er ist mit dem etwa gleichzeitig lebenden deutschen Gelehrten Albertus Magnus (um 1193-1280) verglichen worden. Die Laufbahn des Ibn al-Arabi ist exemplarisch für so manchen muslimischen Gelehrten und Theologen des Mittelalters, weshalb hier wenigstens ein kurzer Abriß gegeben sei: Er wurde in einer vornehmen arabischen Familie 1165 in Murcia, im damals muslimischen Spanien, geboren. Sein Vater war befreundet mit dem großen Philosophen Ibn Rushd - damals Kadi von Cordoba -, der bei uns als Averroes bekannt ist. Als junger Mann diente Ibn al-'Arabi verschiedenen Statthaltern als Sekretär, doch bald veränderte eine Vision sein Leben grundlegend: Er verschrieb sich fortan ganz seinen religiösen Studien und suchte sein Wissen bei zahlreichen Gelehrten in Spanien und Nordafrika zu vertiefen, darunter übrigens auch bei zwei Frauen, den islamischen Mystikerinnen Fatima bint al-Muthania und Shams Umm al-Fukara (»Sonne, Mutter der Armen«). Mit dreißig Jahren verfaßte er seine ersten Schriften und

begab sich bald darauf von Tunis über Kairo und Jerusalem zur Pilgerfahrt nach Mekka, wo er zwei Jahre blieb und, inspiriert durch zahlreiche Visionen und Träume, seine mystische Gedankenwelt weiter ausgestaltete und auch eine Sammlung wunderschöner Liebesgedichte an eine dort lebende junge Perserin verfaßte. Seine weiteren Stationen waren Bagdad, Mosul, Konya, dann wieder Jerusalem, Kairo und Mekka, bevor er für über ein Jahrzehnt vor allem in Anatolien blieb. Warum er schließlich von dort wegging, wo er zu höchstem Ansehen gelangt war, ist nicht bekannt. Sein letztes Lebensjahrzehnt verbrachte er zurückgezogen, lehrend und schreibend in Damaskus, wo ihn die Gunst einflußreicher Familien und der ayyubidischen Herrscher vor den Angriffen der die Mystik bekämpfenden Theologen schützte. Ibn al-'Arabi hat wohl an die vierhundert Werke verfaßt, von denen auch heute erst ein geringer Teil gedruckt vorliegt. Er starb 1240 in Damaskus und wurde in der Turba einer befreundeten Familie beigesetzt. Als der osmanische Sultan Selim I. nach der Eroberung Syriens den beklagenswerten Zustand seines Grabes in Damaskus sah, ordnete er die Errichtung einer Moschee über der Grabstätte an. Nachdem die notwendigen Grundstükke im Umkreis gekauft waren, wurde der Bau im Winter 1518/19 innerhalb von vier Monaten nach den Plänen des osmanischen Statthalters Shihabaddin ibn al-'Attar ausgeführt.
Das Grab Ibn al-'Arabis ist heute eines von fünf, die sich in einer Gruft befinden, zu der man über eine Treppe links am Ende des Moscheehofes hinabsteigt. Die beiden vorderen Gräber sind die Ruhestätten Ibn al-'Arabis und - links daneben - seines Sohnes, des Dichters Sa'daddin. Das linke Grabmal in der hinteren Reihe trägt den Namen des algerischen Freiheitskämpfers 'Abdalkadir, der hier 1883 beigesetzt wurde, nachdem er fast dreißig Jahre in Damaskus im Exil gelebt hatte. Seine sterblichen Überreste wurden allerdings nach der Unabhängigkeit Algeriens dorthin überführt. Im hinteren Teil der Gruft liegt ein kleiner Betraum mit schönen blauen Fayencen.
Am Hang unterhalb der Moschee befindet sich, von Häusern weitgehend überbaut, eine ausgeklügelte Wasserradkonstruktion, mit der das Wasser aus dem Nahr-Yazid-Kanal einige Meter hochgeleitet wurde, um das Krankenhaus und die Moschee zu versorgen. Die Besichtigung dieser vom Ministerium für religiöse Stiftungen restaurierten Anlage ist etwas mühsam, da man erst in ein Wohnhaus ›eindringen‹ muß, doch ist der Pförtner der Moschee auf Anfrage gern zu entsprechender Hilfe bereit.
An einer belebten Weggabelung kurz hinter der Muhyiddin-Moschee geht man links weiter am Hang entlang. Die vierte

Gasse nach links führt zur großen **Djami' al-Hanabila** (»Freitagsmoschee der Hanbaliten«), mit deren Bau 1201/02 begonnen und für deren Fertigstellung der ayyubidische Emir von Irbil, Muzaffaraddin Gökböri (türk: »der blaue Wolf«), mit großen Spenden sorgte. Die dreischiffige Moschee erinnert in mehrerer Hinsicht an die Omayyadenmoschee, die hier gewiß als Vorbild diente. Sie wurde 1988 umfassend renoviert und birgt noch den ursprünglichen Minbar aus Holz.

Folgt man wieder der Hauptgasse, passiert man vor einem Torbogen rechts die Turba des Hasan ibn Salama von 1223 und etwas weiter, ebenfalls rechts, den Eingang zur ayyubidischen **Madrasat as-Sahiba**, die 1231 von Rabi'a bint Ayyub, einer Schwester Saladins (und Ehefrau des oben genannten Gökböri) gestiftet wurde; die Medrese mit ihren vier Iwanen, eine der schönsten von Damaskus, ist gut erhalten und dient heute als Volksschule.

Vorbei an der riesigen neuen Beton-Moschee Abu Nur stößt man – nun schon im Stadtviertel **Akrad** (»Kurden«) – auf eine den Berg hochführende Autostraße. Gegenüber, etwas unterhalb der Einmündung der Gasse, sieht man dann die rote Kuppel der **Rukniya Medrese**. Ihren Namen erhielt sie nach ihrem Gründer, dem ayyubidischen Emir Ruknaddin (»Pfeiler der Religion«), einem ehemaligen Sklaven eines Halbbruders von Sultan al-'Adil, der wiederum ein Bruder Saladins war. Der Stifter wurde auch in dem 1228 begonnenen Bauwerk beigesetzt. Noch vor wenigen Jahren drohte der Medrese das gleiche Schicksal wie anderen bedeutenden historischen Baudenkmälern in Damaskus, wurde aber gerade noch rechtzeitig von der Altertümerverwaltung gerettet und restauriert. Besonders sehenswert sind die in die Außenmauer der Moschee integrierten arabischen Inschriften in phantasiereich ausgestalteten geometrischen Kalligraphien im Kufi-Duktus.

Von der Rukniye bietet es sich an, die hoch darüber im Felshang des Kasyun liegende **Magharat ad-Dam**, »die Bluthöhle« (auch Magharat al Arba'in, »die Höhle der Vierzig«, genannt) zu besuchen, nicht zuletzt deswegen, weil man von dort einen überwältigenden Blick auf das gesamte Damaskus erhält. Man nimmt für die zum Teil schwierige und steile Auffahrt am besten ein Taxi, was einen jedoch nicht davon entbindet, am Ende noch einige hundert Meter zu Fuß über steile Treppen aufsteigen zu müssen. Vor dem Eingang zur Höhle erhebt sich eine kleine Moschee, die nach den dort erhaltenen Inschriften seit 1609 mehrfach ›erneuert‹ wurde, gewiß aber sehr alte, wahrscheinlich sogar vorislamische Wurzeln hat. Ibn Djubair, der nun schon mehrfach zitierte arabische Reisende aus dem 12. Jahrhundert, schrieb dazu: »Ebenfalls auf dem Berg Kasyun, eine Meile oder mehr im Westen vom gesegneten Geburtsort Abrahams, ist eine andere Höhle, die Höhle des Blutes, denn auf dem Berg floß das Blut Abels, der von seinem Bruder Kain, dem zweiten Sohn Adams getötet wurde. Die Blutspur reicht von der halben Höhe des Berges bis zur Höhle. Auf der oberen Hälfte des Berges finden sich keine vergleichbaren Spuren. Es heißt, daß sie dieselbe Farbe haben wie die Steine auf dem Berg, aber es gibt sie nur von der Stelle an, wo der Mörder seinen Bruder tötete und ihn zu der Höhle hinaufschleppte. Es ist eines der unzähligen Wunder Gottes. Wir lasen in einer Chronik, daß Abraham, Moses, Jesus, Lot und Job in dieser Höhle gebetet haben. Darüber steht eine Moschee, zu der man über Stufen hinaufsteigt. Sie ist wie ein runder Turm und von einem hölzernen Gerüst umringt. Darin sind Zimmer und Annehmlichkeiten zum Leben ... In der Höhle werden Wachskerzen und Dochtlampen angezündet.« (Ibn Djubair, *Tagebuch eines Mekkapilgers*, S.205)

Der überaus freundliche Wärter, Ibrahim Khadim al-Arba'in, »Abraham, der Wärter der Vierzig« (wobei letzteres seit Generationen zum Familiennamen geworden ist), erzählt, daß dieses Amt seit fünfhundert Jahren von seiner Familie wahrgenommen wird. Sein Vater hat ein Büchlein verfaßt – *Das kostbare Halsband über den Makam der Vierzig* – das man bei ihm, leider nur auf Arabisch, erstehen kann und in dem Geschichten und Gedichte über die heilige Stätte zusammengetragen sind.

In dem der eigentlichen Höhle vorgelagerten Raum befinden sich zwei Gebetsnischen, in denen Abraham und Khidr, der heilige Georg, gebetet haben sollen. In der Höhle selbst wird eine ungewöhnlich geformte Nische als das »vor Schreck geöffnete Maul des Berges über die Ermordung Abels« gedeutet, und in der Tat kann man mit einiger Phantasie Zunge und Zähne ›erkennen‹. In der Felsdecke davor weist der Wärter auf einen ›Handabdruck‹ hin, wo der Erzengel Gabriel den Berg abgestützt haben soll, und zwei sich immer wieder neu bildende Wassertropfen an der Decke werden als Gabriels Tränen gedeutet, mit denen dieser bis zum Jüngsten Tag den ersten Mord in der Geschichte der Menschheit beweint. Im Obergeschoß zeigt der Wärter die Mihrabe der vierzig Propheten, die hier gebetet haben sollen.

Das Midan-Viertel

Das Midan-Viertel erstreckt sich auf einer Länge von etwa drei Kilometern südlich der Altstadt. Es ist aus dem ursprünglichen Sammelplatz für die Pilgerkarawanen nach Mekka entstanden. Zahlreiche historische Moscheen, Mausoleen, Medresen und Bäder haben sich links und rechts der gleichnamigen Straße erhalten. Obwohl vieles von der alten Bausubstanz moderner Stadtplanung zum Opfer gefallen ist, verbreiten doch so manche Gasse und mancher Winkel in diesem sehr lebendigen Viertel noch etwas vom Flair vergangener Jahrhunderte.
Als Ausgangspunkt für diesen Spaziergang bietet sich der Eingang zum Hamidiye-Suk an. Man geht nicht in den Suk hinein, sondern davor nach rechts (Richtung Süden). Nach rund 150 Metern sieht man rechts die silbernen Kuppeln der 1993 renovierten **Darwish-Pasha-Moschee**, einer der prächtigsten frühosmanischen Moscheen, deren reiche Fayence-Dekoration sehenswert ist. Darwish Pasha, der sie 1574 errichten ließ und dessen Grab sich auch darin befindet, war einer der beliebtesten osmanischen Gouverneure von Damaskus, der sich auch als Bauherr hervorgetan hat, so zum Beispiel durch die Errichtung eines einst sprichwörtlich schönen Bades, das die Zeiten aber leider nicht überdauert hat.
Einige Schritte weiter erreicht man auf der gleichen Straßenseite die große Anlage der **Siba'iye**, die Medrese, Moschee *(djami')*, Mausoleum und Zawiya in sich vereinigte. Sie wurde 1509 bis 1514 vom letzten Mamlukenstatthalter Siba'i ibn Bakhtdja errichtet, dessen Mutter und Tochter ihre letzte Ruhe in der Medrese gefunden haben. Beeindruckend sind vor allem die lange, gebänderte Vorderfront mit den vier charakteristischen Medaillons und das Minarett sowie der Mukarnas über dem Portal. Beim Bau der Moschee wurden zahlreiche Spolien aus älteren Moscheen verwendet.
Kurz dahinter liegt auf der linken Straßenseite unübersehbar der Komplex der **Sinan-Pasha-Moschee**; hier beginnt die eigentliche Midan-Straße. Der genannte Sinan Pasha (nicht zu verwechseln mit dem berühmten osmanischen Architekten gleichen Namens) ließ die Moschee 1591 errichten, nachdem er sich vorher schon in anderen Regionen des Osmanischen Reiches als eifriger Bauherr hervorgetan hatte, so in Kairo, im Jemen und in Istanbul. Die Moschee, ursprünglich von einem Bad, einem Markt, einem Kaffeehaus und einer Bücherei umgeben, gilt als gelungene Synthese osmanischer Architektur und syrischer Handwerkstradition, letzteres vor allem wegen der wunderschönen Fayencen.

Die Sinan-Pasha-Moschee lag ursprünglich unmittelbar außerhalb des **Bab-al-Djabiya**. Kleine Reste dieses zum Teil noch römischen, im 12. Jahrhundert erneuerten Stadttores sind heute noch im Suk, der gleich südlich des Eingangs in die Gerade Straße liegt, zu entdecken. Benannt ist es nach Djabiya, dem einstigen Hauptsitz der arabischen Ghassanidenfürsten in vorislamischer Zeit.
Folgt man der Midan-Straße, kommt man nach einem kurzen Stück überdachten Suks auf der rechten Seite zum **Mausoleum des Afridun**, das auch Masdjid al-'Adjami (»Moschee des Persers«) oder Dar al-Kur'an al-Afriduniye (»Afriduns Koranschule«) genannt wird. Afridun, »der Perser«, war einer der reichsten Händler seiner Zeit in Damaskus und für seine Wohltätigkeit berühmt. Erbauen ließ er den Komplex 1343/44, in dem er selbst vier Jahre später beigesetzt wurde. Der in seiner Ausdehnung eher bescheidene Bau (20 mal 13,50 Meter), in dem sich vier Iwane gegenüberliegen, besticht durch seine prächtige gebänderte Fassade, die zusätzlich zum Portal durch zwei hohe, leicht zurückgesetzte und ebenfalls mit Mukarnas und Medaillon verzierte Fensternischen aufgelockert ist.
Einige Schritte weiter, auch auf der rechten Straßenseite, gelangt man zur ebenfalls mamlukischen, aber jüngeren **Medrese und Moschee Sabuniye**, benannt nach dem Kadi und Kaufmann as-Sabuni, der das Gebäude in den Jahren 1459 bis 1464 errichten ließ und schließlich hier bestattet wurde. Das gebänderte Mauerwerk ist vor allem im achteckigen Minarett in verschiedene geometrische Dekorformen aufgelöst.
Kurz hinter der Sabuniye-Moschee liegt auf der linken Straßenseite, die Friedhofsmauer unterbrechend, das **Mausoleum des Ahmad Pasha** aus dem Jahr 1535. Die von der Altertümerverwaltung angebrachte Inschrift nennt allerdings einen Mamluken namens az-Zahir, und unter diesem Namen ist die Turba auch im Viertel bekannt. Baugeschichtlich bereits frühosmanisch, steht sie architektonisch noch völlig in der mamlukisch-damaszenischen Tradition: Auffallend sind die drei besonders kontrastreich schwarz-weiß gestalteten Steinmedaillons in der gebänderten Fassade unter den beiden roten Kuppeln und in der hohen Portalnische unter dem Mukarnas sowie eine Brunnennische, die rechts des Portals die Symmetrie der Anlage unterbricht.
Kurz danach zweigt links die al-Djarrah-Straße ab, die den **Bab as-Saghir-Friedhof** in einen nördlichen und einen südlichen Teil schneidet. In letzterem finden sich mehrere Kuppelbauten mit Gräbern und Makamen bedeutender Prophetengefährten

und anderer Persönlichkeiten der frühen islamischen Geschichte, darunter auch von Frauen, so zum Beispiel von Umm Habiba, einer der Gattinnen des Propheten und Schwester des ersten Omayyadenkalifen Mu'awiya, oder von Sukaina, einer Tochter des Prophetenenkels Husain. Soweit es sich um Personen handelt, die auch oder gerade bei den Schiiten in hohem Ansehen stehen, werden die Grabstätten von zahlreichen Iranern, insbesondere Iranerinnen aufgesucht, die Bänder an die Schreine binden oder Tücher daran abwischen, um sie daraufhin als Reliquien mit nach Hause zu nehmen.

Dort, wo die al-Djarrah-Straße in die Midan-Straße mündet, biegt letztere vom Friedhof nach rechts (Richtung Westen) ab. Bevor sie sich wieder nach Süden orientiert, liegt rechter Hand die frühosmanische **an-Naqshibandi-Moschee**, auch al-Muradiye nach ihrem Erbauer Murad Pasha genannt, der 1568/69, unmittelbar vor seinem Tod, als osmanischer Statthalter über Damaskus herrschte und in der angrenzenden Turba beigesetzt ist. Mit dem Bau der Moschee ist eine nette Geschichte verbunden: In diesem Viertel lebte einst »der Weise, Mystiker und Gotteskenner Scheich Mohammed«, der unter dem Vordach eines Hauses Kaffee verkaufte, ein Getränk, das sich zu jener Zeit gerade in Damaskus einbürgerte. Neben seinem Laden befand sich ein Stück brachliegendes Land, auf dem sich »die Töchter der Sünde« tummelten. Er pachtete schließlich das Land, jagte die Frauen davon und richtete darauf einen kleinen Betplatz mit Mihrab ein. Als Murad Pasha nach seiner Ankunft in Damaskus ein Grundstück für eine Moschee suchte, wurde er auf dieses Gelände hingewiesen, auf dem er dann die großzügige Anlage errichtete. Der von einer großen und vier kleinen Kuppeln sowie einem ganz in mamlukischer Tradition stehenden gebänderten Minarett überragte Bau wurde bereits vom Stifter mit zahlreichen Zimmern für Pilger sowie einer Küche ausgestattet.

Heute ist die Moschee das Zentrum der Nakshbandiye-Bruderschaft in Damaskus; die Nakshbandiye, eine der bekanntesten mystischen Bruderschaften, nahm ihren Ursprung im 14. Jahrhundert im Nordosten Persiens und erlebte seit dem 15. und 16. Jahrhundert eine lange Blütezeit in Indien und vor allem in der Türkei, von wo sie sich nach Syrien ausbreitete. In der Türkei wurde sie von Atatürk verboten, erlebt neuerdings aber eine Renaissance.

Einige hundert Meter weiter Richtung Süden liegt links die Moschee **Bab al-Musalla** (»Tor des Gebetsplatzes«), nach der Omayyadenmoschee die zweitgrößte historische Moschee der Stadt. Wann sie ursprünglich konzipiert wurde, ist nicht bekannt.

Ein Holzgitter, das man darin entdeckte, ist auf das Jahr 1103/04 datiert, stammt also aus der Seldschukenzeit, doch wurden 1209/10, 1339/40 und zuletzt 1802 umfangreiche Umbauten und Restaurierungen vorgenommen. Eindeutig ayyubidisch ist der Sockel des Minaretts. Das Giebeldach ist offensichtlich von der Omayyadenmoschee angeregt.

Kurz darauf kreuzt die Midan-Straße einen Kreisverkehr (links die große moderne und recht hübsche 'Abdallah ibn Rawaha-Moschee), worauf man links bald einen Makam entdeckt, der das **Grab des Ahmad abu l-Burghul az-Zi'bi** (1175–1271) und weitere Gräber seiner Familie enthält. Wenige Schritte weiter auf der rechten Seite die kleine Moschee mit dem **Mausoleum des mamlukischen Emirs Arak as-Silahdar** (»der Schwertträger«). Die Inschrift an der Vorderfront weist das Jahr 1349 als Stiftungsdatum aus. Der Betraum und das Grabmal befinden sich unter der östlichen der beiden Kuppeln. Ein Stück weiter, ebenfalls rechts, passiert man die – allerdings völlig heruntergekommene – Prachtfassade des **Hammam Fathi**, benannt nach seinem Stifter, dem osmanischen Finanzdirektor Fathi Efendi, der das Bad 1743 errichten ließ. Obgleich von der Altertümerverwaltung seit längerem als erhaltenswertes Beispiel osmanisch-damaszener Baukunst unter Denkmalschutz gestellt, ist das einst reich ausgestattete Innere bereits sehr verfallen.

Die nächste Moschee auf der rechten Seite, deren Eingang zwischen den Geschäften leicht zu übersehen ist, nennt sich **Djami' Mandjak**. Die Datierung schwankt zwischen 1361/62 und 1407/08, je nachdem, wem aus der mamlukischen Gouverneursfamilie Mandjak der Bau zugeschrieben wird. Die Moschee wurde unter den Osmanen und auch vor einigen Jahren nochmals restauriert. Sie besitzt einen sehenswerten gelb-weiß gebänderten Mihrab und einen sehr gepflegten, üppig begrünten, malerischen Innenhof, der zum Verweilen einlädt. Die Moschee dient spätestens seit der Jahrhundertwende auch als Koranschule.

Eine besondere Perle mamlukischer Baukunst findet man dann nach Unterquerung der Hafiz-al-Asad-Stadtautobahn auf der linken Seite der Midan Straße: das **Mausoleum** (mit Moschee) des mamlukischen Gouverneurs Tanibak al-Hasani aus dem Jahr 1394/95. Zunächst wurde seine Frau hier beigesetzt und schließlich 1400 er selbst, nachdem er mit seiner Revolte gegen den Sultan in Kairo gescheitert war. Viele seiner Gefolgsleute wurden in der Festung niedergemetzelt, und er selbst wurde erdrosselt. Mit Tanibak wurde auch einer seiner engsten Kampfgefährten, Emir Taghribardi, der Vater eines der bedeutendsten arabischen Historiker, Ibn Taghribardi, hier bestattet. Die Niederschlagung der

Revolte hatte viel Blut unter den kampferfahrenen Emiren von Damaskus gefordert, was es im kommenden Jahr den Mongolen unter Timur wesentlich erleichterte, die Stadt einzunehmen. Die schwarz-gelb gebänderte Fassade ist auffallend symmetrisch gegliedert, und die vier Steinmedaillons über den Fenstern zu beiden Seiten des Portals sind ungewöhnlich fein geschnitten. Unter einer Muschel und dem Mukarnas in der Portalnische prangt ein quadratisches Feld, das, umgeben von einem komplizierten geometrischen Bändergeflecht, eine Rosette enthält, in deren Mitte ein Pokal dargestellt ist; Reste von roten, türkisblauen und weißen Einlagen sind noch gut zu erkennen. Zwischen den beiden heute weitgehend zerstörten Kuppeln sitzt eine kleine Turmspitze, stellvertretend für das ehemalige Minarett. Vor einiger Zeit wurde an der Rückfront der Turba der frühere Betraum völlig neu gestaltet.

Das Sarudja-Viertel

Unmittelbar nördlich des Hotelviertels um den Merdje-Platz haben sich kleine Teile des malerischen Stadtviertels Suk Sarudja erhalten. Im letzten Moment entging dort auch die mamlukische **Djami' al-Ward** (»Rosenmoschee«) dem Abriß, die jetzt von Grund auf restauriert wird. Sie wurde 1427 von Barsbay al-Hadjib errichtet, der zeitweilig oberster Kammerherr *(hadjib al-hudjjab)* von Damaskus war, weshalb die Moschee auch als Djami' al-Hadjib bekannt ist. Die Moschee besitzt einen großen, stimmungsvollen, begrünten Innenhof um einen kleinen Teich. Ihren Namen al-Ward hat sie von dem ganz in der Nähe liegenden und durchaus sehenswerten **Hammam al-Ward** (»Rosenbad«) bekommen, der aus dem 14. Jahrhundert datiert. (Das Bad ist Dienstag und Mittwoch für Frauen reserviert.)
Ebenfalls nur einige Schritte entfernt liegt der **Hammam al-Djuza**, dessen Bauzeit ins 12. Jahrhundert zurückreicht. Er gehörte einst zu den prächtigsten Bädern der Stadt; seit einigen Jahren ist er aber geschlossen.

Ausflüge in die Umgebung von Damaskus

Von Damaskus aus bietet sich eine Vielzahl sowohl landschaftlich als auch archäologisch und kunsthistorisch reizvoller Ausflüge an. Nicht alle lohnenden Ziele können hier detailliert aufgeführt werden. So ist zwar zum Beispiel **Burkush** mit ansehnlichen Überresten eines römischen Tempels beziehungsweise der daraus umgestalteten byzantinischen Basilika westlich von Damaskus, in fast 2000 Meter Höhe im Hermongebirge gelegen, schon allein landschaftlich eine wahre Augenweide. Es liegt aber in militärischem Sperrgebiet in direkter Nähe der libanesischen Grenze und ist von einem Militärposten - mit ausgesprochen freundlichen Soldaten - besetzt. Für einen Besuch sollte man sich bei der Polizeistation in Katana eine Genehmigung holen, außerdem ist für die letzten Kilometer ein Geländewagen ratsam. Im Sperrgebiet westlich von Katana befindet sich auch **Kal'at Djandal**, ein Dorf in malerischer Lage mit den Überresten einer mittelalterlichen Festung, die allerdings völlig zu einer ›normalen‹ Wohnanlage umfunktioniert wurde. Auch für den Besuch der modernen Stadt Kunaitra, die 1974, am Ende des Jom-Kippur-Krieges von den Israelis unmittelbar vor Rückgabe der Stadt an Syrien bewußt zerstört wurde, wird eine Besuchsgenehmigung benötigt. Diese wird von den syrischen Behörden aber gern erteilt, da das zerstörte Kunaitra als nationales Mahnmal für die israelische Aggression gilt.

Ein weiterer interessanter Ausflug führt nicht in die malerische Bergwelt des Hermon westlich von Damaskus, sondern in die schwarzgraue Tristesse der Basaltwüste östlich und südöstlich der Stadt: eine (mindestens zweitägige) Fahrt nach **Djebel Seis**, wo unter anderem die Ruinen des omayyadischen Wüstenschlosses **al-Baida** (»die Weiße«) zu besichtigen sind. Hierfür braucht man aber auf jeden Fall einen Geländewagen und einen ortskundigen Führer. (Da dies jedoch eher ein Ziel für Syrien-Spezialisten ist, sei hier in Bezug auf die archäologische Bedeutung des Gebietes nur auf das Buch von Heinz Gaube hingewiesen, *Ein arabischer Palast in Südsyrien*, Beirut 1974).

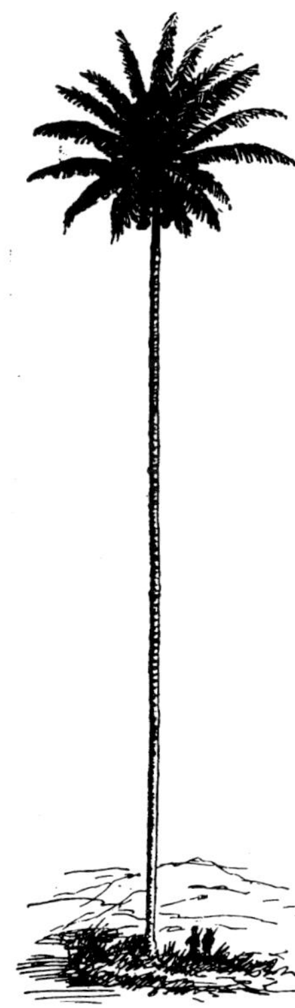

Bosra und der Berg der Drusen

Für diesen Ausflug sind zumindest zwei Tage einzukalkulieren. Man verläßt Damaskus auf der Autobahn Richtung Jordanien.

Nach gut fünfzig Kilometern gelangt man an eine Ausfahrt nach Basir, einem überwiegend von Christen bewohnten Dorf, das man durchfährt. Kurz darauf erreicht man das muslimische Dorf **as-Sanamain** (»die beiden Götzen«) an der alten Landstraße nach Jordanien. Am westlichen Ausgang des Dorfes, hinter einer älteren kleinen Moschee aus Basaltsteinen, sind die Überreste eines römischen Tempels von 191 n. Chr. zu besichtigen. Nur die Rückwand der *cella* mit einer von Seitenräumen eingefaßten hohen Apsis blieb recht gut erhalten; beeindruckend sind hier außer den Türgiebeln die säulengestützte, reich ornamentierte Gebälkzone und die von einer mächtigen Steinmuschel gekrönte Apsis.

Folgt man von as-Sanamain der alten, parallel zur Autobahn verlaufenden Landstraße nach Süden, erreicht man nach 28 Kilometern das Dorf ash-Shaikh Miskin. Nicht weit davon, östlich der Autobahn, liegt **Ezra'**. Im alten Teil des Ortes, der unter den Byzantinern Bischofssitz war, stehen zwei bemerkenswerte Gotteshäuser. Die griechisch-orthodoxe Kirche des heiligen Georg, der in Syrien von Christen wie Muslimen hoch verehrt wird (arab. Name: *al-Khidr*), gilt als das besterhaltene christliche Baudenkmal im Süden Syriens überhaupt. Nur die Kuppel, die zu Beginn des Jahrhunderts eingestürzt war, ist neueren Datums.

Vor einigen Jahren wurden Teile des Mauerwerks des quadratischen Zentralraums abgetragen und neu hochgezogen, um die Statik zu sichern. Die griechische Inschrift außen auf dem Türsturz über dem heute verschlossenen Westportal besagt, daß ihr Stifter Diomedes diese Kirche im Jahre 515 am Platz eines ehemaligen Tempels errichten ließ, den man zerstört hatte. Wenn man den Zentralraum betritt, so fallen zunächst acht massige Pfeiler auf, die ein Oktogon bilden und die Last der steilen Kuppel tragen. Geht man außen an den Pfeilern vorbei, so bemerkt man, daß der Innenraum insgesamt den Grundriß eines Achtecks aufweist, das in ein Quadrat ›hineingestellt‹ wurde. Lediglich nach Osten hin wurde ein Chor angefügt; hier befindet sich auch der Makam, der angeblich Reliquien des heiligen Georg birgt. Nur einige Schritte von dieser Kirche entfernt, befindet sich eine weitere, die dem heiligen Elias geweiht ist und der griechisch-katholischen Kirche gehört. Laut einer Bauinschrift im Türsturz datiert sie in das Jahr 512. Die ursprünglich ebenfalls quadratische Anlage erhielt durch Erweiterungen einen Kreuzgrundriß.

Von ash-Shaikh Miskin führt eine andere Straße nordwestlich nach Nawa (11 Kilometer). Kurz hinter dem Dorf erhebt sich rechts der Straße ein Bergkegel, der die Reste der Stadt **al-Djabiya** trägt. Das Gebiet ist militärische Sperrzone, weshalb man für einen Besuch eine Sondergenehmigung benötigt; das Fotografieren ist in jedem Fall untersagt. In diesem Buch habe ich zwar weitgehend darauf verzichtet, Sehenswürdigkeiten in Sperrzonen näher zu beschreiben, möchte jedoch hier aufgrund der Bedeutung von al-Djabiya für die frühe islamisch-arabische Geschichte eine - die erste und einzige - Ausnahme machen. Al-Djabiya, an dessen einstige Bedeutung auch noch das Bab al-Djabiya in Damaskus erinnert, war die erste arabische Hauptstadt Syriens. Hier befand sich der Hauptsitz der vorislamischen Dynastie der Ghassaniden, die nominell zwar Byzanz unterstanden, sich selbst aber Könige nannten. Auf dem einst schwer zugänglichen Bergkegel, um den sich eine Zeltstadt gruppierte, künden noch heute die Mauerreste aus gewaltigen Granitblöcken von der Wehrhaftigkeit des ehemaligen Verwaltungssitzes. Unter den ersten Kalifen blieb al-Djabiya das Hauptquartier der muslimischen Eroberer. In der Nähe, am Fluß Yarmuk, fand 636 die entscheidende Schlacht gegen die Byzantiner statt, aus der die arabischen Truppen siegreich hervorgingen und das erbeutete Gut nach al-Djabiya schafften. Ornat, der zweite Kalif, kam von Medina persönlich mit zahlreichen Prophetengefährten hierher, um die Verteilung der Beute auch für künftige Eroberungen zu regeln. Eine der ersten, wenn nicht *die* erste Moschee Syriens, wurde hier errichtet oder aus einer bereits vorhandenen Kirche umgestaltet. Auch die Omayyadenkalifen verweilten noch oft in al-Djabiya, und am Tag des Jüngsten Gerichts werden sich, so eine Überlieferung, die Seelen der Gläubigen in dieser Stadt versammeln - die der Ungläubigen übrigens in Hadramaut in Südarabien. Die heute auf dem Berg völlig verstreut liegenden Trümmer harren noch immer einer archäologischen Auswertung. Von oben genießt man jedoch einen großartigen Rundblick über den Hauran.

Von Nawa kann man auf einem gut ausgebauten Landsträßchen südwärts nach Mzairib fahren. Wenige Kilometer westlich beziehungsweise südwestlich des Ortes bietet sich inmitten einer fruchtbaren Landschaft mit den **Wasserfällen** (arab. *shallalat*) **von Zaizun und Tell Skihab** ein beeindruckendes Naturschauspiel. Nebenflüsse des Yarmuk stürzen vom Rand des Plateaus in das tief eingeschnittene und bereits unter dem Meeresspiegel liegende Flußbett.

Über al-Yaduda gelangt man in Richtung Südwesten in die Provinzhauptstadt des Hauran, **Der'a**, der letzten Ansiedlung vor der jordanischen Grenze. Der'a, das Edrei der Bibel und Adraha der griechisch-römischen Antike, war schon im alten Orient für

Olivenzweig

seinen Wein- und Olivenanbau bekannt und als wichtige Handelsstation auch stets ein Zankapfel: Damaskus und Israel machten es sich streitig, im dritten Jahrhundert v. Chr. eroberten es die Griechen, denen die Nabatäer und die Römer folgten. In christlicher Zeit wurde es Bischofssitz der Provinz Arabia. Bereits kurz nach Mohammeds Tod unterstellten sich seine Bewohner der Herrschaft des ersten Kalifen, Abu Bakr. In neuerer Zeit gewann es durch den Bau der Hedschas-Bahn und als Ausgangspunkt einer weiteren Bahnlinie nach Haifa erneut an Bedeutung. Die Altstadt von Der'a birgt die Omari-Moschee, so benannt nach dem zweiten Kalifen Omar ibn al-Khattab. Die im Moscheehof erhaltene Bauinschrift nennt das Hidjra-Jahr 651 (=1253 n. Chr.), doch bezieht sich diese Angabe ausdrücklich nur auf den *riwak* des Hofes, nicht auf die Moschee selbst. Diese macht mit ihren antiken Säulen und anderen Spolien einen wesentlich älteren Eindruck. Auch die Tiefe des Bodenniveaus, das zudem in der Moschee offenbar sogar früher noch niedriger war und später aufgeschüttet wurde - deshalb erscheinen die Säulen so kurz - sowie der Grundriß, welcher dem der Omayyadenmoschee in Damaskus ähnelt, sprechen für ein wesentlich früheres Baudatum. Gegenüber der Moschee werden gegenwärtig Grabungen durchgeführt, die vermutlich weitere Aufschlüsse bringen werden.

Bosra

Von Der'a erreicht man in Richtung Osten mit dem Auto in einer halben Stunde Bosra (in der Antike Bostra genannt). Die dort erhaltenen antiken Bauwerke sind so beeindruckend, daß sie zum Repertoire einer jeden Syrienreise gehören, und sei sie auch nur auf drei Tage begrenzt. Ein gemütliches kleines Restaurant am Parkplatz vor dem Eingang zum römischen Theater lädt zur Planung des Rundgangs ein.

Bosra, die Kornkammer Syriens in römischer und byzantinischer Zeit, hat viel ältere Wurzeln, wie die nur im Westen erhaltene Stadtmauer erkennen läßt, doch sind wir darüber nur sehr unzureichend unterrichtet. Es war ein befestigter Außenposten des arabischen Nabatäerreiches, bis die Römer es im Jahre 106 n. Chr. einnehmen und zur Hauptstadt ihrer Provinz Arabia ausbauen konnten. Bereits wenige Jahre später verband eine römische Straße die neue Provinzhauptstadt, in der eine römische Legion (die *legio III Cyrenaica*) stationiert wurde, mit einer Kette von Grenzkastellen bis Aila am Golf von Akaba. In der ersten Hälfte des 3. Jahrhunderts erlebte die Stadt einen regelrechten Bauboom, der unter Kaiser Severus Alexander (reg. 222-235)

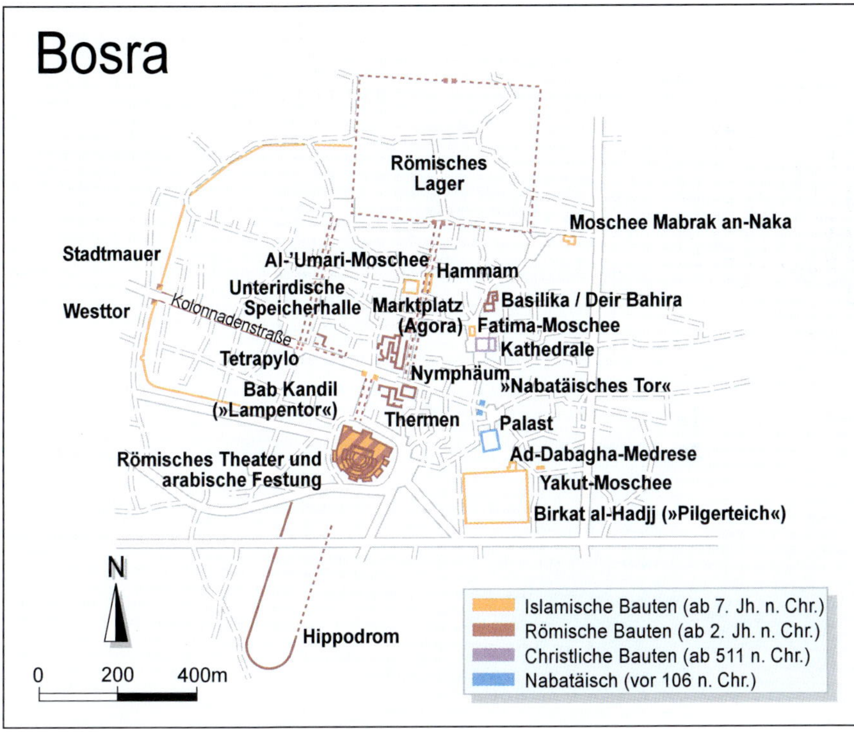

mit der Erhebung in den Rang einer *colonia* seinen Höhepunkt fand; etwa gleichzeitig wurde die Stadt auch Sitz eines Bischofs. An der Schnittstelle zwischen kultivierbarem Land und Wüste gelegen, war es das Zentrum, von dem in vorislamischer Zeit die Christianisierung der arabischen Stämme ausging. Doch bereits 634 wurde es von den muslimisch-arabischen Heeren unter Khalid ibn al-Walid eingenommen und verlor trotz mancher muslimischen Legende, welche die Heiligkeit des Ortes preist, viel von seiner einstigen Bedeutung. Zur Zeit der Ayyubiden und Mamluken wurde es zwar als Militärposten gegen die Kreuzfahrer nochmals wichtig - das römische Theater wurde als Grundstock für neue arabische Befestigungsanlagen genutzt -, konnte seine ehemalige Bedeutung aber nicht mehr erlangen. Dennoch muß es - unterbrochen vom Mongolensturm 1260 - bis zur Eroberung Syriens durch die Osmanen zu Beginn des 16. Jahrhunderts ein blühendes Städtchen gewesen sein. In der fast ausschließlich aus dunklen Basaltsteinen errichteten Altstadt, die noch heute bewohnt ist, leben die Menschen inmitten einer riesigen archäologischen Ausgrabungsstätte, werden aber wohl in wenigen Jahren ganz der wissenschaftlichen Neugier weichen und in die moderne Neustadt umziehen müssen.

Das **römische Theater** von Bosra, das aus dem beginnenden 3. Jahrhundert datiert, gehört zusammen mit den Theatern von Aspendos in der Türkei und von Orange in Frankreich zu den besterhaltenen und größten römischen Theaterbauten überhaupt. Wie diese faßt auch das Theater von Bosra etwa 15.000 Zuschauer, was sich bei dem alle zwei Jahre veranstalteten Folklore- und Musikfestival immer wieder eindrucksvoll bestätigt. Die Konstruktion des Theaters von Bosra war so monumental angelegt, daß aus statischen Gründen die Orchestra und die unteren Zuschauerränge in den Boden hineinverlegt werden mußten. Eine gewaltige, um den Zuschauerraum *(cavea)* herumlaufende Pfeilerhalle, die als Substruktion diente, konnte gleichzeitig als Wandelhalle genutzt werden. Die sehr steil ansteigenden Ränge waren durch zwei Umgänge *(diazoma)* in drei Abschnitte unterteilt; den oberen Abschluß bildete eine dorische Säulenhalle, von der sich ein großartiger Blick über die gesamte antike Stadtanlage bietet. Erst von den oberen Plätzen erschließen sich dem Besucher so richtig die phantastische Akustik und die prachtvolle Fassadengestaltung des dreigeschossigen Bühnenhauses. Dieses war ehemals mit weißem Kalkstein verkleidet, der sich nicht erhalten hat; doch die Rekonstruktion der Säulen und des Gebälks vom ersten Stockwerk gewährt auch heute noch eine Vorstellung von der Pracht der Antike.

Seinen ausgezeichneten Erhaltungszustand verdankt dieses Theater der Tatsache, daß die muslimischen Araber es seit der Eroberung als Festung benutzten, indem sie zunächst die verschiedenen Eingänge bis auf einen zumauerten und es später (unter den Fatimiden und Seldschuken, vor allem aber unter den Ayyubiden) in eine gewaltige Festungsanlage integrierten, die sie mit einem Burggraben versahen. Nach den erheblichen Zerstörungen, welche die Mongolen 1260 in ganz Bosra hinterließen, wurde die Festung bereits unter dem Mamlukensultan az-Zahir Baibars (reg. 1260–1277) restauriert. Als Baumaterial dienten in erster Linie die reichlich vorhandenen antiken Gebäude in der näheren und weiteren Umgebung, so etwa das südlich gelegene Hippodrom, von dem deshalb nur noch Spuren vorhanden sind. Nur über eine fünfbogige Steinbrücke war (und ist) der Zugang zu dieser mit elf monumentalen Wehrtürmen bestückten Festung von Osten her möglich. Zuschauerraum und Bühne des Theaters, die von den mittelalterlichen Wehranlagen teilweise verdeckt waren, wurden seit 1947 wieder freigelegt, doch hat man die weitläufi-

gen äußeren Teile der dreistöckigen arabischen Festung vollständig erhalten, restauriert und ebenfalls zugänglich gemacht. Im oberen westlichen Teil befindet sich ein **Freilichtmuseum** mit einem großen Mosaik, das eine Kamelkarawane sowie verschiedene Jagd- und Tierszenen zeigt. Daneben beeindruckt die Fülle von Plastiken und Inschriften aus schwarzem Basalt, unter den letzteren in erster Linie einige Weihinschriften für Zeus Ammon, den Schutzgott der *legio III Cyrenaica*, und mehrere Grabinschriften von Soldaten dieser Einheit, aber auch einige hochinteressante arabische Inschriften aus dem Mittelalter.
Von der Nordwestecke der Festung führt eine Säulenstraße nach Norden und stößt dort am Bab Kandil (»Lampentor«) auf die römische Haupt- und **Kolonnadenstraße**, welche die Stadt von West nach Ost durchquert. Das **Westtor** in der Stadtmauer besteht aus zwei quadratischen Türmen, zwischen denen eine schlichte Bogenarchitektur den Durchgang überspannt. Etwa dreihundert Meter weiter östlich, also wieder zurück in Richtung Theater, sieht man noch die Reste eines **Tetrapylons**, daran anschließend linker Hand eine 106 Meter lange, gewaltige unterirdische **Speicherhalle** mit über vier Meter hohen Tonnengewölben, die durch Lichtschächte am Straßenrand beleuchtet wird. Am »Lampentor« vorbei fallen sodann links vier schräg zur Straße aufgereihte hohe korinthische Säulen auf, die einst die Vorderseite der römischen **Brunnenanlage (Nymphäum)** bildeten. Nordwestlich davon erstreckt sich über siebzig Meter eine bisher als Markt gedeutete Anlage, die nach den in den letzten Jahren freigelegten Hypokausten und Heizungsröhren eindeutig Teil der monumentalen Zentralthermen aus der Zeit des Kaisers Alexander Severus sind. Auf das Nymphäum folgt links das **Kalybe-Heiligtum**. Von diesem Heiligtum bisher unbekannter Bestimmung, das die Einwohner von Bosra »Wiege der Königstochter« nennen, ist eine Säule mit Teilen des reich verzierten Steingebälks erhalten, die auf die einst prächtige Ausstattung des Tempels hinweist. Gegenüber der Brunnenanlage liegen an der Hauptstraße die Ruinen einer weiteren **Badeanlage**, der Südthermen, die möglicherweise bereits in trajanischer Zeit errichtet und unter den Severern erweitert wurden.
Rund zweihundert Meter weiter östlich endet die Hauptstraße am vorzüglich erhaltenen Osttor, das vor allem wegen seiner Hörnerkapitelle allgemein als »**Nabatäisches Tor**« bezeichnet wird. Dieser aufwendige Torbau, dessen Entstehung nach den jüngsten Forschungen in die augusteische Zeit datiert wird, kann als herausragendes Beispiel einer eigenständigen nabatäischen Architektur im Süden Syriens angesehen werden. Südlich dieses Stadt-

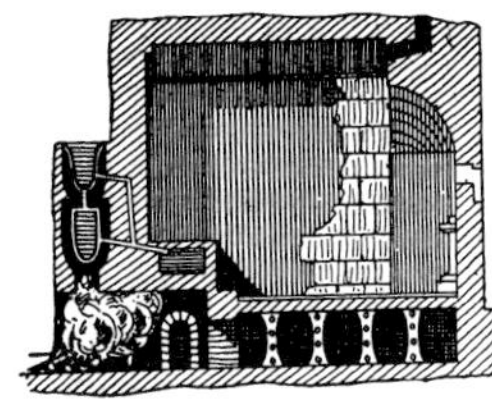

Hypokauste

tores liegt eine ausgedehnte **palastartige Anlage**, ein Audienzsaal mit einem von Verwaltungs- und Wohngebäuden umgebenen rechteckigen Hof. Dieser »Palast« wurde bisher als Sitz des römischen Statthalters gedeutet, scheint aber erst aus byzantinischer Zeit zu stammen und eher als Bischofspalais zu deuten zu sein. Und wiederum südlich davon stößt man auf die **Birkat al-Hadjj**, den »**Pilgerteich**«, ein ursprünglich annähernd quadratisches offenes Wasserbecken mit circa 150 Metern Seitenlänge (ein weiteres, etwas kleineres Reservoir liegt östlich der Stadt). Wie der Name schon andeutet, diente die bereits aus römischer Zeit datierende Anlage nach der islamischen Eroberung unter anderem zur Wasserversorgung der von Damaskus nach Mekka ziehenden Pilger.

An der nordwestlichen Ecke des »Pilgerteichs« befinden sich die kleine **Yakut-Moschee** und die **ad-Dabagha-Medrese**. Letztere wurde laut der in die Südwand eingelassenen Inschrift 1225/26 errichtet und birgt an der Südostecke die Turba ihres Stifters, des ayyubidischen Emirs Shamsaddin Sunkur, der dort 1232/33 beigesetzt wurde. Die sehr bescheidene Yakut-Moschee, die erst 1257, im Jahr nach dem Tod ihres Stifters Yusuf ibn Yakut, des Statthalters von Bosra, fertiggestellt wurde, besteht aus zwei kleinen Räumen, einem Betraum und einer Turba (s. Glossar).

Nördlich des »Nabatäischen Tores« erreicht man die ehemals gewiß sehr eindrucksvolle byzantinische **Kathedrale**, die Anfang des 6. Jahrhunderts zu Ehren der Märtyrer Sergius, Leontius und Bacchus errichtet wurde. Nachdem sie Mitte des 19. Jahrhunderts, europäischen Reiseberichten zufolge, noch in vielen Teilen erhalten war, stehen heute nur noch die Apsis und die Westwand. Dies ist umso bedauerlicher, als in den quadratischen Zentralbau ein Rundbau ›hineingestellt‹ war, der dann die eigentliche Kuppel trug, eine Konstruktion, wie wir sie von der Hagia Sophia in Istanbul kennen, für die sie möglicherweise als Vorbild gedient hat.

Nordwestlich der Kathedrale liegt die kleine **Fatima-Moschee**, deren Dach auf sechs (ursprünglich drei) weitgespannten Halbbögen ruht, die direkt auf dem Boden aufsitzen, was dem Betraum ein tunnelförmiges Aussehen verleiht.

Die Moschee datiert vom Anfang des 13. Jahrhunderts, ihr quadratisches Minarett wurde 1306 angefügt, stammt also bereits aus der Mamlukenzeit.

Folgt man der Hauptgasse weiter nach Norden, so erreicht man nach wenigen Schritten auf der rechten Seite die ehemalige **Basilika**, von den Arabern Deir Bahira (»Bahira-Kloster«) genannt. Dort soll der christliche Mönch Bahira die Erkenntnis gehabt

Das Theater in Bosra, erbaut Anfang des 3. Jh. n. Chr. faßte etwa 15.000 Zuschauer und gehört zu den größten römischen Theaterbauten der antiken Welt. Heute trifft sich gerne die Jugend der Stadt in seinen imposanten Gemäuern.

Der Mönch Bahira sagt Mohammeds Sendung voraus

»In Bosra in Syrien, wo die Karawane [der Mekkaner] anlangte, lebte ein Mönch namens Bahira in seiner Klause. Er kannte die Bücher der Christen. Schon immer hatten in jener Klause Mönche gelebt, die ihr Wissen aus einem Buch schöpften, das sie, so wird behauptet, einer dem anderen weitervererbten. Die Mekkaner waren früher schon oft bei diesem Mönch vorbeigekommen, doch hatte er nie mit ihnen gesprochen, noch sich irgendwie um sie gekümmert. Als sie aber in diesem Jahr in der Nähe seiner Klause lagerten, bereitete er ihnen ein großes Mahl. Er hatte nämlich in seiner Zelle gesehen, daß eine Wolke den Propheten in der sich nähernden Karawane beschattete. Und nachdem diese dann herangekommen war und sich in der Nähe unter einem Baum gelagert hatte, bemerkte er, wie die Wolke Schatten über den Baum breitete und dessen Zweige sich so über Mohammed bogen, daß er darunter Kühlung fand. Als Bahira dies sah, kam er aus seiner Klause und ließ ihnen sagen: ›Ich habe euch ein Mahl bereitet, Männer von Kuraish. Ich möchte, daß ihr alle kommt, jung und alt, Sklave und freier Mann.‹

›Bei Gott, Bahira, Bedeutsames ist heute an dir‹, erwiderte einer von ihnen und fuhr fort: ›Noch nie hast du dies für uns getan, und wir sind schon oft bei dir vorbeigekommen. Was ist heute mit dir?‹ – ›Du hast recht. Es ist, wie du sagst. Aber ihr seid Gäste, und ich möchte euch mit einem Mahl ehren, an dem ihr alle teilhaben sollt.‹ Da kamen sie alle zu ihm. Nur Mohammed blieb wegen seines jungen Alters beim Gepäck unter dem Baum zurück. Als nun Bahira sich unter seinen Gästen umsah, erblickte er nicht das Zeichen, das er aus dem Buch kannte. Deshalb sprach er: ›Nicht ein einziger von euch soll meinem Mahle fernbleiben!‹ – ›O Bahira‹, antworteten sie ihm, ›keiner, dem es gebührte, zu dir zu kommen, ist zurückgeblieben. Nur einen Knaben, den jüngsten von uns, haben wir bei unserem Gepäck gelassen.‹ – ›Tut dies nicht!‹ bat er uns, ›ruft ihn, damit er mit euch am Mahle teilnimmt!‹ Und ein Mann von den Kuraish pflichtete ihm bei: ›Bei den Göttinnen al-Lat und al-'Uzza, wir haben Tadel verdient, daß wir den Sohn Abdallahs, des Sohnes des Abdalmuttalib, zurückgelassen haben.‹

Und er ging zu Mohammed, trug ihn in seinen Armen herbei und ließ ihn unter seinen Gefährten sitzen. Als Bahira ihn sah, begann er ihn eindringlich zu beobachten und die Merkmale an seinem Körper zu betrachten, von denen er aus seinem Buch wußte, daß sie ihn kennzeichneten. Nachdem seine Gäste das Mahl beendet hatten und weggingen, trat Bahira zu Mohammed und flehte ihn an: ›O Knabe, ich bitte dich bei al-Lat und al-'Uzza, beantworte mir, was ich dich frage.‹ Die beiden Göttinnen rief er vor Mohammed nur deswegen an, weil er zuvor seine Begleiter bei ihnen hatte schwören hören. Der Prophet erwiderte: ›Bitte mich nicht bei al-Lat und al-'Uzza, denn nichts hasse ich mehr als diese beiden.‹ – ›So bitte ich dich denn bei Gott‹, sprach Bahira, ›mir meine Fragen zu beantworten!‹

Mohammed willigte ein, und der Mönch begann, sich nach seinen Träumen, seinem Körper und anderem zu erkundigen. Mohammed erzählte es ihm. Alles stimmte mit den Merkmalen überein, die Bahira aus seinem Buch kannte. Schließlich betrachtete er auch seinen Rücken und sah an der bestimmten Stelle zwischen seinen Schultern das Siegel der Prophetenschaft. Nachdem er dies alles erfahren hatte, brachte er Mohammed zu seinem Onkel Abu Talib zurück und fragte ihn: ›Wie steht dieser Junge zu dir?‹ – ›Er ist mein Sohn.‹ – ›Dies kann nicht sein, denn sein Vater sollte nicht mehr leben.‹ – ›Ja, er ist der Sohn meines Bruders.‹ – ›Und was ist mit deinem Bruder geschehen?‹ – ›Er ist gestorben, als seine Frau mit dem Jungen schwanger war.‹
›Nun hast du die Wahrheit gesprochen. Bringe deinen Neffen zurück in die Heimat und nehme ihn in acht vor den Juden, denn wenn sie an ihm sehen und erkennen werden, was ich an ihm bemerkt habe, werden sie ihm Schlimmes antun. Überaus Großes wird mit deinem Neffen geschehen. So bringe ihn schnell zurück!‹
Nachdem Abu Talib in Syrien seine Handelsgeschäfte beendet hatte, zog er deshalb eilends zurück nach Mekka.
Und Mohammed wuchs heran – wobei Gott ihn behütete und beschützte und ihn vor der Unreinheit des Heidentums bewahrte, da er ihn ehren und vor der Unreinheit des Heidentums auszeichnen wollte –, bis er das Mannesalter erreichte und in seinem Volk der Tugendhafteste war, der Beste und Edelste, der Hilfsbereiteste und Sanftmütigste, der Aufrichtigste und Treueste und am weitesten entfernt von Zuchtlosigkeit und schlechtem Charakter. Bald nannte man ihn wegen all der guten Eigenschaften, die Gott in ihm vereinigt hatte, nur noch Amin, den ›Treuen‹.«

(Ibn Ishaq, Das Leben des Propheten, *S. 34-36)*

haben, daß Mohammed der Prophet der Araber sein werde. Der sachliche Bau mit ionischen Halbsäulen und rechteckigen Fensteröffnungen geht auf einen antiken Profanbau zurück, der erst zu Beginn der Einführung des Christentums in eine Kirche umgewandelt wurde.

Auch die **Moschee Mabrak an-Naka** (»Dort, wo die Kamelstute niederkniete«), nordöstlich der Bahira-Basilika am Rande eines großen Friedhofs gelegen, hat eine frühislamische Gründungslegende. Einer Version zufolge soll das Kamel, welches das erste Koranexemplar Mitte des 7. Jahrhunderts nach Syrien trug, hier niedergekniet und in einem Stein einen Abdruck hinterlassen haben, den Kinder dem Besucher in der Südwestecke des Betraums vor dem Mihrab gerne zeigen. Das Dach der kleinen Moschee, deren Ursprünge tatsächlich in frühislamische Zeit zurückreichen mögen, wird von einem auf Säulen ruhenden Halbbogen getragen. Unmittelbar an die Moschee angebaut ist eine **Medrese** mit vier Iwanen. Sie wurde - laut der Auskunft, die ich von Einheimischen erhielt - nach Ibn Kathir benannt, einem der bedeutendsten Geschichtsschreiber und Hadith-Gelehrten, der im Jahre 1300 in Bosra geboren wurde, aber in Damaskus studierte, lehrte und starb. Die Medrese ist jedoch erheblich älter als der Namensgeber. Sie geht auf die rege Bautätigkeit des Emirs 'Izzaddin Kumushtakin in Bosra zurück, wurde 1136 für den Lehrbetrieb eröffnet und stellt somit die älteste Medrese in Syrien überhaupt dar. Die Anlage wurde in den Jahren 1986 bis 1989 mit Unterstützung des Deutschen Archäologischen Instituts in Damaskus von Grund auf restauriert.
Etwa in der Mitte der römischen Nord-Süd-Straße, die vom Nymphäum durch das Nordtor zu dem vor der Stadt gelegenen, bis heute nicht genau lokalisierten Legionslager führte, liegt **al-Djami' al-Omari**, die größte Moschee der Stadt. Ihr Name deutet an, daß die einheimische Tradition ihre Gründung mit dem zweiten Kalifen, Omar ibn al-Khattab (reg. 634–644), in Zusammenhang bringt (sie wird heute von der Bevölkerung allerdings Djami' al-'Arus, »Moschee der Braut«, genannt). Zwei Inschriften legen nahe, daß sie 720/21 erbaut und zwanzig Jahre später nochmals erweitert wurde, also aus der Omayyadenzeit stammt. Die Ursprünge der Anlage mögen tatsächlich in diese Zeit zurückreichen, doch haben neuere Untersuchungen ergeben, daß die wesentlichen Teile der heutigen Bausubstanz (unter Verwendung zahlreicher Spolien) erst aus dem 12. und beginnenden 13. Jahrhundert stammen. Im Inneren lassen Reste von Gipsverzierungen an der Südwand noch etwas von der einstigen üppigen Pracht der Moschee erahnen. Etwa zweihundert Meter westlich der Omar-Moschee liegt

eine kleine, unbedeutende Moschee ebenfalls aus dem 12. Jahrhundert mit separat stehendem Minarett, das wohl erst im 13. Jahrhundert hinzugefügt wurde.
Unmittelbar gegenüber der Omar-Moschee im Osten befindet sich der **Hammam Mandjak**, der nach dem mamlukischen Gouverneur Mandjak al-Yusufi benannt und 1372 eröffnet wurde. Er stellt somit das jüngste bedeutende mittelalterliche Bauwerk der Stadt dar. Das Bad, das weitgehend zerstört war, wurde seit 1981 vorbildlich restauriert. Vor allem im Inneren ist durch die Einbeziehung von weißem Kalkstein die Düsternis des sonst in Bosra fast ausschließlich verwendeten schwarzen Basalts angenehm aufgebrochen. In einem nördlich an das Bad angefügten Gebäude befindet sich das erst 1993 eröffnete und sehenswerte islamische Museum der Stadt.
Zwanzig Kilometer östlich von Bosra, am Südrand des Vulkanmassivs, liegt **Salkhad**, das schon im Alten Testament unter dem Namen Salcha genannt wird und dessen Festung im Kampf gegen die Kreuzfahrer eine Rolle spielte. Während der Osmanenzeit entvölkert, wanderten hier seit der zweiten Hälfte des 19. Jahrhunderts, nach den Unruhen von 1860, Drusen aus dem Libanon ein und verwendeten die antiken und mittelalterlichen Baureste für ihre eigenen Häuser.
Die Festung von Salkhad erhebt sich malerisch und majestätisch auf einem Vulkankegel, dessen Kraterrand geschickt als äußerer Wall in die Anlage einbezogen wurde. Die Festung ist heute jedoch weitgehend zerstört und zudem militärisches Sperrgebiet. Auch im Ort selbst sind zwar viele Spolien, darunter zahlreiche mit arabischen Inschriften, zu entdecken, doch hat sich sonst nichts Historisches erhalten. Die Ausnahme bildet ein heute allein stehendes, noch zwölf Meter hohes ayyubidisches Minarett aus dem Jahre 1232/33, dessen Architektur in Syrien ihresgleichen sucht. Es besitzt einen sechseckigen Grundriß und weist eine interessante Farbabstufung auf: Der Unterbau des Minaretts besteht aus schwarzem Basalt; dann, nach einem hellenistischen Gesims, folgt der erste Stock aus rötlichem Kalktuff, unterteilt durch ein Fries aus weißem Kalkstein.
Von Salkhad nach Norden erreicht man auf guter Straße nach rund dreißig Kilometern **Suwaida'** (ca. 30.000 Einwohner), das Verwaltungszentrum des Djebel al-'Arab oder Djebel ad-Druz (»Beduinen-« bzw. »Drusenberg«). Die beiden Namen des bis zu 1800 Meter aufsteigenden Vulkangebirges dokumentieren seine jüngere Siedlungsgeschichte. Das – wie zahlreiche Ruinen zeigen – von der Antike bis ins Mittelalter dicht besiedelte Land geriet während der Mamluken- und Osmanenzeit zunehmend unter

den Einfluß der Beduinen, eben der »'Arab«, die es als Weidegründe nutzten. Nur wenige seßhafte Christen und Sunniten scheinen schließlich hier ausgeharrt zu haben. Erst die kriegerischen Drusen, die vom beginnenden 18., vor allem aber im 19. Jahrhundert vom Libanon her einwanderten, vermochten sich der Beduinen zu erwehren und erweckten die historischen Siedlungen zu neuem Leben. Oliven, Obst, Gemüse und Getreide sind in tieferen Lagen, wie im übrigen Hauran, die wichtigsten landwirtschaftlichen Produkte. Seit der Antike gedeiht auch ein guter Wein, der in vorislamischer Zeit bis nach Mekka exportiert wurde. Nur der zentrale Teil des Gebirges, im Winter oft längere Zeit schneebedeckt, blieb weitgehend unbewohnt und dient den Beduinen weiterhin als Sommerweide.

Suwaida', das bei den Römern Dionysias hieß, hat keine nennenswerten antiken Relikte mehr aufzuweisen. Seit 1990 beherbergt es jedoch ein großzügiges modernes **Museum** (rechts an der Ausfahrtsstraße in Richtung Kanawat), dessen Exponate sehr gut präsentiert, vorzüglich beschriftet und erläutert sind. Neben zahlreichen beeindruckenden Skulpturen nabatäischer und römischer Provenienz (1. Jahrhundert v. Chr. bis 3. Jahrhundert n. Chr.) sind es in erster Linie die sieben im glasüberdachten Lichthof ausgestellten kaiserzeitlichen römischen Mosaike, die allein schon einen Besuch lohnen. Sie werden auf Mitte oder Ende des 3. Jahrhunderts n. Chr. datiert und stellen folgende Motive dar: 1. unbekleidete Aphrodite mit goldenen Arm- und Fußreifen, die in der rechten Hand eine Strähne ihrer schwarzen Haartracht, in der linken einen Spiegel hält und in einer Muschel auf einem gold- und silbergestreiften Seidenkissen sitzt; 2. inmitten einiger Nymphen die nackte Göttin Artemis, die zum Bad an der Quelle niederkniet und die rechte Hand gegen den Heros Aktaion erhebt, der sie beim Baden überrascht (und den sie, der Sage nach, in einen Hirsch verwandelt, worauf er von seinen eigenen Hunden zerfleischt wird); 3. innerhalb eines Rahmens aus Akanthusblättern, inmitten von spielenden Eroten und verschiedenen Tieren, sieht man ein die Fruchtbarkeit symbolisierendes Götterpaar (teilweise zerstört), dem die Göttin Ge (Erde) mit ihren Kindern, den Jahreszeiten, huldigt; 4. Szene eines Festessens mit drei Paaren und dem bedienenden Sklaven; 5. Hochzeit von Theos und Peleus (von links nach rechts: Komos – der Gott der Festmahle –, Nereus, Thetis, Peleus, Zeus, Hymenaius – der Gott der Hochzeit – sowie vier Sklaven mit Geschenken); 6. Gesicht der Meeresgöttin Thetis, umrahmt von vier Eroten, die auf Meeresungeheuern reiten; 7. vier rechteckige Felder mit Jagd- und Tierszenen.

Das Museum in Súwaida' beherbergt prachtvolle römische Mosaike aus der Kaiserzeit, die Mitte bis Ende des 3. Jahrhunderts n. Chr. datiert werden; rechts oben ist die Meeresgöttin Thetis dargestellt.

ΘΕΡΟϹ
ΓΗ

Bergaufwärts, vier Kilometer nordöstlich von Suwaida', erreicht man auf guter Straße **Kanawat**, das antike Kanatha, das 1200 Meter hoch liegt. Im Ort stehen - unübersehbar rechts der Straße - die Ruinen eines größeren Gebäudekomplexes, die allgemein als »Serail« bezeichnet werden. Offenbar waren zwei Tempel, die in Nord-Süd-Richtung angelegt waren, übereinander errichtet worden; später folgten sukzessive zwei Kirchenbauten, die sich jedoch west-östlich orientierten; dabei wurden immer Teile des jeweiligen Vorgängerbaus integriert. Darüber hinaus sind die Ruinen auch noch von jüngeren Mauern durchzogen, so daß die heute sichtbaren Bauteile einen kaum mehr durchschaubaren Wirrwarr darstellen. Gut erhalten hat sich die zweigeschossige Westfassade mit drei Toren. Sehenswert sind hier in jedem Fall die filigran aus dem harten Basalt herausgearbeiteten Friese an den Portalen, die überwiegend Weinranken zeigen. Interessant sind auch die mit christlichen Symbolen geschmückten Sarkophage in einer tiefer gelegenen und über eine Treppe erreichbaren Grabkammer im Osten des »Serail«.

Vom »Serail« aus empfiehlt sich ein kleiner Spaziergang, der in nordwestlicher Richtung in ein grünes Tal mit einem Nymphäum und einem kleinen Theater führt. In Gegenrichtung gelangt man zum Helios-Tempel, von dessen Säulen noch sieben aufrecht stehen. Lohnenswert ist auch ein Rundgang durch das heutige Dorf, wo in einigen Gehöften noch funktionsfähige antike Steintüren zu bewundern sind.

Fährt man von Kanawat das Sträßchen nach Westen den Berg hinab in die Ebene, erreicht man nach wenigen Kilometern das Dorf **'Atil**, wo sich zwei interessante kaiserzeitliche Tempel erhalten haben, die in ihrem Grundriß und in ihrer Bauplastik weitgehend übereinstimmen. Der Südtempel wird von einer griechischen Inschrift auf der südöstlichen Ante (Anten: vorgezogene Wände des Heiligtums) in das 14. Regierungsjahr des Kaisers Antoninus Pius (151 n. Chr.) datiert, der Nordtempel dagegen wurde nach der Dedikation eines Angehörigen der *legio III Cyrenaica* erst in der Zeit des Kaisers Caracalla (reg. 211-217) errichtet. Bemerkenswert ist vor allem die reiche Ornamentik: Die übereinanderliegenden Wandnischen werden von Ranken- und Mäanderfriesen sowie von Muscheln kunstvoll eingerahmt.

Bei 'Atil stößt man wieder auf die Hauptstraße nach Norden und erreicht auf dieser nach gut zehn Kilometern **Shahba**, das antike Philippopolis, das der römische Kaiser Philippus Arabs (»Philipp, der Araber«), der von hier stammte, in den Jahren 244 bis 249 neu begründete. Shahba ist ein einziges Freilichtmuseum, wenn auch in kleinerer Ausführung als das spektakuläre Bosra.

Von den ehemals vier römischen Stadttoren haben sich drei teilweise gut erhalten, und große Teile der römischen Straßenpflasterung - vor allem im höher gelegenen Westen der nach Osten hin abfallenden, viereckig angelegten Stadt - leisten noch heute ihren ›Dienst‹. Im unteren, also östlichen Teil, wo ein Tetrapylon die Kreuzung der beiden Kolonnadenstraßen zierte, haben sich große Teile der **Thermen** erhalten. Gut erkennbar sind drei große, durch Bogentore miteinander verbundene Apsidensäle, wohl der zentrale Kaltbaderaum *(frigidarium)* mit den seitlich gelegenen Umkleideräumen *(vestaria)*. Die Wasserleitungen verliefen einst in den eckigen Rinnen, die noch heute zwischen den Apsiden und den Toren zu sehen sind.
Den Thermen gegenüber (etwas südlich davon), befindet sich an der Stelle einer ehemaligen römischen Villa ein kleines **Museum**, in dem sehenswerte Bodenmosaike dieses einstigen Hauses ausgestellt sind. Die Mosaike, die in die Mitte des 4. Jahrhunderts datiert werden, zeigen unter anderem - in lebendiger Darstellung und teilweise in griechischer Schrift erklärt: Aphrodite und Ares, die Hochzeit von Ariadne und Dionysos, Orpheus mit der Leier zwischen wilden Tieren, die Büste der Meeresgöttin Thetis und die Drei Grazien mit den Personifikationen der vier Jahreszeiten in den Ecken der Bordüre. Unter den übrigen Exponaten befindet sich auch eine recht qualitätvolle Marmorbüste des Kaisers Philippus Arabs, dem die Stadt ihre kurze Blüte im 3. Jahrhundert verdankt.
Im höher gelegenen Westteil des antiken Stadtzentrums liegen dicht beieinander drei Gebäudekomplexe: das auffallend kleine (nur vierzig Meter Durchmesser), aber sehr gut erhaltene **Theater** mit einer zweigeschossigen Bühnenwand, die durch Bogen und Nischen gegliedert wird. Die Zuschauerplätze wurden durch tonnengewölbte Zugänge und drei beziehungsweise fünf steile Treppen erreicht.
Nördlich davon erhebt sich ein rechteckiger Bau mit Eckpilastern, der nach den Ehreninschriften auf den Konsolen rechts und links des Eingangs als **Mausoleum** des vergöttlichten Marinus, des Vaters von Philippus Arabs, zu deuten ist. Die Weihung für Marcus Aurelius und seinen Sohn Lucius Aurelius Commodus auf dem Türsturz stammt zwar schon aus den Jahren 177/178, wurde aber erst in der Neuzeit verbaut. Schließlich erreicht man am Westrand des folgenden Platzes ein langgestrecktes Bauwerk mit einem merkwürdigen Grundriß. Zu dem ungewöhnlich breiten Raum führt eine Freitreppe hoch, dort öffnet sich ein zentraler Apsidenraum mit seitlich angeordneten Nischen und monumentalen Toren. Nach Inschriftfragmenten handelt es sich dabei

vermutlich um ein Heiligtum für Philippus Arabs und seine Familie, das sogenannte **Philippeion**.
Der kürzeste und direkte Rückweg von Shahba nach Damaskus ist die alte, gut ausgebaute Landstraße (87 Kilometer), die am Ende durch den südlichen **Damaszener Vorort as-Sayyida Zainab** verläuft. Unübersehbar ragen dort die Minarette der neuen **Zainab-Moschee** in den Himmel, eines mächtigen, mit Emaille und Marmor verkleideten, im Inneren größtenteils verspiegelten Betonbaus, der in den letzten Jahren mit iranischen Geldern finanziert wurde. Üppig gestaltet ist das angebliche Grab der Zainab, die zuerst die Gattin Zaids, des Adoptivsohnes von Mohammed war. Als Zaid merkte, daß der Prophet sich in sie verliebt hatte, trennte er sich von ihr, damit dieser sie heiraten konnte. Bei den Schiiten wird Zainab wegen ihrer Mildtätigkeit als Heilige verehrt. Dementsprechend groß ist der Andrang verschleierter iranischer Pilgerinnen, die - nicht selten unter Tränen - die Silberstäbe des Grabes berühren und küssen.

Nördlich von Damaskus

Auch nördlich von Damaskus findet der Besucher eine Reihe lohnender Ausflugsziele und überwältigende Landschaften. An erster Stelle rangiert sicher das überwiegend von Christen bewohnte malerische Dorf **Ma'lula** im Kalamungebirge, einem Ausläufer des Antilibanon. Eilige erreichen das Dorf über die Autobahn circa fünfzig Kilometer nach Norden und dann auf etwa elf Kilometern Landstraße nach Nordwesten. Weitaus reizvoller ist es jedoch, Ma'lula in eine zumindest zweitägige Rundfahrt einzubauen, die man auf der westlich der Autobahn durch die Berge verlaufenden Landstraße über Sidnaya beginnt.
Sidnaya ist ein großes griechisch-orthodoxes Dorf, das von einem gewaltigen Klosterkomplex überragt wird. Die ursprüngliche Anlage soll aus der zweiten Hälfte des 6. Jahrhunderts datieren, die gegenwärtige Bausubstanz ist jedoch im wesentlichen jungen Datums. Der Le-

Der byzantinische Kaiser Justinian I.

gende nach war der byzantinische Kaiser Justinian I. (527-565) auf einem Feldzug gegen die Perser in der Nähe vorbeigezogen. Bei der Jagd auf eine Gazelle floh diese bis zu einem Felshügel, wo sie sich in eine Ikone der heiligen Jungfrau verwandelte, die dem Kaiser befahl, sie nicht zu töten, sondern genau an dieser Stelle eine Kirche zu errichten. Die heute in der Klosterkirche hochverehrte Marien-Ikone, ash-Shaghura (»die Berühmte«) genannt, die von den Gläubigen als eine der vier vom Evangelisten Lukas geschaffenen Ikonen angesehen wird, soll einer anderen Legende zufolge später von einem Mönch von Jerusalem nach Sidnaya gebracht worden sein. Die Kirche birgt neben zeitgenössischen auch eine große Anzahl wertvoller alter Kunstwerke und besitzt darüber hinaus eine kostbare Sammlung alter Handschriften. Höchster Festtag, an dem Tausende von Pilgern in den Ort strömen, ist der 8. September (Geburt Mariens).
Rund sechs Kilometer östlich von Sidnaya, am Abhang des Kalamunausläufers, liegt das winzige Kloster **Mar Elias**, von dem man einen großartigen Ausblick auf die Ebene nördlich von Damaskus hat. Die Weiterfahrt auf der Hauptstraße führt unter anderem durch das Dorf at-Tawwani, wo sich eine äußerst eigenartige Verkleidung und farbenfrohe, geometrisch gemusterte Bemalung der Wohnhäuser erhalten hat, die zuweilen an Potemkinsche Dörfer erinnert.
Ma'lula und zwei Nachbardörfer (Bakh'a und Djubb'adin) sind bei Sprachwissenschaftlern weltberühmt: Ihre Bewohner sprechen einen Dialekt des Westaramäischen, jener Sprache, die einst auch Jesus gesprochen hat.
Ma'lula birgt zwei Klöster, das des heiligen Sarkis (= Sergius) oberhalb der Felswand über dem Dorf, und das der heiligen Thekla am Fuß derselben, neben dem Eingang zu einer wildromantischen Schlucht. Die heilige **Thekla**, wohl keine historische Gestalt, sondern nur eine literarische Figur aus dem 2. Jahrhundert, wurde - so erzählt die Legende - in Iconium (Konya in der heutigen Türkei) vom Apostel Paulus zum Christentum bekehrt und begleitete diesen dann lange Zeit. Um ihre Keuschheit zu bewahren, nahm sie die größten Entbehrungen und Qualen auf sich, bis sie sich schließlich in eine Grotte in der Felswand von Ma'lula zurückzog. Die **Grotte**, in der man ihr Grab zeigt, genießt noch heute große Verehrung. Mehrere kleine Dankestafeln und am Grab abgestellte Krücken künden von Wunderheilungen. Aus der Felswand der Grotte rinnt eine heilige Quelle, und ein Feigenbaum sprießt aus ihr hervor, woraus man schließen kann, daß die Grotte in vorislamischer Zeit ein Ort der Verehrung für die syrische Fruchtbarkeitsgöttin war.

Das Westaramäische – oder wie ein christliches Dorf muslimisch wurde

»Von dem großen westaramäischen Sprachgebiet, das sich einst über ganz Syrien, den Libanon und Palästina erstreckte, sind nur drei Dörfer übriggeblieben; weitere Sprachinseln wurden nicht mehr gefunden. Der Dialekt von Ma'lula, Bakh'a und Djubb'adin mit zusammen höchstens fünftausend Sprechern bilden heute das Neuwestaramäische, also diejenige Sprachform, die mit der Sprache Christi am nächsten verwandt ist. Warum haben unter Tausenden von Dörfern nur drei die uralte Sprache Syriens bewahrt? Die Dörfer liegen relativ abgeschieden in der kargen Berglandschaft des Kalamun, was zunächst als Erklärung zu dienen scheint, doch tiefer im Gebirge zu beiden Seiten der libanesischen Grenze gibt es wesentlich unzugänglichere Dörfer, die heute Arabisch sprechen. [...]
Die Religionszugehörigkeit in den aramäischen Dörfern ist überraschend. Die Bevölkerung Ma'lulas gehört nur zu zwei Dritteln dem Christentum, zu einem Drittel aber dem Islam an. Bakh'a und Djubb'adin sind sogar rein muslimisch, doch hat die Islamisierung dieser Gegend erst im 16. Jahrhundert stattgefunden [...].«
(Werner Arnold und Otto Jastrow, in: *forschung* 3-4/92, S. 29f.)

Die ›Überraschung‹, welche die beiden Wissenschaftler über die Tatsache äußern, daß viele dieser Aramäer heute Muslime sind, findet ihre Erklärung in einer nicht minder überraschenden Anekdote. Wie ihre Nachbarn in Djubb'adin zum Islam konvertierten, dazu erzählen die Bewohner von Ma'lula: Einst hatten die Christen in Djubb'adin einen äußerst gestrengen Pfarrer, der ihnen ständig ihre Sünden vorhielt und - zu seinem eigenen Wohl - immer größere Opfergaben abverlangte. Schließlich waren sie es leid und beschlossen, allesamt zum Islam überzutreten. Als sie daraufhin zu ihrer Kirche gingen, um sie in eine Moschee umzuwandeln, fanden sie dort aber ihren verhaßten Popen: Er war ihnen zuvorgekommen, trug einen Turban und wurde ihr erster Imam.

Während das Theklakloster dem griechisch-orthodoxen »Patriarchat von Antiochia und dem gesamten Orient« untersteht, gehört das **Sergiuskloster**, zu dem man auch durch die erwähnte Schlucht hinaufsteigen kann, dem griechisch-katholischen »Orden des heiligen Erlösers«. Die kleine Klosterkirche aus der ersten Hälfte des 4. Jahrhunderts gilt als einer der ältesten in seiner ursprünglichen Form erhaltenen und noch genutzten christlichen Sakralbauten Syriens. Den Grundriß bildet ein unregelmäßiges Rechteck, wobei die Chorpartie mit drei Apsiden einige Grade nach rechts abgewinkelt ist. Der niedere Eingang ist aus dem Fels gehauen. Zwei Altartische erinnern noch an heidnische Opfertische. Der Mönch, der die Besucher führt und weitere Erläuterungen parat hat, dirigiert die Reisenden am Ende in den Souvenirladen des Klosters und lädt auch zur Rotweinprobe ein. Schon seine rote Nase verrät, daß der Wein schmeckt.

Wenn man es zeitlich einrichten kann, sollte man Ma'lula an einem seiner großen Festtage im Herbst besuchen, wenn im Ort Christen aus ganz Syrien und dem Libanon zusammenströmen: am 15. September (Fest des Kreuzes), 24. September (Fest der heiligen Thekla) und am 7. Oktober (Fest des heiligen Sergius). Die karge Gebirgslandschaft des Kalamun in der näheren und weiteren Umgebung von Ma'lula birgt mancherlei Reize. Im Winter wird es hier aber ausgesprochen kalt, und Schneefälle bis in den März hinein sind keine Seltenheit.

Landschaftlich eindrucksvoll ist auch die Fahrt weiter in Richtung Nordosten nach **Yabrud** (ca. 18 km). Dort - aus dem etwa 25.000 Bewohner zählenden Ort stammt der gegenwärtige Präsident Argentiniens, Carlos Menem, - leben etwa ein Sechstel Christen von drei verschiedenen Konfessionen neben einer Mehrheit von sunnitischen Muslimen. Im unteren Teil des Dorfes hat sich die griechisch-orthodoxe Kirche »Konstantin und Helena« erhalten, deren Außenmauer noch von einem römischen Tempel stammt. An der Ikonenwand vor dem Altar hängt eine circa vierhundert Jahre alte Ikone der beiden Namenspatrone, doch zeigt der Wärter (man frage nach Hunain Abu Mikha'il al-Haddad) gerne auch andere alte Stücke, die in einem besonderen Raum geschützt aufbewahrt werden.

Yabrud liegt bereits ganz in der Nähe der Autobahn, so daß man von hier schnell zu der modernen Stadt Nabek gelangt, sofern man nicht die (kürzere) Landstraße wählt (etwa 10 Kilometer). Von Nabek erreicht man über eine gut befahrbare Piste, die 1994 auch ausgeschildert werden soll, nach rund zehn Kilometern den Eingang zur Schlucht des Klosters **Deir Mar Musa al-Habashi** (»Kloster des heiligen Moses, des Abessiniers«). Nach

einem etwa dreißigminütigen Fußmarsch die Schlucht hinunter, wo der Berg dann steil abfällt, sieht man am Felsen, der zu beiden Seiten mit ehemaligen Einsiedlerhöhlen ›übersät‹ ist, das kleine Kloster. Vom Hof des Klosters genießt man einen überwältigenden Blick nach Osten in die Wüstensteppe. Noch vor gut zehn Jahren drohte die seit langem verlassene Anlage endgültig ein Opfer von Wind, Regen und Schnee zu werden, denn das Dach war eingestürzt. Gerade noch rechtzeitig hat der Einsatz einer Forschergruppe der Amerikanischen Universität in Beirut, einer christlichen Jugendgruppe aus Nabek, der Altertümerverwaltung in Damaskus und schließlich des italienischen Staates den Untergang dieses einmaligen Monumentes einheimischer syrisch-christlicher Kunst gerettet.

Ein Großteil der Fresken, die aus dem Ende des 12. Jahrhunderts stammen und einst den gesamten Kirchenraum schmückten, konnte somit erhalten und einer sehr sorgfältigen Restaurierung unterzogen werden (dort, wo nichts mehr ist, wird aber auch nichts ›hinzurestauriert‹), die jedoch längst nicht abgeschlossen ist. Der Jesuitenpater Paolo dall'Oglio ist gegenwärtig ›Hausherr‹ und ein liebevoller Gastgeber, der dem Besucher gern die Fresken erläutert (was man mit einer Spende honorieren sollte).

Das bedeutendste Fresko, auf dessen Beschreibung ich mich hier beschränken will, befindet sich auf der inneren Rückwand (Westwand) der Kirche und stellt das Jüngste Gericht dar. Die Wand ist von oben nach unten in fünf Felder aufgeteilt. Im obersten Feld erblickt man links und rechts neben einem kleinen Fenster jeweils einen Engel, doch ist die obere Hälfte des Feldes weitgehend zerstört.

In der Mitte des zweiten Feldes sieht man das Kreuz auf einem goldenen Thron, der mit Perlen sowie roten und grünen Edelsteinen besetzt ist. Das Kreuz ruht auf einem roten Kissen und ist in der Mitte von einem Lichtkranz umrahmt. Die ganze Komposition stellt die Dreifaltigkeit dar (Thron = Vater, Kreuz = Sohn, Licht = heiliger Geist). Links und rechts davon sitzen je fünf Apostel und Evangelisten auf goldverzierten Bänken, ihre Füße ruhen auf bestickten Kissen. Die jeweils äußeren drei Apostel halten Schriftrollen in der linken Hand, während sie die rechte zum Segen erheben. Die jeweils links und rechts des Thrones plazierten Apostel tragen die Evangelien im Arm. Von links nach rechts sind die folgenden Apostel beziehungsweise Evangelisten in verschiedenfarbigen Gewändern dargestellt: Thomas, Simon, Jakobus, Lukas, Johannes, Matthäus, Markus, Andreas, Bartholomäus und schließlich wahrscheinlich Philippus (die syrische Inschrift ist zerstört).

Das Kloster der heiligen Thekla in Ma'lula; die Einheimischen, die in dieser Kirche beten, sprechen noch einen Dialekt des Aramäischen, der Sprache Jesu.

Rafik Schami
»Die Straße nach Ma'lula«

»Die alte, asphaltierte Straße nach Ma'lula schlängelt sich an kargen Weinbergen vorbei, gesäumt von Steinen, Disteln und dürrem Unkraut. Felsen begrenzen die Hänge hinter den Weinbergen. Das zerklüftete Gestein türmt sich immer höher auf den Hügeln aus trockener Erde, bis es am Anfang des Dorfes sich zu einer gewaltigen Felsmauer erhebt. Sonne, Wind und Regen haben ihre tiefen, geheimnisvollen Zeichen in die Wand gemeißelt. Menschen, Tiere und unvollendete Gestalten scheinen im Spiel von Licht und Schatten zu wechseln. Das Zirpen der Zikaden in der Mittagshitze begleitet den Meißel der Zeit mit rhythmischen Gesängen.
Einzelne verstreute Weinreben, ein paar kleine Feigenbäume mit verschmutzten Blättern schmücken die Weinberge, sonst nur Disteln, Steine und trockene Erde. Steine, die die Bauern von ihren Feldern gelesen und als Grenze zu den Feldern ihrer Nachbarn aufgehäuft haben, scheinen im Flirren der heißen Luft über den Feldern einen regen Handel zu treiben: ein bißchen trockene Erde von dem einen gegen einige Krumen des Nachbarfeldes.
Hart ist das Leben der armen Bauern von Ma'lula. Sie entreißen mit ihrer schweren Arbeit dem staubigen Boden die Früchte, die sie zum Leben brauchen; freiwillig gibt die Erde ihnen nur Disteln und Steine. Mit einer jahrhundertelangen Erfahrung und großer Geduld bändigen die Menschen diese zerklüftete Gegend. Eine kleine Quelle spendet ein wenig Wasser, das die Bauern sorgfältig untereinander aufteilen, damit die Felder im Tal, spärlich genug, bewässert werden können. Die Straße zieht sich zwischen den Weinbergen und dem bebauten Tal mit seinen Terrassenfeldern hin. Sie begrenzt das zarte Grün der Gemüse- und Obstgärten und scheint es daran zu hindern, die Berge zu erklimmen; eine unüberwindliche Grenze.
Die blau und weiß getünchten Häuser von Ma'lula mit ihren verfallenen Fenstern schmiegen sich eng an die Felswand. Ein Haufen bunter Kieselsteine in den schützenden Händen eines Riesen. Nur das Kloster zum Heiligen Sarkis erhebt sich auf der Felswand hoch über dem Dorf.
Uralt ist Ma'lula, keiner seiner Bewohner weiß genau, wann die ersten Vorfahren diese zerklüftete Landschaft besiedelt haben. Vage sind die Berichte über die Überlebenden eines Massakers im Süden des heutigen Libanon, die im Schatten der hohen Felswand Schutz fanden. Sie hieben ihre Höhlen in den Felsen, die sie erst nach langer Zeit verließen, um sich in kleinen festgezimmerten Häusern am Fuß der Felswand niederzulassen. Die Bewohner Ma'lulas waren derart mit den Felsen verwachsen, daß diese ihnen wohl auch ihre besondere Sturheit eingehaucht hatten.«

(Rafik Schami, Der fliegende Baum, *S. 320ff.)*

In der Mitte des dritten Feldes, unterhalb des Thrones, finden sich Adam und Eva, durchaus gleichrangig, in aufrechter Haltung und mit einem Heiligenschein versehen. Links davon Jakob, Isaak, Abraham und Maria, die in ihren geschürzten Gewändern gerettete Seelen halten. Rechts davon, ohne Heiligenschein und vor rotem statt vor blauem Hintergrund, die zum Höllenfeuer Verdammten, von der Kirche abgefallenen Bischöfe.
In der Mitte des vierten Feldes rufen die beiden Erzengel Michael und Gabriel mit Trompeten die Seelen aus den Gräbern. Links von ihnen zunächst in einer Vierergruppe David, Salomon, Adam und Moses. Letzterer erscheint als junger Mann, wie er die Zehn Gebote in Empfang nimmt. Es folgt eine Gruppe von drei Patriarchen, von denen der erste Johannes Chrysostomus darstellt. Die nächste Dreiergruppe wird von einer Aufschrift »Heilige« genannt, während zwei weitere Dreiergruppen, die sich bereits auf der Südwand des Kirchenschiffes befinden, als »Diakone« beziehungsweise »Priester« bezeichnet werden. Rechts von den beiden Erzengeln erscheinen wieder zur Hölle verdammte Männer. Der Hintergrund ist im Gegensatz zum »Höllenrot« im Feld darüber jedoch dunkelblau. Kurze, weiße, gekrümmte Linien sollen wohl die Wellen des Höllenflusses Tartarus andeuten. Alle Männer tragen hellrote Gewänder. Bei den ersten vier fallen die weißen Turbane auf, womit sie als Muslime gekennzeichnet sind. Die folgende Dreiergruppe wird in der Forschung als Gruppe muslimischer Sufis gedeutet. Bereits auf die Nordwand des Kirchenschiffes hinübergezogen, unter dem Bild eines Reiters, erscheinen vier Sünder verschiedener Altersstufen.
Das fünfte Feld ist in der Mitte durch eine - jetzt zugemauerte - Tür geteilt. Der Maler hat die Tür geschickt einbezogen, indem er darüber eine Waage dargestellt hat, deren Schalen sich links und rechts der Tür niedersenken - die Schale auf der Seite der Seligen deutlich tiefer als die der Verdammten. Links davon wieder zwei Vierer- und eine Dreiergruppe mit Heiligenscheinen. Im Vordergrund der ersten ist wohl Petrus mit dem Schlüssel dargestellt. Daneben vier Mönche und drei Nonnen. Rechts der Tür sitzt vor rotem Hintergrund, dem Betrachter zugewandt, schließlich der leibhaftige schwarze Teufel.
Vom Musa-Kloster beziehungsweise von Nabek fährt man über die Autobahn in Richtung Damaskus. Nach rund zehn Kilometern verläßt man diese nach links (Richtung Osten; rechts geht es nach Yabrud) und erreicht nach fünfzehn Kilometern **an-Nasiriye**, ein jüngeres Dorf, wo zum Teil Angehörige des berühmten Beduinenstammes der Rawalla seßhaft geworden sind. In der Nähe gelangt man zu einem überaus faszinierenden Stück Landschaft.

Man erreicht es, indem man am Ortsausgang auf der Hauptstraße nach Damaskus fährt und unmittelbar vor einer Tankstelle nach links in eine Piste Richtung Osten abbiegt. Von ferne meint man, ein gewaltiges Dorf oder eine Ruinenstadt vor sich zu haben, deren leuchtend weiße Gebäude sich klar von der sie umgebenden graubraunen Steppe und dem dahinterliegenden Bergrücken abheben. Erst beim Näherkommen wird man gewahr, daß man einen Streifen Sandwüste vor sich hat, aus dem bizarr geformte, schneeweiße Felsen der unterschiedlichsten Größe ragen. Diese ›Stadt‹ am Rande eines Salzsees heißt **Madjnune**, »die von Dämonen Besessene«, oder auch Kaum Lut, »das Volk Lots«. In der Bibel heißt es: »Da ließ der Herr auf Sodom und Gomorrha Schwefel und Feuer vom Himmel herabregnen und vernichtete von Grund auf jene Städte, die ganze Umgebung, alle Einwohner der Städte und was auf dem Erdboden wuchs. Lots Frau sah hinter sich und erstarrte zur Salzsäule« (1. Moses 19: 24-25). Junge Burschen, die gewiß das Alte Testament nicht kannten und die ich fragte, welche Bewandtnis es mit dieser Wüste habe, antworteten, die alten Leute im Dorf würden erzählen, es sei dies einmal eine Stadt gewesen, die Gott zur Strafe ›umgestülpt‹ habe.

Achtzehn Kilometer südwestlich von an-Nasiriye fährt man durch **ar-Ruhaibe**, einem in der gesamten arabischen Welt bekannten Zentrum der Falknerei, wo man ab Mai auch Jagdvögel bestaunen und entsprechende Gerätschaften wie beispielsweise verzierte Falkenhauben aus Leder erstehen kann.

Von ar-Ruhaibe erreicht man westwärts nach etwa elf Kilometern bei al-Kutaifa wieder die Autobahn. (In der näheren und weiteren Umgebung von al-Kutaifa finden sich die Ruinen mehrerer Khane. Unmittelbar am Ortsrand gelangt man zum Khan Nuraddin, etwas weiter nördlich zum Khan Sinan Pasha, doch lohnt ersterer kaum einen Besuch und letzterer liegt ohnehin auf militärischem Sperrgebiet.) Lohnender ist die Fahrt über die Landstraße nach Süden, wo man nach elf Kilometern **ad-Dumair** (Dmeir) erreicht. Dort erhebt sich ein gut erhaltener römischer Tempel, der aus dem 2. Jahrhundert stammen dürfte. Er hat einen rechteckigen Grundriß, wobei die Ecken durch Pilaster etwas hervorgehoben sind und im Inneren zu Türmen ausgebaut waren. Die beiden Portale an den Schmalseiten wurden in arabischer Zeit zugemauert, um die Anlage als Festung zu nutzen. Trotz starker Verwitterung des Kalksteins sind die dekorativen Bänder gut erhalten, die das Giebeldreieck und den Portalbogen betonen; das gleiche gilt auch für die Scheinkapitelle der Pilaster. (Um ins Innere zu gelangen, frage man nach dem Wär-

Das kleine Kloster Mar Musa al-Habashi beherbergt kostbare Fresken aus dem Ende des 12. Jahrhunderts, die an der Westwand der Kirche Szenen des Jüngsten Gerichts darstellen.

Die Falkenjagd

Das Jagen mit abgerichteten Vögeln wurde bereits von einigen Omayyadenkalifen von Damaskus im 7./8. Jahrhundert betrieben. Im gesamten Mittelalter war es wohl die beliebteste Art des Jagens in der arabischen Welt, von wo sich diese Kunst durch die Kreuzfahrer auch an den Höfen in Europa verbreitete. In ar-Ruhaibe geben auch heute noch manche saudischen Prinzen märchenhafte Summen für edle »Beizvögel« aus. Käufer wie Verkäufer machen sich dabei ebensowenig Gedanken zum Tierschutz wie einst der arabische Ritter Usama aus Shaizar' im 12. Jahrhundert. In seinen Memoiren schreibt er aus seiner Jugendzeit:

»Im Dienste meines Vaters standen Falkner, Männer für das Abrichten der Sakerfalken, und Hundepfleger. [...] Wenn mein Vater zur Jagd zog, wurde er von uns, seinen vier Söhnen, begleitet. Bei uns hatten wir auch immer unsere Sklaven, Reitpferde und Waffen, da die Franken ganz in unserer Nähe waren und wir nie vor ihnen sicher sein konnten. [...] Mein Vater nahm immer zwei Falkner für die Sakerfalken, zwei Geparde- und zwei Hundeführer mit. [...] Wenn wir zur Jagd auf Wasservögel und Haselhühner ausritten, war dies ein Freudentag für uns. Wir brachen mit der Jagdgesellschaft am Tor der Unterstadt auf und zogen zu den Röhrichten. Während wir dann mit den Habichten eindrangen, wurden die Geparde und Sakerfalken draußen gelassen. Wenn ein Haselhuhn ausflog, wurde es von einem Habicht gefangen, und wenn ein Hase aufsprang, warfen wir einen Habicht hinter ihm her. Entkam ein Hase aus dem Röhricht, hetzte man die Geparde auf ihn. Wenn eine Gazelle aufsprang, ließ man sie das Röhricht verlassen und hetzte dann die Geparde auf sie. Entkam die Gazelle auch den Geparden, warf man die Sakerfalken hinter ihr her. So konnte uns ein Wild nur durch eine besondere Fügung des Schicksals entkommen.«

(Usama ibn Munqidh, Ein Leben im Kampf gegen Kreuzritterheere, *S. 211f.)*

ter, der in der Nähe wohnt; offiziell benötigt man angeblich die Genehmigung des Bürgermeisters.)

Zur Quelle des Barada und zu Abels Grab

Ein lohnender Tagesausflug auf historischen Spuren mit ebenfalls lohnenden gastronomischen ›Einlagen‹ und überwältigenden landschaftlichen Erlebnissen ist eine Fahrt in die Berge westlich von Damaskus, ins Quellgebiet des Flusses Barada, der Lebensader der Oasenstadt. Am Barada entlang folgt man der alten Straße Richtung Libanon. Ob in Dummar oder 'Ain al-Fidje oder in den zahlreichen anderen Orten, überall laden Restaurants unter schattigen Bäumen direkt am Ufer des auch im Sommer munter gen Damaskus plätschernden und angenehme Kühle verbreitenden Flusses zum Verweilen ein. Zahlreiche antike Überreste innerhalb sowie in der Umgebung der Ortschaften verraten, daß diese Idylle auch schon im Altertum geschätzt wurde. Nach etwa vierzig Kilometern kommt man zu den ersten Ortsteilen von Madaya. Unmittelbar hinter der Tankstelle biegt man links, also nach Westen, ab, worauf man auf eine Querstraße stößt, der man ebenfalls nach links folgt und so wenig später die **Quelle des Barada** erreicht, von der ein Wasserwerk heute auch direkt Wasser in die Hauptstadt leitet. Der kleine tiefblaue See, gesäumt von immergrünen Bäumen und ›geschmückt‹ mit bunten Ruderbooten, ist ein überaus beliebtes Ausflugsziel der Damaszener.

Ein nicht minder reizvolles Ziel ganz anderer Art, das der allgemeinen Aufmerksamkeit aber bisher entgangen ist, könnte **Ayat malik al-kursi** werden, »das Zeichen des Königs des Thrones« oder auch nur Ayat al-kursi, »Zeichen des Thrones«. Blickt man von der Hauptstraße beziehungsweise von der eben erwähnten Tankstelle hinauf nach rechts (Osten), so fällt an dem sonst völlig kahlen und felsigen Bergrücken eine grüne Baumgruppe auf, vor der sich ein hoher, viereckiger und oben abgeflachter Fels säulenartig erhebt. Man kann zu Fuß einen mühsamen Aufstieg versuchen, doch ist es einfacher, weiter nach Bludan, einer beliebten Damaszener Sommerfrische, zu fahren und von dort am Berghang entlang (zumeist auf einer Piste) südwärts zu dem heidnischen Heiligtum zu gelangen. Von knorrigen Eichen umgeben, ragt dort »das Zeichen« über dem Tal empor. Noch vor wenigen Jahren, so die Auskunft einiger älterer Leute, pilgerten Frauen hierher und beteten um Fruchtbarkeit. Zweifelsohne handelt es sich hier um ein altes heidnisches Heiligtum, das in der Volksfrömmigkeit weiterlebte; dabei bot sich der Name für eine ›Islamisierung‹ geradezu an, denn Ayat al-kursi bedeutet nicht nur »Zeichen des Thrones«, sondern auch »Thronvers«, womit einer der bekanntesten Koranverse bezeichnet wird: »Sein Thron reicht weit über Himmel und Erde...« (Sure 2:255). Vom Berg blickt man auch auf az-Zabadani, den Hauptort des Tales, wo dank des Wasserreichtums und des kühleren Klimas in Plantagen- und Gartenanbau neben Obst und Gemüse sogar Kartoffeln gedeihen.

Fährt man zurück nach Süden in Richtung Autobahn, sieht man unmittelbar davor links ein Sträßchen bergwärts abzweigen. Folgt man diesem, stößt man nach wenigen Kilometern auf eine Militärsperre, wo Kamera und Autopapiere abgegeben werden müssen. Der passionierte Fotograf wird dies bedauern, denn ein großartiges und bizarres Stück Landschaft erwartet ihn: kahle, monumentale Berge, deren steile, graugelbe Hänge unten in den dunkelgrünen Gärten der Dörfer am Barada und seiner Nebenflüsse auslaufen. Das Sträßchen führt zum **Kabr Habil**, dem »**Grab Abels**«, einem der bedeutendsten Heiligtümer der Drusen. Zwar glauben auch die sunnitischen Muslime, daß es sich hier tatsächlich um Abels Grab handelt, doch nur die Drusen pilgern regelmäßig dorthin. Der schmucklose Bau birgt einen mit grünem Tuch bedeckten, sieben Meter langen Steinsarg. Auf die Frage, ob Abel so groß gewesen sei, erteilte der Wärter die Auskunft, daß man auch das ausgeflossene Blut miteingemauert habe. Im übrigen sei bis vor wenigen Jahren aus dem Felsen unterhalb des Gebäudes eine Quelle gesprudelt, deren rotes Wasser von Abels Blut herrührte. Als man eine neue Terrasse anlegte, habe man dieses Wunder leider zubetoniert.

Der Quelle des Barada verdankt Damaskus seine jahrtausendealte Existenz. Auch heute noch wird das Wasser von hier direkt in die Hauptstadt geleitet.

Palmyra –

»von Dämonen für König Salomo erbaut«

Um den Eindruck zu ermessen, den Palmyra noch im Mittelalter auf arabische Reisende ausübte, sei der syrische Geograph Yakut zitiert, der zu Beginn des 13. Jahrhunderts schrieb:
»Tadmur [Palmyra] ist eine berühmte alte Stadt in der syrischen Wüstensteppe, fünf Tagesreisen von Aleppo entfernt. Sie wurde benannt nach Tadmur, der Tochter des Hassan ibn Udhaina ibn as-Sumaida' ibn Muzid ibn 'Amlik ibn Laudh ibn Sam ibn Nuh

[= Noah]. Die Stadt mit ihren auf Marmorsäulen ruhenden Bauten ist ein Wunder. Manche behaupten, sie sei eines von jenen Bauwerken, die die Dämonen für Salomo errichtet hätten. Ein vorzügliches Beispiel für diese Vorstellung sind die Verse des Dichters an-Nabigha adh-Dhubyani: ›Und zu Salomo sprach Gott: / Zieh' in der Wüste eine Grenze zum Bösen / und sag' den Dämonen meinen Befehl, / sie sollen Tadmur errichten aus Platten und Säulen!‹ Die Bewohner von Tadmur behaupten dagegen, daß die Stadt schon lange vor Salomo, dem Sohn Davids, erbaut worden sei, und zwar sei es um mehr als die Zeit älter, die seit Salomo [bis heute] vergangen ist ... « (Yakut, *Mu'djam al-buldan*, unter dem Stichwort »Tadmur«).

Ruinen von Palmyra
nach einem Stich aus dem 19. Jahrhundert

Aufstieg und Fall Palmyras

Die Vorstellung, nur Dämonen könnten die Bauwerke von Palmyra errichtet haben, ist auch für den modernen Besucher noch nachvollziehbar angesichts der Monumentalität dieser Stadt, der unwirklichen Pracht, die selbst ihre Ruinen noch ausstrahlen, und des unvorstellbaren Reichtums ihrer einstigen Bewohner, der sich in der Großzügigkeit der Anlage manifestiert. Auch wenn man zum wiederholten Male dieses Zeugnis der Vergänglichkeit von Größe und Macht in sich aufnimmt, so erliegt man doch immer wieder der Faszination, die aus dem Gegensatz zwischen dem ehemaligen Luxus der Stadt und der sie umgebenden kargen Berg- und Wüstenwelt hervorgerufen wird; einer Faszination, der sich auch kaum einer der früheren europäischen Reisenden entziehen konnte, die Palmyra seit seiner Wiederentdeckung 1691 durch den Engländer William Hallifax besuchten.

Wie so viele Städte in Syrien, ob bewohnt oder in Ruinen, so hat auch Palmyra eine in die Vor- und Frühgeschichte zurückreichende Siedlungstradition. In der Altsteinzeit bewohnten Jäger und Sammler Höhlen in der Umgebung. Aus der Jungsteinzeit sind Werkzeuge aus Flintstein an der Afka-Quelle und am Baal-Tempel gefunden worden, und durch Keramik ist auch die Besiedlung in der Bronzezeit belegt. Unter dem Namen Tadmur erscheint die Stadt bereits in den schriftlichen Quellen der Nachbarreiche im 2. Jahrtausend v. Chr., als sie von einer aramäischen Bevölkerung bewohnt wurde, die dann spätestens seit Mitte des 1. Jahrtausends v. Chr. von den aus der Wüste nachdrängenden Arabern ›unterwandert‹ wurde.

Die große Stunde Palmyras schlug mit dem Ende des Seleukidenreiches in Mesopotamien, wohin die Panther aus dem Iran ihre Macht ausdehnten, und dem Vordringen der Römer nach Syrien, die dort ebenfalls die Seleukiden verdrängten. Palmyra befand sich nun zwischen den beiden ›Weltmächten‹, den Römern und den Parthern, wurde aber zwischen ihnen nicht zerrieben, sondern nutzte ganz im Gegenteil geschickt seine geographische Lage, um sich zur blühenden Handelsmetropole zwischen den beiden Mächten zu entwickeln. Ähnlich der Stadt Dura Europos am Euphrat, die in der parthischen Einflußsphäre lag, de facto aber weitgehend unabhängig ihre Handelsgeschäfte mit dem Westen abwickelte, gehörte Palmyra zwar nominell zum römischen Syrien, doch besaß es so viel politischen und wirtschaftlichen Freiraum, daß es ebenfalls quasi unabhängig agieren und den Handel zwischen der östlichen und der westlichen Macht organisieren konnte.

Blick auf das imposante Ruinengelände von Palmyra: Man erkennt die sich beim Tetrapylon kreuzenden Säulenstraßen, dahinter das teilweise rekonstruierte römische Theater.

Palmyra – Kupferstich von Joh. B. Fischer von Erlach aus dem Jahre 1771

Palmyras Blütezeit begann in den letzten Jahrzehnten vor der Zeitenwende unter Kaiser Augustus und endete abrupt 273 n. Chr., währte also ziemlich genau dreihundert Jahre oder zehn Generationen. Unter Tiberius (reg. 14–37 n. Chr.), dem Nachfolger des Augustus, wurden die ersten Stadtmauern errichtet; es entstanden die Steintempel des Baal Shamin und des Baal, und erstmals erscheint der Ort unter dem Namen »Palmyra« (von lat. *palma*, »Palme«), nachdem er vorher Tadmur geheißen hatte, wie ihn die Araber übrigens bis heute nennen. In dieser Zeit wurde Palmyra wohl auch Rom gegenüber tributpflichtig, ohne allerdings seine relative Unabhängigkeit zu verlieren. Als die Römer 106 das bedeutende Handelszentrum Petra, die Hauptstadt des Nabatäerreiches im Süden Jordaniens, eroberten und ihrer Provinz Arabia einverleibten, zog Palmyra den ›internationalen‹ Handel noch stärker an sich und wurde zusehends wohlhabender.

Im Jahre 129 ehrte Kaiser Hadrian Palmyra mit einem Besuch und erhielt einen rauschenden Empfang. Der Kaiser bedankte sich, indem er Palmyra den eher nominellen Rang einer »freien Stadt« einräumte und ihr den Beinamen »Hadriana« verlieh; allerdings ließ er einen römischen Curator zurück, der nun die Oberaufsicht über das Finanzwesen der Stadt innehatte. Die so-

mit stärkere Bindung Palmyras an Rom auch im kulturellen und gesellschaftlichen Bereich zeigt sich unter anderem daran, daß die Bürger neben ihren semitisch-arabischen Namen auch lateinische annahmen.

Die wirtschaftliche und strategische Bedeutung Palmyras bewegte Rom dazu, eine ständige Garnison in der Stadt zu stationieren; zudem wurden palmyrenische Bogenschützen und Kamelreiter zum Dienst im römischen Heer herangezogen. Diese ›Romanisierung‹ Palmyras tat der wirtschaftlichen und kulturellen Blüte der Stadt über ein Jahrhundert lang keinen Abbruch. Im Gegenteil, der Umstand, daß in der ersten Hälfte des 3. Jahrhunderts n. Chr. mehrere Syrer den Kaiserthron innehatten (so Heliogabal aus Homs 218–222 oder Philippus Arabs aus Shahba 244–249), verstärkte sogar das Gewicht Syriens und damit Palmyras. Zu dieser Zeit hatte eine arabische Familie hier das Sagen, die unter den Severern das römische Bürgerrecht erlangte. Ihr Oberhaupt war Septimius Odainat. Während der inneren Wirren im Römischen Reich wehrte er sich mit seinem inzwischen schlagkräftigen palmyrenischen Heer erfolgreich gegen die Versuche der iranischen Sasaniden – diese hatten inzwischen die Parther abgelöst –, Syrien zu erobern. Dafür wurde Odainat von Kaiser

Gallienus nicht nur zum *restitutor totius orientis*, »Wiederhersteller des ganzen Orients«, sondern auch zum Imperator ernannt. Er selbst ging allerdings einen Schritt weiter und nannte sich fortan nach persischem Vorbild »König der Könige«.
Odainat wurde 267 getötet, ein Mord, an dem seine Frau, die legendäre Zenobia, wahrscheinlich nicht unbeteiligt war. Ihrer beider Sohn Wahballat (arab. »Geschenk der Göttin al-Lat«) wurde Odainats Nachfolger. Da er jedoch noch minderjährig war, übernahm de facto Zenobia selbst die Herrschaft. Sie bot nun auch Rom die Stirn, führte Palmyra für fünf Jahre zur ›Weltmacht‹, trieb es damit aber gleichzeitig in seinen Untergang, aus dem es nie mehr erwachen sollte.
Ein erstes Heer, das Kaiser Gallienus (reg. 260–268) gegen Zenobia entsandte, wurde von den inzwischen kriegserprobten Palmyrenern geschlagen, was Zenobias Eroberungsgelüste offenbar erst richtig weckte. Rasch unterwarf sie Syrien und nahm auch Bosra ein, die Hauptstadt der römischen Provinz Arabia. 269 folgte die Eroberung Ägyptens, worauf sie sich auch noch großer Teile Kleinasiens bemächtigte.
Rom war im Westen unter anderem mit den Goten und Alemannen beschäftigt, doch nachdem diese Bedrohung unter Claudius II. (reg. 268–270) gebannt werden konnte, wandte sich dessen Nachfolger Aurelian (reg. 270–275) wieder dem Nahen Osten zu. Zunächst versuchte er, Zenobia auf diplomatischem Wege zu ›zähmen‹, indem er Wahballat alle Titel und Ehren garantierte, die bereits sein Vater innegehabt hatte. Darauf ging Zenobia aber nicht ein, denn damit hätte sie ja wieder die römische Oberhoheit anerkannt. Ihre provozierende Antwort bestand darin, ihren Sohn mit dem Kaisertitel Augustus auszustatten und sich selbst Augusta zu nennen. Aurelian reagierte prompt. Er setzte sich 271 an die Spitze eines Feldzuges nach Kleinasien, und während ein zweites Heer Ägypten zurückeroberte, schlug er die Palmyrener zunächst bei Antiochia (heute Antakya), dann nochmals bei Emesa (heute Homs). Während der folgenden Belagerung von Palmyra gelang es Zenobia zwar, durch die feindlichen Linien zu entkommen, doch wurde sie am Euphrat gefangengenommen. Im Triumphzug wurde sie später durch Rom geführt und soll den Rest ihres Lebens unter Hausarrest in einer Villa in Tivoli verbracht haben.
Palmyra kapitulierte 272. Ein Aufstand im Jahr darauf führte zu einer Strafexpedition Kaiser Aurelians, der nach der Rückeroberung die Stadt zur Plünderung freigab. Zwar behielt Palmyra unter den Römern noch eine gewisse strategische Bedeutung, denn Kaiser Diokletian errichtete um das Jahr 300 ein weiteres

Militärlager im Westen der Stadt. Mit dem Einzug des Christentums spätestens im 4. Jahrhundert wurden auch zwei Basiliken errichtet und im 6. Jahrhundert wurden sogar die Befestigungsanlagen nochmals erneuert; doch der frühere Glanz war verblaßt. Als der muslimische Feldherr Khalid ibn al-Walid 634 auf seinem berühmten Feldzug durch die Wüste vom Irak nach Syrien in Palmyra anlangte, gehörte es allerdings zu den wenigen Städten, die sich den Muslimen widersetzten. Nach seinem Abzug schickten die Palmyrener ihm aber einen Boten nach, der die Kapitulation überbrachte. Als sich die Stadt hundert Jahre später in innerarabischen Auseinandersetzungen auf die ›falsche‹ Seite schlug, ließ Kalif Marwan II. die Stadtmauern schleifen, und Palmyra versank endgültig in die Bedeutungslosigkeit. Aber der Ruhm der »von Dämonen erbauten« Stadt lebt bis heute weiter in arabischen Gedichten und Legenden.

Spaziergänge durch Palmyra

Um die einstige Pracht und Monumentalität der Stadt, die auch heute noch aus den Ruinen sprechen, würdigen und über die Vergänglichkeit von Macht und Reichtum, für die sie ein einzigartiges Zeugnis sind, sinnieren zu können, sollte man wenigstens zwei Tage in Palmyra verbringen. Besonders im Abendlicht, wenn die Palmyrener selbst für einen Spaziergang oder ein kleines Picknick ›ihre‹ Ruinen wieder in Besitz nehmen, entfalten diese ihren ganzen Reiz. Auch die Palmengärten südlich und östlich des Ruinengeländes haben dann ein ganz spezielles Flair.
Nur auf die wichtigsten Baudenkmäler kann hier etwas näher eingegangen werden. Denjenigen, die sich intensiver mit Palmyra beschäftigen möchten, sei die Beschreibung von Iain Browning empfohlen (s. Literaturverzeichnis), auf die ich mich hier zum Teil auch stütze und die beispielsweise am Eingang zum Baal-Tempel erhältlich ist; fachkundig, aber trotzdem sehr lebendig und auch für den Laien verständlich geschrieben, enthält das Buch viele Detailpläne und anschauliche Rekonstruktionen.

Die Stadt der Zenobia

Das bedeutendste Monument des palmyrenischen Heidentums ist zweifelsohne der **Baal-Tempel** im Südosten der alten Stadt, der allerdings nur tagsüber während der üblichen Museumszeiten geöffnet ist. Der erhöhte quadratische Tempelbezirk *(temenos)* von 225 Metern Seitenlänge war von Mauern umgeben, die außen mit korinthischen Pilastern verziert waren. Zwischen den Pilastern waren in die Mauern – mit Ausnahme an der Westwand

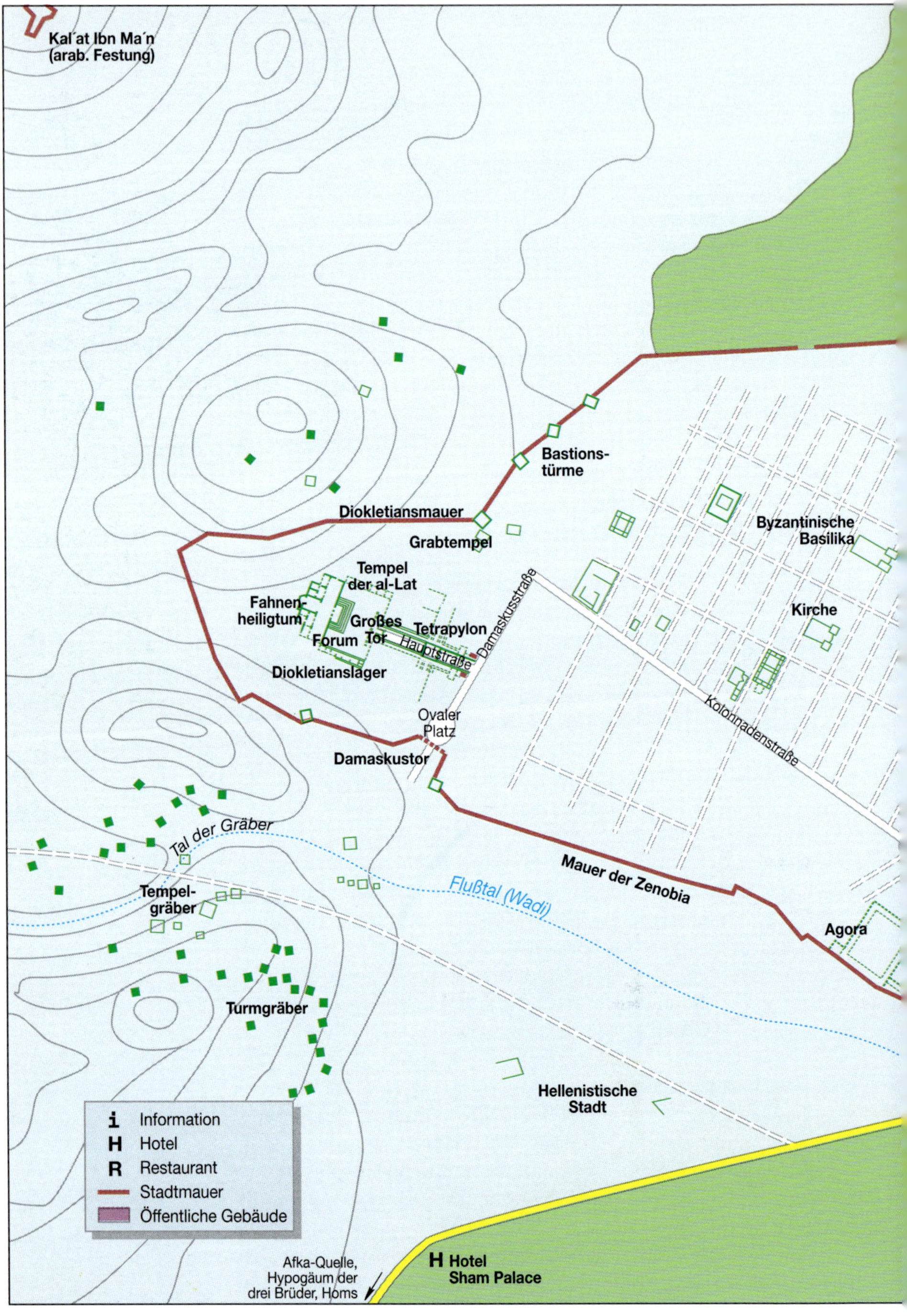

Kal´at Ibn Ma´n
(arab. Festung)
Bastions-
türme
Diokletiansmauer
Grabtempel
Byzantinische
Basilika
Tempel
der al-Lat
Fahnen-
heiligtum
Großes
Tor
Tetrapylon
Forum
Hauptstraße
Damaskusstraße
Kirche
Diokletianslager
Kolonnadenstraße
Ovaler
Platz
Damaskustor
Tal der Gräber
Mauer der Zenobia
Flußtal (Wadi)
Tempel-
gräber
Agora
Turmgräber
Hellenistische
Stadt
i Information
H Hotel
R Restaurant
Stadtmauer
Öffentliche Gebäude
Afka-Quelle,
Hypogäum der
drei Brüder, Homs
H Hotel
Sham Palace

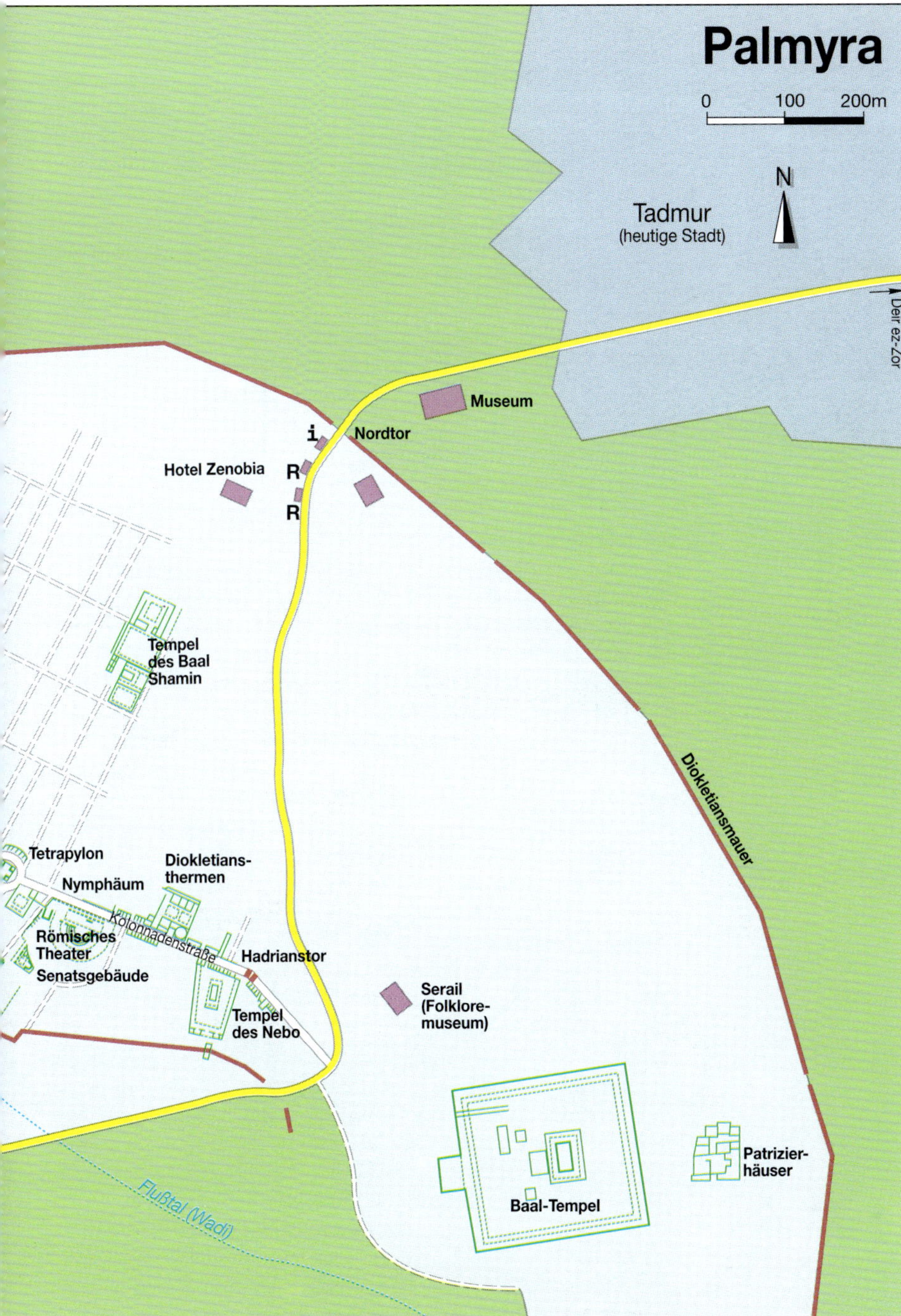
Palmyra
0
100
200m
N
Tadmur
(heutige Stadt)
Deir ez-Zor
Museum
Nordtor
i
R
R
Hotel Zenobia
Tempel
des Baal
Shamin
Diokletiansmauer
Tetrapylon
Nymphäum
Diokletians-
thermen
Kolonnadenstraße
Römisches
Theater
Senatsgebäude
Hadrianstor
Tempel
des Nebo
Serail
(Folklore-
museum)
Baal-Tempel
Patrizier-
häuser
Flußtal (Wadi)

– Fenster mit Giebeln eingelassen. Im Nordwesten und Südosten haben sich Wandteile im Originalzustand erhalten. Soweit noch andere Mauern stehen, wurden sie erst im Mittelalter als Befestigungsanlagen aus dem eingestürzten Material völlig wahllos wieder aufgeschichtet. Auch das einstige Monumentaltor *(propylon)* an der Westseite des Tempelbezirks wurde laut einer Inschrift über dem Eingang 1132/33 vom Emir Abu l-Hasan Yusuf ibn Fairuz in die Befestigung integriert. Im Inneren des Tempelbezirks verliefen entlang der Mauern ringsum Säulenhallen (im Westen ein-, sonst zweischiffig), von denen sich die meisten Säulen im Süden erhalten haben. An der Nordwestecke ist noch der Gang zu sehen, durch den die Opfertiere in den Tempelhof geführt wurden.

Im Zentrum des Tempelbezirks erhebt sich der eigentliche Tempel, der bereits im Jahre 32 n. Chr. eingeweiht wurde und wahrscheinlich auf den Fundamenten eines älteren Heiligtums ruht. Die im Vergleich zum gewaltigen Tempelbezirk zunächst unscheinbar wirkenden Ausmaße des Baal-Heiligtums täuschen etwas, da die Säulen der Ringhalle mit Ausnahme der Rückseite (im Osten) zerstört sind. Ebenfalls nicht mehr erhalten sind die reich verzierten Kapitelle an den kanellierten Säulen, man weiß jedoch, daß sie aus vergoldeter Bronze bestanden, was die Bedeutung und Pracht des Tempels nochmals unterstrich.

Dem Eingang zum Tempel im Westen ist ein gewaltiges Portal vorgelagert, das in den Säulengang integriert war und zu dem man über eine breite, flache Treppe hinaufstieg. Verbunden war dieser Säulengang mit den Mauern durch gewaltige ›Steinbalken‹, von denen nun zwei am Eingang aufgestellt sind. Sie sind mit Flachreliefs verziert, die unter anderem die palmyrenischen Hauptgötter Baal, Aglibol und Iarhibol zeigen; kulturgeschichtlich besonders interessant ist die Darstellung eines Kamels, das offenbar einen verhüllten heiligen Gegenstand trägt und von Priestern und Gläubigen begleitet wird, darunter auch einer Gruppe von verschleierten Frauen.

Im Inneren *(cella)* des langgestreckten, nach Norden ausgerichteten Tempels befinden sich zwei Kultnischen *(thalamoi)*, welche die geheiligten Statuen der Gottheiten bargen. Anlage und Gliederung des Tempelinneren stehen ganz in altorientalischer Tradition. Während Griechen und Römer ihre Götterstandbilder auf Postamente stellten, wurden sie im syrischen Raum in Kultnischen verwahrt, zu denen offenbar nur die Priester bei bestimmten Zeremonien Zugang hatten. Der Umstand, daß es zwei solcher Tabernakel im Tempel gibt, wobei der eine das »Allerheiligste«, der zweite nur das »Heiligste« barg, ist ebenfalls typisch orientalisch. Auch der Tempel in Jerusalem wies eine solche Anordnung auf. Das nördliche Allerheiligste *(adyton* oder *abaton)* war der palmyrenischen ›Dreifaltigkeit‹, der Göttertriade Baal, Aglibol und Iarhibol geweiht. Daß damit auch ein Sternenkult verbunden war, zeigt das Relief an der Decke der Kultnische, wo die personifizierten sieben Planeten (genauer: Sonne, Mond und die damals bekannten fünf Planeten) dargestellt sind, mit Jupiter in der Mitte, der mit Baal gleichgesetzt wurde. Aglibol repräsentierte den Mond, Iarhibol die Sonne. Das südliche Abaton, das wie das nördliche über eine Treppe zu erreichen war, enthielt, so wird vermutet, eine tragbare Statue des Baal, die man an Festtagen in Umzügen um den Tempel mit sich führte. Die aus einem Monolithen gearbeitete Decke der Kultnische ist sehr gut erhalten, wenn auch durch Ruß geschwärzt. Sie weist in der Mitte ein rundes Blumenornament aus Akanthus- und Lotusblättern auf, das von einem aus komplizierten Mäandern gebildeten Kreis umgeben wird; dieser ist wiederum in einen quadratischen Rahmen eingebettet, der mit Rosetten und geometrischen Mustern geschmückt ist.

Wie viele andere Heiligtümer der Antike, so behielt später auch der Baal-Tempel seine religiöse Funktion. Aus einer Inschrift in der südlichen Kultnische wurde geschlossen, daß der Tempel im Jahre 1276, also zu Beginn der Mamlukenzeit, in eine Moschee umgewandelt wurde, doch legt eine frühere arabische Inschrift an der Rückwand der nördlichen Kultnische nahe, daß er schon wesentlich früher als solche genutzt wurde. Der Text lautet: »Möge Gott barmherzig sein gegenüber 'Abdassamad ibn 'Ubaid und Mohammed ibn Yazid und ihnen ihre alten und neuen Sünden vergeben. Geschrieben im Jahr 110 (= 728/29 n. Chr.). Möge Gott jedem barmherzig sein, der, nachdem er dies gelesen hat, spricht: Amen!«

Nicht weit vom Baal-Tempel entfernt liegt nördlich, rechts der modernen Teerstraße, das ehemalige **Serail** (der Palast) des türkischen Gouverneurs, das seit 1992 ein kleines, aber liebevoll gestaltetes **Folkloremuseum** birgt. Leider sind die arabischen und französischen Erläuterungstafeln sehr allgemein gehalten, und auf die Funktion der einzelnen Gerätschaften und Kleidungsstücke wird nicht näher eingegangen.

Doch wieder zurück ins alte Palmyra! Auf der anderen Seite der Straße, gegenüber dem Folkloremuseum, erhebt sich ein prächtiger monumentaler Bogen, das »**Hadrianstor**«, das wohl meistfotografierte Objekt der Stadt. Sein Grundriß hat die Form eines V, wodurch der 30-Grad-Winkel, den die ursprünglich vom Baal-Tempel ausgehende Säulenstraße an dieser Stelle unter dem

Bogen machte, geschickt ›vertuscht‹ wurde. Der variantenreich mit ornamentalen Reliefs verzierte Bau datiert vom Ende des 2. oder Anfang des 3. Jahrhunderts. Zur selben Zeit entstand auch der daran anschließende und am besten erhaltene, etwa dreihundert Meter lange mittlere Teil der imposanten **Kolonnadenstraße**, die das alte Palmyra von Ost nach West durchschnitt. Unmittelbar hinter dem »Hadrianstor« liegt links der Straße der 1963 ausgegrabene **Tempel des Nebo**, von dem allerdings nur geringe Reste – das Tempelpodest und Stümpfe der die Cella einschließenden Säulengänge – erhalten sind. Nebo (auch: Nabo) war ein ›Import‹ aus Babylonien und galt als der Gott der Weisheit und der Schreibkunst; in römischer Zeit wurde er mit Merkur gleichgesetzt.

Wenige Schritte weiter, auf der rechten Seite, fallen vier Säulen auf, die etwas in die Kolonnadenstraße hineinragen und sich durch ihre rötlich-graue Farbe von dem sonst verwendeten goldgelben Steinmaterial unterscheiden. Sie stellen die Reste des monumentalen Eingangs zu einem großen **Bäderkomplex** dar, der wohl zur Zeit des Kaisers Diokletian (reg. 284–305) errichtet und daher nach ihm benannt wurde. Hinter dem Portal ist das vertiefte Wasserbecken noch gut zu erkennen. Vermutlich befand sich an gleicher Stelle schon vorher eine ältere Bäderanlage. Einer anderen These zufolge stand hier der Palast der Zenobia, bis er von den Römern zerstört wurde.

Wieder einige Schritte weiter liegt links der Straße das **römische Theater** aus der ersten Hälfte des 2. Jahrhunderts. Es wurde 1952 freigelegt und teilweise rekonstruiert. In den Abendstunden und an Festtagen ist es ein beliebter Jugendtreffpunkt mit Musik und Tanz. Von den durch zehn Treppen gegliederten Sitzreihen des Zuschauerraums sind heute noch elf Reihen vorhanden. Ursprünglich, so eine These, sollen es dreißig gewesen sein. Am besten erhalten und restauriert ist die Bühnenwand. Leider ist ihre einstige Marmorverkleidung völlig verschwunden. Blickt man unmittelbar hinter dem Theater von der Kolonnadenstraße aus nach links, sieht man in circa fünfzig Meter Entfernung eine Reihe von acht hellen Säulen – die Überreste einer Säulenhalle, die dem Eingang des Senats vorgelagert war. Geht man daran vorbei, stößt man auf die Nordostecke der im ausgehenden 1. Jahrhundert n. Chr. konzipierten **Agora**; von der sie einschließenden Mauer haben sich vor allem im Osten große Teile erhalten. Zum 71 mal 48 Meter großen und vollständig von Säulen umgebenen Platz konnte man durch elf Tore gelangen. Von den ehemals rund achtzig Säulen sind hingegen fast nur Stümpfe übriggeblieben. Wie auch sonst vielfach zu beobachten (z.B. an der Kolonnadenstraße und im Baal-Tempel), befanden sich an den Säulen Konsolen, auf denen Statuen bedeutender Persönlichkeiten der Stadt standen. Die östliche Kolonnade der Agora war (laut Browning) für Senatoren reserviert, die nördliche für römische und palmyrenische Beamte, die westliche für Militärs und die südliche für Karawanenführer; letzteres unterstreicht nochmals die Bedeutung der Stadt als Handelsmetropole. Die Südwand der Agora wurde später in die Stadtmauer integriert, die sogenannte »**Mauer der Zenobia**«, deren Verlauf zumindest teilweise noch nachzuvollziehen ist: Die Herrscherin hatte sie hastig gegen die anrückenden Römer errichten lassen, gab ihnen damit aber die weiter im Süden gelegenen ärmeren Wohnviertel und Gärten preis.

Zurück zur Kolonnadenstraße, deren mittlerer Abschnitt am **Tetrapylon**, einem monumentalen Torbau, endet. Nur eine der sechzehn korinthischen Säulen des Tetrapylons ist noch original und aus grauem Granit. Die anderen wurden alle aus entsprechend eingefärbtem Zement nachgebildet, als man das Bauwerk 1963 wieder errichtete. Man kann sich trefflich streiten, und es wurde auch heftig darüber diskutiert, ob derartige Rekonstruktionen - wie sie in Palmyra beispielsweise auch am Theater - doch auch andernorts in Syrien gelegentlich durchgeführt wurden, archäologisch vertretbar sind. Ich meine, im Falle des Tetrapylons sollte man ein Auge zudrücken, solange man nicht darangeht, die einst in jedem der vier Pylone auf einem Sockel ruhenden und nun verlorenen Statuen ebenfalls ›nachzuempfinden‹.

Das Tetrapylon markiert die Kreuzung der großen Kolonnadenstraße mit einer von Südwesten nach Nordosten verlaufenden Querstraße, wobei beide Straßen einen Knick um einige Grade machen. 250 Meter in Richtung Nordosten, nicht weit vom Hotel Zenobia, steht der sehr gut erhaltene **Tempel des Baal Shamin** (»des Herrn der Himmel«). Baal Shamin bildete mit Aglibol, dem Mondgott, und mit Malakbel, einem weiteren Sonnen- und Fruchtbarkeitsgott, ebenfalls eine Triade. Ungewöhnlich ist die Gliederung des Tempelbezirks, erhebt sich doch der Tempel zwischen zwei unterschiedlich großen Höfen, in deren Innerem jeweils umlaufende Säulengänge noch gut erkennbar sind. Verschiedene Inschriften an den Säulen und am kleinen Altar vor dem Eingang lassen den Schluß zu, daß der Tempel mehrere Bauphasen zwischen der Mitte des 1. und der Mitte des 2. Jahrhunderts erlebt hat. Im 3., spätestens zu Beginn des 4. Jahrhunderts wurde der Tempel in eine Kirche umgewandelt, wobei man den Eingang nach Westen verlegte. Dank des guten Erhaltungszustandes konnte der Tempel vor kurzem fast voll-

ständig rekonstruiert werden - und dies in vorbildlicher Weise. Er zählt heute gewiß zu den eindrucksvollsten Bauwerken des Ruinengeländes.
Folgt man vom Tetrapylon der Kolonnadenstraße nach Nordwesten, stößt man nach etwa fünfhundert Metern an ihrem Ende auf die mit sechs Säulen begrenzte Vorhalle des sogenannten **Grabtempels** aus dem 3. Jahrhundert. Er wurde erst in den letzten Jahren wieder aufgerichtet, da ursprünglich nur die genannten Säulen und Teile des Giebels noch standen.
Vom Grabtempel führte eine breite, im 2. Jahrhundert angelegte Kolonnadenstraße 250 Meter nach Südwesten zum sogenannten »**Damaskustor**« der Stadt. Rechts (westlich) der Straße, zum Berg hin ansteigend, liegt der umfangreiche Ruinenkomplex des »**Diokletianslagers**«, das vermutlich zwischen 293 und 303 errichtet wurde. Zu beiden Seiten der von der Kolonnadenstraße abzweigenden und das Lager durchquerenden Hauptstraße *(via principalis)* verliefen - auch heute noch gut erkennbar - Säulengänge. Auf halber Länge, wiederum markiert durch ein Tetrapylon, kreuzte eine weitere Straße (die *via praetoria)*, so daß das annähernd quadratische Lager in etwa gleich große Viertel geteilt wurde. Die Hauptstraße endete an einem Treppenaufgang, der zu dem - einem kleinen Forum ähnlichen - »**Platz der Altäre**« führte. An der Rückseite des ummauerten Platzes stieg man über eine noch heute gut sichtbare monumentale Treppe hinauf zum »**Fahnenheiligtum**«, von dem nur noch Überreste erhalten sind, dessen Standort jedoch einen überwältigenden Blick über das gesamte Ruinengelände bis zu dem am anderen Ende der Stadt liegenden Baal-Tempel bietet.
Die von polnischen Archäologen seit 1959 durchgeführten Ausgrabungen im »Diokletianslager« und seiner näheren Umgebung haben gezeigt, daß dort wahrscheinlich der älteste Teil der Stadt lag und daß man bei der Gestaltung des Lagers (um 300 n. Chr.) auf ältere Baustrukturen zurückgegriffen beziehungsweise diese integriert hatte. Am deutlichsten wird dies am **Tempel der Göttin al-Lat** aus dem 1. Jahrhundert n. Chr., der am nördlichen Ende der *via praetoria* des Lagers steht und von dem sich das monumentale Tor und eine Reihe von kanellierten Säulen erhalten haben. Die Göttin al-Lat ist schon durch ihren Namen als arabische Gottheit gekennzeichnet (arab. *al-ilahat*, »die Göttin«) und genoß in vorislamischer Zeit auf der Arabischen Halbinsel große Verehrung. Zusammen mit Manat und al-'Uzza - letztere in Palmyra ebenfalls hoch angesehen - bildete sie in Mekka in vorislamischer Zeit die wichtigste Göttertriade, wobei al-'Uzza mit Venus und Aphrodite gleichzusetzen ist und Manat eine Schick-

Die Überreste der römischen Kolonnadenstraße in Palmyra sind zugleich steinerne Zeugen der Vergänglichkeit alles Irdischen und eindrucksvolle Szenerie für ein stimmungsvolles Picknick – ein beliebtes Ausflugsziel auch für die Syrer.

salsgöttin war. In Palmyra wurde unweit des Tempels der al-Lat eine Inschrift gefunden, nach der im Jahre 129 sechs Säulen zu Ehren der Gottheiten Shams, al-Lat und Rahm (sprich: Rachm) errichtet wurden. Wie al-Lat haben auch die beiden anderen Gottheiten echt arabische Namen; Shams heißt »Sonne« und Rahm »Barmherzigkeit«, wobei allerdings beide Begriffe im Arabischen männlichen Geschlechts sind. Rahm lebt im Islam insofern weiter, als die von derselben Wortwurzel abgeleiteten Worte Rahman und Rahim die beiden wichtigsten Beinamen Gottes - *Allahu ar-rahman ar-rahim*, »Gott der Allbarmherzige, der Allgütige« - wurden. Die Häufung der genuin arabischen Gottheiten in diesem Stadtviertel legt den Schluß nahe, daß sich hier vor allem arabische Nomaden angesiedelt hatten. Allerdings war die palmyrenische Sprache mit dem Arabischen ohnehin sehr eng verwandt.

Die großen Familiengräber und die Afka-Quelle

Vom »Diokletianslager« aus kann man zu Fuß - das alte Stadtareal verlassend - das »**Tal der Gräber**« im Südwesten ›erwandern‹. Da aber einerseits das Laufen unter sengender Sonne durch eine unwirtliche - wenn auch beeindruckende - Wüstenei bald zur Qual wird und andererseits die am besten erhaltenen und kunsthistorisch interessantesten Grabtürme verschlossen sind, sollte man den Besuch des Tales sowie der Südwest- und Südostnekropole mit einem Auto unternehmen. Im Hotel kann man sich nach einem Führer erkundigen, der die betreffenden Schlüssel besitzt, oder sich im Museum einer der von dort aus regelmäßig organisierten Führungen anschließen.

In Palmyra gibt es zwei charakteristische Formen der Grabarchitektur: die unterirdische Anlage und der Turm; beide Bauarten wurden manchmal auch kombiniert. Die **Grabtürme** sind eine palmyrenische Spezialität und wahrscheinlich auch eine originär palmyrenische Erfindung. Die ältesten und weitgehend verfallenen stammen wohl schon aus vorchristlicher Zeit. Diese äußerlich meist sehr schlichten, dafür im Inneren um so reicher ausgestatteten mehrgeschossigen Bauwerke waren durch eine massive ›Steintür‹ zugänglich und die Stockwerke im Inneren durch Treppen miteinander verbunden. Vor die Innenwände wurden horizontale Schächte gemauert, in welche die Leichname hineingeschoben wurden. Verschlossen wurden die Schächte durch eine Reliefplatte mit dem ›Bildnis‹ des jeweiligen Toten. In den späteren Türmen fanden bis zu vierhundert Leichname Platz.

Im »Tal der Gräber« sollten Sie sich zumindest zwei Grabtürme zeigen lassen, nämlich den des Iamlikhu und den des Elahbel. Der erste datiert aus dem Jahr 83 n. Chr., der zweite aus dem Jahr 103. Die zeitliche Nähe erklärt die Ähnlichkeit zwischen den beiden Grabtürmen mit ihren kanellierten korinthischen Pflastern und dem aufwendigen, früher farbigen Schmuck der Kassettendecken. Im Grabturm des Iamlikhu wurden übrigens Reste von chinesischer Seide gefunden, die ansonsten im Mittelmeerraum damals noch völlig unbekannt war, ein Fund, der einmal mehr die weitreichenden Handelsbeziehungen Palmyras unterstreicht.

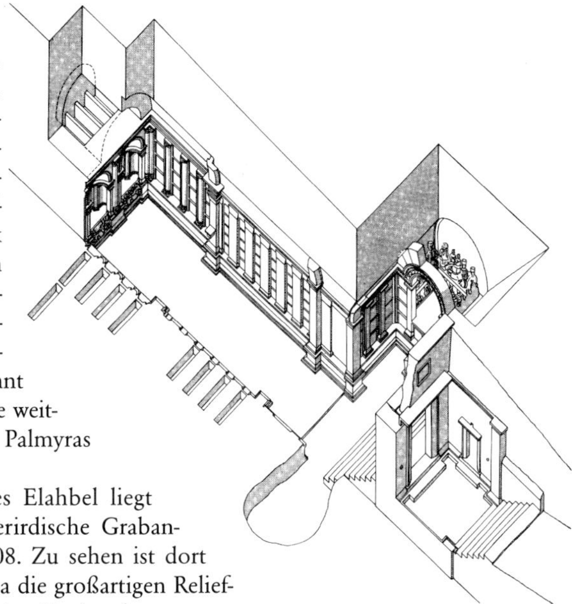

Das Grab des Yarhai in Palmyra, Zeichnung nach Amy/Seyrig

In der Nähe des Grabturmes des Elahbel liegt das **Grab des Yarhai**, eine unterirdische Grabanlage *(hypogäum)* aus dem Jahr 108. Zu sehen ist dort heute allerdings nicht mehr viel, da die großartigen Reliefskulpturen entfernt wurden und im Nationalmuseum von Damaskus in einem eigenen Raum zu bewundern sind.
Dagegen ist das Innere eines anderen unterirdischen Familiengrabes, des aus der Mitte des 2. Jahrhunderts datierenden »**Hypogäums der drei Brüder**« in der Südwestnekropole, in seinem ursprünglichen Zustand belassen worden. Grabschächte für 390 Leichname deuten die Größe und Bedeutung der Familie an, und die prachtvollen Sarkophage mit ihren Skulpturen sowie die erstaunlich gut erhaltenen Fresken belegen ihren Reichtum.
Die **Südostnekropole** wurde erst 1957 entdeckt, als die Iraq Oil Company eine Pipeline durch das Areal verlegte. Das kunsthistorisch bedeutendste Hypogäum ist hier das des Breiki, das in vielem an das Grab des Yarhai erinnert, aber den Vorteil hat, daß sich seine Innenausstattung mit ihren ausgeschmückten Nischen und korinthischen Pilastern noch am ursprünglichen Ort befindet.
Dem sensiblen Besucher, den so viel Tod und Vergänglichkeit angerührt hat, sei zum Abschluß dieses Ausflugs in die Welt der Gräber empfohlen, sich im sprudelnden Leben zu erholen – im wahrsten Sinne des Wortes –, nämlich durch den Besuch der **Afka-Quelle** beim Sham-Hotel. Die von der Quelle ausgehenden Kanäle waren und sind die Lebensnerven der Stadt. Dem leicht schwefelhaltigen, 33 Grad warmen Wasser wird zudem heilende Wirkung, unter anderem bei Rheuma, Erkältungen und Hautkrankheiten zugeschrieben. Daher verwundert es nicht, daß

die Quelle Gegenstand höchster Verehrung war, wovon noch heute Altäre und Säulen an der Quelle künden. Der Eingang zum Bad befindet sich gegenüber dem Sham-Hotel.

Die arabische Burg und das Museum

Bei jedem Spaziergang durch Palmyra ist die **arabische Burg (Kal'at Ibn Ma'n)**, die auf einer hohen Felsnase über der Stadt thront, allgegenwärtig. Ihre Errichtung wird dem drusischen Emir Fakhraddin II. (reg. 1585–1635) zugeschrieben, doch dürfte es sich dabei nur um die Wiederherstellung einer spätestens unter den Mamluken errichteten Anlage gehandelt haben. Fakhraddin II. aus dem Geschlecht der Ma'n ist eine der bedeutendsten, aber auch schillerndsten Gestalten, die Syrien in osmanischer Zeit hervorgebracht hat: Den Libanesen gilt er heute vorbildhaft als »Begründer des modernen Libanon«, da er es verstanden hatte, Drusen und Maroniten in einer engen Allianz zusammenzuführen. Enge Kontakte pflegte er auch zu den Medici in der Toskana, die von einer Rückeroberung Jerusalems träumten, bei der Fakhraddin eine entscheidende Rolle zugedacht war. Sein Verhältnis zu den Osmanen war dementsprechend gespannt, vor allem nachdem er neben dem Libanon auch Teile Palästinas sowie Nordsyrien bis nach Palmyra im Osten und fast bis nach Anatolien im Norden unter seine Kontrolle gebracht hatte. Aufgrund interner Querelen zerfiel seine Macht jedoch rasch. Schließlich wurden die Osmanen seiner habhaft und verurteilten ihn 1635 in Istanbul zum Tod durch den Strang.

Von der Burg, die mit einem Geländewagen problemlos zu erreichen ist, hat man einen großartigen Panoramablick über das Ruinengelände, die Oase, die neue Stadt und die alles umgebende Wüstensteppe. Und so wie man von der Burg nochmals einen abschließenden Überblick auf das gesamte Areal erhält, so vermittelt ein Besuch des **historischen Museums** in konzentrierter Form Informationen zur Geschichte und Kultur des alten Palmyra. Die gewaltige Skulptur eines Löwen mit erlegter Gazelle vor dem Museum gehörte ursprünglich zum al-Lat-Tempel; auch die berühmte Statue der al-Lat/Athene, die im Inneren einen Raum dominiert, stammt von dort.

Die Exponate sind sehr gut beschriftet, weshalb ich hier nicht näher darauf eingehen, sondern lieber ein paar Impressionen schildern möchte. Beim Schlendern durch das Museum und staunenden Betrachten der großartigen Grabskulpturen, darunter viele edle Frauengesichter, werden in mir Erzählungen und Gedichte wachgerufen, mit denen der syrische Geograph Yakut zu Beginn des 13. Jahrhunderts seinen Bericht über Palmyra ausschmückte. Besonders berühmt waren die Statuen zweier Mädchen, deren Schönheit in mehreren Gedichten besungen wurde. Eines beginnt mit den Versen: »Zwei Bildnisse sah ich in Tadmur, trefflich geziert von erfahrener Künstlerhand. Ihre Schönheit erfüllt die Augen mit Staunen und lockt die Herzen verführerisch.« Und in einer anderen Erzählung gibt Yakut die Worte eines Arabers wieder, der Mitte des 8. Jahrhunderts den letzten Omayyadenkalifen, Marwan II., begleitet hatte, als jener Palmyra, das sich gegen seine Herrschaft aufgelehnt hatte, eroberte und die Mauern der Stadt schleifen ließ. Dabei stießen sie auf eine Höhle, die hinter einem Felsen lag. Als sie diesen entfernten, entdeckten sie darin die Skulptur einer auf dem Bett liegenden Frau. Sie trug siebzig Gewänder und hatte sieben Zöpfe, die ihr bis zu den Füßen reichten. In einen dieser Zöpfe war ein goldenes Band ›geflochten‹, auf dem folgender Satz eingraviert stand: »In deinem Namen, o Gott, ich bin Tadmur, die Tochter Hassans; mögest du den erniedrigen, der dieses mein Grab betritt!« Marwan ließ das Grab wieder verschließen, ohne etwas von dem reichen Schmuck, den die Frau trug, an sich genommen zu haben. Doch der Fluch der Schönen, die Palmyra den arabischen Namen »Tadmur« gegeben hatte, erfüllte sich schon nach wenigen Tagen: Marwan wurde von einem Heer der Abbasiden geschlagen, und die Herrschaft der Omayyaden war beendet.

Ausflüge in die Umgebung von Palmyra

Die von kahlen Bergrücken durchzogene Wüstensteppe, die Palmyra umgibt, war in der ersten Hälfte des 8. Jahrhunderts ein beliebtes ›Erholungsgebiet‹ und Jagdrevier der omayyadischen Kalifen, was architektonisch durch zwei sogenannte ›Wüstenschlösser‹ dokumentiert ist, die auf den beiden folgenden Ausflügen beschrieben werden. Unterwegs werden Sie immer wieder die schwarzen Zelte der Beduinen sehen. Bitte betreten Sie diese nur, wenn Sie ausdrücklich vom ›Hausherrn‹ dazu aufgefordert werden. Im übrigen beachten Sie bitte die Reiseinformationen von A bis Z unter »Fotografieren« und »Einladungen«.

Kasr al-Hair ash-Sharki

Man verläßt Palmyra auf der Hauptstraße nach Nordosten in Richtung Deir ez-Zor. Nach 31 Kilometern lohnt ein kurzer Abstecher zur kleinen malerischen **Oase Arak** (1 Kilometer links von der Hauptstraße). »Arak«, so der arabische Geograph Yakut im 13. Jahrhundert, »ist eine kleine Stadt mit Dattelpalmen und Olivenbäumen am Rande der Wüstensteppe von Aleppo in der Nähe von Palmyra. Es gehört zu jenen Orten, die Khalid ibn al-Walid erobert hat.« Die Bezeichnung »Stadt« sowie der Umstand, daß der genannte Feldherr im 7. Jahrhundert den Ort, in dem heute nur fünf- bis sechshundert Menschen leben, für den Islam »erobern« mußte, deutet an, daß die Oase in vorislamischer Zeit eine erhebliche strategische Bedeutung besaß und wohl auch größer sowie von einer Stadtmauer umgeben war. Seine Geschichte läßt sich jedoch noch weiter zurückverfolgen, denn bereits im Zusammenhang mit einem Feldzug des Assyrerkönigs Assurbanipal gegen arabische Stämme um 640 v. Chr. wird der Ort unter dem Namen »Jarki« erwähnt.

Die Oase verdankt ihre Fruchtbarkeit einer Quelle, die am Rande des Ortes in einer Felshöhle entspringt. Über einen unterirdischen Kanal füllt sie nach etwa hundert Metern einen Teich, aus dem täglich zwei Stunden lang Wasser über ein oberirdisches Kanalsystem in die Gärten geleitet wird. Heute gedeihen dort nicht nur Dattelpalmen und Olivenbäume, sondern unter anderem auch Feigen, Äpfel, Birnen, Aprikosen, Mandeln, Wein und Gerste.

Nach weiteren circa 37 Kilometern auf der Hauptstraße Richtung Deir ez-Zor erreicht man **Sukhne**, ein recht unansehnliches großes Dorf, von dem der arabische Reisende Ibn Battuta noch im 14. Jahrhundert berichtete, daß es mehrheitlich von »ungläubigen Christen« bewohnt sei. Heute ist es rein muslimisch. Für die Weiterfahrt nach Kasr al-Hair ash-Sharki wählt man nun entweder unmittelbar von Sukhne aus die Piste nordwärts zur **Oase at-Taibe** (31 Kilometer) und fährt von dort weitere fünfzehn Kilometer nach Osten, oder man folgt noch etwa drei Kilometer der Hauptstraße und biegt dann links auf eine Piste ab, die in nordnordöstlicher Richtung nach weiteren circa 35 Kilometern zu den Ruinen von Kasr al-Hair ash-Sharki führt. Beide Wege sind für ein normales Fahrzeug nicht problemlos, doch ist die zweite Piste kürzer und wurde erst in jüngerer Zeit angelegt; ein ortskundiger einheimischer Führer ist zu empfehlen.

Kasr al-Hair ash-Sharki, »das Östliche Wildgehegeschloß«, ist zweifelsohne eines der beeindruckendsten Baudenkmäler und überhaupt die älteste befestigte Anlage aus frühislamischer Zeit. Vom Omayyadenkalifen Hisham 728/29 begonnen, wurde es in der zweiten Hälfte des 8. Jahrhunderts von den Abbasidenkalifen vollendet; es erlebte mehrere Zerstörungen, die letzte im Jahre 1638 durch den osmanischen Sultan Murad IV., der befürchtet hatte, die Festung könne zum Zentrum einer Beduinenrebellion werden.

Der Komplex besteht aus drei Teilen, nämlich dem Palast, der Stadt und dem »Wildgehege« (al-Hair). Kommt man von Süden, trifft man zunächst auf die etwa vier Meter hohe, von halbkreisförmigen Türmen unterbrochene Ummauerung des »Geheges«, die sich in einer Länge von rund fünf Kilometern gut erhalten hat. Die ursprüngliche Gesamtlänge der aus Stein und Lehmziegeln erbauten Mauer betrug rund siebzehn Kilometer. Über die Bestimmung dieser gewaltigen Anlage (850 Hektar) ist viel gerätselt worden. Die Deutung als Wildgehege und Gartenareal, möglicherweise mit einem künstlichen See, ist meines Erachtens die überzeugendste.

Palast und Stadt liegen im Norden der Anlage. Die vierzehn Meter hohe Palastmauer bildet ein Quadrat mit siebzig Metern Seitenlänge und ist aus sauber gefügten und mit Gips verbundenen Kalksteinquadern errichtet, die oben noch einen Mauerabschluß aus Lehmziegeln tragen. Vier runde Ecktürme und an jeder Seite zwei halbkreisförmige Türme sind in die Mauer integriert. Das gewaltige Tor im Westen ist der einzige Zugang. Die Türme, die das Tor flankieren, tragen oben Dekorationen mit Pflanzenmotiven aus Lehmziegeln und Stuck. Im Inneren des Palastes (der Schlüssel ist im Gewahrsam eines Hirten, der in einem Häuschen einige hundert Meter südlich der Anlage lebt)

sind Überreste eines gepflasterten Hofes, der von einem Säulengang umgeben war, sowie der Kanalisation zu erkennen. Zwischen Säulengang und Außenmauer gruppieren sich Räume in mehreren Stockwerken ähnlich wie in einem großen Khan.
Die Stadt hat die Form eines unregelmäßigen Quadrats und ist nur einige Schritte vom Palast entfernt. Sie wird ebenfalls von einer Kalksteinmauer mit einer Seitenlänge von jeweils rund 160 Metern und insgesamt 28 Türmen umgeben. An den vier Seiten befindet sich je ein großes von Türmen flankiertes Eingangsportal. Von diesen Toren ausgehend teilten zwei sich in der Mitte kreuzende Straßen die Stadt in etwa gleichgroße Viertel. Innerhalb des Areals haben sich im Südosten Teile einer dreischiffigen Moschee erhalten. Zwischen Palast und Stadt gelegen, fällt ein allein stehender, quadratischer, schlanker Turm auf, der als Minarett gedeutet wird, da sich an der Moschee offenbar keines befand. Wenn diese Annahme richtig ist, wäre es das drittälteste erhaltene Minarett überhaupt.
Blickt man heute vom Kasr al-Hair in die Runde und sieht die kahlen Bergzüge sowie die karge Wüstensteppe, in der erst seit wenigen Jahren an einigen Stellen eine bescheidene landwirtschaftliche Nutzung versucht wird, mutet die Vorstellung von einem regen städtischen Treiben, von blühenden Bäumen und Blumen inmitten dieser Einöde absurd an. Die Bewohner der verstreuten, kümmerlichen Ansiedlungen im weiteren Umkreis schaffen heute ihr Trinkwasser mit Lastwagen aus dem etwa fünfzehn Kilometer entfernten ›Oasennest‹ at-Taibe heran. In der Tat kam auch damals das Wasser aus dieser Richtung, es floß jedoch durch ein überdachtes Kanalsystem, das – so ein englischer Reisender Ende des 18. Jahrhunderts – »mit sehr geringem Aufwand wieder seiner ursprünglichen Nutzung zugeführt werden könnte«. In der Tat sieht man allenthalben noch Überreste dieser Bewässerungsanlage, doch war der Optimismus des Engländers wohl etwas übertrieben.
Der Besucher, der nicht auf den für die Hinfahrt beschriebenen Wegen nach Palmyra zurückkehren möchte, hat zwei Möglichkeiten: Zum einen kann er bis Sukhne zurückfahren und sich dann ostwärts auf der Hauptstraße nach Deir ez-Zor am Euphrat wenden; zum anderen kann er sich für eine zwar etwas anstrengende, aber interessante Weiterfahrt auf der Piste über at-Taibe und dann nach Norden über al-Kom und le-Kdeim nach Rusafa entscheiden. Bei dieser Route ist es empfehlenswert, einen Einheimischen als Führer mitzunehmen. Circa achtzig Kilometer nach at-Taibe bewegt man sich dann wieder auf geteertem Untergrund. Der **Tell von al-Kom** – was im Arabischen soviel

Vor Pest und Ungeziefer flohen die omayyadischen Kalifen in die Wüste: Kasr al-Hair ash-Sharki, das »Östliche Wildgehegeschloß« (erbaut im 8. Jahrhundert n. Chr.)

heißt wie »Abfallhügel« - ist ein Eldorado für Hobby-Archäologen, die an Vor- und Frühgeschichte interessiert sind: Er ist »akeramisch«, wie die Fachleute sagen, das heißt, er war bereits zu einer Zeit besiedelt, als es noch keine Keramik gab. Mit etwas Glück kann man Steinwerkzeuge - von der Pfeilspitze bis zum Schaber - aus dem ›Abfall‹, sprich dem Erdhügel, ausgraben.

Kasr al-Hair al-Gharbi – das »Westliche Wildgehegeschloß«

Man verläßt Palmyra Richtung Südwesten auf der Straße nach Damaskus, meist entlang der Bahnlinie, die von Palmyra nach Huwwarin führt, wo sie auf die Hauptstrecke Damaskus - Aleppo stößt. Die Bahnstrecke dient vor allem zum Transport des Phosphats, das vierzig Kilometer südlich von Palmyra abgebaut wird. Nach etwas über achtzig Kilometern erreicht man die Siedlung al-Bsiri, wo die Straße von Homs nach Bagdad kreuzt. Man biegt Richtung Homs ab und sieht nach etwa dreißig Kilometern in einiger Entfernung rechts der Straße die Gebäude einer Brunnenstation; daneben stehen die Überreste des Kasr al-Hair al-Gharbi.

Zunächst eine kleine Bemerkung zu dieser Brunnenstation: Je nach Jahreszeit werden den Reisenden auf der Fahrt immer wieder die schwarzen Zelte der Beduinen aufgefallen sein. Zeitig im Frühjahr halten sich Nomaden vom Stamm der Fawa'ira in der Umgebung der Brunnenstation auf. Sie führen ihre Herkunft auf den alten und mächtigen Stammesverband der Banu Kais zurück, der maßgeblich an den frühislamischen Eroberungen beteiligt war. Obwohl sie heute nur noch Kleinvieh halten, gibt es unter ihnen einige recht Wohlhabende, die bis zu 2000 Schafe und Ziegen besitzen, was in Syrien einem Wert von bis zu 200.000 Mark entspricht und sie dort zu Millionären macht. Manche können zum Beispiel in Homs ein Stadthaus ihr eigen nennen, in dem sie aber nur wenige Wochen des Jahres verbringen. Kamele findet man bei ihnen nicht mehr. Sie sind längst durch Lastwagen ersetzt, mit denen die Beduinen zur staatlich betriebenen Brunnenstation neben den Ruinen fahren, um Wasser zu holen. Die Wärter des Brunnens betätigen sich auch als Fremdenführer. Im Gebäude davor ist eine Veterinärstation zur Betreuung des Tierbestandes untergebracht.

Besucht man das Ruinengelände, nachdem man zuvor schon das »Östliche Wildgehegeschloß« besichtigt hat, wird sich eine gewisse Enttäuschung nicht vermeiden lassen: Das prachtvolle Eingangsportal und andere Teile der einstigen Anlage befinden sich heute im Museum von Damaskus. Außerdem hat der Wüstensand, der bei den Ausgrabungen mühsam weggeschafft worden war, inzwischen den Komplex einschließlich eines in der Nähe liegenden Khans weitgehend wieder zugedeckt. Aufrecht steht aber noch der hohe Turm; er war Teil eines Klosters aus byzantinischer Zeit und wurde später in das omayyadische Schloß integriert, das sich Kalif Hisham hier um 628 errichten ließ. Die omayyadischen Kalifen schätzten das trockene Klima der syrischen Wüstensteppe: Zum einen konnte in Zeiten der Pest die Seuche dorthin nicht vordringen; zum anderen ging schon Yazid I., der Sohn und Nachfolger des großen Mu'awiya, in dieser Gegend auf die Jagd und frönte anschließend dem Wein. Besonders gerne hielt er sich in **Huwwarin** auf, das mit dem Auto heute rund fünfzig Kilometer westlich des Kasr al-Hair al-Gharbi erreichbar ist. Daß dieser Ort einmal bessere Zeiten gesehen hat, davon künden noch heute die Ruinen aus byzantinischer Epoche. Yazid, der wegen seines ausschweifenden Lebenswandels schon zu Lebzeiten Zielscheibe der Kritik seitens der islamischen Geistlichkeit und der Schmähverse von Dichtern war, erhielt in Huwwarin 680 die Nachricht vom Tod seines Vaters, und in Huwwarin ereilte ihn vier Jahre später auch selbst der Tod. Ein Dichter spottete: »Ihr Omayyaden! Euer letzter König liegt als Leichnam in Huwwarin. Sein Schicksal klopfte an, als neben seinem Kissen ein Becher stand und ein Weinschlauch mit blutender Nase, und eine Sklavin, bald sitzend, bald stehend, seinen Rausch beweinend, die Kastagnetten schlug.« (Übersetzt aus at-Tabaris, *Geschichte der Propheten und Könige*, geschrieben Anfang des 10. Jahrhunderts)

Der Euphrat –
»das süße und frische Wasser«

Mesopotamien wird bei uns meist mit dem Irak gleichgesetzt, und man vergißt, daß der nordwestliche Teil dieses uralten Kulturlandes heute auf syrischem Gebiet liegt. »Zwischen den Flüssen« heißt die griechische Bezeichnung »Mesopotamien«, und entsprechend wird diese nördliche Region in Syrien **Djezire**, »Insel«, genannt, weil sie zwischen Euphrat und Tigris liegt. Den Tigris (arab. *didjla)* berührt Syrien zwar nur an einem wenige Kilometer langen Grenzstreifen ganz im Nordosten, doch der Euphrat (arab. *al-Furat)* windet sich träge rund fünfhundert Kilometer durchs Land.

Für die Araber war der Euphrat im Mittelalter neben dem Nil, dem Amudarja (Oxus) und dem Syrdarja einer der vier Flüsse des Paradieses. Tatsächlich kommt auch im Koran das Wort *furat* dreimal vor, allerdings als Adjektiv, und bedeutet dort »süß« oder »frisch« im Gegensatz zum Salzwasser des Meeres. So heißt es in Sure 25, Vers 53: »Und Gott ist es, der die beiden großen Wasser hat strömen lassen, das eine, das süß und frisch [=*furat*] schmeckt, und das andere, das salzig ist und brennt.« Was also lag für die Menschen, die an und von diesem Fluß lebten, näher, als solche Koranverse auf ihren ›Lebensnerv‹ zu beziehen?

Bis in die Mitte des 20. Jahrhunderts waren Euphrat und Djezire der ›wilde Osten‹ Syriens. Die Franzosen hatten zwar in ihrer Mandatszeit nach dem Ersten Weltkrieg die Beduinenstämme – in der Djezire vor allem die Shammar – soweit ›befriedet‹, daß einige kleinere und ärmere Stämme begannen, entlang des Euphrat und seiner wichtigsten Nebenflüsse Khabur und Balikh eine bescheidene Landwirtschaft zu betreiben. Aber erst nach dem Zweiten Weltkrieg und mit der Unabhängigkeit des Landes setzte in diesen Gebieten ein wahrer ›Goldrausch‹ ein. Das ›weiße Gold‹ war die **Baumwolle**, deren Preis zu Beginn des Koreakrieges 1950 gewaltig anzog. Innerhalb von zehn Jahren wurde die Anbaufläche verzehnfacht Mit der Fertigstellung des Asad-Stausees Anfang der achtziger Jahre wurden weitere umfangreiche fruchtbare Flächen erschlossen, wobei allerdings die einsetzende starke Versalzung der Böden durch die Bewässerung die anfängliche Euphorie inzwischen gedämpft hat. Dennoch ist am Khabur ein weiterer Staudamm im Bau.

Inzwischen hat ein anderes ›Gold‹ aus dieser Region, nämlich das ›schwarze‹, das **Erdöl**, die Baumwolle als Devisenbringer weit überholt; 1991 machten Erdöl und Erdölprodukte 77 Prozent des syrischen Exports aus, die Baumwolle und daraus gewonnene Produkte immerhin noch 15 Prozent. Anfänglich war das sehr schwefelhaltige Öl aus den ersten, im äußersten Nordosten der Djezire entdeckten Feldern für den Weltmarkt noch relativ unbedeutend geblieben, doch wurden seit den achtziger Jahren süd- und nordöstlich von Deir ez-Zor neue Felder erschlossen, aus denen hochwertiges, schwefelarmes Öl gefördert wird. Westlich des Euphrat wurden schließlich auch bedeutende Erdgasvorkommen entdeckt. Fährt man von Palmyra nach Deir ez-Zor, kommt man an mehreren Bohrtürmen vorbei.
Das Euphrat-Tal und die angrenzenden Wüstensteppen stellen heute durch den Baumwollanbau und die Erdöl- und Erdgasförderung die an Rohstoffen wichtigste Region Syriens dar, nachdem sie jahrhundertelang fast ausschließlich kriegerischen Beduinenstämmen als Lebensraum gedient hatte. Daß dies allerdings nicht immer so gewesen war, bezeugen zahlreiche Ruinenstädte und Hunderte von Tells (Ruinenhügel) entlang des Euphrat und seiner Nebenflüsse: Von der Antike bis ins Mittelalter gediehen hier immer wieder blühende Zivilisationen. Doch mit den Mongolenstürmen im 13. Jahrhundert versank die Region lange Zeit in die völlige Bedeutungslosigkeit.

Deir ez-Zor

Will man diesen einstmals ›wilden Osten‹ Syriens eingehender bereisen, quartiert man sich am besten in Deir ez-Zor am Euphrat ein. Die rasch wachsende Provinzhauptstadt, die bald 200.000 Einwohner zählen dürfte, geht auf einen Militärstützpunkt zurück, den die Türken 1860 einrichteten, um die Verkehrswege zwischen Damaskus und Mosul sowie von Aleppo nach Bagdad, die sich hier kreuzten, gegen die Beduinen zu sichern. Bald erfolgte auch die Anlage eines **Suks** mit schachbrettartigem Grundriß. Dieser Suk ist heute noch das lebhafteste Stadtviertel. Er ist der zentrale Anziehungspunkt für die ländliche Bevölkerung in diesem Raum, für Bauern wie Beduinen, und gibt daher ein besonders malerisches Bild ab. Auffallend ist die überaus bunte Kleidung der Frauen.
Aufgrund ihrer jungen Geschichte hat die Stadt kaum weitere Sehenswürdigkeiten zu bieten. Nicht versäumen sollte man jedoch einen Besuch des **Museums**. Die bescheidene Sammlung enthält zur einen Hälfte Exponate aus der frühen islamisch-ara-

bischen Geschichte (Handschriften, Waffen, Keramik-, Glas- und Metallgefäße) und zur anderen altorientalische Funde, die bei Grabungen in der Umgebung entdeckt wurden (in Mari, Dura Europos, Tell Bukras u.a.). Das Museum soll angeblich 1995 in ein neues Gebäude umziehen, um mehr Platz für die zahlreichen noch in den Magazinen schlummernden Stücke zu schaffen.
Nach den zuweilen anstrengenden Ausflügen in die Umgebung - im Sommer sind Temperaturen über 45 Grad Celsius in dieser heißesten Region Syriens keine Seltenheit - bietet Deir ez-Zor vor allem mit seinen **Restaurants am Euphrat** an den lauen Abenden die notwendige Entspannung. In angenehmer Erinnerung bleiben wird mir das Restaurant **ash-Shati' al-azrak** (»der blaue Strand«). Es liegt in der Nähe der noch von den Franzosen über dem Euphrat errichteten Hängebrücke. Dort kann man herrlich sitzen, hin und wieder einen Bissen aus der reichhaltigen *mezze* - den Vorspeisen - nehmen und mit einem Schluck eisgekühlten Araks hinunterspülen und, während man den Jungen beim Baden in dem von Schilf gesäumten Fluß zusieht, die mannigfachen Eindrücke des Tages verarbeiten.

Von Deir ez-Zor nach Mari und Dura Europos

Vor wenigen Jahren noch war die Straße (rund 120 Kilometer) von Deir ez-Zor dem rechten Euphrat-Ufer entlang zur irakischen Grenze durch den internationalen Schwerverkehr überlastet. Spannungen zwischen Syrien und dem Irak, vor allem aber der Boykott gegen den Irak seit dem Golfkrieg, haben diesen Verkehr zum Erliegen gebracht. Daher wird die Straße, je weiter man nach Süden kommt, immer leerer.
Deir ez-Zor verlassend fährt man an einigen neu erschlossenen Ölfeldern vorbei und durch mehrere Dörfer, deren Namen zum Teil bereits ihren jungen Ursprung verraten (z.B. **Tishrin**, »Oktober«, so benannt nach dem Krieg gegen Israel im Oktober 1973). Andere Namen aber lassen den kulturgeschichtlich Interessierten aufhorchen, zum Beispiel **'Ashara** (in babylonischer Zeit Terka genannt), wo im Dorf in Richtung Euphrat eine kleine Grabung Reste aus altorientalischer Zeit, möglicherweise die Spuren eines Hafens, zutage gebracht hat. Es kann sein, daß sich hinter dem Namen die alte syrische Muttergöttin Ashera verbirgt, die in Ugarit als Gattin des höchsten Gottes El verehrt wurde.
Wegen der günstigeren Lichtverhältnisse am Nachmittag und frühen Abend empfiehlt es sich, zunächst bis **Mari** durchzufahren und erst auf der Rückfahrt Dura Europos und die Festung Rahba zu besuchen. Die beschilderte Abfahrt nach **Tell Hariri**,

Rollsiegel des Idi-Dagan Mari, östliche Begrenzung des Palastes

wie das alte Mari heute heißt, erreicht man nach etwa 110 Kilometern. Das nächste Schild mit dem Hinweis, daß man sich den Schlüssel zur Grabung beim Wärter abholen soll, muß man nicht unbedingt ernst nehmen. Zumindest bei meinen letzten Besuchen war sie immer problemlos zugänglich.
Wie bei vielen archäologischen Entdeckungen spielte auch im Falle Maris ein Zufall die entscheidende Rolle. Ein in Abu Kamal stationierter französischer Leutnant namens Cabane traf 1933 bei einer Inspektion auf eine Gruppe von Beduinen, die einen Toten bestatteten und versuchten, Steine auszugraben, um damit den Grabhügel zu errichten. »[...], aber diese steckten so fest im Boden, daß der Offizier hinzutrat und den Leuten riet, sich doch die für das Grab notwendigen Materialien an einem bequemeren Ort zu holen. Einige Tage später kam ein Eingeborener [wie die europäischen Kolonialherren die Einheimischen damals zu nennen pflegten] ins Büro des Leutnants Cabane und fragte, was man mit dem Mann machen sollte, der gefunden worden sei. Nach weiterem Befragen wurde dem Offizier bald klar, daß es sich um eine Statue handelte, die man auf dem Hügel gefunden hatte, als man Material zum Schmuck eines weiteren Grabes suchte, und Cabane begab sich unverzüglich nach Tell Hariri. Dort fand er sich einem rohen, verstümmelten Block gegenüber, der eine Figur ohne Kopf und mit auf der Brust gefalteten Händen zeigte; der Unterkörper trug einen Zottenrock und zeigte eine keilschriftliche Inschrift. Ohne Zeit zu verlieren, legte Leutnant Cabane diesen Gegenstand aus dem Altertum vollends frei, worauf er mit seinen Gehilfen [...] nicht ohne Mühe das Denkmal von mehr als 300 kg Gewicht von Tell Hariri nach Abu Kamal transportierte. Sodann erstattete er umgehend über seine Entdeckung Bericht.« So beschrieb (hier zitiert nach Sabatino Moscati, *Die altsemitischen Kulturen*, S. 25f.) der Archäologe André Parrot die Entdeckung Maris, das er dann in langjähriger Arbeit freizulegen begann.

Die älteste ergrabene Schicht, die eine Besiedlung des Ortes erkennen läßt, wird in die zweite Hälfte des 4. Jahrtausends v. Chr. datiert. Maris politisch und wirtschaftlich bedeutende Zeit begann mit dem Aufblühen der sumerischen Stadtstaaten in Mesopotamien um 3000 v. Chr. und endete mit der Eroberung und Zerstörung durch Hammurabi von Babylon um 1759 v. Chr. Welchen Wohlstand die Stadt durch die Kontrolle des Warenverkehrs zwischen dem Süden Mesopotamiens und dem Nordwesten Syriens erlangt hatte, zeigt am besten die Höhe des Tributs, den um die Mitte des 3. Jahrtausends Mari an Ebla zahlen mußte, als es von diesem einmal militärisch geschlagen worden war: 1052 Kilogramm Silber und 64,5 Kilogramm Gold!
Von den letzten Jahrhunderten des 3. Jahrtausends v. Chr. an, als die semitischen Amoriter, von Westen her kommend, am Euphrat die Macht übernahmen, wurde auch Mari von amoritischen Königen beherrscht. Dank des dort gefundenen Archivs von etwa 25.000 Keilschrifttafeln sind wir über die Endphase von Mari am besten unterrichtet. Einem seiner Könige namens Jakhdun-Lim war es gelungen, das nördlich gelegene Terka (heute 'Ashara) zu erobern, seine Macht am Euphrat bis zur Mündung des Balikh auszudehnen und Raubzüge sogar bis ans Mittelmeer zu unternehmen. Der aus Terka vertriebene König Shamshi-Adad kehrte jedoch um 1800 v. Chr. zurück, unterwarf Mari und herrschte nun seinerseits von Assur am Tigris aus über den ganzen mittleren Euphrat. Aber Jakhdun-Lim rächte sich in Gestalt seines Sohnes oder Bruders Zimri-Lim (reg. 1782–1759 v. Chr.), der sich erneut Maris bemächtigte. Verbündet mit Jarim-Lim, dem König von Aleppo, einerseits, und Hammurabi, dem Herrscher Babylons, andererseits, führte er Mari zu seiner höchsten Blütezeit. Die Stadt verdankte ihre Pracht weiterhin den Zöllen, die sie auf den Warenverkehr zwischen dem Persischen Golf und dem Mittelmeer erhob. Unter den Gütern, die über Mari nach Babylonien gingen, waren »Produkte des Libanon und des Amanos, wie Holz und Harzprodukte, oder Syriens, wie zum Beispiel Wein und Olivenöl, und manchmal sogar der eine oder andere Gegenstand aus Kreta« (J.-R. Kupper in: *Reallexikon der Assyriologie*, Bd. VII, S. 389). Doch Hammurabi dankte Zimri-Lim seine oft bewiesene Bündnistreue nicht, sondern eroberte 1759 v. Chr. Mari und zerstörte den Palast und die Stadtmauern. Eine weitere Besiedlung des Ortes läßt sich zwar noch einige Jahrhunderte lang nachweisen, doch blieb er politisch und wirtschaftlich ohne jede Bedeutung.
Der Besucher, der keine archäologische Vorbildung besitzt, zuvor vielleicht gerade Palmyra besichtigt hat und nun in Mari

Der Palast in Mari

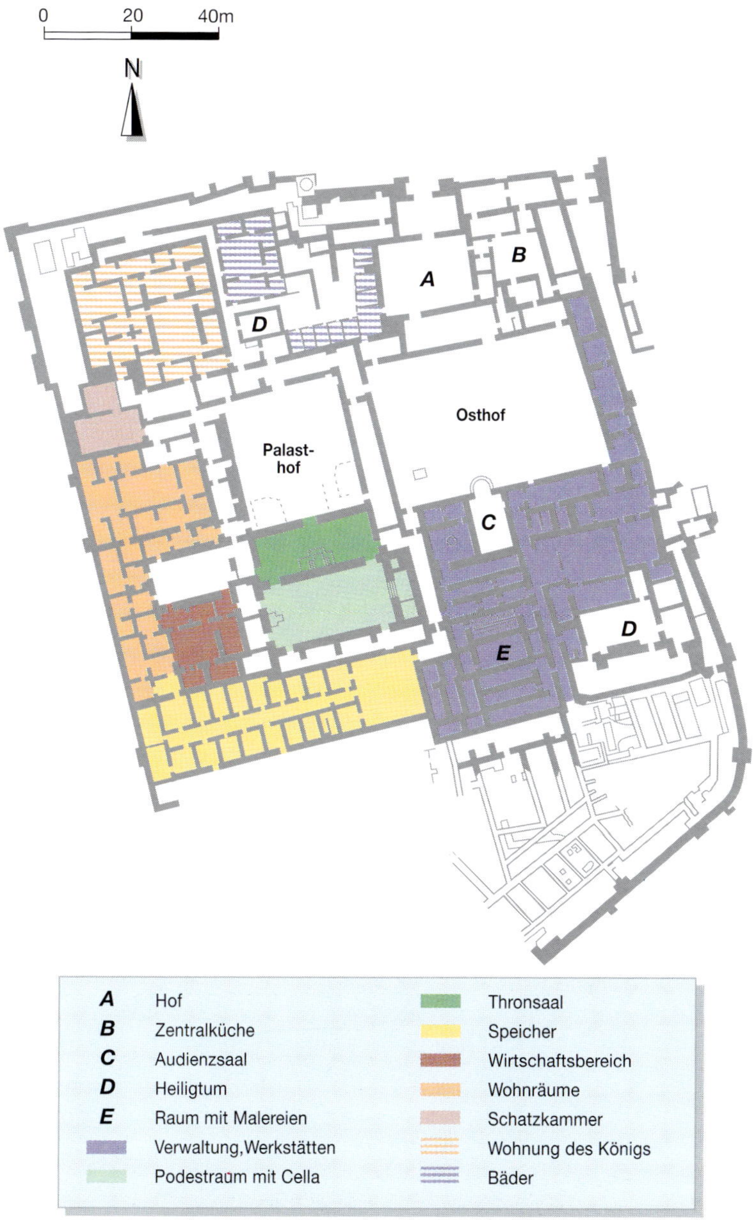

Kalif Harun ar-Rashid läßt eine Stadt errichten

Der bereits mehrfach zitierte arabische Geograph Yakut aus dem 13. Jahrhundert hat in seinem *Lexikon der Länder* unter dem Stichwort »Rahbat Malik« der Stadt Rahba mehrere Seiten gewidmet. Unter anderem erfährt man, daß sie bereits im Alten Testament erwähnt wird und von Nimrod gegründet worden sein soll. Im Alten Testament heißt es tatsächlich (1. Mos. 10), daß Nimrod nicht nur Ninive und Kelach sondern auch Rehobot-Ir gegründet habe. Ich kann nicht sagen, ob jemals dieser Identifikation Yakuts nachgegangen wurde, gefunden hat man meines Wissens das biblische Rehobot bisher nicht. Man muß Yakut allerdings entgegenhalten, daß Rahba als Ortsname im Arabischen nicht gerade selten ist.

Unterhaltsamer ist die Geschichte, die uns Yakut über die Neugründung von Rahbat Malik unter den abbasidischen Kalifen überliefert hat. Er zitiert einen Autor aus Rahba, der seinen Vater fragte, wie es zum Namen der Stadt gekommen sei, worauf dieser ihm erzählte: »Wisse, mein lieber Sohn, daß Harun ar-Rashid eines Tages mit einem Schiff auf dem Euphrat fuhr. Bei sich hatte er seine Vertrauten. Einer von diesen hieß Malik ibn Tauk. Als sie sich den Wasserrädern näherten, sagte Malik: ›Beherrscher der Gläubigen, willst du nicht lieber am Ufer aussteigen und dieses Stück zu Fuß gehen?‹ – ›Ich glaube‹, erwiderte Harun ar-Rashid, ›du hast Angst vor den Wasserrädern.‹ – ›Warum? Gott schützt den Beherrscher der Gläubigen vor jeder Gefahr. Aber vielleicht meinst du dies ja auch. Der Befehl liegt bei dir.‹

›In deinen Worten sehe ich ein übles Vorzeichen‹, sagte daraufhin ar-Rashid, ließ das Schiff ans Ufer fahren, und sie stiegen aus. Als dann das Schiff zu den Wasserrädern kam, drehte es sich und kenterte mit allem, was darauf war. Harun ar-Rashid war erstaunt. Er kniete nieder, um Gott zu danken, und ließ eine große Menge Geld holen, das er allerorts an die Armen verteilte. Zu Malik aber sagte er: ›Du hast bei mir einen Wunsch frei; trage deine Bitte vor!‹ – ›Wenn mir der Beherrscher der Gläubigen‹, sprach daraufhin Malik, ›hier ein Stück Land zuteilen könnte, auf daß ich darauf eine Stadt errichte, die meinen Namen trägt.‹ Der Kalif war einverstanden und unterstützte ihn mit Geld und Männern beim Bau der Stadt.«

(Yakut, Mu'djam al-buldan, *Stichwort: »Rahba«)*

erstmals eine Ausgrabungsstätte der altorientalischen Hochkulturen Mesopotamiens betritt, wird zunächst enttäuscht sein. Ein junges französisches Paar, das ich dort traf, äußerte ernüchtert: »Sieht aus wie in Paris, wenn eine neue Metro-Station gegraben wird.« Der Besucher sollte sich jedoch vergegenwärtigen, daß zur Zeit der Hochblüte Palmyras der Untergang Maris bereits ebenso viele Jahrhunderte zurücklag, wie heute seit dem Untergang Palmyras verstrichen sind. Und er sollte sich auch bewußt machen, daß die zahlreichen dortigen Funde, wie Statuen, Wandmalereien, Rollsiegel und natürlich die Keilschrifttafeln allesamt weggebracht wurden und nun in verschiedenen Museen, vor allem im Louvre in Paris sowie in den beiden syrischen Nationalmuseen von Damaskus und Aleppo zu sehen sind. Damit auch künftige Generationen noch einen Eindruck von der Monumentalität der Anlage vor Ort bekommen können, hat man die zentralen Teile des Palastes, wie Thronsaal und Palasthof, inzwischen überdacht.

Der teilweise zweigeschossige **Königspalast** oder Palast des Zimri-Lim bedeckte eine Fläche von 2,4 Hektar und barg rund dreihundert Räume und Höfe. Der Haupteingang lag im Nordosten. Nach einem Vorraum durchquert man einen ehemals überdachten Hof (A), an den sich im Osten die Zentralküche (B) und sonstige Wirtschaftsräume anschlossen. Im Süden des Hofes erreicht man durch einen rechteckigen schmalen Saal mit als Sichtblende gegeneinander versetzten Portalen den großen Osthof. An seiner Südseite, hinter einer dreistufigen, halbkreisförmigen Treppe, befindet sich ein erhöhter rechteckiger Raum mit einem Podium, der von André Parrot als Audienzsaal (C) gedeutet, von anderen als ein Heiligtum angesehen wird, da die dort entdeckten Wandmalereien den König bei einer Opferhandlung zeigen. Weiter im Südosten des Areals wird ein heiliger Bezirk (D) vermutet. Der eigentliche Palasthof liegt westlich des Osthofes, doch erreicht man ihn nicht direkt von diesem aus, sondern muß erst einen abgewinkelten Gang passieren, um den Zugang von Norden aus zu finden. Die Wände des Palasthofes waren mit vielfarbigen Wandgemälden (E) verziert, von denen einige Reste im Museum von Aleppo ausgestellt sind, so zum Beispiel die Darstellung eines Priesters, der ein Rind an einem Nasenring zur Opferung führt. Gegenüber dem Eingang, auf der Südseite des annähernd quadratischen, vierzig Meter breiten Palasthofes, öffnet sich der Zugang zum sogenannten Podestraum oder Thronsaal. Der Thron stand dem Eingang unmittelbar gegenüber. Wer zum König gelangen wollte, mußte also in gerader Linie vom Eingang des Palasthofes bis zum Thron des

Detail aus dem großen Wandgemälde in Mari

Herrschers rund 45 Meter zurücklegen, was seine majestätische Entrücktheit eindrucksvoll unterstrich. Rechts und links des Throns führen zwei Türen in einen zusätzlichen rechteckigen, aber breiteren Raum, der ein weiteres Podest enthält. Diesem gegenüber führt eine Treppe hinauf zu einer Cella, was den Raum eindeutig als weiteren Sakralraum, wahrscheinlich als das Allerheiligste des Palastes kennzeichnet.

Auf der Rückfahrt in Richtung Deir ez-Zor kommt man von Mari nach fünfzehn Kilometern rechts an eine Abzweigung, die nach **Dura Europos**, heute **as-Salihiye** genannt, führt. Unübersehbar ist schon aus der Ferne die gewaltige westliche Stadtmauer. Sollte der Haupteingang in dieser Mauer einmal verschlossen sein, so kann man über einen Fußweg durch eine Mauerbresche an der Nordwestecke der Stadt ins Innere gelangen.

Dura Europos wurde um 300 v. Chr. von Seleukos I. Nikator, »dem Sieger«, der 305 den Königstitel annahm, neu gegründet. Und wie auch bei anderen Städten, die in dieser Zeit angelegt wurden, zum Beispiel Apameia, folgt der Grundriß der Stadt mit seinem heute noch gut erkennbaren rechtwinkligen Straßennetz ganz hellenistischer Tradition. Rund zweihundert Jahre später wurde sie von den Parthern eingenommen, konnte sich aber ihnen gegenüber - ähnlich wie Palmyra gegenüber den Römern - eine gewisse Selbständigkeit bewahren. Im Jahre 165 n. Chr. wurde es von den Römern erobert; dadurch rückte es politisch und wirtschaftlich noch näher an Palmyra heran und erlebte wie dieses seine höchste Blüte. Und auch der Untergang für Dura Europos kam fast zur gleichen Zeit wie für Palmyra, wenn auch durch andere Hand. Hier waren es die iranischen Sasaniden, die 256 n. Chr. die Stadt eroberten und unbewohnbar machten.

Wenn Dura Europos auch oft in einem Atemzug mit Palmyra genannt wird, so ist es für viele Besucher doch recht enttäuschend, denn die Überreste der Stadt nehmen sich vergleichsweise kläglich aus. Der Grundriß der Stadt - ansatzweise die **Agora** und die Ruinen einiger wichtiger Gebäude - sind zwar noch zu erkennen, doch in der Erinnerung bleibt als eindrucksvoll eigentlich nur die **Stadtmauer** und die malerische Aussicht auf

das Tal des Euphrat. Für die Kultur- und Religionsgeschichte hat Dura Europos jedoch eine einzigartige Bedeutung vor allem durch zwei Funde: einerseits einer **christlichen Kirche**, die im Jahre 232 aus einem Wohnhaus umgestaltet wurde, und andererseits einer **Synagoge** etwa aus der gleichen Zeit. Beide Bauwerke waren reich mit Fresken geschmückt, die alt- und neutestamentliche Motive zum Thema haben. Die Fresken der Synagoge sind nun im Nationalmuseum von Damaskus zu bewundern, die der Kirche in der Yale Gallery in New Haven in den Vereinigten Staaten.
Auf der weiteren Rückfahrt nach Deir ez-Zor sollte man in dem großen Dorf **al-Mayadin** (44 Kilometer vor Deir ez-Zor) nochmals einen Abstecher zweieinhalb Kilometer Richtung Westen unternehmen, um die mittelalterliche arabische Festung **Kal'at Rahba** (auch: ar-Rahba, sprich: Rachba) zu besuchen, was sich schon allein wiederum wegen des herrlichen Ausblicks lohnt, den man von ihr über das Euphrat-Tal genießt. (Übrigens: Diejenigen, die auf eigene Faust und nach der ansonsten recht nützlichen Karte vom Verlag freytag & berndt unterwegs sind, sollten hier nicht der Karte vertrauen, auf der die Festung auf dem gegenüberliegenden Euphrat-Ufer eingezeichnet ist!)
Die Ruinen der aus Basaltquadern errichteten Festung erheben sich auf einer steilen Felsnase. Die Burg wird von arabischen Geschichtsschreibern vor allem im Zusammenhang mit militärischen Auseinandersetzungen zur Zeit der Seldschuken und Ayyubiden (bis ins 13. Jahrhundert hinein) erwähnt und fiel dann den Mongolen zum Opfer. Auch wenn die Festung in ihrer heutigen Form wohl erst aus dem 12. Jahrhundert datiert, dürfte es bereits eine ältere derartige Anlage gegeben haben. Denn am Fuß der Festung, wo heute das Dorf al-Mayadin liegt, erstreckte sich einst die Stadt **Rahbat Malik**, die nach der Überlieferung arabischer Geographen bedeutende Ausmaße besessen haben muß und zu Beginn des 9. Jahrhunderts begründet wurde.

Das Tal des Khabur

Das Tal des Khabur, der die Wüstensteppe der Djezire durchschneidet und etwa vierzig Kilometer südöstlich von Deir ez-Zor in den Euphrat mündet, ist mit seinen mindestens hundert Tells ein Eldorado für Archäologen der Altorientalistik. Zahlreiche Grabungen wurden inzwischen durchgeführt, viele sind noch nicht abgeschlossen. Für den Laien sind sie jedoch meist recht enttäuschend, und die wertvollen Funde werden ohnehin nur in den Museen ausgestellt. Der Besucher sollte während der

Grabungsperioden zudem Verständnis dafür aufbringen, daß es für die Archäologen eine zeitraubende Unterbrechung ihrer Arbeit bedeutet, wenn sie den Fremdenführer spielen sollen und ständig Angst haben müssen, daß ihre frischen Grabungen durch ›Touristenfüße‹ beschädigt werden.
Will man den Khabur von der Mündung bis zu seinen Quellen zurückverfolgen, muß man etwa sechs Kilometer hinter der neuen Euphratbrücke in Deir ez-Zor nach rechts abbiegen. Auf teilweise schlechter Straße erreicht man nach gut dreißig Kilometern in der Nähe der Mündung des Flusses in den Euphrat das Dorf **Buseira**. Hier haben sich Überreste des alten **Karkisiya** (Kirkesion, Circesium) erhalten, einer Stadt, die von der Römerzeit bis ins Mittelalter dieselbe strategische und wirtschaftliche Bedeutung innehatte, die jetzt Deir ez-Zor für die Region besitzt. Karkisiya scheint übrigens bis zu den Mongolenstürmen ein bedeutendes jüdisches Zentrum gewesen zu sein, da laut Benjamin von Tudela (aus Navarra im heutigen Spanien), der als jüdischer Vorläufer Marco Polos gilt und das Gebiet in der zweiten Hälfte des 12. Jahrhunderts bereiste, inmitten der Muslime auch fünfhundert jüdische Familien dort lebten.
Am Khabur entlang fährt man knapp sechzig Kilometer durch eine Reihe kleinerer Dörfer bis zu einer Kreuzung, an der es links über den Khabur nach as-Suwar abgeht. Bleibt man auf der Straße, gelangt man nach siebzehn Kilometern zum **Tell Shaikh Hamad**, wo ein deutsches Archäologenteam die Reste der assyrischen Stadt Dur Katlimmu ausgräbt. Da die Straße weiter nach Norden nun immer schlechter wird, fährt man am besten zurück nach as-Suwar und wählt dort die Hauptstraße westlich des Khabur Richtung Norden über Markada, wo zur Zeit ein Staudammprojekt verwirklicht wird. Nach über 120 Kilometern erreicht man **al-Hasaka** (im dortigen Dialekt: Hasetshe), eine in den letzten Jahrzehnten zu einer Großstadt angewachsene Siedlung mit einem hohen christlichen und kurdischen Bevölkerungsanteil.
In der näheren und weiteren Umgebung von al-Hasaka, das selbst nichts Sehenswertes bietet, hat eine Reihe von Tells schon seit längerer Zeit das Interesse der Archäologen geweckt, zum Beispiel **Tell Birak**, 45 Kilometer nordöstlich der Stadt, wo bereits von 4000 bis 2500 v. Chr. eine Siedlung bestand, oder das bereits 1899 von Max Freiherr von Oppenheim entdeckte **Tell Halaf**, achtzig Kilometer nordwestlich von al-Hasaka an der türkischen Grenze gelegen (die Region ist allerdings militärisches Sperrgebiet). Während die Grabungen auf diesen Tells mit ihren frühgeschichtlichen Überresten dem Laien meist wenig sagen, ist

in den letzten Jahren ein auch für Nichtarchäologen interessanter Tell ganz in der Nähe von al-Hasaka (20 Kilometer am linken Ufer des Khabur) in Angriff genommen worden: **Tell Tunainir** hat - obwohl bereits vor sechstausend Jahren besiedelt - auch für die arabische Geschichte Spannendes zu bieten. Bei den arabischen Geschichtsschreibern und Geographen des Mittelalters wird der Ort zwar im 7. und 13. Jahrhundert n. Chr. sporadisch erwähnt, aber nirgends besonders gewürdigt. Um so überraschender ist, was amerikanische Archäologen jüngst zutage gefördert haben: einen großen Khan (22 mal 24 Meter), eine Moschee, eine Kirche und ein einstmals prächtiges öffentliches Bad aus schwarzem Basalt, das Vergleiche mit Bädern in Aleppo und Damaskus nicht zu scheuen brauchte. Und die Grabung ist noch lange nicht beendet. Die zu Beginn des 13. Jahrhunderts offenbar sehr wohlhabende Ansiedlung wurde, wie so viele in dieser Region, ein Opfer der Mongolen.

Von Deir ez-Zor den Euphrat aufwärts nach Rakka

Die Hauptverbindung von Deir ez-Zor in Richtung Aleppo verläuft bis hinter Rakka (ar-Raqqa) in der Nähe des Euphrat-Westufers. Etwa fünfzig Kilometer von Deir ez-Zor entfernt biegt rechts eine ausgeschilderte Straße zu den Ruinen von **Halabiye**, dem alten **Zenobia**, ab. Wie der Name bereits andeutet, wurde die Stadt von der palmyrenischen Herrscherin Zenobia in den sechziger Jahren des 3. Jahrhunderts n. Chr. gegründet. Schon wenige Jahre später, nach der Zerstörung Palmyras, wurde sie von den Römern besetzt. Aus dieser Zeit stammen die Grabtürme im Norden und Süden der Stadt, die sich an palmyrenischen Vorbildern orientieren. Im Jahr 540 von den Sasaniden zerstört, wurde die Stadt von den Byzantinern unter Justinian I. (reg. 527–565) wieder aufgebaut und befestigt. Ein weiterer Angriff der Sasaniden unter Khosrou II. im Jahre 610 bedeutete ihr Ende. In islamischer Zeit spielte sie keine Rolle mehr.

Die Stadt liegt direkt am Ufer des Euphrat an einem steilen Hang. Sie hat die Form eines spitzwinkligen Dreiecks, wobei die Spitze die höchste Stelle markiert und die ›Grundlinie‹ vom Flußufer gebildet wird. Während von den öffentlichen Gebäuden außer den Resten zweier Basiliken kaum mehr etwas zu erkennen ist, bieten die teilweise sehr gut erhaltenen Befestigungsanlagen mit ihren zahlreichen rechteckigen Wehrtürmen, mit der am höchsten Punkt in die Mauer integrierten Zitadelle und dem etwas darunter in der Nordmauer liegenden Prätorium sowie

Die Muslime erobern Rakka

Das muslimische Heer stand unter Führung von 'Iyad ibn Ghanm, der nach der Eroberung von Rakka Gouverneur der ganzen Djezire, der Wüstensteppe links des Euphrat, wurde. Einer der bedeutendsten frühen arabischen Geschichtsschreiber, al-Baladhuri aus dem 9. Jahrhundert, hat die entsprechenden Berichte zusammengestellt:

»Die Vorhut 'Iyads erreichte Rakka, griff die Ansiedlungen der Beduinen und Bauern außerhalb der Stadtmauern an und machte Beute. Wer von den Bewohnern konnte, floh in die Stadt. Als 'Iyad mit dem Heer eintraf, bezog er Stellung am Edessa-Tor. Eine Weile bewarf man die Muslime mit Steinen, bis einige von ihnen verletzt wurden. Darauf zog er sich etwas zurück, um nicht mehr von ihren Steinen und Pfeilen erreicht zu werden. Reitend umrundete er die Stadt und stationierte an den Toren Posten. Zurück im Lager, sandte er Schwadronen aus, die aus den Dörfern mit Gefangenen und viel Proviant zurückkamen, da die Felder gerade abgeerntet waren. Nach fünf oder sechs Tagen in dieser Lage ließ der Bischof der Stadt 'Iyad die Bitte überbringen, ihnen Schutz zu gewähren. 'Iyad schloß darauf Frieden mit ihnen mit der Verpflichtung, ihnen und ihren Nachkommen Schutz zu gewähren für ihr Leben, ihren Besitz und ihre Stadt. Er erklärte: Das Land gehört uns, nachdem wir es betreten und gewonnen haben! Er ließ es aber in ihren Händen unter der Bedingung, daß sie Grundsteuer zahlten. Das Land, das die Schutzbefohlenen [d.h. Christen und Juden] nicht behalten wollten, verteilte er an die Muslime mit der Auflage, daß diese dann den Zehnt entrichteten. Die Schutzbefohlenen mußten auch Kopfsteuer bezahlen, jeder Mann pro Jahr einen Golddinar, Frauen und Kinder waren davon ausgenommen. Zusätzlich zu diesem Dinar verpflichtete er sie zur Abgabe einiger Scheffel Weizen sowie von etwas Olivenöl, Essig und Honig.«

(Al-Baladhuri, Futuh al-buldan, *»Die Eroberung der Länder«, S.205)*

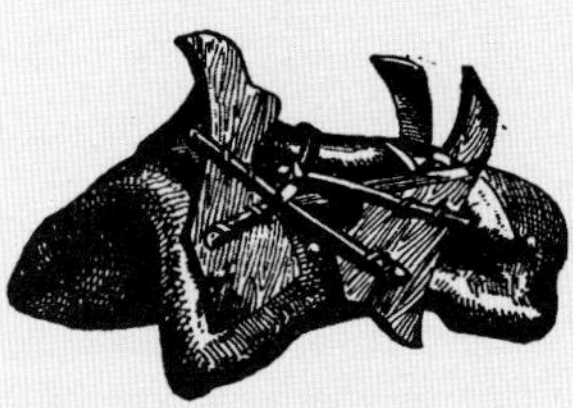

Traditionelle Kamelsattel

den beiden Stadttoren einen überwältigenden Eindruck. Sie wurden in byzantinischer Zeit unter Kaiser Justinian, also Mitte des 6. Jahrhunderts, errichtet.
Gegenüber, auf der anderen Seite des Euphrat, sieht man noch einige Überreste der in ähnlicher Bauweise errichteten Befestigungsanlagen von **Zalabiye**, der Zwillingsstadt von Halabiye. Die Lage der beiden Städte zeigt ihre strategische Bedeutung an: Sie kontrollierten eine Furt, an der im Sommer und Herbst der Euphrat durchquert werden konnte.

Rakka – zwölf Jahre Residenz des Kalifen Harun ar-Rashid

Die rund hundert Kilometer lange Strecke von Halabiye nach Rakka bietet keine besonderen Sehenswürdigkeiten mehr. Rakka selbst, an der Mündung des Balikh in den Euphrat gelegen, ist in den letzten Jahrzehnten zu einer Großstadt mit über 200.000 Einwohnern angewachsen. Im Jahr 1945 beherbergte es ganze 4500 Menschen, und noch vor einem Jahrhundert hatte es nur aus einem Dutzend Lehmhütten und Zelten bestanden.
Vor sieben Jahrhunderten allerdings war der Ort eine blühende Stadt gewesen, die erst von den Mongolen in die Geschichtslosigkeit verbannt wurde. Ähnlich wie an der Mündung des Khabur in den Euphrat hatten sich auch hier an der Mündung des Balikh schon in vorislamischer Zeit Ansiedlungen gebildet. Seit 1980 wird **Tell Bi'a**, das man als das babylonische Tuttul identifiziert hat und das nordöstlich des heutigen Rakka liegt, von deutschen Archäologen ausgegraben. Zwischen Tell und Euphrat lag die hellenistische Stadt Nikephorion, benannt nach ihrem Begründer Seleukos I. Nikator (reg. 301–281 v. Chr.), den wir auch schon als Neubegründer von Dura Europos kennengelernt haben. Sein Nachfolger, Seleukos II. Kallinikos (reg. 246–226 v. Chr.), benannte den Ort dann um in »Kallinikos«. 542 n. Chr. wurde er von den Sasaniden zerstört, doch vom byzantinischen Kaiser Justinian wenige Jahre später wieder aufgebaut. Die Muslime übernahmen die Stadt um 640 und gaben ihr nun den arabischen Namen ar-Raqqa.
Rakka stieg unter den Muslimen zur Hauptstadt der gesamten Djezire auf. Unter den Omayyaden war es Kalif Hisham (reg. 724–743), der diese Gegend besonders schätzte und südlich des Euphrat, gegenüber von Rakka, große Ländereien durch zwei neue Kanäle bewässern ließ. Doch die ganz große Zeit Rakkas kam erst mit den abbasidischen Kalifen in der zweiten Hälfte des 8. und dem beginnenden 9. Jahrhundert. Während das übrige

Wohin der Kalif vor Pest und Wanzen floh

Mein ständiger ›Reisebegleiter‹, der syrische Geograph Yakut aus dem 13. Jahrhundert, mag uns wieder mit einem Bericht einstimmen: »Zu den zahlreichen Orten, die den Namen ar-Rusafa tragen, gehört das Rusafa des [Kalifen] Hisham ibn 'Abdalmalik, vier Farsakh [ca. 24 km] westlich von Rakka am Rande der Wüste. Hisham erbaute es, als in Syrien die Pest ausgebrochen war, und pflegte dann jeweils im Sommer dort zu wohnen. So jedenfalls behaupten einige. In dem Buch *Die Nachrichten über die ghassanidischen Könige* habe ich jedoch den Hinweis gefunden, daß der König an-Nu'man ibn al-Harith ibn al-Aiham die Zisternen von ar-Rusafa restaurieren und die größte Zisterne neu anlegen ließ. Daraus kann man schließen, daß der Ort bereits längere Zeit vor dem Islam existiert hatte und Hisham wohl nur die Stadtmauern erneuerte und Wohngebäude errichtete [...]. Innerhalb der Stadtmauern befindet sich ein wunderschönes Kloster.

Der Ort liegt weder an einem Fluß, noch besitzt er eine fließende Quelle. Ihr Wasser entnehmen die Bewohner aus innerhalb der Mauern liegenden Zisternen. Wenn diese zuweilen im Sommer austrocknen, ziehen des Nachmittags Sklaven der wohlhabenden Leute mit Eseln zum Euphrat und kehren erst am frühen Morgen des folgenden Tages mit Wasser zurück, denn allein der Hinweg beträgt drei bis vier Farsakh [18-24 km]. In der Nähe, inmitten der Wüste, haben sie auch Brunnen, die 120 Ellen und mehr tief sind, dennoch ist das Wasser schlecht und salzig. Dem Stamm der Banu Khafadja zahlen sie unterwürfig Schutzgeld.

Insgesamt kann man sagen, daß die Stadt längst entvölkert wäre, wenn es nicht die Liebe zur Heimat gäbe. Es lebt dort eine Reihe wohlhabender Leute, die teils als Händler durch die Länder reisen, teils fest ansässig sind und mit den Beduinen Handel treiben. Es gibt einen kleinen Suk mit einigen Dutzend Läden. Große Fertigkeit haben sie in der Herstellung von Kleidung. Und während die Männer, sowohl die reichen wie die armen, Wolle spinnen, weben ihre Frauen. Der Arzt Ibn Butlan schrieb in einem Bericht an Hilal ibn al-Muhassin: ›Von ar-Rusafa nach ar-Rahba sind es vier Tagesreisen. Das Schloß von ar-Rusafa ist eine etwas bescheidenere Anlage als der Palast des Kalifen in Bagdad, erbaut aus Stein, mit einer mächtigen Basilika [...]. Begründet wurde sie von Konstantin, dem Sohn der Helena. Erneuert wurde ar-Rusafa von Hisham, der dort residierte, wenn er vor den Wanzen am Ufer des Euphrat floh.

Unter der Basilika ist im Boden eine Zisterne, die selbst wie eine Kirche gestaltet ist, mit Gewölben auf Alabastersäulen und Marmorfliesen und gefüllt mit Wasser. Die Bewohner der befestigten Anlage sind meist christliche Beduinen, die ihren Lebensunterhalt dadurch verdienen, daß sie den Karawanen Schutz gewähren und Waren einführen, aber auch Räuber und Diebe. Die befestigte Anlage liegt mitten in einer flachen Wüste, und der Blick schweift an allen Seiten bis zum Horizont. Viermal bin ich von hier nach Aleppo gereist.‹ Ibn Butlan schrieb diesen Bericht im Jahre 440 (d.h. 1048 n. Chr.).« (Yakut, *Mu'djam al buldan*, Stichwort: »Rusafa«)

Diese Darstellung verfaßte Yakut wenige Jahre, bevor die Mongolen ins Land einfielen. Da half auch die von ihm erwähnte »Heimatliebe« nichts mehr, und die Stadt wurde verlassen. Seine Schilderung ist übrigens ein schönes Beispiel für das Funktionieren einer multireligiösen Gesellschaft innerhalb der islamisch-arabischen Welt: Yakut, selbst ein sunnitischer Muslim, zitiert ohne Skrupel Ibn Butlan, einen bedeutenden christlichen (nestorianischen) Arzt, Philosophen und Theologen. Dieser wiederum korrespondierte mit Hilal ibn al-Muhassin, der aus dem damals noch immer ›heidnischen‹ Harran stammte und es in Bagdad am Hof des Kalifen bis zum Staatssekretär gebracht hatte.

Yakut und seine Informanten wußten über die Geschichte von ar-Rusafa erstaunlich gut Bescheid. Tatsächlich wurde der erste Kirchenbau wahrscheinlich unter Konstantin I. (reg. 306–337) begonnen, der dem Christentum im Westen und Osten des Römischen Reiches den Weg aus der Illegalität freimachte.

Nicht erwähnt hat Yakut den Umstand, daß diese Kirche dem heiligen Sergius geweiht wurde, der hier im Jahr 305 als Märtyrer gestorben war, was außerdem belegt, daß an dieser Stelle schon vorher eine Ansiedlung bestanden haben muß. Ob diese mit dem bereits in assyrischen Keilschrifttexten des 9. Jahrhunderts v. Chr. erwähnten Rasappa und dem im Alten Testament belegten Rezeph (2. Könige 19:12 und Isaias 36:12) identisch ist, konnte noch nicht bewiesen werden.

Bedeutsam an Yakuts ›objektiver‹ Schilderung ist weiterhin, daß er König an-Nu'man ibn al-Harith als Erbauer der größten Zisterne nennt, obgleich dieser aus dem vorislamischen arabisch-christlichen Geschlecht der Ghassaniden stammte und – wie sein Vater al-Mundhir und sein Großvater al-Harith – in der zweiten Hälfte des 6. Jahrhunderts als zuweilen recht unbotmäßiger Vasall des byzantinischen Kaisers über Syrien herrschte. Der Hofschreiber Kaiser Justinians I. (reg. 527–565), Prokop, weist dagegen seinen Regenten als denjenigen aus, der im 6. Jahrhundert den Ort durch eine Stadtmauer habe sichern und durch die Anlage von Zisternen mit Wasser versorgen lassen. Daß die Araber dies selbst unternommen haben könnten, paßte offenbar schon damals nicht so recht ins christlich-abendländische Weltbild. Gedankt haben es die byzantinischen Kaiser ihren arabischen Vasallen nicht. König al-Mundhir war anläßlich der Einweihung einer Kirche in Huwwarin festgenommen und schließlich in Sizilien eingekerkert worden. Sein Sohn an-Nu'man wurde später nach Konstantinopel verschleppt.

Nach dem heiligen Sergius nannten die Byzantiner die Stadt Sergiupolis. Der alte semitische Name ar-Rusafa blieb jedoch bei den muslimischen Arabern lebendig, und unter dem omayyadischen Kalifen Hisham (reg. 724–743) wurde die Stadt, wie wir von Yakut erfahren, wiederaufgebaut und zur beliebten Residenz des Herrschers erkoren, bevor dieser sich vor »Pest und Wanzen« noch weiter in die Wüste flüchtete, nämlich in das von ihm begründete »Östliche Wildgehegeschloß«.

Syrien, nachdem das Kalifat von Damaskus nach Bagdad ›übergesiedelt‹ war, wirtschaftlich und kulturell zur Provinz herabsank, entwickelte sich die Djezire, und vor allem eben Rakka, zu einer Lieblingsprovinz der Abbasiden.
Nur zweihundert Meter westlich der alten Stadtmauer von Rakka legten die Abbasiden eine völlig neue Stadt an: ar-Rafika (»die Gefährtin«, d.h. die Gefährtin von Rakka). Mit dem Bau begonnen hat Kalif al-Mansur beziehungsweise dessen Kronprinz al-Mahdi um das Jahr 771; vollendet hat die Stadt der auch bei uns durch die *Erzählungen aus 1001 Nacht* bekannte Harun ar-Rashid (reg. 786–809), übrigens ein Zeitgenosse Karls des Großen, mit dem er sogar Gesandtschaften ausgetauscht haben soll, was zwar eine schöne Vorstellung, historisch aber leider nicht zu belegen ist.
Die Stadt wurde auf einem Grundriß konzipiert, der die Form eines langgestreckten halben Ovals aufweist. Die Stadtmauern hatten eine Länge von fast fünf Kilometern. Doch selbst dieses Areal erwies sich schnell als zu klein, weshalb Harun ar-Rashid im Norden und Nordosten außerhalb der Mauern zusätzliche Wohnviertel und Paläste anlegen ließ, darunter seinen eigenen Palast, den **Kasr as-Salam**, das »Friedensschloß«, das 300 mal 350 Meter maß. Haruns Interesse an Rakka ist übrigens sehr verständlich, da er selbst aus politischen Gründen 796 bis 808 in der neuen Stadt residierte und versuchte, von hier aus ein Weltreich zusammenzuhalten, das – zumindest nominell – von Gibraltar bis zum Indus reichte.
Leider ist in Rakka selbst nur sehr wenig vom einstigen Glanz der Stadt zu sehen oder zu erahnen. Punktuelle archäologische Grabungen haben zwar die gewaltigen Ausmaße des alten Stadtareals zur Zeit Haruns bestätigt, doch ist die moderne, sich ständig weiter ausdehnende Überbauung nicht mehr aufzuhalten. Ein weiterer Grund, weshalb es heute nur wenig Spektakuläres zu besichtigen gibt, ist die – für den Irak und den mittleren Euphrat bis Rakka in Syrien – charakteristische Lehmziegelbauweise, die besonders witterungsanfällig ist.
Das wenige, was erhalten und zum Teil auch restauriert ist, vermittelt dennoch einen gewissen Eindruck vom früheren ar-Rafika. Es sind dies die alten Stadtmauern mit dem restaurierten Bagdad-Tor, Teile der Moschee und der Kasr al-Banat (das »Mädchenschloß«). Ursprünglich waren die Mauern und Wände der Bauwerke mit weißem Mörtel verputzt. Die **Stadtmauern**, einst achtzehn Meter hoch und sechs Meter dick, waren mit gebrannten Ziegeln verkleidet, was in modernen Restaurierungen zum Teil nachgebildet wurde. Die erhaltenen Reste der Moschee, nämlich

Die Wüstenstadt ar-Rusafa wurde als byzantinisch-christlicher Ort im 6. Jh. n. Chr. angelegt und im 13. Jh. wieder aufgegeben. Oben sieht man die noch gut erhaltene Stadtmauer und Gebäudeteile aus dem meterhohen Sand herausragen; unten die Überreste der Basilika A.

Teile der Südfassade und das zylindrische Minarett, gehen auf Rekonstruktionen Mitte des 12. Jahrhunderts zurück und werden meist dem Zengiden Nuraddin von Aleppo zugeschrieben, der nach einem kontinuierlichen Niedergang der Stadt nochmals - wie auch anderenorts in Syrien - eine rege Bautätigkeit entfaltete. Einen völligen Neubau aus dieser Zeit stellt der von 1976 bis 1982 durch die syrische Altertümerverwaltung freigelegte und restaurierte **Kasr al-Banat** dar. Bereits der um ein Wasserbassin angelegte quadratische Innenhof, auf den vier Iwane münden, und die Mukarnas-Dekorationen über den Ziernischen an den Wänden weisen in diese Epoche Mitte des 12. Jahrhunderts. Über die Funktion dieser Anlage, die über vierzig Räume barg und deren Mauern noch heute zum Teil über acht Meter hoch aufragen, sind allerlei Vermutungen angestellt worden; am wahrscheinlichsten erscheint mir jedoch die Nutzung als Residenz.
Auf keinen Fall sollte man in Rakka versäumen, das **Museum**, einige Schritte westlich des Bagdad-Tores, zu besuchen. Die Vor- und Frühgeschichte der Region ist durch Exponate, die in verschiedenen, zum Teil heute im Asad-Stausee versunkenen Siedlungen entdeckt wurden, reich dokumentiert; vor allem Tell Bi'a/ Tuttul ist mit Töpferware und einigen sehr schönen Figurinen gut vertreten. Aus der Römerzeit sind Mosaike mit reizvollen Tiermotiven zu sehen, die in Tell Halawa gefunden wurden. Und die islamische Blütezeit unter den Abbasiden wird durch kostbare Keramik und Bauplastik - vor allem Stuckornamentik - aus ar-Rafika illustriert.

Ausflüge in die Umgebung von Rakka

Diejenigen, die das Land etwas intensiver bereisen, werden sich in Rakka gewiß für ein, zwei Nächte einquartieren, denn es bieten sich von hier aus einige lohnende Ausflüge an. Einer dieser Ausflüge sollte in jedem Fall **ar-Rusafa** gelten, das man mit dem Auto nach gut fünfzig Kilometern erreicht (die erste Hälfte zunächst auf der Hauptstraße nach Westen in Richtung Aleppo, dann von al-Mansura aus nach Süden).
Die Stadt ar-Rusafa bildete ein unregelmäßiges Rechteck und war durch vier Tore zugänglich, von denen das Nordtor mit seinen drei Durchgängen die prächtigste Dekoration aufweist, da es der Hauptzugang für die - wie noch heute - meist von Norden kommenden Reisenden war. Außer den ungewöhnlich gut erhaltenen **Stadtmauern** mit ihren Türmen und Wehrgängen sind im Inneren der Stadt nur wenige öffentliche Gebäude erhal-

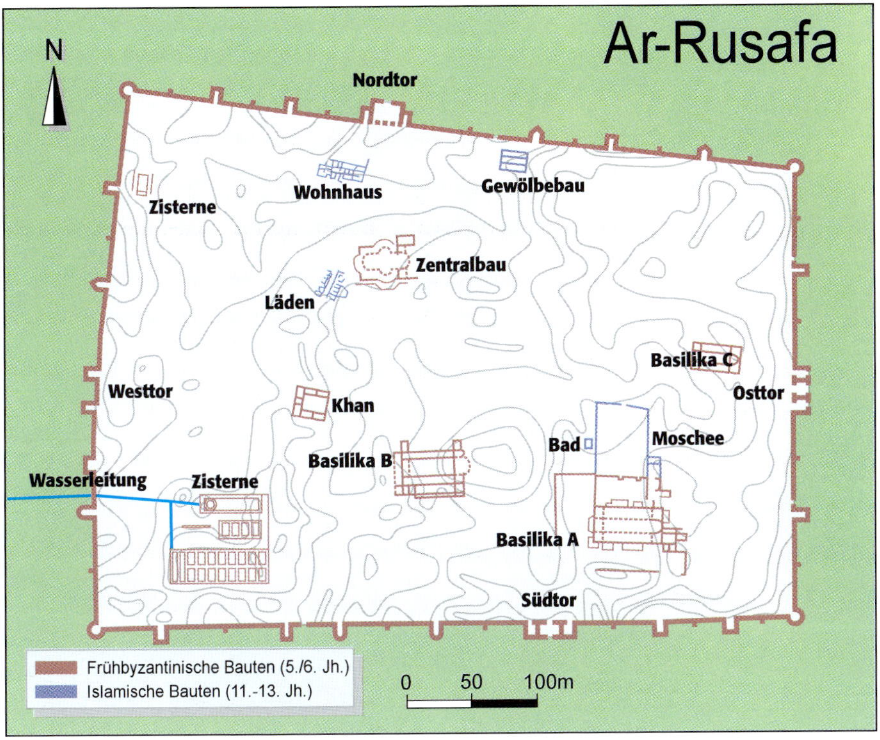

ten beziehungsweise ausgegraben und rekonstruiert worden. Es sind dies drei Kirchen, nämlich der sogenannte **Zentralbau** und die **Basiliken A**, **B** und **C**, sowie ein **Khan** und die eindrucksvollen **Zisternen**. Obwohl in byzantinischer Zeit, im 6. Jahrhundert n. Chr., angelegt, muß die Stadt, deren Straßen nicht mehr dem römischen Schachbrettmuster folgten und deren Wohnhäuser schon bald danach die Tradition des nordsyrischen Bienenkorbhauses fortsetzten, einen sehr arabischen oder, besser gesagt, syrischen Eindruck gemacht haben. Daß ar-Rusafa, bis es im 13. Jahrhundert aufgegeben wurde, im wesentlichen christlich blieb, erfahren wir nicht nur von dem zitierten Geographen Yakut; es geht auch daraus hervor, daß einerseits lediglich die Überreste einer kleinen Moschee im Hof der Basilika A gefunden wurden und andererseits die Stadt Bischofssitz blieb.

Um so erstaunlicher ist es daher, daß Kalif Hisham den Ort zu seiner Residenz erkor. Vom **Palast**, der mit seinem fast quadratischen Grundriß von über siebzig Metern Seitenlänge beeindrukkende Ausmaße hatte, konnten im Süden außerhalb der Stadt nur noch unscheinbare Spuren entdeckt werden, da er aus luftgetrockneten Lehmziegeln errichtet war. Dagegen hat sich außerhalb des Nordtores ein weiteres Bauwerk sehr gut erhalten, das in der zweiten Hälfte des 6. Jahrhunderts von dem bereits erwähnten Ghassaniden al-Mundhir errichtet wurde und diesem möglicherweise als Prätorium (Audienzhalle) diente.

Kal'at Dja'bar

Ob man sich in Rakka einquartiert hat oder die Weiterfahrt nach Aleppo kurz unterbricht, in jedem Fall ist ein Abstecher zur Kal'at Dja'bar sehr empfehlenswert! Zur Festung biegt man, von Rakka kommend, nach knapp fünfzig Kilometern rechts zur modernen Stadt ath-Thaura (»die Revolution«) ab, fährt über den Staudamm und nach gut zwei Kilometern links zum **Asad-Stausee** hin.

Die Ruinen der inzwischen teilweise restaurierten Festung liegen imposant auf einem steilen Felskegel, der heute wie eine Halbinsel in den See hineinragt. Arabische Geographen des Mittelalters überliefern noch den Namen, den die Festung - oder die unterhalb liegende, heute im Wasser verschwundene Ansiedlung - in vorislamischer Zeit trug: Dausar (»fette Kamelstute«), ein Name, der auch den Griechen *(To Dausaron)* bekannt war. Die strategische Bedeutung der Burg führte dazu, daß sie vom 10. bis zum 14. Jahrhundert einen ständigen Zankapfel bildete und im Jahr 1103 auch von den Kreuzfahrern heimgesucht wurde: »Sie machten Raubzüge, trieben das Vieh mit sich fort und nahmen alle Muslime gefangen, derer sie habhaft wurden.« (Ibn al 'Athir, *Al-Kamid*, Bd. 10, S. 369)

Von der zuletzt von dem Mamluken Tankiz 1335 restaurierten und aus Lehmziegeln errichteten Anlage sind Teile der mächtigen Umfassungsmauern und des Palastes, vor allem aber das runde Minarett der Moschee erhalten geblieben. Das Museum im Eingangsbereich der Burg blieb mir leider verschlossen. Entschädigt wurde ich am Abend durch ein köstliches Fischgericht im kleinen Restaurant an der Festung und mit einem traumhaften Blick über die spiegelglatte Fläche des Sees mit der untergehenden Sonne. Kein Wunder, daß Kal'at Dja'bar an Fest- und Feiertagen ein beliebtes Ausflugsziel der Einheimischen geworden ist, zumal man in der Nähe auch Möglichkeiten zum Baden hat.

Bei aller Freude über den Ausblick und das Essen sollte der Besucher aber doch auch eines wichtigen Ereignisses gedenken, das sich in den heißesten Sommerwochen des Jahres 657 ganz in der Nähe abspielte und das für die Geschichte des Islam Konsequenzen hatte, die noch heute von großer Tragweite sind: die Schlacht von Siffin. Der Schauplatz des Kampfes lag am gegenüberliegenden Ufer des Euphrat und ist heute vom Stausee überflutet. Es standen sich die Heere Mu'awiyas, des Statthalters von Damaskus, und Alis, des Vetters und Schwiegersohnes des Propheten, gegenüber. Ali hatte sich in Medina zum vierten Kalifen ausrufen lassen und war nun aus dem Irak, wo er seine größte Anhängerschaft besaß, angerückt. Als nach langen Kämpfen Ali den Sieg zu erringen schien, griff Mu'awiya zu einer List. Er ließ seine Kämpfer Koranblätter an ihre Lanzenspitzen heften und forderte Ali auf, sich einem Schiedsgericht zu stellen, das gemäß dem Koran über das Problem der Nachfolge des Propheten entscheiden sollte. Ali ging darauf ein. Mu'awiya, ein geschickter Taktiker, verstand es, das Schiedsgericht im Jahr darauf so zu besetzen, daß das Urteil zu seinen Gunsten ausfiel. Ali beugte sich dieser Entscheidung zwar nicht, doch in Syrien wurde Mu'awiya als Kalif anerkannt. Als Ali wenige Jahre später im Irak von Aufständischen aus den eigenen Reihen ermordet wurde, stellte Mu'awiya die Einheit des Reiches wieder her, und die Anhänger der Partei Alis *(shi'at Ali)*, die Schiiten, gingen in den ›Untergrund‹. Die Spaltung in Sunniten – die sich damals allerdings noch nicht so nannten – und Schiiten war hiermit vollzogen.

Für alle Muslime eine wichtige Tradition: Die Pilgerreise nach Mekka

Aleppo

Wie Damaskus, so kann sich auch Aleppo rühmen, eine der ältesten Städte der Welt zu sein, die bis heute ununterbrochen besiedelt ist. Im 12. Jahrhundert schrieb der spanisch-arabische Reisende Ibn Djubair treffend: »Die Stadt ist so alt wie die Ewigkeit, dennoch neu, obwohl sie nie aufhörte zu bestehen.« (*Tagebuch eines Mekkapilgers*, S.187)

Aleppo liegt an den Ufern des Flüßchens Kuwaik, das im Taurosgebirge entspringt und sich südlich von Kinnasrin in der Steppe verliert. Offenbar hatte die Stadt bereits eine lange Geschichte hinter sich, als sie Ende des 3. Jahrtausends v. Chr. erstmals in schriftlichen Quellen auftauchte. Schon damals hatte sie den Namen, den sie noch heute im Arabischen trägt: Halab. Welche Bedeutung dieser Name hat, ist nicht klar, es gibt jedoch mehrere Erklärungsversuche.

Zur Geschichte der Stadt

Es war der Existenz des steilen, etwa sechzig Meter hohen und ovalen Felsens zu verdanken, daß man hier schon in vorgeschichtlicher Zeit ideale Möglichkeiten fand, sich zurückzuziehen und vor Angreifern zu schützen. Auch ohne aufwendige Befestigungsanlagen muß der Felsen einer der Plätze in Nordsyrien gewesen sein, die am leichtesten zu verteidigen waren, was allerdings nicht verhindern konnte, daß benachbarte Mächte, angelockt durch den Wohlstand der Siedlung, sich ihrer bemächtigten. Im 18./17. Jahrhundert v. Chr. wurde Aleppo, die Hauptstadt des Reiches Jamchad, von den indogermanischen Hethitern aus Anatolien erobert. Danach geriet es unter den Einfluß des Mitanni-Reiches, und im 14. Jahrhundert v. Chr. waren erneut die Hethiter seine Herren. Nachdem die sogenannten Seevölker um 1200 v. Chr. dem Reich der Hethiter den Todesstoß versetzt hatten, wurde es erst einmal recht still um Aleppo. Die Aramäer, die in der Region nun zunehmend den Ton angaben, verehrten dort zwar noch ein bedeutendes, dem Wettergott Hadad geweihtes Heiligtum, doch mehrere Jahrhunderte lang war Aleppo wohl nur ein ländlicher Marktflecken.

Dies änderte sich grundlegend mit Seleukos I., der den Ort – wie viele andere in Syrien – zwischen 301 und 281 v. Chr. neu gründete. Noch heute kann der aufmerksame Besucher, der sich et-

Ihrem Beinamen »ash-Shahba«, das heißt »die Aschgraue« oder »die Rotbraune«, mit dem Aleppo häufig betitelt wird, versucht die Stadt inzwischen dadurch wieder gerecht zu werden, daß sie nur noch Naturkalkstein als Baumaterial erlaubt.

was intensiver mit dem anfänglich so verwirrend wirkenden System der Gassen vertraut macht, das griechische Schachbrettmuster in der Anlage der Altstadt nachvollziehen. Mit der Neugründung erhielt Aleppo zwar seinen städtischen Charakter zurück, gewann jedoch keine besondere politische oder administrative Bedeutung - auch nicht, als Syrien 64 v. Chr. Teil des Römischen Reiches wurde.

Auf wirtschaftlichem und religiösem Gebiet muß Aleppo dagegen in den Jahrhunderten der *Pax Romana* eine große Blüte erlebt haben. Neben den hellenisierten und romanisierten altorientalischen Kulten gab es eine große jüdische Gemeinde, und schon früh sind auch Christen nachweisbar. Außerhalb der Stadtmauer wuchs zudem eine umfangreiche Vorstadt, Hadir Halab (»Vorstadt Aleppos«) genannt, in der Teile des arabischen Stammes der Tanukh seßhaft wurden, die sich mit der aramäischen Bevölkerung vermischten und mehrheitlich das Christentum annahmen. Diese gewiß faszinierende ›multikulturelle Idylle‹ wurde jäh gestört von den persischen Sasaniden, die 540 n. Chr. unter Khosrou I. zwar nicht die Festung erobern konnten, wohin sich die Bevölkerung geflüchtet hatte, dafür aber die Stadt in Schutt und Asche legten. Der byzantinische Kaiser Justinian erneuerte danach die Befestigungsanlagen und ließ auch eine

Aleppo im 18. Jahrhundert nach J. Sauvaget

Halab – wo Abraham Schafe und Ziegen molk

Eine der schönsten Legenden über den Namen »Halab« bietet der arabische Geschichtsschreiber Ibn al-'Adim (1192–1262), der mit seinem mehrbändigen Werk *Der Milchrahm: Über die Geschichte Aleppos* seiner Heimatstadt ein bewundernswertes Denkmal setzte. Er schreibt:
»Der Name Halab ist zweifelsohne arabisch. Es war eine Bezeichnung für jenen Hügel, auf dem [später] die Zitadelle errichtet wurde. Bekannt wurde er unter diesem Namen aufgrund folgender Begebenheit: Als Abraham [arab. *Ibrahim*] vom Heiligen Land nach Norden zog, gelangte er zu diesem Hügel, schlug dort sein Lager auf und ließ seine Hirten bis zum Euphrat und zum Amanosgebirge streifen. Einige Hirten aber behielt er mit ihren Schafen, Ziegen und Kühen bei sich zurück. Als die Armen [in der Umgebung] von seiner Ankunft hörten, kamen sie von allen Seiten zu ihm und vereinigten sich mit jenen, die ihm aus dem Heiligen Land gefolgt waren, um an seiner Güte teilzuhaben. Seinen Hirten befahl er nämlich, jeweils morgens und abends ihre Tiere zu melken, und seine Kinder und Sklaven ließ er Essen zubereiten und es [mit der Milch] zu den verschiedenen Wegen bringen, die am Fuße des Hügels endeten. Ibrahim halab! (›Abraham hat gemolken‹), ließ er den Armen zurufen, worauf sie eilends zu ihm kamen.« Nach einer ähnlichen Legende molk Abraham auf dem Hügel eine aschgraue Kuh; »die Aschgraue« oder auch »die Rotbraune« heißt im Arabischen *ash-shahb*a', was zum beliebtesten Beinamen der Stadt wurde.

prächtige Kathedrale errichten, doch die Perser blieben eine Bedrohung, und zwei Generationen später hatten sie ganz Syrien erobert. Nachdem die Byzantiner die Stadt erneut ›befreit‹ hatten, tauchten kurz darauf (636) die Heere der muslimischen Araber unter Khalid ibn al-Walid und Abu 'Ubaida auf.
Die arabischen Christen in der Vorstadt akzeptierten ihre neuen Herren, und ein Teil von ihnen trat zum Islam über. Die Stadt selbst verschloß zunächst ihre Tore, gab jedoch bald kampflos auf und erhielt dafür die üblichen Sicherheitsgarantien. Zunächst zum Militärbezirk von Homs gehörend, wurde sie vom Kalifen Yazid I. (reg. 680–683) dem neu geschaffenen Bezirk von Kinnasrin zugeordnet. Dabei blieb es, bis im Jahre 944 Saifaddaula, »das Schwert des Staates«, die Stadt, die inzwischen den Ikhshididen von Ägypten in die Hände gefallen war, kampflos einnehmen konnte.
Saifaddaula gehörte zum Geschlecht der Hamdaniden aus dem arabischen Stamm Taghlib, dessen führende Vertreter im 10. Jahrhundert als Emire des machtlosen abbasidischen Kalifen im Nordirak und von dort ausgehend auch in Nordsyrien die Herr-

schaft innehatten. Saifaddaula, der Aleppo 947 zu seiner Hauptstadt machte, ist eine der herausragendsten Gestalten der arabischen Geschichte überhaupt. Seine Berühmtheit resultiert einerseits aus seinen militärischen Erfolgen über die Byzantiner, die in dieser Zeit immer wieder in den Norden Syriens vorstießen, andererseits aus dem Kreis berühmter Literaten, Sprachgelehrter und Philosophen, die er um sich scharte und förderte, darunter al-Mutanabbi, der vielleicht originellste Dichter, den die arabische Welt hervorgebracht hat. Seine bilderreiche Sprache vermag auch den Leser von heute noch zu bezaubern.

Doch der Glanz, mit dem der Name Saifaddaulas Aleppo versah, erlosch schon nach wenigen Jahren. 962 tauchten die Byzantiner unter Kaiser Nikephoros II. Phokas unerwartet vor der Stadt auf und nahmen sie im Sturm; nur die Zitadelle hielt stand. Phokas ließ seine Soldaten eine Woche lang plündern und morden. Die männlichen Bewohner wurden abgeschlachtet, Frauen und Kinder zu Tausenden als Sklaven nach Konstantinopel verschleppt.

Fast zweihundert Jahre brauchte Aleppo, um wieder zu stabileren Verhältnissen zurückzufinden. Weitere byzantinische Feldzüge, Gegenangriffe der ägyptischen Fatimiden, Überfälle von Beduinen, im 11. Jahrhundert dann das Vordringen der türkischen Seldschuken und schließlich das Auftauchen der Kreuzfahrer, die sich in den ersten Jahren des 12. Jahrhunderts Aleppo zeitweilig tributpflichtig machten - dies alles war nicht dazu angetan, daß die Stadt wieder an ihre große Zeit unter Saifaddaula hätte anknüpfen können.

Erst als Atabek 'Imadaddin Zangi 1129 vom Seldschukensultan die Stadt übertragen bekam, begann eine Entwicklung, die für Aleppo den Höhepunkt seiner mittelalterlichen Geschichte darstellt. Es gelang Zangi und seinem Sohn Nuraddin, die Bedrohung durch die Kreuzfahrer zu bannen, die Stadtmauern und die Festung - Erdbeben hatten sie 1139 und 1157 weiter zerstört - wiederaufzubauen und insgesamt eine rege Bautätigkeit zu entfalten, die Aleppo ein völlig neues Aussehen verlieh. Unter Saladin und der von ihm begründeten Ayyubidendynastie setzte sich diese Entwicklung fort. Mehrere Handelsverträge mit Venedig in der ersten Hälfte des 13. Jahrhunderts belegen die wichtige Stellung, welche die Stadt inzwischen auch im internationalen Warenverkehr erworben hatte.

Auch diese Blütezeit ging abrupt zu Ende: Die Mongolen unter Hülägü stürmten 1260 die Stadt und die Festung und gaben sie einer hemmungslosen Zerstörungswut preis. Zwar übernahmen danach die Mamluken Aleppo und machten es zur Hauptstadt

Al-Mutanabbi: Dichter am Hofe Saifaddaulas

Al-Mutanabbi (915–965) hat einen umfangreichen Diwan (eine Sammlung von Gedichten) hinterlassen, wobei überschwengliche Lobgedichte auf seinen Gönner und bissige Satiren den Hauptteil seines Werks ausmachen. Doch werden auch andere Themen angeschnitten, darunter, wie nicht anders zu erwarten, die Frauen. Innerhalb eines längeren Gedichtes, das er bereits als junger Mann verfaßte, finden sich zum Beispiel die Verse:

»Hast du – Gott schenke dir ein langes Leben! – die Monde gesehen,
wie sie aufgegangen sind, geschmückt mit Schleiern und Ketten,
Pfeile schießend, deren Federn langen Wimpern gleichen
und die das Herz noch vor der Haut durchdringen?
Von meinem Munde saugen sie,
was süßer ist, als Gottes Einheit zu bekennen.
Eine jede Gertenschlanke, die weicher ist als Wein,
mit einem Herzen fester als das Felsgestein,
und langem Haar, in dem sich Ambra,
Rosenwasser und Aloe vermischen,
rabenschwarz und dicht und dunkel,
üppig und naturgelockt,
und von den Locken trägt der Wind den Moschusduft ... «

Am bekanntesten in der arabischen Welt sind aber seine zahlreichen Lobgedichte auf seinen Mäzen Saifaddaula geworden, in dessen Diensten er von 948 bis 957 stand. Die folgenden Verse stammen aus einem längeren Gedicht, mit dem er Saifaddaula zum Opferfest gratuliert:

»Möge dir das Fest bekommen, dessen Fest du bist,
ein Fest für jeden, der ›im Namen Gottes‹ spricht,
den Hammel schlachtet und des Festes Regeln achtet!
Mögen die Feste weiter deine Kleidung sein,
die du ablegst, wenn sie abgetragen,
und erneuert dann zurückbekommst!
Dieser Tag ist unter all den Tagen das,
was du bist unter all den Menschen,
denn einzig wie du unter ihnen bist, ist einzig auch er ... «

(*Poems of Al-Mutanabbi*; hrsg. und übersetzt von A. J. Arberry, S.18f. bzw. 78f.)

ihrer nach Damaskus zweitwichtigsten syrischen Provinz, doch innere politische Turbulenzen, eine exzessive Besteuerung, die Große Pest von 1348 und danach die erneuten Mongoleneinfälle unter Timur bereiteten der Stadt nochmals ein ›dunkles‹ Zeitalter. Erst zu Beginn des 15. Jahrhunderts kommt es allmählich zu einem neuen wirtschaftlichen Aufschwung, da Aleppo nun Ausgangspunkt für die Seidenkarawanen wird und sich ein reger Textilhandel mit der italienischen Halbinsel entwickelt.

Trotz hoher Besteuerung und häufigen inneren Auseinandersetzungen hielt dieser wirtschaftliche Aufschwung zunächst auch unter den Osmanen an, die 1516 die Stadt kampflos eingenommen hatten, und Aleppo wurde zur führenden Handelsmetropole des gesamten großsyrischen Raums. Im 16. und 17. Jahrhundert wurden mit Venedig, Frankreich, England und Holland sogenannte »Kapitulationen« abgeschlossen, das heißt Verträge, durch welche die Kaufleute aus diesen Ländern nicht der osmanischen, sondern ausschließlich der Gerichtsbarkeit ihrer eigenen Konsulate unterstellt waren. Die europäischen Faktoreien in Aleppo erhielten dadurch einen großen Bewegungsspielraum, und zusammen mit den einheimischen Christen und Juden, die damals etwa die Hälfte der Bevölkerung Aleppos gestellt haben dürften und ihnen als Vermittler und Dolmetscher dienten, organisierten sie einen internationalen Handel in großem Stil. Obwohl im 19. Jahrhundert Aleppos wirtschaftliche Bedeutung rasch verfiel, bewahrte es sich - im Grunde bis heute - seine damals gewonnene Weltoffenheit und Liberalität.

Jetzt, Ende des 20. Jahrhunderts, ist Aleppo mit rund 1,5 Millionen Einwohnern nach Damaskus das zweitwichtigste wirtschaftliche und kulturelle Zentrum Syriens. Die Stadt beherbergt prozentual den höchsten Anteil an arabischen und armenischen Christen.

Spaziergänge durch Aleppo

Wie durch Damaskus, so kann man wochenlang durch Aleppo streifen und wird immer wieder neue und neue alte Winkel entdecken, die es wert sind, erwähnt zu werden. Allein mit der Beschreibung des Suks - mit insgesamt zwölf Kilometern der längste Basar des Orients - könnte man Bände füllen. So gilt auch heute noch das Wort des arabischen Reisenden aus dem muslimischen Spanien, Ibn Djubair, der 1184 die Stadt besuchte: »Wie auch immer ihr innerer oder äußerer Zustand sein mag,

Aleppo ist eine der Städte in der Welt, die nicht ihresgleichen haben und die zu beschreiben zu lange dauern würde.« (*Tagebuch eines Mekkapilgers*, S.190)
Um nur halbwegs einen Eindruck von der Stadt zu erhalten, sollte man - ohne die Ausflüge in die Umgebung - mindestens drei Tage einplanen. Hat man, wie die meisten Gruppenreisenden, jedoch nur einen Tag Zeit, sollten auf jeden Fall die Zitadelle, die Suks mit der Omayyadenmoschee, das Museum und das Djdeide-Viertel auf dem Programm stehen.

Die Zitadelle

Die Zitadelle gilt als die imposanteste Festungsanlage der arabischen Welt. Von dort kann sich der Besucher einen Überblick über die Stadt verschaffen. So wie sich die Anlage heute präsentiert, ist sie im wesentlichen das Werk ayyubidischer und mamlukischer Baumeister vom 12. bis zum 15. Jahrhundert, die nach den diversen Zerstörungen - sei es durch die Mongolen oder durch Erdbeben - die Festung immer wieder erneuerten und ergänzten.
Um die ganze Monomentalität auf sich wirken zu lassen, beginnt man die Besichtigung am besten - im Kaffeehaus! Es liegt schräg gegenüber des stufenreichen Aufstiegs und ist bei Einheimischen wie Touristen gleichermaßen beliebt. Im 12. Jahrhundert mag Ibn Djubair hier gesessen haben, als er in sein Reisetagebuch notierte: »Aleppos Festung ist berühmt für ihre Unbezwingbarkeit. Sie ist von weit her zu sehen wegen ihrer enormen Höhe und ist ohnegleichen und ohne Entsprechung unter den Zitadellen. Vor ihrer großen Stärke muß ein Angreifer, der sie einnehmen und erobern möchte, kapitulieren. Sie ist ein massiger Klotz wie ein runder Tisch, der sich vom Boden erhebt, mit Seiten aus behauenem Stein und symmetrischen Proportionen errichtet. [...] Der Zustand dieser Festung, sowohl im Hinblick auf ihre Stärke als auch ihre Schönheit, ist überwältigender, als wir in der Beschreibung darlegen können. Ihre obere Mauer scheint nur aus Türmen zu bestehen, die gut angeordnet sind und überragende Aussichtspunkte bilden [...].« (*Tagebuch eines Mekkapilgers*, S.187-189)
Der Zitadellenhügel erhebt sich 38 bis 50 Meter über das Niveau der Stadt. Das Oval des Hügels hat am Fuß einen Durchmesser von 350 mal 550, auf dem Plateau von 275 mal 375 Metern. Der künstlich angelegte Burggraben ist 30 Meter breit und 22 Meter tief. Der mit Steinblöcken und Spolien befestigte Hügel hat ein Gefälle von 48 Grad.

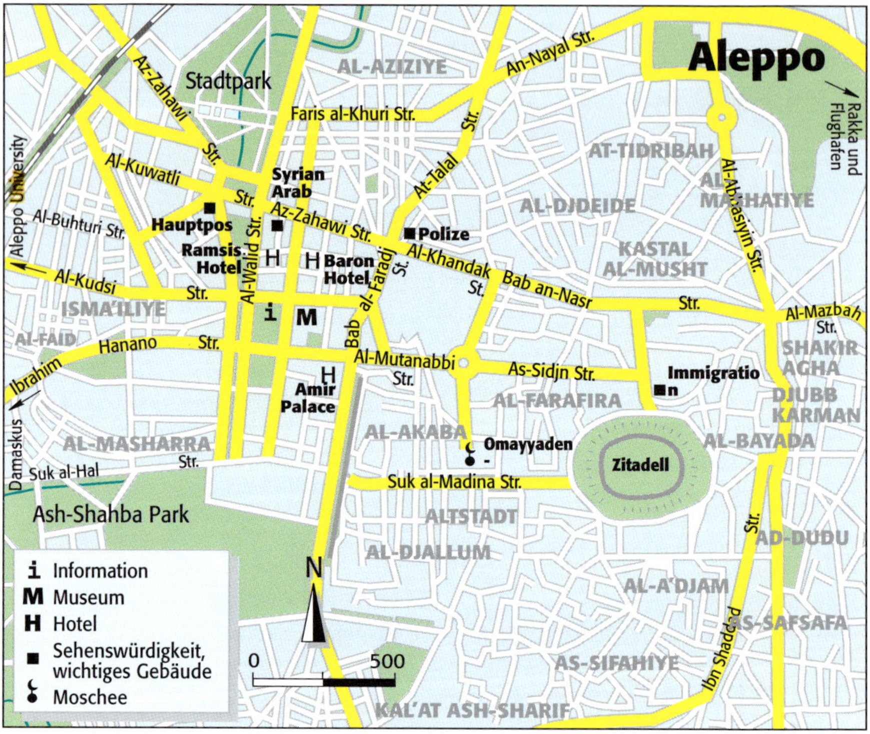

Am Fuße des Zugangs zur Festung, der mit acht Bögen den Burggraben überspannt, durchquert man eine vorgeschobene, zwanzig Meter hohe Torbastion, die aus dem 16. Jahrhundert stammt. Der **Haupteingang** zum Burgfried liegt dann noch am Hang unterhalb der Zitadelle. Zu beiden Seiten des Portals ziert die Fassade eine rund siebzig Meter lange Inschrift, die an den Wiederaufbau Ende des 13. Jahrhunderts unter dem Mamlukensultan al-Ashraf Khalil erinnert: »Den Wiederaufbau der Bastion befahl unser Herr, der mächtigste Sultan, der edelste, wissende, gerechte, der den Djihad führende König, der dem Islam und den Muslimen zum Sieg verhalf, der Herr der Könige und Sultane, der Sultan der Heere derer, die sich zur Einheit Gottes bekennen, der die Verehrer des Kreuzes unterwarf, der Alexander seiner Zeit, der Eroberer der Hauptstädte, der die Heere der Franken, Armenier und Mongolen in die Flucht geschlagen hat, Khalil, der Sohn des Sultans Kalawun, im Jahre 691 (= 1293).« (Die Inschrift ist in der Übersetzung verkürzt.)

Der innerhalb der Toranlage weiter ansteigende Korridor knickt fünfmal ab und ist in Abständen durch drei schmiedeeiserne Tore gesichert. Über dem ersten Tor sind zwei Drachen, über dem zweiten zwei Löwen und an den Seiten des dritten nochmals zwei Löwen in Reliefs dargestellt. Vor dem letzten Tor steht rechts der mit grünem Tuch bedeckte Makam »unseres Herrn al-Khadir« (oder al-Khidr), einer legendären vorislamischen, zuweilen prophetenähnlich gestalteten Persönlichkeit, in deren Geschichte mehrere altorientalische, antike und möglicherweise sogar indische Erzählstoffe eingeflossen sind. Von einigen muslimischen Gelehrten wird er mit einem »Gottesdiener« gleichgesetzt, der laut Koran mit Moses zusammentraf (Sure 18:60ff.). Bei den arabischen Christen ist er mit dem heiligen Georg identisch.
Im **Inneren der Zitadelle** liegt eine für Laien unübersichtliche Ansammlung von Ruinen verstreut. Kunstgeschichtlich interessant ist in erster Linie der **Palast**, den al-'Aziz, ein Enkel Saladins, 1230 errichten ließ. Das Portal mit seinem charakteristischen hellen und dunklen Mauerwerk, den Bandornamenten und dem Mukarnas stellt ein prächtiges Beispiel ayyubidischer Baukunst dar. Durch das Portal gelangt man über einen offenen Hof zum 1974 gelungen restaurierten und von neun Kuppeln gekrönten Thronsaal, der allerdings erst vom Ende der Mamlukenzeit im 15. Jahrhundert datiert. Ebenfalls restauriert ist die Bäderanlage hinter dem Palast. Unter einem Teil des Palastes liegt die sogenannte »byzantinische Halle«, die Zugang zu den Zisternen bot, aber auch zum Kerker, den einige Kreuzfahrer - wie 1104 bis 1108 Balduin von Bourq (Graf von Edessa) und sein Lehnsmann Joscelin von Courtenay - nicht in bester Erinnerung behalten haben dürften.
Recht schmucklos präsentieren sich die beiden **Moscheen** in der Zitadelle. Der kleinere Bau, nicht weit vom Palast gelegen, war ursprünglich eine byzantinische Kirche. Die schöne, fünfzeilige arabische Bauinschrift über dem Eingang zum Betraum lautet: »Im Namen Gottes, des Allbarmherzigen, des Allgütigen. Es befahl die Errichtung / dieser Makam-Moschee der gerechte König, das Licht des Glaubens, / der der Barmherzigkeit Gottes bedürftige Abu l-Kasim Mahmud / ibn Zanki ibn Aksunkur - Gott vergebe ihm und seinem Sohn / und gewähre ihm ein gutes Ende - im Jahre 563.« Hinter dem hier genannten Herrscher verbirgt sich kein geringerer als Nuraddin (arab. »Licht des Glaubens«). Das genannte Datum entspricht in unserer Zeitrechnung dem Jahr 1167. Als »Makam« wurde die Moschee bezeichnet, weil in ihr ein Stein verehrt wurde, auf dem einst Abraham gesessen haben soll. Die größere, nördlich und oberhalb der

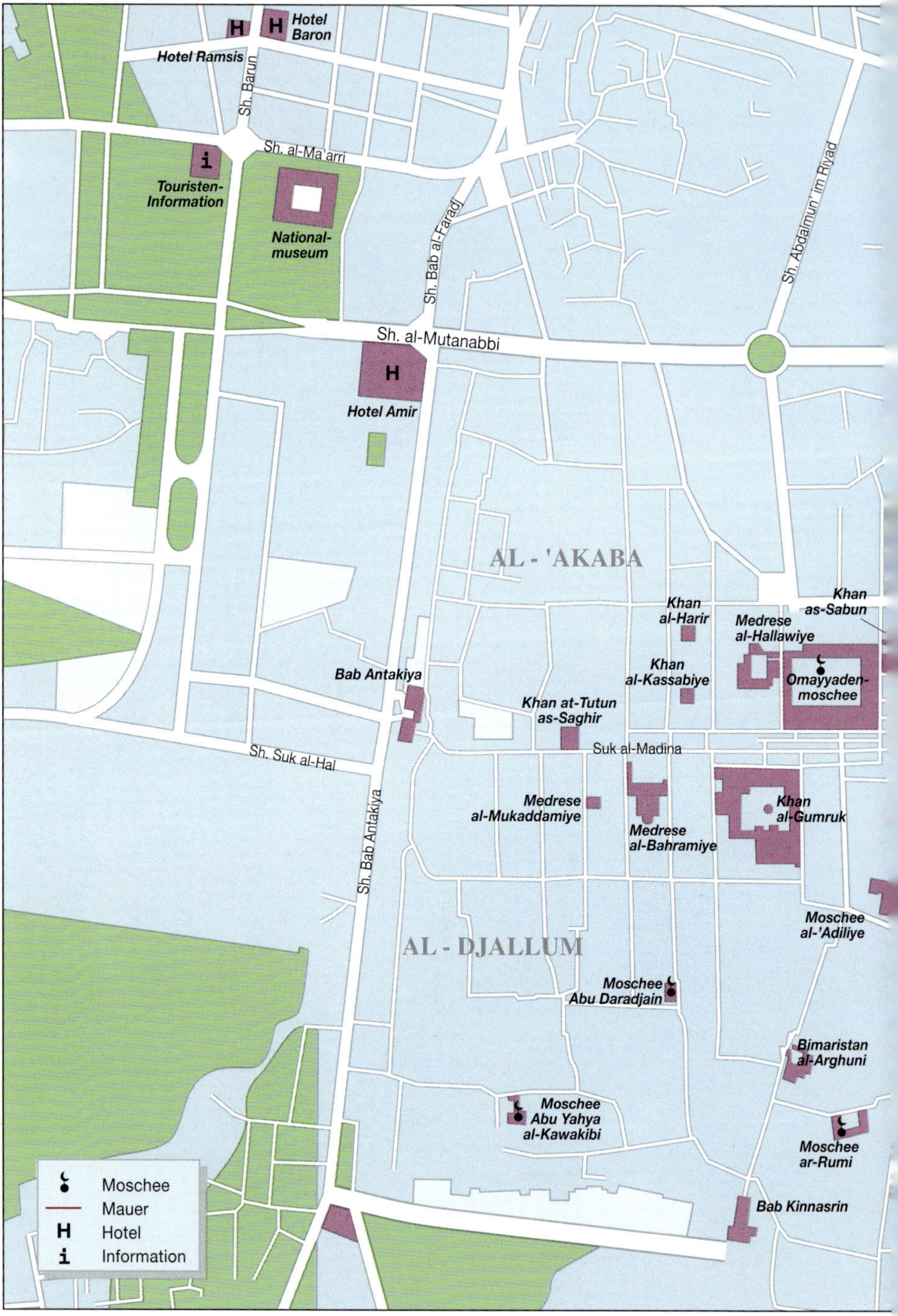
Hotel Ramsis
Hotel Baron
Sh. Barun
Sh. al-Ma'arri
Touristen-Information
National-museum
Sh. Bab al-Faradj
Sh. Abdalmun'im Riyad
Sh. al-Mutanabbi
Hotel Amir
AL - 'AKABA
Khan al-Harir
Khan as-Sabun
Medrese al-Hallawiye
Khan al-Kassabiye
Omayyaden-moschee
Bab Antakiya
Khan at-Tutun as-Saghir
Suk al-Madina
Sh. Suk al-Hal
Medrese al-Mukaddamiye
Medrese al-Bahramiye
Khan al-Gumruk
Sh. Bab Antakiya
Moschee al-'Adiliye
AL - DJALLUM
Moschee Abu Daradjain
Bimaristan al-Arghuni
Moschee Abu Yahya al-Kawakibi
Moschee ar-Rumi
Bab Kinnasrin
Moschee
Mauer
Hotel
Information

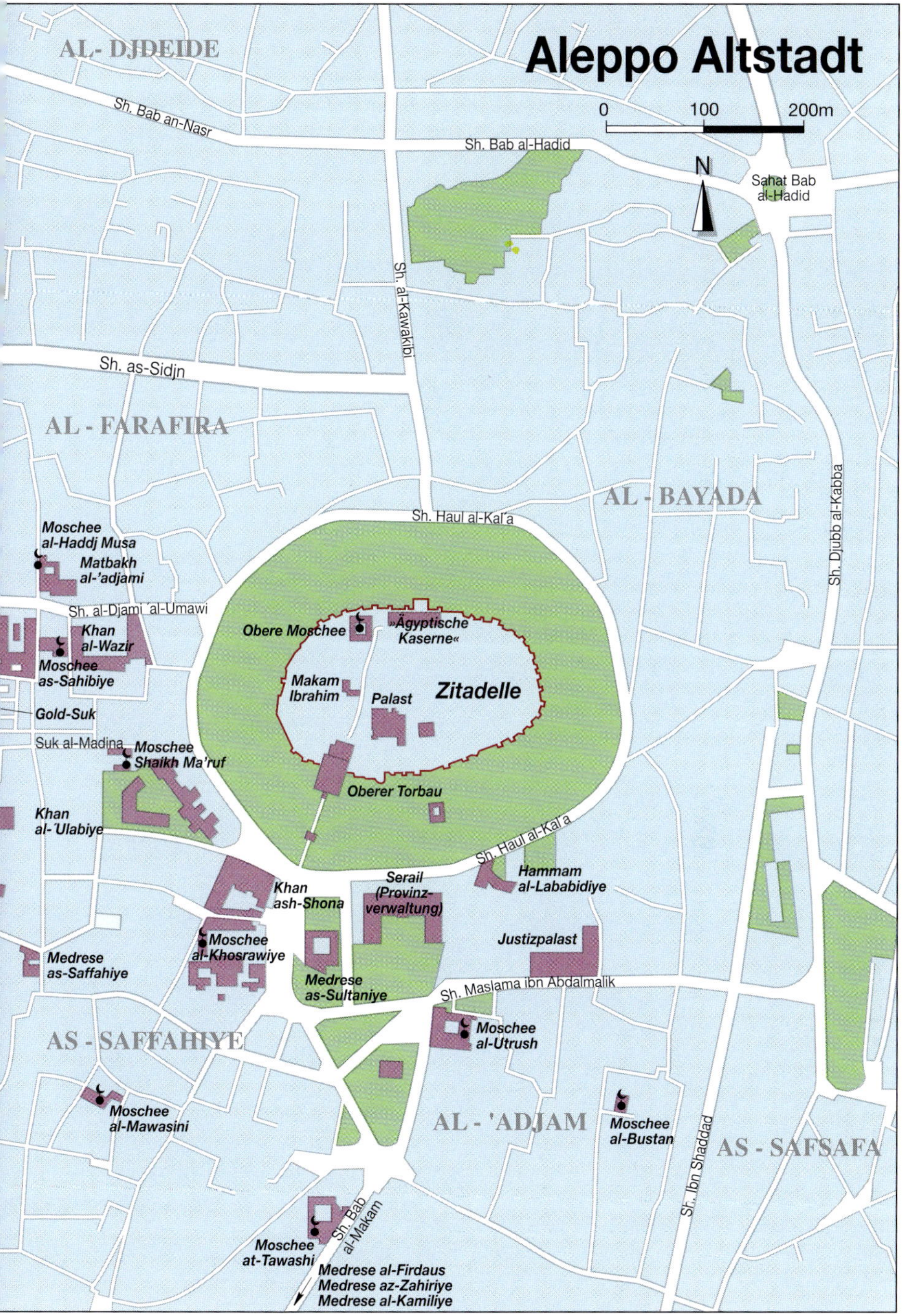

Aleppo Altstadt
0
100
200m
N
AL- DJDEIDE
Sh. Bab an-Nasr
Sh. Bab al-Hadid
Sahat Bab al-Hadid
Sh. al-Kawakibi
Sh. as-Sidjn
AL - FARAFIRA
AL - BAYADA
Sh. Djubb al-Kabba
Sh. Haul al-Kal'a
Moschee al-Haddj Musa
Matbakh al-'adjami
Sh. al-Djami 'al-Umawi
Khan al-Wazir
Moschee as-Sahibiye
Gold-Suk
Suk al-Madina
Moschee Shaikh Ma'ruf
Khan al-'Ulabiye
Obere Moschee
»Ägyptische Kaserne«
Makam Ibrahim
Palast
Zitadelle
Oberer Torbau
Sh. Haul al-Kal'a
Hammam al-Lababidiye
Khan ash-Shona
Serail (Provinz-verwaltung)
Justizpalast
Moschee al-Khosrawiye
Medrese as-Saffahiye
Medrese as-Sultaniye
Sh. Maslama ibn Abdalmalik
Moschee al-Utrush
AS - SAFFAHIYE
Moschee al-Mawasini
AL - 'ADJAM
Moschee al-Bustan
AS - SAFSAFA
Sh. Ibn Shaddad
Sh. Bab al-Makam
Moschee at-Tawashi
Medrese al-Firdaus
Medrese az-Zahiriye
Medrese al-Kamiliye

kleinen gelegene Moschee datiert von 1213 und damit aus der Regierungszeit von Saladins Sohn az-Zahir über Aleppo. Auffallend ist das zwanzig Meter hohe quadratische Minarett. Von hier hat man den schönsten Blick auf Aleppo.

Westlich der Zitadelle

Die Zitadelle bietet einen zentralen Orientierungspunkt für alle Spaziergänge durch die Altstadt. Westlich von ihr konzentrieren sich die meisten Suks; sie werden von vielen europäischen Besuchern als noch malerischer empfunden als die von Damaskus. Zweifelsohne ist die Altstadt von Aleppo die ›arabischste‹ unter den größeren Städten Syriens. Der Duft, der von den Gewürzen und anderen Waren des Suks ausgeht, erscheint intensiver als anderswo, das Gedränge in den Gassen dichter, das Handeln und Feilschen intensiver und das ganze Treiben ursprünglicher und zeitloser. Die Hauptachse bildet jener Suk, der zunächst unter dem Namen **Suk az-Zarb** unmittelbar von der Ringstraße um die Festung abzweigt und sich dann etwa achthundert Meter in exakt westlicher Richtung bis zum alten Stadttor **Bab Antakiya** erstreckt, wo er als **Suk al-'Attarin** (»Markt der Gewürzhändler«) endet. Um sich im Gewirr der engen und düsteren überdachten Marktgassen nicht ständig zu verirren, empfiehlt es sich, diesen Suk, der heute auch als **Suk al-Madina** (»Markt der Stadt«) firmiert, sozusagen als Richtschnur im Auge zu behalten. Ich will ihn hier der Einfachheit halber den Hauptsuk nennen.

Einige Schritte nachdem man in das Halbdunkel der betriebsamen Gasse eingetaucht ist, sieht man links ein fahles, grünes Licht durch ein Fenster scheinen. Schaut man hindurch, erblickt man etwa zwei Meter unter dem Niveau der jetzigen Gasse einen typischen Makam. Er ist Teil der kleinen **Ma'ruf-Moschee**, zu deren Innenhof man nach wenigen Metern durch einen unauffälligen Eingang hinabsteigt. Der Makam und die Moschee sind Scheich Ma'ruf ibn Djamr geweiht, einem Märtyrer aus den Kriegen gegen die Kreuzfahrer. Von dem ursprünglichen Komplex, der eine ganze Medrese, die Shadhbakhtiye, beherbergte, ist nur noch ein kleiner Betraum übrig, der allerdings einen der schönsten Mihrabe – mit Flechtbanddekoration aus weißem und gelbem Marmor – birgt, die unter Saladins Sohn az-Zahir in Aleppo geschaffen wurden. Ein Schlitz in der Kuppel dient als eine Art Sonnenuhr *(mizwala)*, da durch ihn eckt am Mittag die Sonne scheint.

Rechts (im Norden) des Hauptsuks, zwischen ihm und der Verkehrsstraße Shari' al-Djami' al-Umawi, liegen zwei bedeutende

Die Zitadelle von Aleppo gilt als Meisterwerk der arabischen Wehrbauten im Mittelalter. Sie wurde im 12. Jh. errichtet und bis zum 15. Jh. von ayyubidischen und mamlukischen Baumeistern immer wieder erweitert und verstärkt.

Khane, zwei von insgesamt 22 in der Altstadt! Der **Khan al-Wazir** gehört zu den größten osmanischen Khanen in Aleppo und wurde 1682 errichtet. Er ist noch in Betrieb, hat eine schwarzweiß gebänderte *ablak*-Fassade, wobei die Bänder zum Portal hin abknicken und dieses damit betonen. Nur drei kleine Medaillons zu beiden Seiten und über dem Portal sowie darüberliegende Fenster lockern die streng geometrische Komposition auf. Die nördlichen Teile des Khans sind leider dem Bau der Verkehrsstraße ›geopfert‹ worden.

Auf der anderen Seite der Straße sieht man den Eingang des überkuppelten **al-Matbakh al-'adjami**, der »persischen Küche«. Interessanter als das Bauwerk selbst ist seine Geschichte. Die Wurzeln des Gebäudes gehen bis ins 12. Jahrhundert zurück, als es ein Palast der Zangiden war. Spätestens unter den Mamluken wurde der Bau in eine Moschee umgestaltet, und die Osmanen machten einen Gerichtshof daraus. In den dreißiger Jahren des 19. Jahrhunderts nutzten ihn die ägyptischen Besatzer als Lebensmittellager und Küche für die Soldaten, woher das Gebäude seinen Namen erhielt. Ab 1876 erneut als Moschee genutzt, diente es im 20. Jahrhundert zeitweilig als Folklore-Museum, bevor schließlich die Eingangsfront einer Straßenerweiterung zum Opfer fiel und versetzt wieder aufgebaut wurde. Der Rest des Gebäudes wurde rekonstruiert beziehungsweise umgestaltet und soll künftig als vornehmes Restaurant mit reizvollem orientalischem Ambiente dienen.

Zwischen dem Khan al-Wazir und dem Khan as-Sabun kommt man an dem mit einem eindrucksvollen Mukarnas gekrönten Portal der mamlukischen **Moschee as-Sahibiye** aus dem Jahr 1349 vorbei. Auch der **Khan as-Sabun** (»Seifen-Khan«) aus dem 16. Jahrhundert wird heute noch in seiner ursprünglichen Funktion genutzt. Wieder ist die Fassade von besonderem Interesse: Über dem Portal eine mit geometrischer Ornamentik reich verzierte Fensterumrahmung, in der Mitte ein auf der Spitze stehendes Quadrat mit einer kalligraphischen Variation des Glaubensbekenntnisses *La ilaha illa llah wa Muhammad rasulu llah*, »Es gibt keinen Gott außer Gott, und Mohammed ist der Prophet Gottes!«.

Zwischen dem Hauptsuk im Süden, dem Khan as-Sabun im Osten und der Omayyadenmoschee im Westen liegt der Goldsuk, ein Eldorado für Liebhaber/innen des glänzenden Geschmeides. Die **Omayyadenmoschee** ist nur noch dem Namen nach omayyadisch. Ursprünglich vom Kalifen Sulaiman (reg. 715–717) im Garten einer ehemaligen Kirche errichtet, soll sie mit ihrer reichen Ornamentik und ihren Mosaiken der Omayyadenmoschee

in Damaskus nicht nachgestanden haben. Nachdem bereits unter den ersten Abbasidenkalifen ein Teil dieser Ausstattung abgebaut und in den Irak gebracht worden war, wurde die Moschee vom byzantinischen Kaiser Nikephoros II. Phokas bei seiner Eroberung der Stadt 962 völlig zerstört. Der Hamdanide Saifaddaula baute sie in den folgenden Jahren wieder auf. Das **Minarett** allerdings wurde erst 1091 unter dem seldschukischen Atabek Aksunkur neu errichtet und gilt als eines der Hauptwerke der mittelalterlichen syrischen Architektur. Es ragt 45 Meter hoch empor und hat einen quadratischen Grundriß. Seine harmonisch aufeinander abgestimmte Dekoration besteht aus vier Kranzgesimsen, unter denen jeweils ein Schriftband verläuft. Ganz oben öffnet sich eine überdachte umlaufende Galerie für den Muezzin. Mehrere Brände in der Moschee machten immer wieder umfangreiche Restaurierungen notwendig, wobei sich ihr Gesicht ständig veränderte und dem Stilempfinden der jeweiligen Epoche gemäß umgestaltet wurde.
So wie sich die Moschee heute präsentiert, ist sie mit Ausnahme des älteren Minaretts im wesentlichen das Werk ayyubidischer und mamlukischer Baumeister. Im Inneren des mit drei Mihraben ausgestatteten Betraums ist der prächtige Minbar besonders sehenswert. Er stammt vom Ende des 15. Jahrhunderts und besteht aus Ebenholz mit Einlegearbeiten aus Elfenbein und anderen kostbaren Materialien. Links des mittleren Mihrabs, ganz in grünes Licht getaucht, befindet sich der Makam »unseres Herrn Zacharias«, des Vaters von Johannes dem Täufer; Zacharias genießt auch bei den Muslimen hohe Verehrung und starb der Legende nach als Prophet den Märtyrertod.
Gegenüber dem westlichen Eingang der Moschee befindet sich die **Hallawiye-Medrese**. Ursprünglich eine Kirche, die im 5. Jahrhundert errichtet und im 6. Jahrhundert nach der Zerstörung durch die Sasaniden restauriert wurde, ist sie erst Anfang des 12. Jahrhunderts - als Antwort auf die Belagerung durch die Kreuzfahrer - in eine Moschee und schließlich von Nuraddin in eine Medrese umgestaltet worden. Beachtenswert ist auch hier der prächtige hölzerne Minbar mit mehreren Schriftbändern, aus denen unter anderem das Baudatum hervorgeht: das Jahr 643 (=1245 n. Chr.).
Auf dem Weg zurück zum Hauptsuk stößt man auf den **Khan al-Gumruk** (»Zoll-Khan«), der um das Jahr 1574 vom osmanischen Gouverneur Mohammed Pasha (türk. Mehmet Pasha) errichtet wurde. Dieser wohl größte Khan Aleppos, dessen Außenfassade weite Übereinstimmung mit der des Khan al-Wazir aufweist, ist zum Leidwesen der Altertümerverwaltung inzwischen

soweit verbaut, daß die ursprüngliche Konzeption kaum mehr nachvollziehbar ist. Ein Aleppiner Geschichtsschreiber des 18. Jahrhunderts führt aus, daß der Khan - abgesehen von einer kleinen Moschee, zwei Brunnen und angrenzenden Stallungen - fünfzig Geschäften im Parterre und 77 im ersten Stock Platz bot. Der Khan war in osmanischer Zeit das Zentrum europäischer Handelsniederlassungen: der Franzosen seit 1562, der Engländer seit 1583 und der Holländer seit 1613.

Einige Schritte südöstlich des Khan al-Gumruk finden wir die **'Adiliye-Moschee** aus dem Jahr 1557. Sie ist somit eine der ältesten osmanischen Moscheen Aleppos und steht in bezug auf ihre Architektur und Ausstattung bereits ganz in osmanisch-türkischer Bautradition, wie allein schon die prächtigen blauen Fayencen über den Fenstern zeigen.

Wiederum weiter südöstlich der 'Adiliye fällt ein schlankes, hohes, rundes Minarett auf. Es gehört zur mamlukischen **Moschee und Medrese as-Saffahiye** aus dem Jahr 1425. Sehenswert ist heute nur noch das ungewöhnlich hohe und von einem Mukarnas gekrönte Portal.

Ebenfalls nicht weit von der 'Adiliye, aber nach Süden, in Richtung Bab Kinnasrin, erreicht man das **Bimaristan al-Arghuni**, das nach dem Bimaristan des Nuraddin in Damaskus am besten erhaltene historische Krankenhaus Syriens. Benannt ist es nach dem mamlukischen Emir Arghun, der als Statthalter von Aleppo das Wohnhaus eines anderen Emirs erwarb und es 1354 in ein Krankenhaus umgestaltete. Mehrere Inschriften im Portalbereich drohen, daß derjenige »ein Verfluchter, Sohn eines Verfluchten« sein soll, der das Gebäude in anderer Weise nutzt, als es der Stifter vorgesehen hat. Über den Stifter heißt es, »daß er das Krankenhaus mit Geräten und Dienstpersonal ausstattete, für die Gesundheitspflege Ärzte anstellte, die Behandlung für jedermann kostenlos durchführen ließ und es mit Wasserleitungen versorgte; Rezitatoren mußten morgens und abends aus dem Koran vortragen und Brot wurde aus Almosengeldern beschafft; ferner stellte er alles zur Verfügung, was notwendig war an medizinischen Tränken, Cremes und Salben etc.« (nach K. al-Ghazzi, *Nahr adh-dhahab fi tarikh Halab*, Bd.2, S.64). Der ursprünglich allgemeinmedizinische Charakter des Krankenhauses wurde irgendwann aufgegeben, und zu Beginn unseres Jahrhunderts fanden hier Geisteskranke Aufnahme.

Heute finden in dem einstigen Krankenhaus von Zeit zu Zeit Aufführungen von Musikgruppen und andere kulturelle Veranstaltungen statt. Sehenswert ist vor allem der durch Ornamente reich verzierte Portalbereich und der malerische Innenhof mit

dem Wasserbecken, den beiden gegenüberliegenden Iwanen und Säulengängen.
Folgt man der Gasse weiter nach Süden, stößt man bald auf das **Bab Kinnasrin**, das Stadttor, das in Richtung Kinnasrin führt. Bereits in vorislamischer Zeit gab es Vorgängerbauten dieses Tores, und später wurde es verschiedentlich restauriert, so von Saifaddaula im 10. und von den letzten Ayyubiden Mitte des 13. Jahrhunderts. Zahlreiche monumentale Inschriften künden von diesen Restaurierungen. Die zweigeschossige Anlage bildet im Grunde eine eigene Festung, da sie mit Backöfen, Öl- und Getreidepressen sowie mit Zisternen ausgestattet war und durch Fallgitter sowohl nach außen als auch zur Stadt hin verschlossen werden konnte.
Zurück zum Hauptsuk! Geht man vom Khan al-Gumruk weiter nach Westen und biegt in die zweite Gasse links ein, erreicht man nach wenigen Schritten die **Moschee und Medrese al-Bahramiye**, die der osmanische Gouverneur Bahram Pasha 1580 errichten ließ. Die Moschee gehört mit ihrem prächtigen Mihrab, der an jenen in der Firdaus-Medrese erinnert, ihrem reich verzierten Minbar aus weißem Marmor, ihrem Iwan mit seinen Marmorsäulen und ihrem eleganten runden und hohen Minarett zu den schönsten Bauwerken Aleppos aus frühosmanischer Zeit.
Am Ende des Hauptsuks erreicht man das mächtige Stadttor **Bab Antakiya** (»Antiochia-Tor«). Mehrere monumentale Inschriften dokumentieren verschiedene Restaurierungen vom 11. bis zum 15. Jahrhundert. Durch dieses Tor sollen die muslimischen Araber im Jahre 636 eingezogen sein, nachdem sie den christlichen Bewohnern Aleppos Schutz für Leib und Leben sowie freie Religionsausübung zugesichert hatten.

Südlich der Zitadelle

Südlich des Eingangs zur Zitadelle liegen zwei Moscheekomplexe. Der eine, die **Medrese as-Sultaniye**, birgt die Gräber von Sultan az-Zahir (reg. 1186–1216) und einigen seiner Familienmitglieder. Az-Zahir, ein Sohn Saladins, hatte selbst mit dem Bau begonnen, doch erst unter seinem Sohn al-'Aziz wurde er 1232 beendet. Die Anlage zeigt die für Medresen charakteristische Anordnung der Schülerzellen um den quadratischen Hof vor dem Moscheegebäude. Herausragendes Element der Medrese ist der mit kunstvoller Flechtbandornamentik aus verschiedenfarbigem Marmor verzierte Mihrab.
Schräg über die Straße nach Westen liegt die **Khosrawiye-Moschee** von 1537, wahrscheinlich die erste Moschee, die von den

Osmanen in Aleppo errichtet wurde und die mit ihrer weitgespannten Kuppel und dem schlanken Minarett schon von weitem ihren osmanischen Ursprung verrät. Bemerkenswert sind der farbenfrohe Mihrab und die mit Fayencen geschmückten Fenster. Im Inneren der Kuppel prangen »die 99 schönen Namen Gottes« als kalligraphischer Schmuck. An die Moschee waren eine Tekiye mit Küche und eine Medrese angegliedert, die heute - neben weiteren um den Hof gruppierten Gebäuden - eine höhere Schule mit circa tausend Schülern beherbergt. Die Bezeichnung »die Azhar von Aleppo«, die mir stolz einer der Schüler in Anspielung auf die berühmte theologische Hochschule in Kairo nannte, erschien mir aber doch etwas übertrieben.
Zwischen der Khosrawiye und den Kaffeehäusern gegenüber der Festung liegt der osmanische **Khan ash-Shona**, der in den achtziger Jahren grundlegend restauriert und umgestaltet wurde. Die vierzig Geschäfte mit Restaurant und Cafeteria sind vor allem auf die Wünsche - und das Geld - der Touristen eingestellt. Der Schwerpunkt liegt auf dem einheimischen Kunsthandwerk.
An der Straße östlich des Zitadelleneingangs, hinter dem Sitz der Bezirkspolizei, dem ehemaligen osmanischen Serail, an dessen Mauern in kleinen Buden Schreiber auf altmodischen Maschinen für ihre Kunden Briefe tippen und Formulare ausfüllen, stößt man auf den überkuppelten **Hammam al-Lababidiye**, das vielleicht schönste traditionelle Bad Syriens. Die ursprüngliche Anlage stammt vom Beginn der Mamlukenzeit und wurde vom mamlukischen Gouverneur Yelbogha an-Nasiri (reg. 1387–1389) restauriert, weshalb das Bad auch als Hammam an-Nasiri bekannt ist. Von den Mongolen im Jahr 1400 zerstört, diente es anschließend als Werkstätte für die Herstellung von Filzkappen (arab. *Lababid*). Das Tourismusministerium übernahm die Anlage und restaurierte sie 1985 in vorbildlicher Weise. (Donnerstags und samstags ist das Bad von 8 bis 17 Uhr nur für Frauen geöffnet; ansonsten von 8 bis 2 Uhr nachts für Männer.)
Rund hundert Meter südlich des Bades erreicht man die **al-Utrush-Moschee**, erkennbar an ihrem hohen achteckigen Minarett, das als einziges in Aleppo über zwei umlaufende Balkone für den Muezzin verfügt. Im Jahr 1403 vom mamlukischen Gouverneur Akbogha al-Utrush begonnen, wurde sie erst sieben Jahre später, 1410, vom Gouverneur Demirdash vollendet, weshalb sie gelegentlich auch unter seinem Namen bekannt ist. In dieser Moschee begingen die mamlukischen Gouverneure die beiden höchsten islamischen Feste, was bereits auf ihre herausragende Bedeutung hinweist. Ihre besonders reich geschmückte und vielfarbig verzierte Prachtfassade gilt noch heute als eine der schön-

sten in Aleppo. Im Innern der Moschee sind das Grab des al-Utrush und der Mihrab - beide teilweise mit Mosaiken verziert - sowie der Minbar aus Marmor sehenswert.
Folgt man nun der nach Südwesten weiterführenden Straße in Richtung des außerhalb der Stadtmauer gelegenen Makamat-Viertels, kommt man nach rund zweihundert Metern rechts an der ebenfalls mamlukischen **Tawashi-Moschee** mit ihrem auffallenden Mukarnas-Portal vorbei. Einige hundert Meter weiter nach Südwesten, bereits außerhalb der ehemaligen Stadtmauer, liegen unweit des großen Gräberfeldes drei bedeutende Medresen aus der Ayyubidenzeit, nämlich die Zahiriye, die Kamiliye und die **Medrese al-Firdaus**. Letztere ist die berühmteste und gilt als eines der gelungensten Bauwerke der islamisch-arabischen Architekturgeschichte überhaupt. Errichtet wurde die Medrese 1236 von der »Königin« Daifa Khatun, der Frau des Ayyubidensultans az-Zahir Ghazi, der 1186 bis 1216 über Nordsyrien herrschte. Daifa Khatun muß eine der herausragenden Frauengestalten der arabischen Geschichte des Mittelalters gewesen sein. Sie war eine Tochter des Sultans al-'Adil Saifaddin, eines Bruders von Saladin, und ihr Mann war ein Sohn Saladins. Von 1216, dem Todesjahr ihres Gatten, bis zu ihrem eigenen Tod 1242 hatte sie - anstelle ihres Sohnes und dann ihres Enkels - de facto die Macht in der Hand. In einer der zahlreichen Inschriften an und in der Medrese läßt sie sich als der »hohe Adel und unüberwindliche Schleier, Bewahrerin der Welt und des Glaubens« und auch als die »barmherzige Königin« preisen. Für die Medrese stiftete sie ein großes Vermögen, mit dem ein Kreis von Koranlesern, Rechtsgelehrten und Mystikern bezahlt wurde.
Die Anlage besticht einerseits durch ihre klare und schnörkellose Konzeption und ihre geradezu asketische und weitgehend dekorationslose Schlichtheit. Andererseits stellt ihr prächtiger Mihrab mit seiner geflochtenen, aus verschiedenfarbigem Marmor geformten Bandornamentik einen Höhepunkt in der Mihrabdekoration dar. Selbst heute noch vermittelt das Innere der Medrese dem Besucher ein Gefühl paradiesischer Ruhe und Entrücktheit: und Firdaus bedeutet nichts anderes als »Paradies«. In der Inschrift an der nördlichen Außenwand werden die Koranverse (43:71 und 72) zitiert: »Man macht unter ihnen mit Schüsseln aus Gold und mit Humpen die Runde, und es gibt darin, was das Herz begehrt, und woran sich das Auge weidet. Ihr werdet ewig darin weilen. Dies ist das Paradies, das ihr als Erbe erhaltet für das, was ihr getan habt.« Und an den Wänden der Arkaden im großen Hof und im Iwan verläuft eine Inschrift mit den Versen eines Dichters: »Wann immer die Nacht hereinbricht, er-

tragen sie sie, und sie nimmt von ihnen den Schleier, wenn sie niederknien zum Gebet. Die Sehnsucht ließ ihren Schlaf entfliegen, und sie erhoben sich. Demütig seien die Bewohner der Erde im Diesseits!«

Nordwestlich der Zitadelle: Nationalmuseum, Hotelviertel, Djdeide

In einiger Entfernung nordwestlich der Zitadelle konzentrieren sich die Hotels. Im selben Viertel liegt auch das 1966 errichtete **Nationalmuseum**, neben jenem in Damaskus das bedeutendste Museum Syriens. Es bietet eine Vielzahl berühmter archäologischer Fundstücke. Die Exponate sind allerdings leider zuweilen unzureichend, manchmal nur auf Arabisch und - besonders im Foyer des ersten Stocks - oft noch gar nicht beschriftet. Zumindest jene Besucher, die die Sammlungen ohne sachkundigen Führer besuchen, sollten deshalb die kleine englische Broschüre von Wahid Khayata an der Kasse erstehen. Hier kann nur eine grobe Orientierung gegeben und auf einige wenige besondere Ausstellungsstücke hingewiesen werden. Das Museum besteht aus zwei Gebäuden. Das kleinere, rechts des Weges zum Haupteingang, bietet im Erdgeschoß eine Anzahl von Mosaiken aus römischer und byzantinischer Zeit (im ersten Stock befindet sich die Verwaltung). Am Eingang des Hauptgebäudes stehen fünf beeindruckende Fabelwesen und drei Menschen- oder Götterstatuen aus Basalt, die rund tausend Jahre vor unserer Zeitrechnung entstanden sind und einst den Eingang zum Tempelbezirk von Tell Halaf säumten.

Wenn Sie sich im Foyer, wo drei Schaukästen Funde von der Altsteinzeit bis zum 5. Jahrtausend enthalten, nach rechts wenden, kommen Sie in der ersten Ausstellungshalle zunächst zu einer Sektion, die den Ausgrabungen der Tells in der Khaburregion, allen voran Tell Brak, gewidmet ist. Danach folgt einer der Glanzpunkte des Museums: Funde aus Mari. Wer in Mari selbst - angesichts der kahlen Lehmziegelmauern - den begeisterten Schilderungen der Archäologen über die hohe Kultur dieses altorientalischen Stadtstaates mißtraut haben sollte, wird nun hier eines Besseren belehrt. Zunächst fallen natürlich die fast lebensgroßen Skulpturen auf - weltberühmt ist die *Göttin mit der Vase* aus dem 18. Jahrhundert v. Chr. -, doch sollte man auch die kleineren Funde in den Schaukästen (Statuetten, Schrifttafeln, Siegel, Backformen etc.) nicht übersehen. Im Anschluß an eine kleinere Sektion in dieser Halle mit Funden aus Hama gelangt man im letzten Viertel der Halle in die Abteilung mit

Exponaten aus Ugarit. Die verschiedenen Gegenstände wie Figurinen, Gewichte, Siegel etc. zeigen zum Teil starke ägyptische Einflüsse und stammen zumeist aus dem 2. Jahrtausend v. Chr. Die bekanntesten Ausstellungsstücke sind die Bronzestatue des Gottes Baal und die Reliefskulptur des Gottes El, beide aus dem 14. Jahrhundert v. Chr.
Die zweite Halle beginnt mit den berühmten schwarzen Basaltstatuen und -reliefs aus Tell Halaf, dem alten Guzana, der Hauptstadt eines aramäischen Reiches zu Beginn des ersten Jahrtausends v. Chr. Es war der deutsche Diplomat Max von Oppenheim, der die Bedeutung des Ortes 1899 erkannte und von 1911 bis 1913 sowie von 1927 bis 1929 die Grabungen leitete. Viele der Statuen und Reliefs, die Götter, Menschen, Tiere und Fabelwesen darstellen, brachte von Oppenheim damals nach Deutschland, wo er in Berlin sein privates Tell-Halaf-Museum schuf. Da dieses im Zweiten Weltkrieg völlig zerstört wurde, ist nun das Museum von Aleppo der einzige Ort, an dem die eindrucksvollen Skulpturen noch zu sehen sind. Allerdings sind viele der Exponate nur Nachbildungen, die schon von Oppenheim hatte anfertigen lassen.

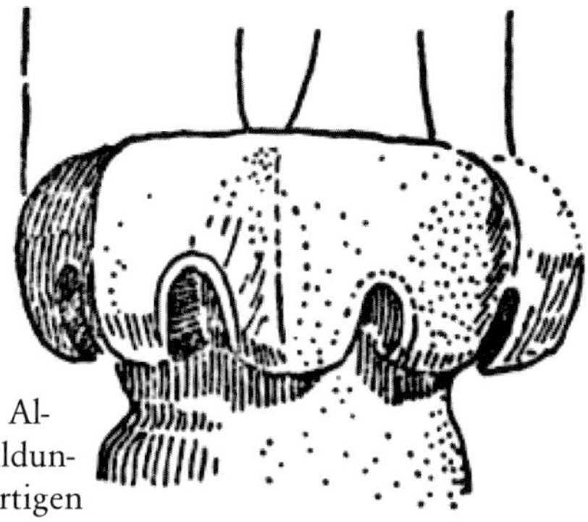
Basaltkapitell aus Tell Halaf

Die anschließende Ausstellungsfläche ist Arslan Tash gewidmet, dem alten Hadatu, ebenfalls eine aramäische Stadt aus dem beginnenden 1. Jahrtausend v. Chr., die wie Tell Halaf im 9. Jahrhundert von den Assyrern eingenommen wurde. (Der Ort liegt, nur auf einer schlechten Piste erreichbar, etwa zehn Kilometer südlich von 'Ain al-'Arab, einem Grenzort zur Türkei östlich des Euphrat.) Aus Arslan Tash hat das Museum eine besondere Kostbarkeit zu bieten: In zwei Schaukästen sind Elfenbeinschnitzereien aus dem 9. Jahrhundert v. Chr. zu sehen, die einst Möbelstücke zierten und – so wird vermutet – in Phönizien entstanden sind. Dargestellt findet man grasende Gazellen, die Geburt des ägyptischen Gottes Horus auf einer Lotusblüte und geflügelte Gottheiten, wobei nicht nur das Thema, sondern auch der Stil eindeutig ägyptischen Einfluß zeigen. Das letzte Drittel der Halle ist der Grabung in Tell Ahmar gewidmet (am Ostufer des Euphrat etwa zwanzig Kilometer südlich der türkischen Grenze). Hier beeindrucken vor allem die Wandgemälde und die Töpferarbeiten.
In der dritten Halle wurden in den letzten Jahren einige der jüngeren Funde aus 'Ain Dara aufgestellt, darunter Basaltreliefs

der Ishtar und eines von vogelköpfigen Dämonen flankierten Berggottes. Hier sind auch einige Fundstücke aus Ebla zu sehen, darunter Beispiele für die 13.000 Keilschrifttafeln, die dort entdeckt wurden, sowie prächtiger Goldschmuck.

Der erste Stock des Museums enthält zunächst Funde aus verschiedenen, seit 1969 durchgeführten ›Notgrabungen‹ an Orten, die später vom Asad-Stausee überflutet wurden. Daran schließt die Abteilung für Klassische Archäologie vom 4. Jahrhundert v. Chr. bis zum 7. Jahrhundert n. Chr. an, gefolgt von Exponaten aus der islamischen Zeit vom 7. bis zum 16. Jahrhundert (darunter eine beachtliche Sammlung von Gold- und Silbermünzen der verschiedenen muslimischen Dynastien und ein sehr schönes Astrolab, ein astronomisches Instrument, aus dem 13. Jahrhundert). Im Museumsführer nicht erwähnt ist die Galerie für moderne Malerei, aus gutem Grund: Kitsch und sozialistischer Realismus sind hier eine geradezu köstliche Symbiose eingegangen.

Ein ›Museum‹ ganz anderer Art ist das **Hotel Baron**, das 1909 von einer armenischen Familie errichtet wurde und auch heute noch in armenischem Besitz ist. Der einstige Glanz ist zwar längst dahin, und als Quartier ist es nicht mehr zu empfehlen, doch wer möchte nicht gerne einmal einen Sundowner an einer Bar zu sich nehmen, an der schon Lawrence von Arabien, Charles de Gaulle, Agatha Christie und andere Größen ihre Drinks geschlürft haben?

Vom Hotelviertel ist es ein kurzer Spaziergang zum fast ausschließlich von Christen bewohnten, sehr malerischen Stadtteil Djdeide (»das kleine Neue«). Das Viertel entwickelte sich im wesentlichen erst ab dem 17. Jahrhundert und hat sehr viel von seiner ursprünglichen Bausubstanz bewahrt. Man tut gut daran, sich für zwei, drei Stunden einem ortskundigen Führer anzuvertrauen, da die Lage der sehenswertesten Bürgerhäuser und Kirchen in den verwinkelten Gassen nur sehr umständlich zu beschreiben ist. Beginnen sollte man mit dem **Bait Adjikbash**, errichtet Anfang des 18. Jahrhunderts, in dem seit einigen Jahren das »Museum für Volksbräuche und traditionelles Handwerk« untergebracht ist. Insbesondere der durch reiche Ornamentik und großzügige Iwan-Architektur stimmungsvoll gestaltete Innenhof des einstigen osmanischen Bürgerhauses zeugt vom Wohlstand und Kunstsinn seiner früheren Bewohner. In derselben Gasse, einige Schritte nach Westen, liegt die griechisch-orthodoxe **Marienkirche** aus dem 19. Jahrhundert, gefolgt von der **armenisch-orthodoxen Kathedrale der vierzig Märtyrer**. Die Tafel am Eingang spricht von Restaurierungen im 15., 17. und 19. Jahr-

Das Nationalmuseum in Aleppo bietet eine Fülle bedeutender archäologischer Fundstücke: oben Basaltrelief der Göttin Ishtar (Venus), symbolisiert durch den achtstrahligen Stern; unten links Statuen vom Eingang des Tempelbezirks aus Tell Halaf; rechts unten die berühmte Statue der »Göttin mit der Vase« aus Mari.

hundert, doch der Priester, den ich befragte, bestand darauf, daß die ältesten Teile der Kirche erst von 1720 datieren, und dies ist mit der Geschichte des Viertels wohl eher in Einklang zu bringen.

Geht man von hier die Gasse aufwärts, stößt man auf den **Farhat-Platz**, benannt nach Nabigha Germanos Farhat, dem maronitischen Metropoliten von 1670 bis 1732, dem man hier in neuerer Zeit ein Denkmal errichtet hat. An der Stirnseite des kleinen Platzes erhebt sich die **maronitische Kathedrale**, die in ihrer heutigen Gestalt von 1873 datiert und weitgehend italienischen Vorbildern folgt. Die Kirche birgt, wie auch einige andere Kirchen im Viertel, eine kostbare Bibliothek mit Handschriften und frühen Buchdrucken. Direkt unterhalb steht die **römisch-katholische Jungfrau-Marien-Kirche** aus der Mitte des 19. Jahrhunderts.

Oberhalb der Gasse, die von der maronitischen Kathedrale ostwärts führt, sollte man sich zumindest die beiden schönen Bürgerhäuser **Bait Wakil** und **Bait Basil** zeigen lassen, die einander gegenüberliegen. Beide werden heute von der armenischen beziehungsweise der griechisch-katholischen Kirche als Waisenhäuser genutzt und sind entsprechend verwohnt, lassen aber doch noch einiges von ihrer ursprünglichen Pracht erahnen. Hat man einen guten Führer, wird dieser auch auf weitere sehenswerte Bürgerhäuser in diesem Stadtviertel hinweisen, so zum Beispiel auf Bait ad-Dallal, Bait Sadir, Bait Kibbe oder Bait Ghazale.

Vom Hotelviertel aus ist ein weiterer Spaziergang zu empfehlen, der zunächst an der Ostseite des öffentlichen Parks nach Norden führt. Kurz vor dem Ende des Parks biegt rechts die Straße Mtailid Salim ab, in der die besten Restaurants der Stadt konzentriert sind. Das Stadtviertel heißt al-'Aziziye, und nur unter diesem Namen kennen es die Taxifahrer. Hat man am späten Nachmittag noch etwas Zeit und kann den Verlockungen der *mezze* (der Vorspeisen) zunächst einmal widerstehen, sollte man – an den Restaurants vorbei – der Straße nach einer Biegung weiter nach Norden folgen, wo man schon von weitem vier schlanke Minarette erblickt. Diese gehören zur neuen **Tauhid-Moschee** am Rande eines sehr beliebten kleinen Parks. Nur jeweils durch eine Straße von der Moschee getrennt liegen östlich die **römisch-katholische Kirche des heiligen Georg** und nördlich die **syrisch-katholische (chaldäische) Kirche des heiligen Joseph** (Mar Yusuf) aus dem 19. Jahrhundert – ein Platz, an dem man gut über die Toleranz der Konfessionen untereinander nachdenken kann.

In den letzten Jahren sind in Aleppo mehrere neue Moscheen entstanden, darunter auch die **Moschee ari-Rahman** (»der Barmherzige«), einer der architektonisch gewiß eigenwilligsten islamischen Kultbauten der Moderne. Sie liegt unübersehbar rechts an der al-Malik-Faisal-Straße, der Ausfallstraße nach Nordwesten in Richtung A'zaz. Von wohlhabenden Bürgern der Stadt gestiftet, darunter vielen, die am Golf zu Reichtum gekommen sind, ist ein üppiger Prachtbau entstanden, der Moschee und Krankenhaus kombiniert. Die Moschee mit ihren bunten Marmormosaiken und der sowohl innen wie außen farbenfrohen Gestaltung der Kuppel versammelt die Gläubigen bereits zum Gebet. Ob die spitzen Faltenhütchen, mit denen der Architekt die Minarette gekrönt hat und die mich immer ein wenig an Kostüme aus Walt Disneys *Alice im Wunderland* erinnern, dem Urteil der Kunstgeschichte standhalten werden, sei dahingestellt.

فندق
قصر البابا
HOTEL AL BABA

Ausflüge in die Umgebung von Aleppo

Die nähere und weitere Umgebung von Aleppo bietet eine Fülle lohnender Ausflugsziele. Der Grad ihrer Sehenswürdigkeit ist natürlich abhängig von den jeweiligen Interessen der Besucher. Wem der Alte Orient besonders am Herzen liegt, wird Ebla auf keinen Fall aussparen; wem Syrien immer noch nicht genug klassische Antike geboten hat, wird sicherlich auch noch Cyrrhus (Kyrrhos) sehen wollen; wer sich für die syrisch-byzantinische Kirchenarchitektur begeistert, wird in den »Toten Städten« ins Schwärmen geraten, zumindest aber dem Simeonskloster einen Besuch abstatten; wer sich an prächtigen Mosaiken aus derselben Epoche nicht sattsehen kann, darf das Museum in Ma'arrat an-Nu'man nicht verpassen, und wer schließlich die sehr ursprüngliche, bäuerliche Architektur dieser Region kennenlernen möchte, der sei gleich zum folgenden Ausflug eingeladen.

Zu den Bienenkorbhäusern und nach Kinnasrin

Dem Besucher werden in den Dörfern in der Umgebung von Aleppo immer wieder die lehmfarbenen, ebenerdigen, runden Kuppelhäuser aufgefallen sein, die von ihrer Form her an übergroße Bienenkörbe oder auch an die Trulli-Häuser in Apulien erinnern. Südöstlich von Aleppo hat sich diese Bauweise noch fast ausschließlich erhalten. Für einen Besuch dieser ausgesprochen pittoresken Dörfer fährt man von Aleppo zunächst etwa zehn Kilometer auf der Hauptstraße ostwärts (Richtung Rakka) und biegt dann rechts nach Sfire (14 Kilometer) ab. In Sfire wählt man die östliche der beiden Straßen, die südostwärts zum Salzsee *(malhamat)* von Djabul führen. In der schmalen, landwirtschaftlich intensiv genutzten Ebene (Gerste, Weizen) zwischen dem Salzsee, der im Sommer austrocknet und strahlend weiß leuchtet, und dem Bergzug des Djebel al-Hass passiert man dann eine ganze Reihe dieser ›Bienenkorbdörfer‹; davon sind nach 27 Kilometern die beiden auseinanderliegenden Ortsteile von **Umm 'Amud**, fast am Ende des Sees gelegen, die malerischsten.

Ein Gehöft, meist von einer Lehmmauer umgeben, besteht in der Regel aus mehreren aus getrockneten Lehmziegeln errichteten und bis zu vier Meter hohen ›Bienenkorbhäusern‹, die arabisch schlicht Kubab (arab. *qubab*, Sing. *qubba*), »Kuppeln«, genannt werden. Für die Errichtung eines einzelnen Hauses be-

In mehreren Stadtvierteln von Aleppo haben sich beeindruckende Meisterstücke osmanischer Wohnarchitektur erhalten: oben Bait Adjikbash (errichtet Anfang des 18. Jh.) mit seinem zauberhaften Innenhof im Viertel Djdeide und unten Häuser mit malerischen Holzerkern im Viertel Bustan.

nötigt man im allgemeinen nicht länger als eine Woche, die gesamten Kosten belaufen sich auf umgerechnet fünfhundert Mark. Nicht selten wird im Laufe der Zeit ein zweites oder auch ein drittes Haus angebaut, und die Wohnräume der Häuser werden miteinander verbunden. Das Mobiliar ist geradezu beduinisch karg und besteht im wesentlichen aus schmalen Matratzen, Teppichen und Matten, die nachts zum Schlafen ausgebreitet werden. Weitere verschieden große ›Kuppeln‹ dienen als Küche oder Speicher bis hin zu den kleinsten Häuschen, in welche die Hühner ihre Eier legen. Je nach Heftigkeit der Winterregen müssen die Häuser alle ein bis zwei Jahre neu mit Lehm bestrichen werden und können dann fünfzig bis hundert Jahre überdauern. Die Bewohner - zumindest die von Umm 'Amud - sind beduinischer Abstammung; ihre Stammesbezeichnung Mawali deutet an, daß sie ursprünglich zu einem größeren Stammesverband in einem untergeordneten und abhängigen, Verhältnis standen.
Von Umm 'Amud aus bietet sich ein Umweg für die Rückfahrt an: Auf guter Teerstraße erreicht man nach 26 Kilometern in südwestlicher Richtung **Khanasir**, heute ein recht heruntergekommenes, teilweise verfallenes großes Dorf, dessen Bevölkerung weitgehend aus Tscherkessen besteht und das eine gewisse ›Wildwest-Atmosphäre‹ ausstrahlt. Die einstige historische Bedeutung des Ortes kann man lediglich anhand der zahlreichen in den Häusern verbauten byzantinischen Spolien erahnen. Khanasir soll der Überlieferung zufolge in vorislamischer Zeit von Arabern gegründet worden sein. Schon vor der islamischen Eroberung war es wohl Distrikthauptstadt, und der durch seine Frömmigkeit berühmte Omayyadenkalif Omar II. residierte später häufig in der dortigen Zitadelle. 1121 wurde es von den Kreuzfahrern unter Balduin II. von Jerusalem erobert und zerstört, worauf es in der Bedeutungslosigkeit versank und erst viele Jahrhunderte später wieder von den Tscherkessen, die aus dem Zarenreich Ende des 19. Jahrhunderts geflohen waren, neu besiedelt wurde.

Von Khanasir fährt man noch fünf Kilometer südwärts und biegt dann scharf nach Westen. Die Straße, die bald einen nordwestlichen und schließlich nördlichen Verlauf nimmt, führt rund sechzig Kilometer durch einige unansehnliche Dörfer. Vier Kilometer hinter Balas biegt man wieder nach Südwesten ab, worauf man nach weiteren elf Kilometern zunächst den größeren Ort al-Hadir und fünf Kilometer weiter, am Fuße eines großen Tells, das kleine Dorf **al-'Is** erreicht.

Der **Tell** birgt in sich die Reste der alten Befestigungsanlage der Stadt **Kinnasrin**, von der sich auch rundum noch einige Spuren entdecken lassen. Bisher sind keine archäologischen Grabun-

An die Bauweise der sogenannten Trulli (Rundhütten aus Lehm) in Apulien erinnern die Bienenkorbhäuser in den Dörfern südlich und südöstlich von Aleppo, hier der Ort Umm 'Amud am Salzsee von Djabul.

Folgende Doppelseite: Begegnungen unterwegs.

gen vorgenommen worden, weshalb sich der Tell den Besuchern völlig ›jungfräulich‹ darbietet. Besteigt man den Hügel, lassen sich unschwer die gewaltigen Stadtmauern erkennen. Drei Einsenkungen im Osten, Süden und Westen verraten die ehemaligen Eingänge, und eine Erhebung im Norden deutet die eigentliche Festung an. Anhand von Säulenschäften, die wie in einer Reihe eingepflanzt aus dem Boden ragen, läßt sich der Verlauf ganzer Straßenzüge nachvollziehen. Mit etwas Glück und Spürsinn kann man auch Scherben frühislamischer Keramik finden.

Kinnasrin (arabisch und aramäisch »Adlerhorst«) wird im babylonischen Talmud erwähnt, und nach arabischer Überlieferung war es bereits zur Zeit der Amalekiter, einer semitischen Völkerschaft, die aus dem Alten Testament bekannt ist (2. Moses 17:16) eine bedeutende Ansiedlung. In der Antike war es unter dem Namen Chalkis nicht nur ein wichtiger Handelsknotenpunkt, sondern vor allem ein bedeutender militärischer Vorposten am syrisch-arabischen Limes. Welchen Stellenwert die Stadt einst innehatte, zeigt sich auch daran, daß sie nach ihrer Einnahme durch die Muslime im 7. Jahrhundert noch für wenigstens drei Jahrhunderte die Hauptstadt und das Verwaltungszentrum der gesamten syrischen Nordprovinz (einschließlich Aleppos!) blieb. Den Todesstoß erhielt sie erst im 10. Jahrhundert durch die Byzantiner. Yakut schreibt im 13. Jahrhundert: »Die Stadt gedieh und war bevölkert bis zum Jahre 351 [= 962 n. Chr.], als die Byzantiner sich der Stadt Aleppo bemächtigten und in den Vororten alle umbrachten. Verängstigt verteilten sich [daraufhin] die Einwohner Kinnasrins über das Land. [...] Heute ist von Kinnasrin nur noch ein Khan übrig, an dem Karawanen und Steuereintreiber absteigen. Andere berichten, daß die Zerstörung Kinnasrins erst im Jahre 355 [= 967 n. Chr.], einige Monate vor dem Tod Saifaddaulas, erfolgte, als der byzantinische Kaiser gegen die Stadt zog und Saifaddaula zu geschwächt war, um ein Treffen mit ihm aufzunehmen, weshalb er es auch vermied. Der byzantinische Kaiser kam daraufhin nach Kinnasrin, verwüstete die Stadt und setzte die Moscheen in Brand. Seither ist die Stadt nicht mehr bewohnt.« (Yakut, *Mu'djam al-buldan*, Bd.4, S.185f.) Entgegen Yakuts Aussagen wurden in der Folgezeit zwar mehrere Versuche unternommen, die Stadt erneut zu beleben, doch blieben diese auf Dauer erfolglos. Das nahegelegene **al-Hadir**, das schon in vorislamischer Zeit aus einem permanenten Beduinenlager entstanden war, blieb dagegen ein blühender Ort. Am Fuße des Tells von Kinnasrin befindet sich ein kleiner, bescheidener Kuppelbau mit einem Makam, den die Einheimischen als Grab des Omayyadenkalifen Sulaiman ibn 'Abdalmalik (reg. 715–717) an-

Süd- und nordwestlich von Aleppo liegen mehr als fünfhundert frühchristliche Städte der byzantinischen Epoche. Unter ihren Relikten findet man architektonische Meisterwerke. Oben: al-Mushabbak, unten Kalb Loze.

sehen, was allerdings nicht den historischen Tatsachen entspricht. Auch das Dorf **al-'Is** wird von einer Anhöhe überragt, die von einem Makam gekrönt ist – dem Nabi 'Is, der dem »Propheten 'Is« geweiht ist, wobei der offizielle Islam aber einen Propheten dieses Namens nicht kennt. Man verläßt al-'Is auf der Straße nach Nordwesten und erreicht nach etwa zehn Kilometern die Autobahn nach Aleppo.

Die »Toten Städte« im Westen und Nordwesten und das Simeonskloster

Im syrischen Kalksteinmassiv süd- und nordwestlich von Aleppo hat man rund fünfhundert sogenannte »Tote Städte« gezählt, mit Ruinen von Kirchen, Klöstern und Villen. Sie wurden vom 4. bis 6. Jahrhundert n. Chr. errichtet und legen Zeugnis ab von einer hohen wirtschaftlichen und kulturellen Blüte dieser Region in jener Zeit. Grundlage des Wohlstandes waren der Anbau und Export von Oliven beziehungsweise Olivenöl und in geringerem Ausmaß auch von Wein.

Obwohl außer Erdbebenschäden an den Bauten keine regelrechten Zerstörungen zu erkennen sind, die auf Angriffe von außen hindeuten würden, brach Ende des 6. Jahrhunderts die Wirtschaft dieser Region zusammen, und die Ansiedlungen wurden verlassen. Die Gründe dafür waren vielfältig: Die ständig wachsende Besteuerung durch Byzanz dürfte dazu ebenso beigetragen haben wie die Auswaschung der Böden, die sich noch heute auf weiten Strecken völlig verkarstet präsentieren. Der Niedergang wurde beschleunigt durch die Vorstöße der Sasaniden aus Persien während des 6. und 7. Jahrhunderts, die 609 schließlich ganz Syrien eroberten. Damit war jene Region von Kleinasien und somit ihrem wichtigsten Abnehmer von Öl und Wein abgeschnitten. Als die Byzantiner zwanzig Jahre später das Land zurückeroberten, war es erschöpft. Auch als kurz darauf das Gebiet der »Toten Städte« in die Hände der Muslime fiel, blieb dieses – im Gegensatz zu anderen neu aufblühenden Regionen des Landes – bis in jüngste Zeit weitgehend Brachland. So zeigen sich heute die »Toten Städte« den Besuchern als ein riesiges Freilichtmuseum.

Angesichts der Größe des Gebietes und der Vielzahl zum Teil erstaunlich gut erhaltener Bauten sieht man sich als Autor wie als Besucher vor der berühmten Qual der Wahl. Daß für diesen und den folgenden Ausflug nicht fünfhundert »Tote Städte«, sondern nur einige wenige Höhepunkte beschrieben werden können, zumal es in der Region noch weitere bedeutende Sehens-

Bei Tell al-Karama trifft man auf ein mehrere hundert Meter langes Stück der alten römischen Straße, die einst die Städte Antiochia und Chalkis verband.

würdigkeiten gibt, versteht sich von selbst. Dennoch ist der im folgenden vorgeschlagene Ausflug an einem Tag kaum zu bewältigen. Obwohl ich das Gebiet von früheren Reisen her kannte, habe ich drei Tage benötigt.
Man verläßt Aleppo in Richtung Damaskus und biegt nach rund zwei Kilometern von der Autobahn nach rechts (Westen) in Richtung Bab al-Hawa ab, dem Grenzübergang zur Türkei. Nach gut dreißig Kilometern, vor dem großen Dorf Tell al-Karama, kreuzt die moderne Teertrasse ein vorzüglich erhaltenes, mehrere hundert Meter langes Stück der alten römischen Straße, die Antiochia (das heutige Antakya in der Türkei) mit Chalkis (Kinnasrin) verband. Die mächtigen Pflasterquader der Straße, die einst unter dem Niveau der Feldfluren verlief, ragen heute bis zu einem halben Meter über diese hinaus und dokumentieren eindrucksvoll den Verlust der Erdkrume seit römischer Zeit.
An der wenige Kilometer danach folgenden Kreuzung fährt man nicht weiter zum Grenzübergang, sondern nimmt die Straße Richtung Harim. Hinter dem Dorf Sermada sieht man rechts am Abhang in einiger Entfernung von der Straße **Deir Breigh**, die Ruine einer dreigeschossigen Klosteranlage aus dem 6. Jahrhundert, die bis zum ersten Stock aus dem Fels herausgehauen ist. Etwa zehn Kilometer vor Harim zweigt links an einem Schild, das nur mit der Hand und auf Arabisch beschriftet ist, ein Bergsträßchen nach Süden ab. Folgt man diesem, so erreicht man nach acht Kilometern das Dorf Hattan. Am Ausgang des Ortes biegt man rechts in eine schmale, steil ansteigende Straße ein. Rechter Hand sieht man dann die Ruinen von **Kirkbize** (Qirqbizi), zwei Villenkomplexen aus dem 3. Jahrhundert, von denen der eine im 4. Jahrhundert in eine Kirche umgewandelt worden war.

Kalb Loze

Im nahegelegenen Kalb Loze (Qalb Lauza) wie im benachbarten Hattan leben überraschenderweise Drusen. Die Frage, wann es sie aus dem Libanon oder dem Süden Syriens hierher verschlagen hat, konnte mir keiner beantworten. Sie leben in dieser steinigen Gegend von einer kärglichen Landwirtschaft - Oliven, Tabak, Gerste und Weizen, im Tal auch Linsen - und in wachsendem Maße vom Tourismus. Wenn die Kinder allzu aufdringlich werden, sollte man ihnen mit Blick auf die karge Berglandschaft verzeihen.
Daß sich sogar große Busse in abenteuerlichen Manövern die Bergstraße heraufquälen, liegt an einer Perle byzantinischer Baukunst, der dreischiffigen Basilika von Kalb Loze aus dem 5.

Jahrhundert, die nicht nur in ihrem Erhaltungszustand, sondern auch in Konzeption und Ausführung für Syrien ungewöhnlich ist. Als erstes fällt die Apsis auf, die halbkreisförmig über die Ostwand der Kirche hinausragt und außen mit zwei übereinanderstehenden Säulenreihen verziert ist, was wir sonst nur noch aus dem - etwa gleichzeitig entstandenen - Simeonskloster kennen. Ungewöhnlich ist auch die Fassade: Dem Eingang ist eine offene Halle vorgelagert, die von zwei dreigeschossigen Türmen flankiert wird. Neu war auch, daß man den Innenraum nicht durch mehrere Säulen mit kleinen Arkadenbögen in drei Schiffe aufteilte, sondern daß man sich mit vier gedrungenen Pfeilern begnügte, um den gleichen Effekt zu erzielen; dies diente offenbar späteren syrischen Kirchen als Vorbild. Eine überaus reiche Bauornamentik vor allem an Türen und Fenstern verrät ein hohes Maß an handwerklicher Kunstfertigkeit.

Das Simeonskloster (Kal'at Sim'an)

Und dennoch bietet Kalb Loze nur die visuelle ›Vorspeise‹ zum architektonischen ›Hauptgericht‹: dem Simeonskloster. Um es von Kalb Loze zu erreichen, fährt man bis Tell al-Karama zurück und biegt dort nach Norden ab, worauf man nach circa zwanzig Kilometern Kal'at Sim'an vor sich liegen sieht. Unterwegs kommt man durch das große Dorf **Darat'izza**. Bei diesem Namen stutzt der Orientalist. Sollte hier vielleicht ein Heiligtum der altarabischen Göttin 'Uzza gestanden haben, der arabischen Aphrodite? Ich verkniff mir die ketzerische Frage, da sie im muslimischen Dorf wohl als Provokation verstanden worden wäre. (Von Darat'izza besteht die Möglichkeit, auf direktem Wege nach Aleppo zurückzukehren; von dieser Straße sieht man wenige Kilometer hinter Darat'izza rechter Hand die Ruinen der Basilika von Mushabbak aus dem 5. Jahrhundert liegen.)

Kal'at Sim'an, die »Simeonsburg«, wie das Kloster heute heißt, bietet, auf einem Berg gelegen, schon bei der Anfahrt einen malerischen Anblick. Erst wenn man näherkommt, nimmt man wahr, daß auch am Fuß des Berges eine Fülle von Ruinen liegt, die Überreste des antiken Telanissos (syr. *Telnishin* oder *Telneshe*, »Hügel der Frauen«). Seine Entstehung und seinen Ruhm verdankt das Kloster dem heiligen Simeon, dem ersten Säulenheiligen der Kirchengeschichte. Simeon wurde kurz vor 390 in Kilikien als Sohn einer wohlhabenden Bauernfamilie geboren. Schon als Kind faszinierte ihn das mönchische Leben, und im Alter von dreizehn Jahren, als seine Eltern starben und er von einer Tante eine reiche Erbschaft antrat, verteilte er alles an die Armen und

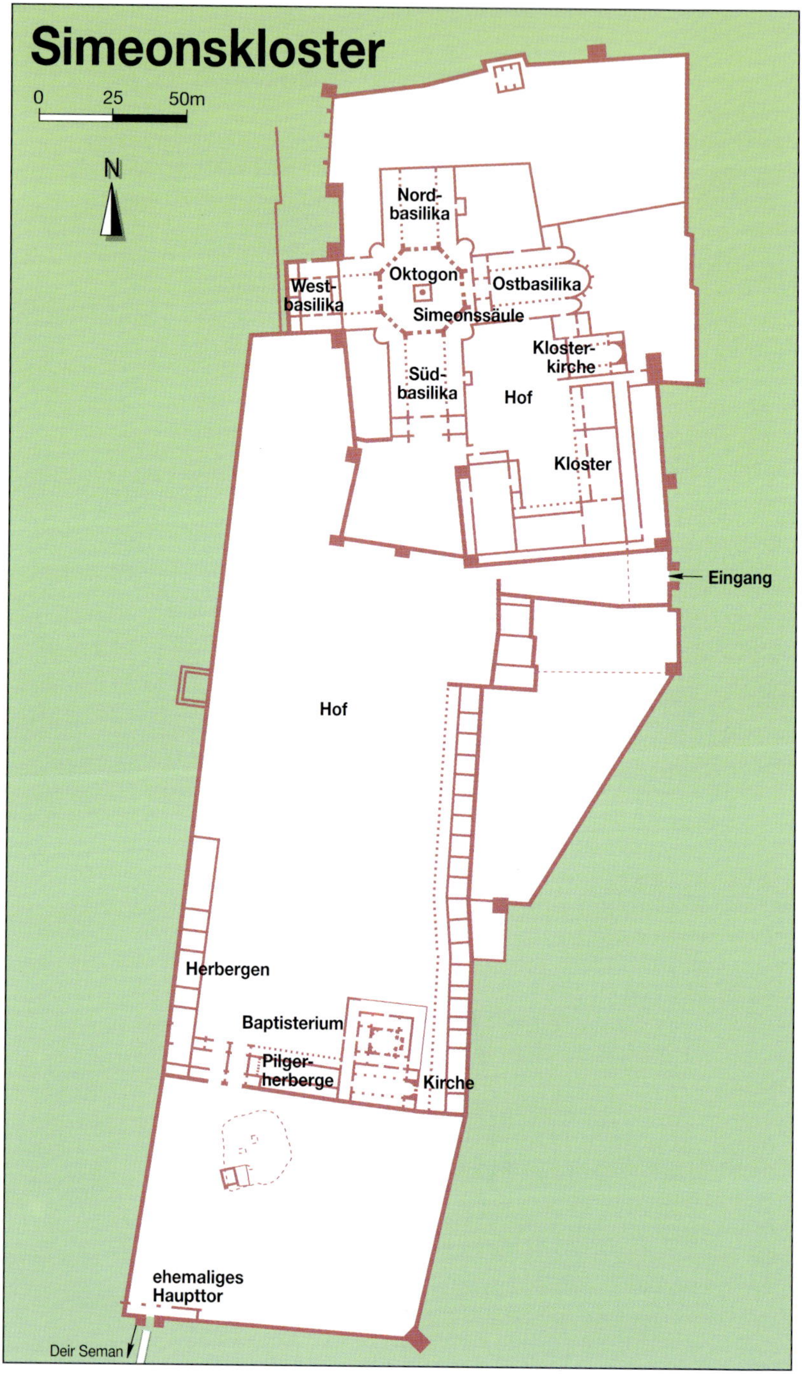
Simeonskloster
0
25
50m
N
Nord-
basilika
Oktogon
West-
basilika
Ostbasilika
Simeonssäule
Kloster-
kirche
Süd-
basilika
Hof
Kloster
Eingang
Hof
Herbergen
Baptisterium
Pilger-
herberge
Kirche
ehemaliges
Haupttor
Deir Seman

an die Klöster und trat selbst in ein solches ein. Neun Jahre lang übte er sich dort in so extremem Fasten und Selbstkasteiungen, daß er den Neid seiner Mitbrüder erregte. Dies veranlaßte ihn, wegzuziehen und im kleinen Kloster von Telanissos eine neue Bleibe zu suchen. Für ihn wurde auf einem nahegelegenen Hügel eine eigene Zelle errichtet, die er während der Fastenzeit mehrmals für vierzig Tage zumauern ließ. Als sich die Kunde von seinem asketischen Leben über die Klostermauern hinaus immer mehr verbreitete und Gläubige begannen, zu ihm zu pilgern, erregte dies wieder den Groll der anderen Mönche. Sie kamen zu dem Schluß, daß Simeon für das klösterliche Leben untragbar sei, und forderten ihn auf, die Zelle zu verlassen. Simeon lebte dann zunächst in einer nahegelegenen kleinen Höhle, wobei er sich am Fels anketten ließ, bevor er fünf Jahre - sowohl bei gleißender Sonne als auch klirrender Kälte - auf einem etwas mehr als einen Quadratmeter messenden Felsblock zubrachte. Je mehr Pilger herbeiströmten, desto höhere Säulen bezog er, bis er schließlich neunzehn Meter über dem Boden saß. Auch die ›Wohnfläche‹ war auf vier Quadratmeter angewachsen und von einer Balustrade umgeben. Dreißig Jahre lang, bis zu seinem Tod am 2. September 459, lebte Simeon nun betend und fastend auf der Säule, wobei ihm nur einmal wöchentlich über eine Leiter Essen gebracht wurde. Sein Leichnam wurde nach Antiochia in die Kirche Konstantins des Großen überführt. Die Säule, von der heute nur noch ein Stumpf erhalten ist, wurde zum Zentrum einer gewaltigen Kirchenanlage. H. C. Butler, einer der bedeutendsten Kenner des syrischen Kirchenbaus, schrieb Anfang des Jahrhunderts: »Die große kreuzförmige Kirche, mit ihrem Oktogon in der Mitte, ist einzigartig in der Geschichte der Architektur und ist nicht nur das wunderbarste und wichtigste Monument zwischen den Bauwerken der römischen Periode des 2. Jahrhunderts und der großen Hagia-Sophia-Kirche aus der Zeit Justinians, sondern ist von der Architektur als eigener Kunstgattung her gesehen [...] das monumentalste christliche Bauwerk vor den Meisterwerken des 11. und 12. Jahrhunderts in Nordeuropa.« (H. C. Butler, *Early Churches in Syria*, S.97f.)
Es wird vermutet, daß bereits zu Lebzeiten Simeons mit der Errichtung von Gebäuden um seinen Aufenthaltsort herum begonnen wurde. Die Hauptkirche, die im Grunde aus vier Kirchen besteht, wird jedoch auf das letzte Quartal des 5. Jahrhunderts datiert. Vom Oktogon ausgehend, in dessen Mitte der Rest der Simeonssäule steht, wurde in jede der vier Himmelsrichtungen eine Basilika gebaut, von denen die nach Osten gerichtete durch ihre drei Apsiden besonders hervorgehoben ist. Der Haupt-

zugang erfolgte durch die drei Portale der südlichen Basilika, der noch eine Vorhalle, ein sogenannter Narthex, vorgelagert war. Aufgrund der ungemein reichen Bauplastik, welche die Kirche sowohl innen wie außen ziert, vermittelt sie selbst als Ruine noch einen überwältigenden Eindruck ihrer einstigen Pracht.
Im Südosten, unmittelbar an die Kirche anschließend, liegen die Reste einer kleineren Pilgerkirche sowie ausgedehnte Klosteranlagen. Im Süden des Bergrückens haben sich Teile der Pilgerherbergen und der Taufkirche erhalten. Obwohl im 6. Jahrhundert zwei Erdbeben erhebliche Schäden an den Bauwerken verursachten, scheint die Anlage auch in den ersten Jahrhunderten islamischer Herrschaft noch als Kirche und Kloster genutzt worden zu sein. Als die Byzantiner im 10. Jahrhundert Teile Nordsyriens für einige Jahrzehnte zurückeroberten, galt ihnen der Komplex immer noch als so bedeutend, daß sie die Kirche mit neuen Mosaiken schmückten und auch einige Renovierungen vornahmen. Aufgrund der exponierten strategischen Lage verwandelten sie den Bergrücken auch in eine wehrhafte Festung - daher die Bezeichnung *kal'*a –, die erst 1017 von den Fatimiden zurückgewonnen wurde. Heute ist der Hof zwischen der Hauptkirche und der Taufkirche als parkähnliche Anlage gestaltet, von der man einen unvergeßlichen Ausblick nach Westen bis in die Türkei genießt. Auf mich hat Kal'at Sim'an den überwältigendsten Eindruck hinterlassen, als ich sie einmal im zeitigen Frühjahr am Ende eines langen Reisetages besuchte. Ein schweres Gewitter war aufgezogen und hatte alle Touristen vertrieben. Die blühenden Mandelbäume und die vor dem schwarzen Himmel fast weiß strahlenden Säulen formten eine unvergleichliche Szenerie, bevor sich der Himmel sintflutartig ergoß und ich ins Haus des Wärters floh. Ich dachte an Simeon, dem dreißig Jahre lang nur die Kapuze seiner Kutte und ein Schafsfell Schutz vor den Unbilden der Natur geboten hatten.
Das antike **Telanissos** (heute Deir Sim'an, »Simeonskloster«, genannt) am Fuße des Berges entwickelte sich ab dem 5. Jahrhundert zu einem ausgedehnten Pilgerzentrum mit weiteren Kirchen, Klöstern und Herbergen. Sehenswert sind heute nur noch die Überreste der sogenannten Nordkirche (links der Straße, unterhalb des Triumphbogens), die große Klosteranlage mit Kirche etwa dreihundert Meter westlich davon, die vermutlich an jener Stelle steht, wo sich Simeons erste Klause befand, sowie das sogenannte Südostkloster etwa zweihundert Meter südlich des Triumphbogens.
Neben dem Südostkloster liegt auch ein mittelalterliches muslimisches Mausoleum, das angeblich über dem Grab des Omayyadenkalifen Omar ibn 'Abdal'aziz (reg. 717–720) errichtet wur-

Das Simeonskloster: Kämpferdetail der Bodenkonstruktion am Oktogon der Pilgerkirche. Vom Oktogon ausgehend, in dessen Mitte heute noch der Stumpf der Simeonssäule steht, wurde in jede der vier Himmelsrichtungen eine Basilika gebaut.

de. Tatsächlich berichten schon einige der frühesten arabischen Geschichtsschreiber, daß der wegen seiner Frömmigkeit von Sunniten wie Schiiten hochgeachtete Kalif Omar ibn Abdal'aziz im Jahre 720 im Simeonskloster gestorben sei. Da es in Syrien aber mehrere Simeonsklöster gab, herrschte bei den muslimischen Geschichtsschreibern schon bald Uneinigkeit darüber, in welchem von ihnen der Kalif bestattet worden war.
Wie es dazu kam, daß sich ein »Beherrscher der Gläubigen« ausgerechnet ein christliches Kloster als letzte Ruhestätte wählte, erzählt der Geograph Yakut aus dem 13. Jahrhundert: »Der Abt des Klosters besuchte Omar ibn 'Abdal'aziz, als dieser an dem Leiden erkrankt war, an dem er dann sterben sollte. Als Geschenk brachte der Abt Früchte mit. Der Kalif wollte sie ihm bezahlen, doch der Mönch weigerte sich, das Geld anzunehmen. Schließlich aber, als der Kalif weiter darauf bestand, nahm er es doch an. Dann sagte Omar: ›Ich habe erfahren, lieber Mönch, daß dies hier euer Besitz ist.‹ Und als der Abt dies bestätigte, bat ihn der Kalif: ›Ich möchte, daß du mir davon einen Platz für ein Grab [...] verkaufst, so daß ich es, wenn meine Zeit abgelaufen ist, nutzen kann‹. Da weinte der Mönch vor Trauer und verkaufte ihm einen Platz.« (Yakut, *Mu'djam al-buldan*, Bd.2, S.671)

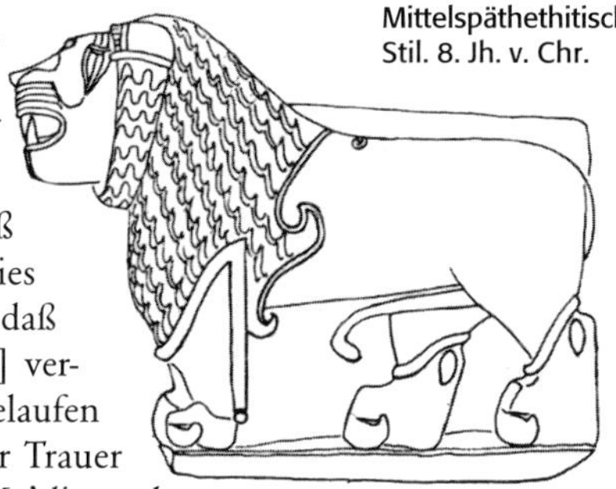

Portallöwe in Tell 'Ain Dara Mittelspäthethitischer Stil. 8. Jh. v. Chr.

'Ain Dara

Rund zwanzig Kilometer nördlich des Simeonsklosters in Richtung 'Afrin liegt im äußerst fruchtbaren Tal des 'Afrin-Flusses der schon von weitem sichtbare Tell von 'Ain Dara. Von der Landstraße biegt eine gut befahrbare Piste nach links ab, der man bis zum Grabungshaus am Fuß des Tells folgt.
Bis 1954 war der Tell unbeachtet geblieben. Dann entdeckte ein Hirte in einem Fuchsbau einen Löwenkopf aus Basalt und informierte die Altertümerverwaltung in Aleppo über seinen Fund, der sich als Teil eines mächtigen, umgestürzten Torlöwen entpuppte. Die daraufhin eingeleiteten und noch nicht abgeschlossenen Grabungen ergaben, daß der Tell zumindest vom 10. bis zum 1. Jahrhundert v. Chr. und vom 7. bis zum 14. Jahrhundert n. Chr. besiedelt war. Das wichtigste Monument, das zum Schutz vor Witterungseinflüssen jüngst überdacht wurde, ist eine Tempelanlage aus der frühesten ergrabenen Schicht. Trotz seiner weitgehenden Zerstörung sind auch die Überreste noch eindrucksvoll.

Die Gegend um das Simeonskloster ist steinig und karg; aber wo auch nur noch ein Rest fruchtbarer Ackerkrume vorhanden ist, versucht man diese in mühseliger Arbeit zu nutzen.

Aus dem harten Basalt sind innen wie außen zahlreiche Flechtbandreliefs sowie Skulpturen von Löwen und Sphingen gemeißelt. Der Komplex besteht aus einem Vorhof, dessen Pflasterung aus Basalt- und Kalkplatten vor dem Portalbereich zum Teil noch erhalten ist. Über eine ursprünglich elf Meter breite Freitreppe gelangt man in den Portalraum, dessen Boden von zwei Schwellenplatten aus Kalkstein gebildet wird; aus der ersten sind zwei fast einen Meter große Fußabdrücke herausgearbeitet, aus der zweiten der Abdruck eines linken Fußes. Den fehlenden rechten Fußabdruck entdeckt man auf einer weiteren Kalksteinplatte zwischen dem anschließenden Vorraum und dem eigentlichen Allerheiligsten. (Gewiß glaubten damals die Beter, was ihnen die Priester erzählt haben mögen, nämlich daß die verehrte Gottheit einst jene riesigen Fußabdrücke hinterließ, als sie zum Heiligtum schritt.) Im Allerheiligsten wurden mehrere Reliefdarstellungen, vermutlich von Berggöttern, vor allem aber eine Stele der Göttin Ishtar entdeckt, die heute im Museum von Aleppo steht. Auch ohne diesen Fund hätte man aufgrund der zahlreichen Löwendarstellungen darauf schließen können, daß der Tempel dieser altmesopotamischen Göttin der Liebe und des Krieges geweiht war. Übrigens ist immer noch nicht eindeutig geklärt, welchem der zahlreichen in den Keilschriften auftauchenden Ortsnamen die einstige Siedlung zuzuordnen ist.

Nabi Huri und Cyrrhus (Kyrrhos)

Von 'Ain Dara fährt man - nun durch fast rein kurdisches Gebiet - weiter nach Norden. Im Ort 'Afrin stößt man auf die Hauptstraße in Richtung A'zaz, von der man nach etwa zwölf Kilometern im Dorf Kafr Djanna nach links abbiegt, worauf man nach wiederum rund zwölf Kilometern in **Midanki** den 'Afrin überquert. Midanki ist mit seinen kleinen Wasserfällen und einigen netten Restaurants ein beliebter Ausflugsort geworden. Nach der Brücke folgt man der Straße, durchquert dann das eigentliche Dorf Midanki und gelangt dann nach circa zwei Kilometern an eine Kreuzung, wo man rechts abbiegt. Rund fünfzehn Kilometer weiter sieht man rechts der Straße ein sechseckiges, zweistöckiges **Mausoleum** aus dem 2. oder 3. Jahrhundert mit einem pyramidenförmigen Dachaufbau. Es steht auf dem einstigen Friedhof der römischen Provinzstadt Cyrrhus (Kyrrhos). Das Grabmal, das sehr gut erhalten ist, heißt heute **Nabi Huri**, »Prophet Huri«, und genießt bei der Bevölkerung große Verehrung. Den gestenreichen Ausführungen eines alten Kurden, der nur schlecht Arabisch sprach, konnte ich entnehmen, daß man glaube, der Prophet Huri sei ein ›muslimischer‹ Feldherr König Davids gewesen und als Märtyrer gefallen. Der Islam kennt zwar eine ganze Reihe von Propheten, sowohl alt- als auch neutestamentliche wie Moses und Jesus und einige andere, doch einen Propheten namens Huri, dessen war ich mir sicher, kennt er nicht. Dagegen wird im Alten Testament in einer pikanten Geschichte ein Soldat König Davids namens Urias erwähnt; um an dessen Frau heranzukommen, ließ David diesen durch den sprichwörtlich gewordenen »Uriasbrief« an die gefährlichste Stelle im Kampf abkommandieren, worauf er tatsächlich fiel (2. Sam. 11). Und ein zweiter Urias wird im Alten Testament erwähnt, ein Zeitgenosse des Jeremias und wie dieser ein Prophet; für seine Weissagungen wurde er umgebracht (Jer. 26, 20ff.). Aus diesen beiden alttestamentlichen Geschichten ist wohl die Legende des Nabi Huri entstanden.

Die Riten, die von den zahlreichen Besuchern des Grabmals durchgeführt werden, sind jedoch weder jüdisch noch christlich noch muslimisch, sondern entstammen der ›heidnischen‹ Vorstellungswelt. So binden Frauen an die Zweige des Granatapfelbaumes im Hof und auch an das eigentliche Grab im Inneren des Gebäudes weiße Stoffetzen und bitten um die Erfüllung eines Wunsches. Dabei handelt es sich meist um Kindersegen oder auch darum, daß der heimlich Geliebte doch das Sehnen der Bittstellerin erhören möge. Ob der Wunsch in Erfüllung gehen wird, kann man gleich an einer Mauer vor dem Eingang ›überprüfen‹. Sie weist eine Anzahl flacher Mulden auf, in welche die Besucher, meist junge Pärchen, kleine Steine legen. Bleiben diese liegen und fallen nicht wieder heraus, stehen die Zeichen günstig.

Vom Obergeschoß des Mausoleums genießt man einen großartigen Blick auf das Tal des Sabun, eines Nebenflusses des 'Afrin, und auf die weiten Ölbaumfluren. Vom Mausoleum aus sieht man auch bereits die Überreste der Stadt Cyrrhus, wohin von der Hauptstraße eine etwas holprige Piste abzweigt.

Der Name **Cyrrhus** oder **Kyrrhos** verrät, daß dies eine griechische Gründung war, doch stammt das, was heute sichtbar ist, im wesentlichen aus römischer und byzantinischer Zeit. Von der stark zerstörten Stadt, die an einem steilen Abhang liegt und von einer Zitadelle gekrönt war, haben sich nur kleinere Überreste der Stadtmauer, der Säulenstraße und einer Basilika (im Norden) erhalten. Lediglich das Theater aus dem 2. Jahrhundert n. Chr. ist wirklich sehenswert; es zählt mit einem Durchmesser von 115 Metern und vierzehn Treppenaufgängen zu den größten römischen Theatern in Syrien. Die Bedeutung von Cyrrhus

resultierte aus seiner Lage an einer der wichtigsten Straßen im römischen Verkehrsnetz Nordsyriens. Welche Leistungen die römischen Straßenbauer in diesem Raum vollbrachten, läßt sich bestens an den beiden erhaltenen Brücken nachvollziehen, die man, der Teerstraße weiter folgend, anschließend überquert. Die sechs Bögen der ersten, 120 Meter langen Brücke über den Sabun sind bis zu zehn Meter breit, die zweite, über neunzig Meter lange Brücke über den 'Afrin wird von nur drei, noch breiteren Bögen getragen. Die über fünf Meter breite Fahrbahn trägt bis heute noch den gesamten Verkehr! Diese Leistung stellt den römischen Architekten ein Zeugnis aus, das man den Betonbrückenbauern der Neuzeit in zweitausend Jahren wohl kaum zubilligen wird. Es wäre bedauerlich, wenn diese einmaligen architektonischen Monumente einem geplanten Staudammprojekt zum Opfer fallen würden.

Ebla, Ma'arra und die »Toten Städte« im Südwesten

Auch der im folgenden beschriebene Ausflug von Aleppo aus ist an einem Tag nur zu schaffen, wenn man auf längeres Sinnieren und Meditieren über die Vergänglichkeit der Welt verzichtet, was allerdings in Anbetracht der ›Geisterstädte‹, die auf dem Weg liegen, schwerfallen dürfte; es ist daher in jedem Fall ratsamer, zwei bis drei Tage einzukalkulieren.

Ebla

Man verläßt Aleppo auf der Autobahn in Richtung Damaskus, biegt nach circa fünfzig Kilometern an einer sehr schlecht beschilderten Ausfahrt nach links ab und gelangt wenige Kilometer später nach **Tell Mardikh**, einem kleinen Dorf, das heute neben dem altorientalischen Ebla liegt. Als sich der italienische Archäologe Paolo Mathiae 1963, nach einer Forschungsreise durch Syrien, entschloß, aus den Hunderten von Tells ausgerechnet Tell Mardikh auszuwählen, woraufhin er im folgenden Jahr den Spaten ansetzte, hatte ihn vor allem der gewaltige Umfang des von vier Einkerbungen unterbrochenen Ovals eines Erdwalls dazu bewogen. Vier Jahre sollte es dauern, bis er überhaupt einen ersten Hinweis erhielt, was er da eigentlich ausgrub. Keramik und Teile von Skulpturen hatte man zwar in großen Mengen gefunden und konnte sie auch annähernd auf das 3. Jahrtau-

Oben: Die gebänderte Fassade des Wüstenschlosses Kasr Ibn Wardan aus dem 6. Jahrhundert wirkt wie eine Vorwegnahme des typischen Bänderdekors aus mamlukischer Zeit. Unten: Kurdische Frauen am Grab des Nabi Huri, einem beliebten volkstümlichen Heiligtum.

send v. Chr. datieren, doch fehlten schriftliche Dokumente. Eine akkadische Weihinschrift für die Venusgöttin Ishtar, in der sich ein gewisser Ibbit-Lim als »König des Volkes von Ebla« bezeichnete, gab dann einen Hinweis. Doch erst 1974, zehn Jahre nach Beginn der Grabung, wurden im Königspalast die ersten Tontafeln mit Keilschrifttexten entdeckt, die dies eindeutig bestätigten. Die Zahl der Keilschrifttafeln, von denen viele auf jeder Seite dreißig Spalten mit rund dreitausend Zeichen aufweisen, wuchs in den folgenden Jahren auf etwa 20.000 an. Es ist das Verdienst des italienischen Altorientalisten Giovanni Pettinato, zunächst einmal festgestellt zu haben, daß es sich bei der verwendeten Sprache um eine dem Kanaatischen, Phönizischen, Hebräischen und Arabischen sehr eng verwandte semitische Sprache handelte, der er – naheliegend – den Namen »Eblaitisch« gab.

Die Auswertung dieser Tafeln wird noch Jahrzehnte dauern, doch haben Namen wie Abraham, David und Israel, die darauf erscheinen, schon Ende der siebziger Jahre zu politischer Aufregung geführt, mußte doch Syrien fürchten, daß Israel diese Texte dazu nutzen würde, auch Syrien als Teil seines von Gott bestimmten Territoriums zu betrachten. Inzwischen haben sich die Gemüter weitgehend beruhigt, und das Reich von Ebla, seine Sprache und seine Kultur, wird als das angesehen, was es war: ein blühendes wirtschaftliches und politisches Zentrum mit einer semitischen Bevölkerung, die bereits die Stoffe jener Legenden kannte, die ein Jahrtausend später im Alten Testament niedergeschrieben wurden. Die Erben sind Araber und Juden gleichermaßen.

Der Ort war bereits Mitte des 4. Jahrtausends besiedelt, erlebte seine Blüte aber erst zwischen 2500 und 1650 v. Chr. Die Stadt Ebla bedeckte eine Fläche von fast sechzig Hektar und war von einem befestigten ovalen Verteidigungswall umgeben, der im Osten heute noch zwanzig Meter aufragt. Vier Tore im Nordwesten, Südwesten, Nordosten und Südosten führten in die Stadt. Heute fährt man, am Grabungshaus vorbei, durch eine Senke im Wall, die das Nordwest-Tor markiert, auf das Gelände, in dessen Mitte sich ein Hügel mit der sogenannten Akropolis, der Oberstadt, erhebt. Bevor man diese erreicht, liegt links des Weges, in der Unterstadt, der von den Archäologen »Areal P« genannte Palastkomplex, in dem der König wichtige zeremonielle Handlungen ausführte. Dem Laien springt am Westhang der Akropolis sofort der breite Treppenaufgang ins Auge, der in den Königspalast führte. Vor der Treppe befand sich die Audienzhalle, deren Dach durch Holzsäulen abgestützt war; die vier

Tontafel aus Ebla um 2400 v. Chr.

Löcher, in die sie eingepflanzt waren, sind noch zu sehen. In einem der Räume südlich des Treppenaufgangs wurde übrigens der größte Teil der 17.000 Keilschrifttafeln entdeckt. Südlich dieses Palastes wurden in der Unterstadt westlich der Akropolis die Spuren eines weiteren Palastbaus, der mit 115 Metern Länge gewaltige Ausmaße hatte, sowie von drei Tempeln ausgegraben, die dem Wettergott Hadad, dem Gott der Unterwelt Rashap beziehungsweise dem Kult für die verstorbenen Ahnen des Königs geweiht waren. Von den Stadttoren haben sich die gewaltigen Grundmauern des im Südwesten gelegenen (mit Außentor, zentralem Hof und Innentor) am besten erhalten. Die bedeutenden Funde aus Ebla sind heute vor allem in den Museen von Idlib, Aleppo und Damaskus ausgestellt.

Der Dichter Abu l-'Ala' al-Ma'arri

Untrennbar mit Ma'arra verbunden ist der Name Abu 1-Ala' al-Ma'arri, der hier 973 geboren und 1058 gestorben ist. Abu 1-'Ala', einer der bedeutendsten Dichter und Freidenker, den die arabische Welt hervorgebracht hat, war im Alter von nur vier Jahren nach einer Pockenerkrankung völlig erblindet. Seine sprachliche und literarische Ausbildung erhielt er in Aleppo, Tripoli und Antiochia. Zurück in Ma'arra verbreitete sich sein Ruhm als Dichter weit über Syrien hinaus. Mit 37 Jahren machte er sich schließlich auf den Weg nach Bagdad, dem damaligen kulturellen Zentrum, doch wurde er dort nicht nur in Ehren empfangen, sondern auch angefeindet, weshalb er enttäuscht in seine Heimatstadt zurückkehrte. Die Erfahrungen in Bagdad und der baldige Tod seiner Mutter veränderten sein Leben und sein Denken entscheidend. Er zog sich in eine Höhle zurück und gab sich der Askese hin, weshalb man ihm auch den Beinamen »der doppelt Gefangene« *(rahn al-mahbasain)* gab, da er nun sowohl durch seine Blindheit als auch durch seine Askese ›gefangen‹ war. Er wurde zum strengen Vegetarier und mied sogar Eier und Milch.
Seine Askese, die durch die Besuche zahlreicher Verehrer und Schüler immer wieder unterbrochen wurde, darf jedoch nicht darüber hinwegtäuschen, daß er ein bewundernswert kritischer und sehr aktiver Literat blieb, der sich auch nicht scheute, die bestehenden religiösen, politischen und sozialen Verhältnisse anzuprangern. Schon zu seiner Zeit wurde er von ›Fundamentalisten‹ als Ketzer verunglimpft. In der Tat hatte er ein sehr zwiespältiges Verhältnis zu seinem Glauben, dem sunnitischen Islam, und zur Religion überhaupt. Gewiß, er glaubte an Gott, doch setzte er ihn eher mit dem unberechenbaren Schicksal gleich, und das aus der Interpretation des Koran und des Hadith gewonnene angeblich göttliche Gesetz, die *shari'a*, stand für ihn im Gegensatz zur Vernunft. In einem Vers sagt er: »Diene Gott, aber nicht seinen Dienern, / denn das Gesetz versklavt, die Logik befreit!« Er sah keinen Unterschied zwischen den Religionen, die »zwischen uns Haß gesät haben«, und bezweifelte, daß eine von ihnen »allein die Wahrheit besitzt«. Es sind dies aufklärerische Verse, die sich gerade heute wieder so mancher Feindbild-Produzent auf beiden Seiten hinter die Ohren schreiben sollte. Sein Alterswerk, die *Epistel der Vergebung (risalat al-ghufran)*, spielt im Paradies und wurde von Orientalisten mit der *Göttlichen Komödie* von Dante und dem *Verlorenen Paradies* von Milton verglichen, doch hat es bisher keiner gewagt, den sprachlich äußerst schwierigen Text vollständig in eine europäische Sprache zu übersetzen.

Ma'arra (Ma'arrat an-Nu'man)

Zurück zur Autobahn, fährt man dann circa achtzehn Kilometer in Richtung Damaskus bis nach Ma'arra oder Ma'arrat an-Nu'man, wie das Städtchen vollständig heißt. Ma'arra, das antike Arra, hat alle Höhen und Tiefen der syrischen Geschichte mitgemacht, wurde in islamischer Zeit von Byzantinern und Kreuzfahrern ebenso heimgesucht wie es später immer wieder zwischen die Mühlsteine verfeindeter Herrscher von Hama und Aleppo geriet. Angezogen wurden die zahllosen Eroberer von der großen Fruchtbarkeit der Umgebung der Stadt. Bereits auf einer griechischen Inschrift wird sie mit dem Attribut *oinophoros*, »weintragend«, geschmückt. Und der arabische Reisende Ibn Djubair, der die Stadt 1184 besuchte, schreibt über die umliegenden Ländereien: »Sie sind dunkel gefärbt von Oliven-, Feigen- und Pistazienbäumen und allen Fruchtarten; ihre üppigen Gärten und wohlgeordneten Dörfer erstrecken sich über eine Entfernung von zwei Tagesreisen. Es ist eine der fruchtbarsten und ertragreichsten Regionen der islamischen Länder.« (*Tagebuch eines Mekkapilgers*, S.191)

Ma'arra besitzt zwei große Khane aus der frühen Osmanenzeit, die sich an einem Platz am Beginn der Marktstraße gegenüberliegen. Der eine kann nicht besichtigt werden, da sich in ihm eine Kaserne befindet. Der andere, der Khan Murad Pascha, die größte Karawanserei Syriens mit einer Grundfläche von 7000m², dient heute als **Museum**, das die größte Mosaikensammlung Syriens aus der griechischen, römischen und byzantinischen Zeit enthält. Die meisten der Mosaiken stammen aus den »Toten Städten«. Die Exponate sind leier unzureichend beschriftet, aber allein schon die zahlreichen großartigen Tierdarstellungen, die nicht zuletzt auch einen Eindruck von der reichen Fauna des Landes vor zweitausend Jahren vermitteln, lohnen einen Besuch.

Darüber hinaus ist vor allem das quadratische **Minarett der Großen Moschee** sehenswert, das wie eine kleinere Ausführung des Minaretts der Großen Moschee von Aleppo wirkt und vermutlich auch denselben Baumeister hatte. Es stammt aus dem 12. Jahrhundert. In der Nähe des kleinen Suks liegt die **Djami' al-Madrasa**, die »Moschee der Medrese«, auch »Schafiitische Medrese« oder »Medrese des Nuraddin Zanki« genannt, da sich in ihr ein Makam (nicht das Grab) des großen Nuraddin (gest. 1174 in Damaskus) befindet. Die Medrese wird heute noch als Moschee genutzt, bedarf aber dringend einer Restaurierung und wirkt recht unansehnlich.

Serdjilla, al-Bara und andere »Tote Städte«

Von Ma'arra fährt man auf der Landstraße zwölf Kilometer nach Westen bis Kafrunbul. Im Ort stößt man geradeaus auf eine Stoppstraße. Vor dieser biegt man nach rechts (Richtung Norden) ab und fährt nach circa einem Kilometer - noch im Ort - erneut nach rechts. Auf der ganzen Strecke sieht man von nun an ständig byzantinische Ruinen, die von der einst dichten Besiedlung und der Fruchtbarkeit des heute kargen Bodens künden. Zwei Kilometer weiter zweigt rechts ein schmales Sträßchen ab, über das man nach weiteren drei Kilometern nach **Rabi'a** und **Shinshirah** (auch Khirbet Hass genannt) gelangt, zwei einst wohlhabenden Dörfern mit prächtigen Landhäusern, einer Basilika und einem Kloster. Zurück zur Abzweigung und weiter nach Nordosten durchquert man nach vier Kilometern **Btirsa** mit ebenfalls bedeutenden Villen. Wiederum zwei Kilometer weiter zweigt rechts ein Sträßchen ab, das über **B'uda** (wo unter anderem ein Grabmal in Form einer über einem quadratischen Grundriß errichteten Pyramide beachtenswert ist) nach vier Kilometern nach Serdjilla führt.

Sieht man einmal vom Simeonskloster ab, das eine Sonderstellung einnimmt, hat mich **Serdjilla** von allen »Toten Städten« am meisten beeindruckt. Der gute Erhaltungszustand - durch Ausgrabungen und vorbildlich behutsame Restaurationen ergänzt - ist verblüffend und vermittelt den Eindruck, als sei der Ort erst gestern von einem Erdbeben heimgesucht worden und die Bewohner seien geflohen. Blickt man vom höheren Gräberfeld auf die malerisch in einer Senke gelegenen Bauwerke hinab, kann man erahnen, in welcher Blüte diese Region im 5. und 6. Jahrhundert stand. Am besten erhalten sind die Thermen und - vermutlich - das »Rathaus« im Zentrum sowie eine zweigeschossige Villa am Osthang des Geländes.

Zurück bei der Abzweigung fährt man weiter nach Norden und erreicht nach gut einem Kilometer das Dorf **al-Kafr** oder **al-Bara**, das antike Kapropera. Im Dorf biegt man links und dann bei den letzten Häusern rechts und dann nochmals links ab. Allein die Tatsache, daß man hier die Reste von fünf Kirchen gefunden hat, bezeugt, daß der Ort im 5. und 6. Jahrhundert durch seinen Export von Olivenöl zu großem Reichtum gekommen sein muß. Oliven bilden auch heute wieder die wichtigste Lebensgrundlage des Dorfes. Die zahlreichen Steinmäuerchen, durch welche die einzelnen ›Claims‹ abgegrenzt sind, behindern allerdings den Besucher, der sich kreuz und quer das Ruinenfeld erschließen möchte, erheblich. Baugeschichtlich interessant sind vor allem zwei gut erhaltene Grabmäler aus dem 6. Jahrhundert wegen ihres quadratischen Grundrisses und dem hohen pyramidenförmigen Dachaufbau. Das größere der beiden weist außen eine reiche Bauplastik auf und birgt im Innern noch fünf steinerne Sarkophage.

Al-Bara ist unter den »Toten Städten« insofern eine gewisse Ausnahme, als es in islamischer Zeit weiterexistierte, da die Böden nicht in dem Maße verkarstet waren, daß eine landwirtschaftliche Nutzung nicht mehr möglich gewesen wäre. Da der Ort Ende des 11. und in der ersten Hälfte des 12. Jahrhunderts zwischen Kreuzfahrern und verschiedenen muslimischen Herrschern heiß umkämpft war, muß er sogar eine gewisse Bedeutung besessen haben. Erst vom 13. Jahrhundert an wird er von den arabischen Geographen nicht mehr erwähnt. Aus der Kreuzfahrerzeit stammt die kleine dreigeschossige Festung links der Straße am Ausgang des heutigen Ortes; von dort hat man einen schönen Blick über das gesamte Gelände. Unterhalb der Burg liegt eine weitere mittelalterliche Festungsanlage, die auf den Fundamenten einer dreischiffigen Basilika errichtet wurde.

Für die Rückkehr nach Aleppo sollte man die Landstraße über Ariha und Idlib der Autobahn vorziehen. Das dauert natürlich länger, doch dafür kann man unterwegs noch einiges sehen und erleben. Oberhalb des modernen Ortes **Ariha** beispielsweise, im Stadtteil Djebel Arba'in, einer beliebten Sommerfrische mit noblen Villen, kann man in mehreren guten Restaurants fürstlich schlemmen. Die Weiterfahrt bis **Idlib** führt durch Plantagen von Kirsch-, Oliven- und Feigenbäumen. Auch Wein soll in der Gegend gedeihen. Das junge Museum der Distrikthauptstadt Idlib birgt einige interessante Funde aus Ebla. Die Straße hinter Idlib wird von Olivenplantagen und schließlich über weite Strekken von Getreidefeldern gesäumt, vor allem aber von Feldern mit Kichererbsen, aus denen *hommos*, die im ganzen Land beliebte Vorspeise, zubereitet wird.

Hama und Homs

Zwischen den beiden großstädtischen Antipoden Syriens, Damaskus und Aleppo, liegen an der Autobahn zwei kleinere städtische Zentren, lediglich rund vierzig Kilometer voneinander entfernt, die sich im Verlauf der letzten Jahrhunderte nur selten dem Herrschaftsanspruch der einen oder anderen Seite entziehen konnten: Hama und Homs. Aufgrund ihrer Lage in einer wasserreichen Landschaft am Orontes, der in diesem Raum noch zahlreiche Nebenflüsse aufnimmt, waren diese beiden Orte und ihre Umgebung seit vorgeschichtlicher Zeit bevorzugte Siedlungsgebiete. Der Besucher, der etwas Zeit mitgebracht hat, sollte sich in jedem Fall einige Tage in einer der beiden Städte einquartieren, denn auch die Umgebung bietet manch Sehenswertes.

Hama

Die Ursprünge von Hama reichen, wie verschiedene Ausgrabungen gezeigt haben, weit in vorgeschichtliche Epochen, zumindest bis in die Jungsteinzeit, zurück. In historischer Zeit hinterließen hier bereits die Hethiter aus Kleinasien im 2. Jahrtausend v. Chr. ihre Spuren. Im 11. Jahrhundert v. Chr. stand es unter der Herrschaft aramäischer Könige. Unter dem Namen »Hamath« wird es im Alten Testament erwähnt. In den Auseinandersetzungen zur Zeit Salomos mußte es die Oberherrschaft Israels anerkennen, erlangte jedoch bald seine Unabhängigkeit zurück, verlor diese im 8. Jahrhundert v. Chr. allerdings wieder nach langen Kämpfen an die Assyrer. In hellenistischer Zeit wurde es von Antiochos IV. Epiphanes (reg. 175–164 v. Chr.) in »Epiphaneia« umbenannt, und als solches erschien es fortan auch auf Münzen. Bei den vorwiegend semitischen Bewohnern – Aramäern und Arabern – hielt sich jedoch der alte Name der Stadt, der dann nach der arabisch-islamischen Eroberung 636/37 auch wieder ihr offizieller wurde: Hamat oder Hama. Hamat bedeutet auf Arabisch »Schwiegermutter«, worauf auch der Geograph Yakut im 13. Jahrhundert hinwies, doch vermied er es, dies in einen inhaltlichen Bezug zur Stadt zu bringen, so gerne er sonst solche Beziehungen auch herstellte. Yakut, der einen Teil seiner Jugend hier verbracht hatte, schwärmte: »Hamat ist eine große, mächtige

Das Knarren und der brummende Singsang der Norias, der riesigen Wasserräder am Orontes, mit ihrer immer wiederkehrenden Melodie ist die »Hymne« von Hama.

Stadt mit vielen Vorzügen, billigen Preisen, hohem Ansehen und zahlreichen Märkten. Es ist von einer festen Mauer umgeben. Außerhalb der Mauer liegt eine sehr große Vorstadt und eine einzelne Moschee, die über dem Orontes aufragt. An ihm gibt es zahlreiche Wasserräder, die mit seinem Wasser die Gärten der Stadt bewässern. [...] Es ist eine alte Stadt aus vorislamischer Zeit, die [der vorislamische arabische Dichter] Imru l-Kais in einem seiner Gedichte erwähnt hat: ›Aller Anlaß zur Lust verging am Abend, als wir Hama und Shaizar verließen.‹« (Yakut, *Mu'djam al-buldan*, Bd.2, S.331)

Politisch spielte Hama in islamischer Zeit meist nur eine untergeordnete Rolle. Verwaltungsmäßig war es zunächst dem Militärbezirk von Homs zugeschlagen worden, bevor es im 10. Jahrhundert unter die Administration von Aleppo geriet. Danach immer wieder Zankapfel zwischen dem nördlichen und südlichen Syrien, wurde es von den Osmanen dem Wilayet (Distrikt) von Tripoli im Libanon zugeordnet, Mitte des 18. Jahrhunderts dann Damaskus unterstellt. Heute ist Hama die Hauptstadt einer eigenen Provinz. Die Stadt selbst hat rund 230.000 Einwohner.

Hamas Bedeutung war immer vor allem wirtschaftlicher Natur. Nicht zuletzt die Beduinen versorgten sich hier in den Suks. Die Lage in einem fruchtbaren Gebiet am Orontes, dessen Wasser seit vorislamischer Zeit mit einem System großer Schöpfräder, den berühmten Norias (arab. *na'ura*, Mz. *nawa'ir*), in Obst- und Gemüsegärten geleitet wurde, machte es zu einem Zentrum landwirtschaftlicher Produktion.

Die europäischen Reisenden des 19. und 20. Jahrhunderts haben die Stadt gerne als besonders provinziell und rückständig beschrieben, und auch heute haftet ihr selbst bei vielen Syrern immer noch der Ruch an, besonders konservativ zu sein. In der Tat fand hier die Bewegung der Muslim-Brüder in Syrien ihre Hochburg. Der 1982 von ihnen inszenierte Aufstand wurde von der Regierung mit aller Härte niedergeschlagen. Tausende von Menschen haben bei der Bombardierung der Altstadt den Tod gefunden. Auch manches historische Gebäude fiel dabei in Schutt und Asche, so auch die berühmte Omayyadenmoschee.

Spaziergang durch Hama

Die wenigen Sehenswürdigkeiten, die in der Stadt selbst einen Besuch lohnen, liegen alle am Orontes oder nicht weit von ihm entfernt zwischen den sogenannten »Vier Norias« im Osten und der »Großen Noria« im Westen. Die heute in Hama erhaltenen insgesamt fünfzehn Schöpfräder (im gesamten Bezirk finden sich am Orontes noch über hundert) sind bis zu zwanzig Meter hoch und tragen alle eigene Namen. Sie sind das berühmteste Markenzeichen, und der knarrende, brummende Singsang der riesigen Räder mit seiner immer wiederkehrenden Melodie ist gewissermaßen die Hymne der Stadt.

Von der Autobahn aus Aleppo kommend, überquert man den Orontes bei der Noria al-Ma'muriye am Rande der Altstadt. Man sollte noch vor der Brücke in der Nähe des Tourismusbüros parken und sich das kleine Areal der Altstadt zu Fuß erwandern. Flußabwärts auf der gegenüberliegenden Seite erhebt sich der al-'Azm-Palast, in dem sich auch ein Museum befindet. Kurz bevor man den Palast erreicht, liegt links an einem Bogen, der die Gasse überspannt, der **Hammam 'Uthmaniye**, der, wie der Name schon sagt, noch aus der Osmanenzeit stammt. Im Vergleich zu den Prachtbädern in Damaskus oder Aleppo ist diese Anlage jedoch recht bescheiden. Bis zum Mittag steht das Bad Männern, nachmittags Frauen und nach Sonnenuntergang wieder Männern offen. Mangels Kunden bleibt es in der heißen Jahreszeit manchmal geschlossen.

Der zweigeschossige **al-'Azm-Palast** wurde 1740 von As'ad Pasha al-'Azm errichtet, jenem Mitglied der berühmten al-'Azm-Familie errichtet, der auch den nach ihm benannten al-'Azm-Palast in Damaskus erbaut hat. Sein Neffe Nasuh Pasha fügte 1780 im Norden einen Salamlik, also einen Gäste- und Männertrakt, an, worauf der ursprüngliche und wesentlich größere Teil nur noch als Haramlik, als privater Wohnbereich, genutzt wurde. Nasuhs Sohn schließlich integrierte zwischen beiden Trakten ein Bad, in dem heute mit lebensgroßen Figuren eine Badeszene nachgestellt ist. Das Gebäude, das während des Aufstandes 1982 besonders im Obergeschoß erheblich beschädigt wurde, wird derzeit vollständig restauriert. Die in Depots ausgelagerten Ausstellungsstücke sollen nach Abschluß der Arbeiten in einem neuen Archäologischen Museum zusammengefaßt werden.

Durch einen mehrfach abknickenden Eingangskorridor *(dihliz)* erreicht man einen wunderschönen, begrünten Innenhof mit einem großen achteckigen Wasserbassin, hinter dem sich ein prächtiger Iwan öffnet. Ungewöhnlich ist, daß die Stallungen und Räume für Futtermittel im Parterre in den Palastbau integriert sind. Sie bergen heute jenen Teil des **Museums**, in dem vor allem byzantinische Glas- und Porzellanwaren sowie Mosaike gezeigt werden. Unter den Mosaiken, die zum Teil auch im Hof ausgestellt sind, findet sich auch eines mit der Darstellung einer Noria. Über eine Treppe erreicht man einen zweiten Innenhof im Obergeschoß, ebenfalls mit einem Bassin. Dem Wohntrakt ist dort eine Säulenhalle vorgelagert. Im Inneren, unter der Kuppel, zunächst ein Vorraum, eine sogenannte *atabah*, die noch mit Schuhen betreten werden durfte. Ein Springbrunnen in der Mitte verbreitete angenehme Kühle. Zum Vorraum öffnen sich drei Iwane, die bereits restauriert wurden. Einige Räume im Obergeschoß enthalten eine Folklore-Ausstellung. In den wesentlich kleineren, ebenfalls zweigeschossigen Salamlik gelangt man vom Eingangsbereich aus durch einen getrennten Korridor, von dem man auch das Bad erreicht.

Folgt man vom Eingang des Palastes der Gasse nach rechts weiter, hört man nach einiger Zeit erneut das inzwischen vertraute Brummen zweier Norias. Unmittelbar bei ihnen führt die Gasse unter einer Moschee durch, zu der man hinter dem Durchgang über eine Treppe hinaufsteigt Die hübsche **Nuri-Moschee** mit einem quadratischen Minarett und auffallend großem Wasserbassin im Hof wurde 1162/63 unter dem großen Nuraddin errichtet und in der ersten Hälfte des 14. Jahrhunderts von Abu l-Fida', von dem wir gleich noch mehr hören werden, erweitert. Bis vor wenigen Jahren war die Moschee berühmt wegen ihres prächtig geschnitzen Minbars. Als ich ihn bei meinem letzten Besuch nicht mehr vorfand und den Imam der Moschee darauf ansprach, verhehlte er nicht seinen Groll gegenüber Damaskus, wohin man die Kanzel angeblich ›entführt‹ hatte, wollte aber nicht weiter darauf eingehen.

Die Nuri-Moschee liegt am Fuße des Zitadellenhügels von Hama, der außer einer schönen Aussicht nichts Nennenswertes mehr zu bieten hat. Um ihn herum führt die ar-Riyad-Straße. Folgt man dieser zwischen dem Hügel und dem Orontes, sieht man jenseits des Flusses die kleine **Abu-l-Fida'-Moschee**, zu der man die Brücke überquert und sich dann links hält.

Der Name der Moschee geht auf ihren Bauherrn zurück, einen der bedeutendsten jener Männer, deren Name untrennbar mit der Stadt verbunden ist: Isma'il Abu l-Fida' aus dem Geschlecht der Ayyubiden. Er war der einzige aus dieser großen Herrscherfamilie, der sich mit den Mamluken arrangieren konnte. 1310 zum Statthalter von Hama ernannt, erhielt er 1320 in Kairo sogar die Sultanatswürde für Syrien und den Ehrentitel al-Malik al-Mu'ayyad (»der unterstützte König«), womit er über die anderen mamlukischen Statthalter in Syrien gestellt wurde. Bis zu seinem Tode 1331 hatte somit Hama erstmals – und letztmalig – einen führenden Platz in der islamischen Geschichte Syriens inne. Abu l-Fida' ist in die arabische Geschichte jedoch weniger als Staatsmann eingegangen denn als Schriftsteller. Die meisten seiner Abhandlungen über juristische, religiöse und literarische The-

Der 1740 erbaute al-'Azm-Palast in Hama beherbergt heute ein Museum. Sehenswert sind vor allem die byzantinischen Mosaike, darunter ein Fußbodenmosaik mit der Darstellung eines Orchesters (Ausschnitt oben) aus dem 5. Jahrhundert n. Chr.

men sind verloren; erhalten haben sich jedoch sein *Abriß der Geschichte der Menschheit* und seine *Geographie der Länder*, die zu Standardwerken des späten arabischen Mittelalters wurden.

Das überkuppelte **Mausoleum** des Stifters liegt rechts unmittelbar hinter dem Eingang in den Moscheehof. Der freundliche Wärter schließt den Besuchern gerne auf. In den steinernen Sarkophag ist eine schöne Inschrift mit dem sogenannten Thronvers (Koran 2,255) eingemeißelt. Im gepflegten und lichtdurchfluteten Betraum der Moschee selbst fallen an der Mihrab-Wand zwei ungewöhnliche Säulen auf, die wie aus Schlangenleibern geflochten scheinen, weshalb die Moschee auch den Namen Djami' al-Hayyat, »Schlangenmoschee«, trägt.

Im Westen des Zitadellenhügels erhebt sich die bei den bewaffneten Kämpfen von 1982 zerstörte und danach wiederaufgebaute **Omayyadenmoschee**. Sie wird gegenwärtig neu aufgebaut, doch wecken die Betonmischmaschinen Zweifel, ob es gelingen wird, ihr das alte Flair zurückzugeben. Einst war sie die berühmteste und bedeutendste Moschee der Stadt, die dem Vorbild der gleichnamigen Moschee in Damaskus nachempfunden und wie diese in der ersten Hälfte des 8. Jahrhunderts erbaut worden war. Ganz in der Nähe steht eine **römisch-orthodoxe Kirche**, die laut Bauinschrift erst 1986 fertiggestellt wurde.

Abgesehen von diesem Spaziergang sei eiligen Besuchern empfohlen, sich noch Zeit zu nehmen und eine Weile durch die Suks der Altstadt zu schlendern, wobei vor allem der **Suk at-Tawil**, »der lange Suk«, sehenswert ist. Hier und in der näheren Umgebung finden sich eine Reihe von historischen, inzwischen meist zweckentfremdeten Khanen, die aber im Vergleich zu den großen Khanen in Damaskus und Aleppo recht unbedeutend erscheinen. Das bunte, geschäftige und doch orientalisch gemächliche Treiben in den Suks entschädigt hinreichend für fehlende Kunstgenüsse. Selbst wenn die Zeit für ein gemütliches Flanieren durch die Suks nicht reicht, sollte man zumindest den für ihre Küche berühmten Restaurants von Hama einen Besuch abstatten. Besonderer Beliebtheit erfreuen sich die Lokale bei den sogenannten »Vier Norias« *(arba'a nawa'ir)* am Rande der Stadt, wo man beim Verzehr einer köstlichen *mezze* und einem Glas Arak nochmals dem Gesang der Schöpfräder lauschen kann.

Ausflüge in die Umgebung von Hama

Shaizar

Shaizar beziehungsweise Kal'at Shaizar (23 Kilometer nordwestlich von Hama an der Landstraße) ist heute ein größeres Dorf, das von den Resten einer imposanten arabischen Festung überragt wird. Auf der vom Dorf abgewandten Seite fällt der Burgberg steil zum Orontes ab. Allein der Blick in die romantische Schlucht lohnt den Aufstieg. »Von oben«, so schrieb einst der deutsche Orientalist Eduard Sachau, der Shaizar im Herbst 1879 besuchte, »sieht man aus schwindelerregender Höhe an den senkrecht abfallenden Felswänden auf das enge, wildromantische Strombett hinab, durch welches der Orontes, über zahlreiche, ungestaltige Blöcke hinweg hüpfend, brausend seinen Weg nimmt.« (E. Sachau, *Reise in Syrien und Mesopotamien*, S.68)
Die Festung **Shaizar** ist eine arabische Neugründung aus der Kreuzfahrerzeit und war längere Zeit Stammsitz des sunnitischen Emirgeschlechts der Banu Munkidh. Der Ort wird jedoch schon in den in Ägypten gefundenen Korrespondenzen der ägyptischen mit vorderasiatischen Herrschern, den sogenannten Amarna-Briefen aus dem 14. Jahrhundert v. Chr., und in verschiedenen altägyptischen Texten erwähnt. Er hieß in der Antike Larissa, bei den Kreuzfahrern Caesarea. Obwohl häufigen Angriffen von Byzantinern, Kreuzfahrern und Ismailiten ausgesetzt, wurde die Festung in jener Zeit dank ihrer Lage auf einem schmalen Felsgrat niemals eingenommen. Im Jahr 1157 wurde sie - wie viele andere Orte in Syrien - von einem Erdbeben fast völlig zerstört. Wenige Jahre später von Nuraddin wieder aufgebaut, wurde sie 1260 von den Mongolen erobert und zumindest teilweise verwüstet. Nach erneuter Befestigung durch die Mamluken scheint sie vom 16. Jahrhundert an dem endgültigen Verfall preisgegeben worden zu sein.
Sie liegt auf einem langen, schmalen und steilen Felsgrat, der von Norden nach Süden verläuft, im Norden und Osten vom Orontes gesäumt wird und nach Westen einen Blick in die weite Ebene freigibt; im Süden ist die Festung durch einen künstlichen Graben vom Rest der Felsformation getrennt. Da sich das Oberdorf von Shaizar bis zum Beginn unseres Jahrhunderts innerhalb der Befestigungsanlagen befand, ist dort die alte Bausubstanz in ihrer ursprünglichen Anordnung und Funktion kaum

Usama ibn Munkidh: Exkurs über das Kämpfen

Der berühmteste Sproß der Banu Munkidh, die ihren Stammsitz auf der Burg von Shaizar hatten, war Emir Usama ibn Munkidh. Um 1095 geboren und in hohem Alter 1188 gestorben, war er nicht nur ein Zeitgenosse Saladins, sondern überhaupt ein Zeuge der wichtigsten Auseinandersetzungen mit den Kreuzfahrern. Außer mit Schwert und Lanze wußte er auch mit dem Schreibrohr umzugehen, hatte eine breite Bildung genossen und verfaßte rund ein Dutzend Werke, von denen leider nur wenige erhalten sind. Es ist ein besonders glücklicher Zufall, daß gerade seine Memoiren – ein äußerst seltenes Genre in der klassischen arabischen Literatur – die Zeit überdauert haben. *Lernen anhand von Beispielen* nannte er das Buch, das er im Alter von über achtzig Jahren schrieb und in dem er ein Kaleidoskop von Erlebnissen und Anekdoten aus seinem langen und bewegten Leben ausbreitet. Hier sollen nur zwei Beispiele genannt werden:

Von der Tapferkeit eines alten Mannes

»Ein Kurde namens Hamadat, der sich seit langem in unserer Gefolgschaft befunden [...] hatte, war alt geworden, sah schon schlecht, und seine Söhne waren herangewachsen. Deshalb sagte mein Oheim ʿIzzaddin zu ihm: ›Hamadat, du bist alt und schwach geworden. Du hast dir uns gegenüber Ansprüche erworben und auch das Recht, daß wir nun auch dir einen Dienst erweisen. Wie wäre es deshalb, wenn du dich ganz deiner Moschee widmetest‹ – er hatte eine Moschee vor seiner Haustür –, ›wir deine Söhne ins Soldregister aufnähmen und du, solange du in der Moschee weilst, monatlich zwei Golddinare und eine Traglast Mehl erhieltest?‹ Hamadat stimmte zu, worauf man ihm das Versprochene zukommen ließ. Schon nach kurzer Zeit kam er jedoch zu meinem Oheim und sagte: ›Mein Fürst, es widerstrebt mir, mich ständig an mein Haus zu binden. Es erscheint mir wünschenswerter, auf meinem Pferd getötet zu werden, als in meinem Bett zu sterben.‹ – ›Wie du willst‹, erwiderte mein Oheim und ließ ihm wieder seinen früheren Sold auszahlen.

Nur wenige Tage später griff uns der Graf von Cerdagne, der Herr von Tripoli, an. Rasch machten sich unsere Leute auf, um den Franken entgegenzutreten. Hamadat, der sich auch unter ihnen befand, hielt, nach Süden gewandt, auf einer Anhöhe an, als ein fränkischer Ritter von Westen her auf ihn losstürmte. ›Hamadat!‹ rief ihm einer unserer Gefährten zu, worauf er sich umwandte und den Ritter auf sich zukommen sah. Sogleich drehte er sein Pferd nach Norden, hielt seine Lanze fest in der Hand und stieß sie dem Franken mit solcher Wucht in die Brust, daß sie ihn durchbohrte. Am Hals des Pferdes hängend und in den letzten Zügen liegend ritt der Franke zurück. Nach der Schlacht sagte Hamadat zu meinem Oheim: ›Mein Fürst, wer hätte diesen Stoß mit der Lanze geführt, wenn ich in der Moschee geblieben wäre?!‹ [...]

Ist Kämpfen mit dem Verstand vereinbar?

Eines Tages unterhielten wir uns über das Kämpfen, während mein Erzieher, der gelehrte Scheich Abu Abdallah Mohammed ibn Yusuf, der unter dem Namen Ibn al-Munira bekannt war, zuhörte. Da sagte ich zu ihm: ›Mein Lehrmeister! Wenn du auf einem Pferd reiten würdest, einen gefütterten Panzer und einen Helm angelegt hättest, eine Lanze und einen Schild tragen würdest und wenn du dich dann am Mashhad Ali - eine enge Stelle, die die verfluchten Franken zu passieren pflegten - postieren würdest, würde keiner von ihnen an dir vorbeikommen.‹ - ›O doch! Alle würden sie vorbeikommen, bei Gott!‹ erwiderte er. Da erklärte ich ihm: ›Nicht wissend, wer du bist, würden sie aber Angst vor dir haben!‹

›Gepriesen sei Gott! Ich weiß doch selbst nicht, wer ich bin!‹ gab er zurück und fuhr fort: ›Usama, niemand mit Verstand kämpft.‹ Da zählte ich ihm eine Reihe unserer tapfersten Ritter auf und fragte ihn, ob er diese denn alle für verrückt halte. Da sagte er: ›Das meinte ich nicht. Ich wollte vielmehr damit sagen, daß zur Zeit des Kampfes der Verstand abwesend ist. Wäre er nämlich zugegen, würde kein Mensch sein Gesicht den Schwertern und seine Brust den Lanzen und Pfeilen darbieten. Dies ist nichts, was der Verstand entscheidet.‹ Der Scheich - Gott sei ihm gnädig! - verstand mehr von seiner Wissenschaft als vom Kriegshandwerk.«

(Usama, Ein Leben im Kampf gegen Kreuzritterheere, *S.67f., 105)*

Krummschwert (Ugarit)
15.–14. Jahrhundert v. Chr.

mehr rekonstruierbar. Gut erhalten sind dagegen der gewaltige Torturm im Norden, der vom Ende des 13. Jahrhunderts stammt und zu dem man über eine Steinbrücke hinaufsteigt, sowie im Süden - den künstlichen Grabeneinschnitt hoch überragend - der mächtige Donjon mit dreischiffigen Sälen in zwei Stockwerken und Tonnengewölben im Keller; laut einer Inschrift datiert er aus dem Jahre 1233, war also Teil des von Nuraddin betriebenen Wiederaufbaus.

Apameia (Kal'at al-Mudik)

Beim Verlassen des Dorfes Shaizar überquert man den Orontes, wobei links auf einem Inselchen im Fluß eine große Noria ins Auge fällt. Man folgt der Landstraße zunächst circa zwanzig Kilometer in nordwestlicher Richtung bis as-Sukailibiye und dann auf der Hauptstraße weitere fünf Kilometer, worauf man die Stadt **Kal'at al-Mudik** und damit das alte Apameia erreicht, die neben Bosra und Palmyra bedeutendste und beeindruckendste Stadtanlage Syriens aus hellenistischer Zeit.

»Seleukos erbaute im sechsten Jahr nach dem Tode Alexanders des Großen Antiochia, Seleukeia, Apameia und Beroia, und letzteres ist Aleppo«, schreibt der arabische Geograph Yakut im 13. Jahrhundert; aus anderen Quellen können wir noch Laodikeia (Latakiye) als weitere Gründung des Seleukos I. Nikator vom Ende des 4. Jahrhunderts v. Chr. hinzufügen. Wie die anderen genannten Städte war allerdings auch Apameia keine wirkliche Neugründung des Seleukos, denn wir kennen auch die älteren Namen der Stadt, nämlich Pharnake und Pella, und verschiedene Funde haben gezeigt, daß menschliche Siedlungsspuren wohl bis in die Altsteinzeit zurückreichen. Den neuen Namen Apameia wählte Seleukos zu Ehren seiner Frau, der persischen Prinzessin Apame.

Wie grundlegend er die Stadt nun nach griechischem Vorbild umgestaltete, läßt sich im einzelnen nicht mehr nachvollziehen, da die heute noch vorhandenen eindrucksvollen Reste im wesentlichen aus römischer und byzantinischer Zeit stammen. Im Jahr 64 v. Chr. hatte Pompeius die Stadt erobert und die Zitadelle zerstören lassen. Unter den Römern gelangte Apameia aber rasch zu neuer Blüte und - die Ruinen legen davon beredtes Zeugnis ab - zu großem Reichtum. Bei einer Volkszählung zu Beginn unserer Zeitrechnung wurden 117.000 freie Männer gezählt, weshalb die Gesamtbevölkerung damals aus mindestens einer halben Million Menschen bestanden haben muß. Im 4. Jahrhundert bereits Sitz eines Bischofs, entwickelte es sich im

Die fast zwei Kilometer lange und vierzig Meter breite Hauptachse der römischen Kolonnadenstraße in Apameia zog sich von Norden nach Süden durch die antike Stadt. Das massive Quadermauerwerk hat zahlreichen Erdbeben standgehalten.

Im Kampf gegen die Kreuzfahrer: Der ›durchbohrte‹ Ritter

Strategisch bildete das von den Kreuzfahrern gehaltene Apameia in dieser Zeit den nördlichen Punkt eines Dreiecks, dessen andere Ecken die Festung Masyaf im Süden, wo sich die Ismailiten festgesetzt hatten, und Shaizar im Osten, der Stammsitz des sunnitischen Geschlechts der Banu Munkidh, darstellten. Die Länge der Seiten dieses ›Dreiecks‹ beträgt jeweils nur rund vierzig Kilometer. Kleinere Scharmützel, Überfälle und überraschende Attakken waren an der Tagesordnung, doch auch freundschaftliche Begegnungen fanden statt. Usama ibn Munkidh hat in seiner Autobiographie aus dieser Zeit das ›nachbarschaftliche‹ Leben zwischen diesen drei verfeindeten Festungen anschaulich beschrieben. Er war noch ein junger Bursche, als er sich gegen die Kreuzritter von Apameia die ersten Sporen verdienen wollte. Ritter Roger von Antiochia war gerade (1119) gefallen, und in Erwartung einer weiteren Schlacht waren die Festungen von Apameia und Shaizar von ihren Besatzungen weitgehend entblößt, da diese sich im Norden Syriens erneut formierten. Auch Usamas Onkel, damals der Herr von Shaizar, war mit seinen Mannen aufgebrochen. Zurück blieb der junge Usama mit wenigen Kämpfern. Was sich dann abspielte, beschreibt er selbst:
»Einige Tage, nachdem mein Onkel aufgebrochen war, rief uns der Herold zum Sammeln. In der Überzeugung, daß sich in Apameia keine fränkische Reiterei mehr befände, zog ich mit einer kleinen Reiterschar los, die aus kaum zwanzig Mann bestand. Begleitet wurden wir von einer großen Menge von Plünderern und Beduinen. Als wir das Bohemund-Tal erreichten und die Plünderer und Beduinen sich über die Felder verstreut hatten, griff uns eine große Schar von Kreuzfahrern an, die gerade in der letzten Nacht durch sechzig Reiter und sechzig Fußsoldaten Verstärkung erhalten hatte. Sie vertrieben uns aus dem Tal, und wir flohen vor ihnen her, bis wir bei unseren Leuten anlangten, die in den Feldern plünderten und nun ein gewaltiges Geschrei erhoben. Da erschien mir mein eigener Tod plötzlich unbedeutend im Vergleich zum Untergang all dieser Leute, die sich mir angeschlossen hatten. Ich machte kehrt und griff einen Reiter an der Spitze der Franken an. Er hatte sein Kettenhemd von sich geworfen, um sich leichter zu machen und uns einholen zu können. Ich versetzte ihm einen Lanzenstoß gegen die Brust, und er flog tot aus dem Sattel. Dann wandte ich mich den folgenden Reitern zu, doch diese machten kehrt und flohen. Obwohl ich im Kampf noch völlig unerfahren war, da ich vor diesem Tag noch an keiner Schlacht teilgenommen hatte, jagte ich ihnen auf meinem vogelschnellen Pferd, bald mit der Lanze angreifend, bald Deckung suchend, hinterher.
Am Ende des Zuges der Franken befand sich ein Ritter der Franken in Kettenhemd und Panzer auf einem Rappen, der so riesig war wie ein Kamel. Ich fürchtete, der Ritter könnte mich immer weiter hinter sich herlocken, um dann plötzlich umzudrehen und sich auf mich zu stürzen. Da sah ich, wie er sein Pferd mit dem Sporn antrieb, worauf das Tier mit dem Schweif wedelte. Ich merkte daran, daß das Pferd bereits erschöpft war. Sogleich griff ich ihn an und traf ihn derart

mit meiner Lanze, daß diese ihn durchbohrte und vorne eine Elle weit herausragte. Wegen des geringen Gewichtes meines eigenen Körpers, der Wucht des Lanzenstoßes und der Schnelligkeit meines Pferdes rutschte ich selbst aus dem Sattel. Ich wich etwas zurück und zog meine Lanze aus dem Franken, wobei ich fest davon überzeugt war, daß ich ihn getötet hatte. Dann sammelte ich meine Gefährten. Sie waren alle heil davongekommen.«

Die weitere Schilderung Usamas von seiner glücklichen Heimkehr nach Shaizar können wir hier übergehen. Aufschlußreich ist aber das Ende seines Berichts:

»Einige Tage später kam auch mein Onkel [...] zurück. Zu einer Zeit, zu der er dies sonst nicht zu tun pflegte, ließ er mir durch einen Boten ausrichten, ich solle zu ihm kommen. Als ich bei ihm eintraf, fand ich in seiner Gegenwart einen Franken, und mein Onkel erklärte mir: ›Dieser Ritter hier ist aus Apameia gekommen, um jenen Reiter zu sehen, der dem Ritter Philipp einen Lanzenstoß versetzt hat. Die Kreuzfahrer sind nämlich sehr erstaunt darüber, daß die Lanze zwar beide Schichten des Kettenpanzers durchbohrt hat, der Ritter aber unversehrt geblieben ist.‹ Auf meine Frage, wie dies denn möglich sei, sagte mir der Franke, mein Lanzenstoß habe den Ritter lediglich an der Hüfte gestreift.« (Usama, *Ein Leben im Kampf gegen Kreuzritterheere*, S.57ff.)

Die Erklärung dieses seltsamen Geschehens ist wohl darin zu suchen, daß besagter Ritter dürr wie Don Quijote war und den Panzer nicht ausfüllte, weshalb die Lanze zwar durch den Panzer, aber ihm nicht durch den Körper fuhr. Bemerkenswerter als diese Tatsache ist jedoch zweifelsohne, daß sich nach derlei ›sportlichen‹ Begegnungen die Kontrahenten offenbar zu treffen pflegten, um – vergleichbar unseren Fußballtrainern – das ›Spiel‹ im Nachhinein zu analysieren.

Widerstreit mit dem an Bedeutung verlierenden ›Heidentum‹ zu einem Zentrum der monophysitischen Kirche, die nach ihrer Verurteilung auf dem Konzil von Chalkedon 451 auch in Gegensatz zu Byzanz geriet. (Die monophysitische Kirche vertrat die Lehre von der einen Natur Christi und stellte sich damit in Gegensatz zur Zwei-Naturen-Lehre, welche in Christus eine göttliche und eine menschliche Natur verkörpert sah.) Dies wie auch mehrere Erdbeben und die zweimalige Eroberung durch die Sasaniden (540 und 613) mit allen damit verbundenen Zerstörungen blieben nicht ohne negativen Einfluß auf die Bedeutung der Stadt. Als die muslimischen Araber nach der Eroberung von Damaskus auch Homs und Hama ohne Widerstand einnahmen, zogen ihnen - so eine frühe arabische Quelle - die Bewohner von Apameia entgegen, verneigten sich vor den neuen Herren und zahlten ohne Murren Kopf und Grundsteuer. Bis ins 10. Jahrhundert wird Apameia zwar fortan als Sitz eines monophysitischen (jakobitischen) Bischofs genannt, doch hatte es seine Blütezeit längst hinter sich. Strategische Bedeutung erlangte es nochmals in den Auseinandersetzungen mit Byzanz im 10. Jahrhundert und später zur Zeit der Kreuzzüge. So gelang es den Byzantinern, sich von 975 bis 993 in der Stadt festzusetzen, bevor sie von den Fatimiden wieder daraus vertrieben wurden. Der Normanne Tankred von Antiochia eroberte die Festung 1106, worauf sich die Kreuzfahrer fast ein halbes Jahrhundert darin einnisteten.
Erst Nuraddin konnte 1149 die Kreuzfahrer endgültig aus Apameia vertreiben. Das große Erdbeben von 1157 tat dann auch hier sein Zerstörungswerk, und die Ansiedlung, die sich inzwischen - wie zum größten Teil auch noch heute - auf den Festungshügel beschränkte, fiel in Bedeutungslosigkeit.

Die römische und byzantinische Stadt behielt beim Wiederaufbau nach dem schweren Erdbeben 115 n. Chr. den griechischen schachbrettartigen Grundriß bei, wobei die fast 1,8 Kilometer lange Hauptachse, die das unregelmäßige Rechteck von Norden nach Süden durchschnitt, und ihre fünfzehn Parallelstraßen von sechzehn Querstraßen gekreuzt wurden. Die Hauptstraße mit ihren an beiden Seiten entlangführenden Säulengängen hatte die stattliche Breite von fast vierzig Metern und war somit noch erheblich breiter als jene von Palmyra. Umgeben war Apameia von einer gewaltigen Stadtmauer, durch die sieben Tore in die Stadt führten und die zum Teil noch gut erhalten ist. Sie paßte sich landschaftlichen Gegebenheiten an und war somit nicht vollkommen geometrisch angelegt. Der Zitadellenberg, auf dem

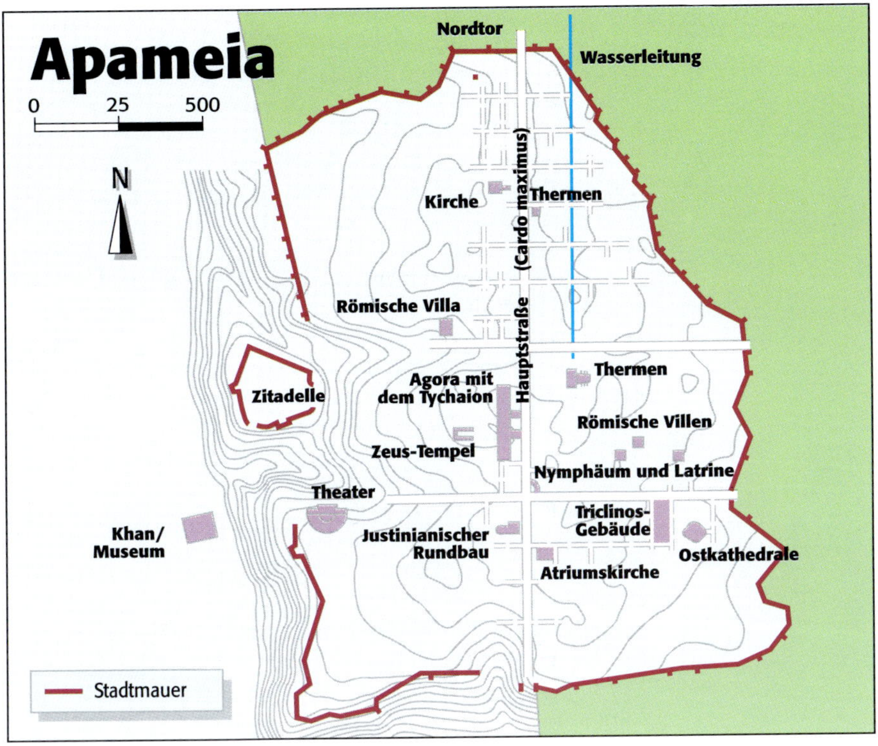

eine Festung stand, die bis zur Aufgabe der Stadt im 12. Jahrhundert genutzt wurde, war in die Westmauer integriert.

Obwohl Apameia noch bei weitem nicht so umfangreich ausgegraben ist wie Palmyra und es in den vergangenen Jahrhunderten in viel größerem Maße als Steinbruch diente, ist es heute nach Palmyra und Bosra für Liebhaber römischer Architektur und Kunst das dritte Ziel in Syrien. Die derzeit beeindruckendsten Überreste sind die teilweise wieder aufgerichteten, zum Teil gedreht kanellierten und mit korinthischen Kapitellen gekrönten Säulen an der Hauptachse, dem *cardo maximus*, und der wichtigsten Querstraße. Sehenswert sind ferner am Ostende dieser Querstraße eine Palastanlage und die sogenannte Ostkathedrale sowie am Westende das Theater, von dem durch die Nutzung als Steinbruch und infolge von Erdbeben zwar nicht mehr viel erhalten ist, dessen gewaltige Ausmaße - der Durchmesser betrug 139 Meter - man aber noch nachvollziehen kann; es gehörte zu den größten Theaterbauten der Antike und wurde im Mittel-

alter als Festung genutzt. Vom ursprünglichen Bau sind nur noch Überreste der Bühnenwand, zwei Zugänge und die tieferliegenden Teile des Zuschauerraums erhalten.
Der Zitadellenberg ist heute völlig besiedelt, weshalb die ursprüngliche Anlage nicht mehr rekonstruierbar ist. Aufmerksame Besucher können an den Häusern jedoch zahlreiche Spolien entdekken und sich vor allem von oben einen großartigen Überblick über das gesamte Gelände der antiken Stadt verschaffen. Im Westen, am Fuße des Zitadellenberges - durch die Hauptstraße von diesem getrennt -, liegt einer der größten osmanischen Khane Syriens. Nach sorgfältiger Restaurierung wurde in den achtziger Jahren in den Räumen, die den großen Innenhof umgeben, ein Museum eingerichtet, das allein durch seine Sammlung großartiger spätantiker und frühchristlicher Mosaike, die in Apameia gefunden wurden, einen Besuch lohnt.

Masyaf

Von Kal'at al-Mudik fährt man auf der Hauptstraße rund 32 Kilometer direkt nach Süden durch den oberen Ghab und stößt dann auf die Ost-West-Verbindung Hama - Tartus/Banyas, auf der man nach weiteren sieben Kilometern (Richtung Tartus) Masyaf erreicht. Masyaf (in älteren Texten auch Masyad, Misyaf oder ähnlich genannt) war mit seiner gewaltigen Festungsanlage am Rande des Ansariye-Gebirges im Mittelalter von erheblicher strategischer Bedeutung für die Kontrolle der Verbindungswege von Hama zur Küste und von Süden durch das Orontes-Tal nach Norden. Die relativ gut erhaltene Festungsanlage erhebt sich im Nordosten des heutigen Städtchens auf einem ovalen Kalkfelsen, der am Ostrand über zehn Meter steil abfällt. Die Außenmauer ist durch zahlreiche rechtwinklig vorspringende Türme zusätzlich befestigt. Durch ein Eingangstor, dessen Durchgang zweimal abgeknickt ist, um das Eindringen mit Rammböcken zu verhindern, gelangt man in den Innenhof, der vom Donjon, dem Hauptturm im Zentrum, überragt wird. Eine Reihe von Säulen und Kapitellen, die als Spolien in den Gebäuden Verwendung fanden, weist darauf hin, daß die Anlage wohl einen byzantinischen Vorgänger hatte. So wie sich die Festung heute präsentiert, ist sie eine arabische Konstruktion, die schon aus der Zeit vor den Kreuzrittern datiert; verschiedene Inschriften im Innern bezeugen, daß die Ismailiten im 12. und 13. Jahrhundert erhebliche Umbauten vornahmen.
Masyaf war seit der ersten Hälfte des 12. Jahrhunderts für rund eineinhalb Jahrhunderte die wichtigste der sogenannten »Missions-

Friedhof in Apameia: Die Inschriften auf islamischen Grabmälern beginnen meist mit der Aufforderung an den Besucher, die erste Sure des Korans für den Verstorbenen zu sprechen.

بسم الله الرحمن الرحيم
إن للمتقين مفازا

festungen« der Ismailiten und Sitz des Vertreters des »Alten vom Berge«, der in der berühmt-berüchtigten Festung Alamut in Persien residierte; die Kreuzfahrer allerdings glaubten, in seinem Vertreter in Masyaf eben jenen »Alten vom Berge« selbst vor sich zu haben. Die Ismailiten, die mal mit den Kreuzfahrern, mal mit den Sunniten Bündnisse schlossen, um bald gegen die eine, bald gegen die andere Seite grausame Mordaktionen durchzuführen, wurden für das Abendland zum Inbegriff bezahlter und mit Haschisch berauschter Mordgesellen, eben der »Assassinen«; ob der Begriff Assassine, in vielen europäischen Sprachen gleichbedeutend mit »Mörder« oder »Attentäter«, tatsächlich vom arabischen Hashashin, »Haschischtrinker«, herrührt, ist zwar wissenschaftlich umstritten, ändert aber nichts daran, daß den Ismailiten bis in die Neuzeit ein entsprechender Ruch anhaftet. Der sunnitische Reisende Ibn Djubair aus dem arabischen Spanien notierte 1184: »An seinen Abhängen (d.h. des Ansariye-Gebirges) stehen Burgen, die den ketzerischen Ismailiten gehören, einer Sekte, die vom Islam abwich und einem Menschen Göttlichkeit zuerkannte. Ihr Prophet war ein Teufel in Menschengestalt namens Sinan, der sie mit Falschheiten und Hirngespinsten täuschte, die er für sie ausschmückte, damit sie danach lebten. Er verhexte sie mit diesen schwarzen Künsten, so daß sie ihn als einen Gott annahmen und anbeteten. Sie demütigten sich vor ihm und erreichten ein solches Maß an Gehorsam und Unterwürfigkeit, daß, wenn er einem von ihnen befehlen würde, von der Bergspitze zu fallen, dieser es mit Freude und ganz zufrieden täte.« (Ibn Djubair, *Tagebuch eines Mekkapilgers*, S.191)
Noch heute leben in Masyaf einige Anhänger der ismailitischen Geheimreligion, die sich bis ins 19. Jahrhundert hinein heftige Kämpfe mit den in der umliegenden Bergregion siedelnden und aus gleicher religiöser Wurzel stammenden Alawiten (oder: Nusairiern) lieferten. Ihr Zentrum ist jedoch heute Salamiye.

Deir as-Sulaib

Von Masyaf kehrt man auf der Hauptstraße in Richtung Nordosten beziehungsweise Osten nach Hama zurück (circa 47 Kilometer). Unterwegs lohnt ein Abstecher nach Deir as-Sulaib (»Kloster des kleinen Kreuzes«). Zehn Kilometer von Masyaf entfernt beziehungsweise drei Kilometer hinter der Abzweigung der Hauptstraße nach Apameia biegt eine schmale Straße, die nur auf Arabisch beschildert ist, nach rechts in bergiges Gelände ab, und nach etwa weiteren fünf Kilometern erreicht man auf der Anhöhe ein kleines Dorf. Unmittelbar vor der Siedlung sieht man

Die Homsis – die ›Ostfriesen‹ Syriens

Kommt heute in Syrien das Gespräch auf Homs beziehungsweise die Homsiyin, die Einwohner von Homs, macht sich auf manchem Gesicht ein Schmunzeln breit. Die Homsis nehmen nämlich in Syrien den Platz ein, den bei uns in Deutschland die Ostfriesen als Zielscheibe für mehr oder weniger originelle Witze innehaben. Selbst die Form und zuweilen auch der Inhalt der Witze sind ähnlich, wenn nicht sogar identisch. Sie beginnen meist mit einer Feststellung, an die sich eine rhetorische Frage anschließt, die der Erzähler dann selbst beantwortet. Zum Beispiel: »Warum nimmt ein Homsi, wenn er in die Wüste geht, eine Autotür mit?« Antwort: »Damit er, wenn es ihm zu heiß wird, das Fenster herunterdrehen kann.« Viele dieser Witze basieren aber auf Wortspielen, weshalb sie nur schwer zu übersetzen sind, zum Beispiel: »Ein Homsi bohrt in seinen neuen Fernseher unten ein Loch. Warum?« Antwort: »Damit er ihm, wenn er heiß wird, ein Zäpfchen geben kann.« Der Witz erschließt sich nur, wenn man weiß, daß für »heiß werden« und »Fieber bekommen« im Arabischen dasselbe Wort verwendet wird.

Der syrische Geograph ad-Dimashki (»der aus Damaskus«) schrieb um 1300: »Die Allgemeinheit der Bevölkerung von Homs ist durch ihren geringen Verstand gekennzeichnet.« (*Kitab nukhbat ad-dahr fi 'adja'ib al-barr wa l-babr*, S.202) Und der Geograph Yakut äußerte sich Anfang des 13. Jahrhunderts: »Zu den sonderbaren Dingen, die ich bezüglich Homs selbst beobachtet habe, gehört die Schlechtigkeit von Luft und Boden der Stadt, was den Verstand übel in Mitleidenschaft zieht. Die Dummheit der Homsis ist deshalb sprichwörtlich.« Und nachdem Yakut den Hang der Homsis zu bestimmten schiitischen Sekten beschrieben hat, schließt er mit der Feststellung: »Vom Anfang bis zum Ende, immer hängen sie dem Irrtum an; niemals treffen sie das Richtige.« (*Mu'djam al-buldan*, Bd.2, S.338) Yakut, der offenbar bereits in jungen Jahren auf byzantinischem Gebiet von eingedrungenen syrischen Truppen gefangengenommen und in die Sklaverei entführt worden war, hatte dann mehrere Jahre in Hama, der Nachbarstadt von Homs, verbracht, und die gegenseitige Abneigung von Nachbarstädten scheint ein universales Phänomen zu sein. Daß aber andererseits die Homsis heute die Witzfiguren ganz Syriens sind, spricht dafür, daß sie es wohl schon zu Yakuts Zeiten waren, und vielleicht sogar bereits Jahrhunderte davor. Vorurteile sind eben schwerer auszurotten als differenzierte Wahrheiten.

linker Hand, wenige Schritte von der Straße entfernt, eine sehr gut erhaltene byzantinische Kirchenanlage aus dem 6. Jahrhundert. Auf beinahe quadratischem Grundriß erheben sich die Reste des breiten Mittelschiffes, flankiert von schmalen Seitenschiffen. Vollständig erhalten ist die hohe Apsis. Im Südwesten, außerhalb der Basilika, befinden sich in einer Höhle drei aus dem Fels herausgearbeitete Gräber.

Östlich von Hama

Rund 56 Kilometer nordöstlich von Hama entfernt liegt eine architektonisch außergewöhnliche Ruinenstätte: Kasr Ibn Wardan. Auf einer gut ausgebauten Landstraße über Taibat at-Turki und al-Hamra fährt man durch eine wellige Landschaft, die man zum Teil erst in den letzten Jahren durch Pumpenbewässerung für die landwirtschaftliche Nutzung zurückgewonnen hat; angebaut werden unter anderem Gerste, Weizen und Oliven. Je näher man dem Ziel kommt, desto häufiger fallen in den Dörfern die »Bienenkorbhäuser« auf, die wir bereits im Südosten von Aleppo gesehen haben. Besonders malerisch nimmt sich diesbezüglich das Dörfchen Sarudj unmittelbar vor dem Kasr Ibn Wardan aus.

Kasr Ibn Wardan

Die historische Anlage des Kasr, die heute neben einer jungen Dorfsiedlung liegt, besteht aus drei Komplexen, nämlich dem eigentlichen Palast, der Kirche und wahrscheinlich einer Kaserne und/oder Stallungen. Von letzterem sind nur noch geringe Überreste zu erkennen; dagegen präsentieren sich Palast und Kirche, die in den achtziger Jahren von einem internationalen Team sachkundig restauriert wurden, als eindrucksvolle Zeugnisse einer auch in Syrien in ihrer Ausführung eher ungewöhnlichen Monumentalarchitektur aus byzantinischer Zeit. Nach einer Inschrift über dem Portal des Palastes datiert die Anlage aus dem Jahr 564, also aus der Zeit Kaiser Justinians. Die breit hell-dunkel gebänderte Außenfassade mag zwar wie eine Vorwegnahme der später in islamischer Zeit so beliebten, aber schmaleren Bänderungen wirken, doch ist das Baumaterial ungewöhnlich: Zwischen den dunklen Bändern aus Basaltbruchsteinen liegen rotgelbe Bänder aus hohem Ziegelmauerwerk. Auch im Inneren ist die Vielfalt in der Verwendung farblich unterschiedlicher Materialien wie Ziegel, Kalkstein oder Basalt auffallend, die zum Teil von weit hergebracht worden sein müssen. Bemerkenswert ist auch, daß diese eindrucksvolle Anlage anscheinend weder in griechischen noch in arabischen Quellen erwähnt wurde. Ja, man kennt nicht einmal ihren ursprünglichen Namen. Ibn Wardan, nach dem sie heute benannt ist, scheint nur ein Beduinenscheich gewesen zu sein, der sich erst in jüngerer historischer Zeit in ihren Ruinen häuslich niedergelassen hatte.

Kal'at ash-Shamamis und Salamiye

Auf der Rückfahrt in Richtung Hama empfiehlt es sich, im Dorf Bardune die Abzweigung nach Süden zu wählen, um einen Abstecher nach Salamiye zu machen (von Bardune rund dreißig Kilometer). Wenige Kilometer vor Salamiye sieht man rechts in einiger Entfernung von der Landstraße einen von Burgruinen gekrönten Vulkankegel liegen. Auf einer Piste von knapp drei Kilometern Länge gelangt man zum Fuß des kreisrunden Berges. Mehrere Pfade führen nun hinauf bis zum künstlich herausgearbeiteten, etwa fünf Meter tiefen Burggraben. Der Sockel der Burgmauer besteht aus großen Basaltquadern, auf denen das Mauerwerk aufsitzt. Die Burg muß uneinnehmbar gewesen sein. Selbst heute bedarf es einiger riskanter Kletterkünste, um zunächst den Graben und dann eine Bresche in der Mauer rechts des eigentlichen Tores, das von innen durch Steinquader versperrt ist, zu überwinden. Außer einigen - für Laien undefinierbaren - Bauresten und einem tiefen Brunnenschacht ist innerhalb der Burgmauern nichts Nennenswertes der einst gewaltigen Festung mehr zu erkennen. Die Burg, von der aus man einen großartigen Ausblick hat, trägt heute den Namen Kal'at ash-Shamamis, was mit »Festung der Priester« oder »Mönche« zu übersetzen wäre; in älteren arabischen Texten taucht sie allerdings unter dem Namen Shumaimish oder Sumaimis auf. Da eine archäologische Auswertung der Anlage noch aussteht, ist eine genaue zeitliche Einordnung nur schwer möglich. Sicherlich bestand sie aber bereits 1157, da sie durch das damalige große Erdbeben zerstört worden sein soll, worauf sie erst im 13. Jahrhundert wieder aufgebaut wurde. Der arabische Geschichtsschreiber Ibn al-Athir (gest. 1233) notierte hingegen für das Jahr 1231: »In diesem Jahr errichtete Asadaddin Shirkuh, der Herr von Homs und ar-Rahba eine Festung bei Salamiye und nannte sie Sumaimis. Als al-Malik al-Kamil von Ägypten nach Syrien zog, war Asadaddin ihm zu Diensten gewesen und hatte ihm mit Rat zur Seite gestanden [...], worauf dieser ihm Salamiye als Lehen gab und er dann diese Festung in der Nähe von Salamiye

auf einem hohen Berg errichtete.« (*Al Kamil*, Bd.12, S.504) Ibn al-Athir geht also davon aus, daß die Burg im Jahr 1231 neu erbaut wurde.
Die Stadt Salamiye ist noch heute das Zentrum der muslimischen Sekte der Ismailiten. Religiöser Mittelpunkt ist die Imam-Isma'il-Moschee, die aus einer ehemaligen Kirche umgestaltet wurde. Die Moschee wie auch zahlreiche Häuser bestehen aus schwarzem Basalt, der in diesem ehemals vulkanischen Gebiet reichlich vorhanden ist.

Der heilige Elian

Der heilige Elian ist den westlichen Kirchen völlig unbekannt, und auch in der orthodoxen Kirche spielt er eine sehr untergeordnete Rolle. Die nach ihm benannte Kirche in Homs scheint überhaupt die einzige auf der Welt zu sein, die ihm geweiht ist. In Homs allerdings ist er so etwas wie der Lokalheilige schlechthin (ein Fest ihm zu Ehren wird dort jeweils am 6. Februar begangen). Der Legende nach lebte Elian in der zweiten Hälfte des 3. Jahrhunderts in Homs. Er war der einzige Sohn eines hohen Würdenträgers der Stadt, der als fanatischer Anhänger des alten ›Heidentums‹ galt. Elian, der zum Christentum übergetreten war, hatte sich der Medizin verschrieben und erregte aufgrund zahlreicher wundersamer Heilungen bald den Neid der heidnischen Ärzte. Immer wieder versuchte sein Vater, der die Verfolgung durch Kaiser Numerian fürchtete, seinen Sohn vom christlichen Glauben abzubringen. Doch selbst die schlimmsten Folterungen, denen er vom Statthalter ausgesetzt wurde, ertrug Elian standhaft. Im Jahre 284 schließlich empfahl sein eigener Vater, ihm zwölf lange Nägel in Kopf, Hände und Füße zu schlagen, um ihn möglichst grausam zu töten. Sein Leichnam wurde heimlich in einer den Aposteln und der heiligen Barbara geweihten Kirche (deren Lage heute unbekannt ist) beigesetzt. Erst unter Kaiser Theodosius II., als sich das Christentum endgültig als Staatsreligion durchsetzte, wurde zu Ehren Elians eine eigene Kirche errichtet, in die auch seine Reliquien gebracht wurden. Und noch heute besingen die Christen von Homs den Ruhm ihrer Stadt mit einem Lied, das mit dem Vers beginnt: »Homs, du hast für alle Zeiten Grund zu ewigem Stolz, denn du bist ein Haus für die Frommen, bist die Heimat Elians!«

Homs

Die Stadt Homs (hocharab. Hims) ist mit circa einer Million Einwohnern Hauptstadt eines eigenen Distrikts *(muhafaza)* und gilt heute mit seiner Ölraffinerie und anderen petrochemischen Anlagen als einer der wichtigsten Industriestandorte Syriens. Historisch faßbar wird die Stadt erstmals im 2. Jahrtausend v. Chr., als die Ägypter - möglicherweise zum ersten Mal - das Bewässerungssystem organisierten, das im Laufe der Zeit dann immer weiter ausgebaut wurde. Die arabische Legende schreibt die Gründung der Stadt aber erst den Griechen, das heißt den Seleukiden, zu. Im Grundriß der Stadt glaubte man sodann die Reste einer römischen Konzeption entdecken zu können. Schon im letzten Jahrhundert v. Chr. erlebte Homs eine ständige arabische Zuwanderung und wurde bis 78 n. Chr. von einer arabischen Dynastie regiert. Offenbar unter dieser Herrschaft gelangte der Kult der Sonne, die in Gestalt eines schwarzen Basaltfelsens verehrt wurde, zu höchstem Ansehen. Einer der Hohepriester der Sonne, nämlich Heliogabalus, war es, der unter dem Namen Marcus Aurelius Antoninus römischer Kaiser wurde und den Sonnenkult auch in Rom etablierte. Obwohl sich das ›Heidentum‹ in Homs sogar bis in die islamische Zeit hinein halten konnte, hatte zu Beginn des 5. Jahrhunderts das Christentum feste Wurzeln gefaßt, und, wie heute noch die Existenz von zehn Kirchen in der Stadt zeigt, überdauerte es auch - in verschiedene Konfessionen gespalten - 1400 Jahre islamischer Vorherrschaft.
Die muslimischen Araber besetzten die - schon vorher weitgehend arabisierte - Stadt im Jahr 637 kampflos. Einer der Heerführer war Khalid ibn al-Walid, der noch heute in Homs besondere Verehrung genießt. Bei der Aufteilung Syriens in fünf Militärbezirke wurde Homs die Hauptstadt des nördlichsten davon, der auch Aleppo und Kinnasrin umfaßte, bevor letzteres einem eigenen Bezirk vorstand. Die Geschichte von Homs in islamischer Zeit zeigt *en miniature* das komplizierte Bild der Geschichte ganz Syriens, vielleicht nur noch verwirrender. Nach der blühenden, aber kurzen Herrschaft der Omayyaden bis in die Mitte des 8. Jahrhunderts folgte die ›dunkle‹ Epoche der Abbasiden von Bagdad. Ein Jahrhundert später fiel die Stadt, wie andere syrische Orte auch, zeitweise in den Machtbereich der Tuluniden von Ägypten, um sich einige Jahrzehnte darauf zwischen den Mühlen der Ikhshididen von Ägypten und der Hamdaniden von Aleppo wiederzufinden. Die Hamdaniden konnten sich dann bis 1016 immerhin zwei Generationen lang behaupten, unter-

brochen allerdings von Aufständen und byzantinischen Angriffen; so wurde Homs 969 von Nikephorus II. Phokas erobert, der die große Moschee der Stadt in eine Kirche umwandelte, aber nur, um in ihr eine Messe lesen zu lassen, bevor er sie ein Opfer der Flammen werden ließ.

Die Fatimiden von Ägypten, die Seldschuken und Ayyubiden, die Kreuzfahrer, die Ismailiten, die Mongolen und die Mamluken sowie die immer wieder einfallenden Beduinenstämme lassen Homs, wenn man die folgenden Jahrhunderte im Zeitraffer betrachtet, wie eine ständig neu eroberte, geplünderte, wieder aufgebaute, von neuem belagerte, zerstörte und entvölkerte Stadt erscheinen. Doch darf das nicht darüber hinwegtäuschen, daß Homs in diesen bewegten Zeiten trotz aller kurzfristigen Einbrüche immer wieder zu seiner Bedeutung als wirtschaftliches Zentrum und wichtiger Warenumschlagplatz zurückfand. Vom Beginn der Osmanenzeit im 16. Jahrhundert kennen wir eine Reihe von Waren, die Homs bevorzugt exportierte: In wassergetriebenen Mühlen, von denen sich heute noch einige in der Umgebung erhalten haben, wurde Getreide und Sesam gemahlen, Olivenpressen gab es in großer Zahl, und für seinen Wein war Homs schon lange bekannt. Auch Reis wurde damals bereits angebaut. Als besonders gewinnträchtig erwies sich aber die Seidenraupenzucht, und die Seidenweberei wurde zu einer der Haupteinnahmequellen der Stadt. Es scheint nur wie eine natürliche Fortsetzung dieser langen Wirtschaftstradition, daß Homs auch heute wieder im industriellen Bereich eine der aktivsten Städte Syriens ist. Vor diesem historischen und wirtschaftlichen Hintergrund ist es verständlich, daß es die Homsis recht gelassen hinnehmen, wenn sie von den anderen Syrern als die ›Ostfriesen‹ des Landes gehänselt werden.

Spaziergang durch Homs

Dem Touristen, der das Exotisch-Orientalische sucht, bietet die Stadt auf den ersten Blick nur wenig. Natürlich ist ein Streifzug durch die sehr lebendigen Suks auch in Homs lohnend, doch an antiken und islamischen Sehenswürdigkeiten ist die Stadt, obwohl sie auf eine Geschichte von mehreren tausend Jahren zurückblicken kann, recht arm. Von den islamischen Bauwerken ist lediglich die **Khalid-ibn-al-Walid-Moschee** hervorzuheben, die im Norden der Stadt außerhalb der ehemaligen Stadtmauern liegt. Zumindest unter den Ayyubiden stand neben dem Mausoleum des Khalid bereits eine Moschee, die von den Mamluken offenbar verschiedentlich umgebaut wurde. Zwischen 1908 und 1913, also in den letzten Jahren der osmanischen Herrschaft, wurden die Bauten vollständig abgerissen und eine neue Moschee errichtet, wobei das Mausoleum in den fast quadratischen Betraum integriert wurde. Der Gebäudekomplex mit den beiden hohen, ›bleistiftschlanken‹ Minaretten, den silbernen Kuppeln, deren mittlere – von vier kräftigen Säulen getragen – dreißig Meter emporragt, mit der symmetrisch dreigegliederten Fensterfront aus schwarzem Basalt, unterteilt durch hellen Kalkstein, sowie dem schwarz-weiß gebänderten Moscheehof ist eines der letzten, aber auch schönsten Beispiele für die Endphase der syrisch-osmanischen Architektur. Die Moschee, um die auf einem ehemaligen Friedhof ein gepflegter Park angelegt wurde, ist ein beliebtes Ausflugsziel und zieht darüber hinaus viele Pilger an. Das Mausoleum im Betsaal ist wie eine Moschee in der Moschee gestaltet. Ob es wirklich die sterblichen Überreste des berühmten »Schwertes des Islam«, Khalid ibn al-Walid, birgt, der im 7. Jahrhundert maßgeblich an der muslimischen Eroberung Syriens beteiligt war, ist zweifelhaft, da er nach anderen Berichten in Medina gestorben sein soll. Der Geograph Yakut hat gemutmaßt, daß es sich wohl eher um das Grab eines anderen Khalid handelt, möglicherweise um einen Enkel des Omayyadenkalifen Mu'awiya, der in der Nähe auch einen Palast besessen haben soll.

Von den zahlreichen **Kirchen**, die sich im Ostteil der alten Stadt konzentrieren, hat kaum eine etwas von ihrer älteren Bausubstanz bewahrt. Besuchenswert sind dennoch zumindest zwei von ihnen: Die erste findet sich im Viertel Kasr ash-Shaikh am Beginn der al-Warshi-Straße. Sie heißt **Kanisat az-Zunnar** oder Kanisat Umm az-Zunnar (»Kirche des Gürtels« oder »Kirche der Mutter des Gürtels«) und gehört der syrianischen Glaubensgemeinschaft. Ausgehend von diesem Namen und einem um 1800 auf Syrisch verfaßten Schreiben, worin dieser Gürtel als »Gürtel

der Jungfrau Maria« bezeichnet wird, stieß man bei einer Grabung im Inneren der Kirche auf ein steinernes Taufbecken, in dem sich ein (zerbrochener) Behälter mit den Überresten eines Gürtels befand. Was lag näher, als darin tatsächlich den Gürtel Mariens zu vermuten? Die Reliquie genießt heute bei allen christlichen Konfessionen von Homs höchste Verehrung. Aufgrund syrischer Quellen ist tatsächlich nicht auszuschließen, daß das heutige Bauwerk auf den Fundamenten einer der ältesten Kirchen Syriens überhaupt - möglicherweise aus dem 3./4. Jahrhundert - ruht.

Am Ende der al-Warshi-Straße (etwas versteckt auf der rechten Seite im Viertel Bab Tadmur) liegt die griechisch-orthodoxe **Kirche des heiligen Elian**. Nachdem in den sechziger Jahren unseres Jahrhunderts die Kirche nur noch selten benutzt wurde und wieder einmal dem Einsturz nahe war, wurde sie erneut von Grund auf restauriert. Lediglich das Martyrion hinter dem Altar scheint einige Jahrhunderte relativ unverändert überdauert zu haben. 1970 entdeckte man dort während der letzten Restaurierungsarbeiten, als man den Verputz entfernte, an den Wänden um und über dem Sarkophag größere Überreste einer Reihe von Fresken mit griechischen und arabischen Inschriften, die ins 12. oder 13. Jahrhundert datiert werden. In der Mitte über dem Sarkophag des Heiligen ist Christus mit Maria und Maria Magdalena zur rechten und Johannes dem Täufer sowie Johannes dem Evangelisten dargestellt. An der Nordwand erscheinen in zwei Medaillons die Propheten Jesaia und Jeremias und darunter die Apostel Philipp, Petrus und Bartholomäus. Die beiden Medaillons an der Südwand zeigen Salomon und David und darunter die Apostel Andreas, Thomas und Jakobus. (Die modernen Fresken, die den gesamten übrigen Kirchenraum zieren, wurden 1973 von zwei rumänischen Mönchen gestaltet.)

Die Khalid-ibn-al-Walid-Moschee in Homs, die zwischen 1908 und 1913 errichtet wurde, ist mit ihren bleistiftschlanken Minaretten und den leuchtenden silbernen Kuppeln eines der schönsten Beispiele für die Endphase syrisch-osmanischer Architektur.

Folgende Doppelseite: Besucher auf einem Turm des Krak des Chevaliers

Die Kreuzritterburgen

und die Küste am »weißen Meer«

Das Mittelmeer wurde im Arabischen bis zum Beginn der Neuzeit nach der altorientalischen Tradition, die Himmelsrichtungen mit den Farben des Sonnenstandes zu benennen – golden oder hellblau für den Osten, rot für den Süden, weiß für den Westen und schwarz für den Norden – »das weiße Meer« *(al-bahr al-abyad)* genannt. Von der Mittelmeerküste gehören heute nur noch 175 Kilometer zu Syrien, nachdem Frankreich 1939, während seines Mandats über das Land, die Region von Alexandrette (heute: Iskenderun) an die Türkei abgetreten hatte. Nordsyrien verlor damit seinen wichtigsten Hafen. Was Alexandrette früher für den Norden Syriens bedeutet hatte, das waren vergleichbar die Häfen von Haifa, Beirut und Tripoli für Süd- und Mittelsyrien. Durch die Gründung des Staates Israel und die Auflösung der Zollunion mit dem Libanon im Jahr 1950 besaß Syrien keinen Hafen mehr, über den internationale Handelsbeziehungen mit Europa abgewickelt werden konnten. Erst der Ausbau des ursprünglich bedeutungslosen Hafens von Latakiye in den fünfziger Jahren und danach auch derer von Tartus und Banyas – letzterer vor allem für die Verladung von Rohöl – machte Syrien wieder weitgehend unabhängig von ausländischen Häfen.

Die im 19. Jahrhundert noch sehr dünn besiedelte Küstenregion wurde inzwischen – vor allem im Raum Latakiye – zu einem der wichtigsten Industriestandorte Syriens. Auch die Landwirtschaft wurde intensiviert und beliefert heute das Hinterland mit Gemüse und Obst. In den letzten Jahren sind im Hinblick auf den wachsenden Touristenstrom erhebliche Anstrengungen unternommen worden, um die Küste auch für Badeurlauber attraktiv zu gestalten. Vor allem nördlich von Latakiye finden die Besucher herrliche Strände, die sich für einen erholsamen Abschluß einer Syrienreise anbieten.

»Was der Parthenon für die griechischen Tempel und Chartres für die gotischen Kathedralen bedeutet, ist der Krak des Chevaliers für die mittelalterlichen Burgen …« (Thomas S. R. Boase). Von 1142 bis 1271 stellte die Festung einen der wichtigsten Stützpunkte der Kreuzfahrer in Syrien dar.

Der Krak des Chevaliers (Hisn al-Akrad, Kal'at al-Hisn)

Am schnellsten erreicht man heute die Küste von Homs über die Autobahn nach Tartus. Auf jeden Fall sollte man sich unterwegs für zwei Abstecher Zeit nehmen, nämlich zunächst zum Krak des Chevaliers und dann nach Safita (15 bzw. 20 Kilometer nördlich der Autobahn), sofern man nicht überhaupt in Safita oder in Mishtaye (unmittelbar nördlich des Krak) übernachtet. Mit dem Krak des Chevaliers haben die Kreuzfahrer in gut einem Jahrhundert ein Monument geschaffen, das - aufbauend auf arabischen Fundamenten und ergänzt durch die Bautätigkeit der Mamluken - ein in der Welt einmaliges architektonisches Kunstwerk darstellt. »Was das Parthenon für die griechischen Tempel und Chartres für die gotischen Kathedralen bedeutet, ist der Krak des Chevaliers für die mittelalterlichen Burgen, - eines der großartigsten Bauwerke aller Zeiten«, schreibt Thomas S. R. Boase (*Castles and Churches*, S.52). Die strategische Bedeutung des Berges, auf dem sich die Burg erhebt, war schon immer enorm - von hier läßt sich der wichtige Handelsweg von der Küste ins Hinterland kontrollieren -, und so kann man eine befestigte Anlage an diesem Ort seit frühgeschichtlicher Zeit nachweisen. In der islamischen Epoche wird erstmals eine arabische Festung im 11. Jahrhundert erwähnt, als 1031 eine Garnison kurdischer Soldaten dort einzog. Daher wurde die Festung im Arabischen Hisn al-Akrad, »Festung der Kurden«, genannt (heute hat der Ort den Namen Kal'at al-Hisn, »Zitadelle der Festung«, auf Straßenschildern nicht selten abgekürzt als Ql. Hosn). Im Jahre 1099 wurde sie erstmals für einige Tage von Raimund von Saint Gilles eingenommen, einem der Führer des Ersten Kreuzzuges, endgültig aber erst durch Tankred von Antiochia 1110 erobert. Herr der Festung, die als vorgeschobenes Bollwerk der Grafschaft Tripoli nicht nur strategische, sondern aufgrund der Fruchtbarkeit der umliegenden Ländereien auch wirtschaftliche Bedeutung für die Kreuzfahrer besaß, wurde ab 1142 der Orden der Johanniter, der aus den mittelalterlichen Klostergemeinschaften der sogenannten Hospitaliter hervorging, die sich dem Dienst in Hospitälern widmeten. Diese konnten sich hier bis 1271 allen muslimischen Eroberungsversuchen zur Wehr setzen und auch Angriffen Nuraddins und Saladins trotzen. Die ersten drei Jahrzehnte des 13. Jahrhunderts waren die Glanzzeit des Krak, als sogar die benachbarten Burgen der Ismailiten und die Stadt Hama Tribut an seine Herren bezahlten. Waren zu normalen Zeiten rund sechzig Ordensritter mit ihrem Gefolge in der Festung stationiert, konn-

Kampf um den Krak des Chevaliers

Der Geschichtsschreiber Ibn al-Furat (gest. 1405) schildert die Einnahme des Krak durch Sultan Baibars. Nachdem er zunächst die Geschichte der Festung kurz zusammengefaßt und die Erstürmung der äußeren Bollwerke durch die Mamluken Ende Februar 1271 abgehandelt hat, fährt er in seinem weiteren Bericht fort:

»Ende des genannten Monats Radjab [Mitte März 1271] wurde der Bau einer beträchtlichen Zahl Katapulte beendet; am 7. Sha'ban [22. März] wurden die Außenmauern im Sturm genommen, und man bezog eine Stellung, von der aus der Sultan den Feind mit Pfeilen beschießen konnte. Baibars begann jetzt, Geldgeschenke und Ehrengewänder zu verteilen. Am 16. Sha'ban [31. März] wurde in einen Turm der Feste eine Bresche geschlagen: unsere Soldaten stürmten vor, erklommen die Burg und nahmen sie in Besitz. Die Franken flüchteten sich in den Bergfried. Eine ganze Schar von Franken und [anderen] Christen wurde vom Sultan freigelassen, als frommes Werk im Namen von al-Malik as-Sa'id [»der glückliche König«, ein Titel, den der älteste Sohn des Sultans trug]. Die Katapulte wurden jetzt auf die Burg gebracht und von dort gegen den Bergfried gerichtet. Der Sultan schrieb Briefe, als ob sie vom Oberhaupt der Franken in Tripoli an die Verteidiger der Burg gerichtet seien, mit der Aufforderung, sich zu ergeben. Sie baten um freien Abzug und bekamen ihn vom Sultan unter der Bedingung zugesichert, daß sie in ihre Länder zurückkehrten. Dienstag, den 24. Sha'ban [7. April], verließen die Franken die Burg und wurden in ihr Land [d.h. in die Grafschaft Tripoli] begleitet, während der Sultan die Festung in Besitz nahm. Er schrieb einen Brief mit der Nachricht des Sieges an den Großmeister der Hospitaliter und Herrn von Hisn al-Akrad, der wie folgt lautete: ›Dieser Brief geht an Frère Hugues - Gott lasse ihn zu denen gehören, die sich dem Geschick nicht widersetzen, die sich nicht auflehnen gegen den, der seinem Heer Sieg und Triumph gegeben hat, und zu denen, die nicht glauben, irgendeine Vorsichtsmaßnahme reiche aus, sich dem von Gott Bestimmten zu entziehen, noch, daß ein von Menschen errichtetes Gebäude, noch, daß aufgemauerte Felsen dagegen schützen könnten -, um ihm Kunde zu geben von der uns durch Gottes Wirken zuteilgewordenen Eroberung von Hisn al-Akrad, das du befestigt, ausgebaut und vollendet hattest.‹«

(Ibn al-Furat in der geringfügig veränderten und erweiterten Übersetzung von Francesco Gabrieli, Die Kreuzzüge aus arabischer Sicht, *S.379f.)*

Krak des Chevaliers

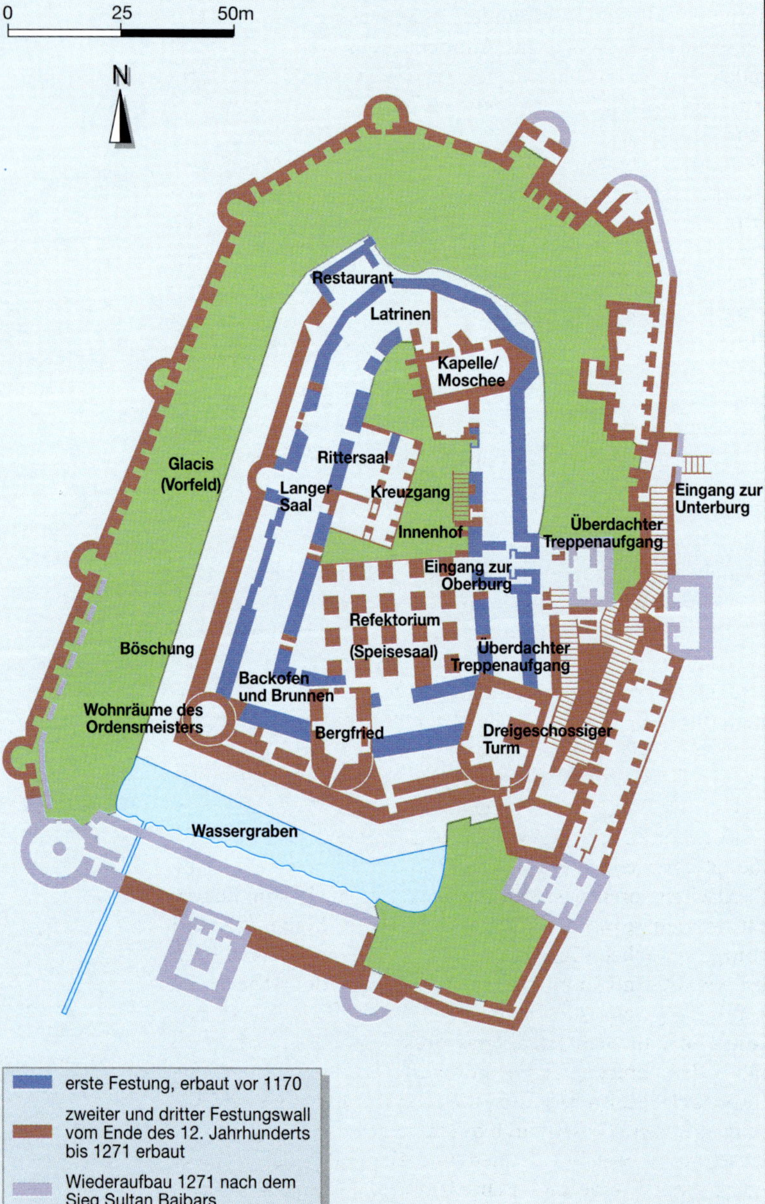

te die Besatzung, wenn ein Zug gegen Hama vorbereitet wurde, gewaltig anwachsen. So zählte man im Jahre 1233 neben hundert Rittern der Johanniter hundert weitere aus Zypern, achtzig aus Jerusalem und dreißig aus Antiochia. Zusammen mit 1500 Fußsoldaten war dies für damalige Zeiten eine schlagkräftige Truppe. Erst 1271 zwang der mamlukische Sultan Baibars die Johanniter zur Übergabe.

Die Festung erhebt sich auf der Bergspitze des Djebel Khalil, dem südlichsten Ausläufer des Ansariye-Gebirges. Nach Westen hin ist in fünfzehn Kilometern Luftlinie der Bergfried von Safita zu erkennen, mit dessen Besatzung man sich durch Feuerzeichen verständigen konnte, so wie auch diese die Meldung dann weiter nach Tartus an der Küste ›sandte‹.

Die Burg erlebte mehrere längere Bauphasen, nachdem sie 1157 und 1170 durch Erdbeben erheblich in Mitleidenschaft gezogen worden war. Sieht man von einigen Restaurierungen und kleineren Ergänzungen unter den Mamluken ab, kann die Festung, so wie sie sich heute dem Besucher präsentiert, als Werk des ausgehenden 12. und beginnenden 13. Jahrhunderts angesehen werden. Ihren einmaligen und eindrucksvollen Erhaltungszustand verdankt sie der Tatsache, daß sie weder von den Mongolen heimgesucht, noch von den Osmanen gestürmt wurde. 1933 ließ sich Frankreich den Krak vom Alawitenstaat, den die Franzosen selbst ins Leben gerufen und von Syrien abgetrennt hatten, ›für immer‹ überschreiben. Die Dorfbewohner, die sich inzwischen in der Festung angesiedelt hatten, wurden daraufhin evakuiert und eine sorgfältige Restaurierung begann. (Übrigens gab Frankreich erst 1947, drei Jahre nach der Unabhängigkeit Syriens, den Krak offiziell in den Besitz des Landes zurück.)

Man betritt die Burg durch das **Osttor**, an dem eine monumentale arabische Inschrift an die Eroberung durch Baibars 1271 und die anschließende Restaurierung erinnert. Ein fast vollständig überdachter, breiter Treppenaufgang, der auch von Reitern benutzt werden konnte, führt vom äußeren Mauerring, der Unterburg, zunächst südwärts, dann im spitzen Winkel nach Norden abknickend zum inneren Mauerring, der **Oberburg**. Durch mit Fallgittern und Pechnasen bewehrte Tore betritt man den **Innenhof**. In dem annähernd dreieckigen Hof sieht man gegenüber dem Eingang fünf eindrucksvolle, durch Säulen unterteilte gotische Maßwerkfenster, die zu einem großen, überdachten Gang gehören. Dieser wirkt durch seinen elegant gearbeiteten Bauschmuck (wie Wandsäulen und Kapitelle) eher wie der Kreuzgang einer Kirche und steht damit im Gegensatz zu dem sonst nüchtern wehrhaften Charakter der gesamten Burg. Diese von Kreuzrippengewölben überdachte Galerie diente als **Vorhalle** zum anschließenden **Großen Rittersaal**, dessen Fläche von über zweihundert Quadratmetern von nur drei riesigen Kreuzrippengewölben überspannt wird. Vom Rittersaal gelangt man in einen 120 Meter **langen Saal**, der bereits Teil der ersten Anlage aus der Mitte des 12. Jahrhunderts war. Hier wurden die Vorräte gelagert, mit denen man eine bis zu fünfjährige Belagerung durchzustehen hoffte. Er enthielt im Süden auch Backöfen und einen Brunnen sowie im Norden Latrinen.

Der südliche Teil des Hofes wird von einer gewaltigen **Halle** mit zwanzig quadratischen Pfeilern ausgefüllt, die als Speisesaal (Refektorium) diente. Ebenfalls im Hof steht die auffallend schlichte, aber dennoch schöne **Kapelle**, die, wie der nachträglich angebrachte Mihrab zeigt, nach der Eroberung durch Baibars in eine Moschee umgewandelt worden war. Über Treppen an der Westseite der Kapelle und am Refektorium gelangt man in den oberen Hof und zu den in den Türmen untergebrachten Wohnräumen. Am höchsten ragt im Süden der Bergfried auf. Im nördlichen Turm befindet sich heute ein kleines Restaurant, wo man sich ein wenig ausruhen kann.

Um die Anlage in ihrer Gesamtheit würdigen zu können, sollte man auf die Anhöhe südwestlich der Festung steigen. Von hier

Krak des Chevaliers

präsentiert sich der Krak, umrahmt von einer eindrucksvollen Landschaft, geradezu anmutig. Schade, daß den Anblick immer wieder Gedanken trüben, die um den Zweck der Festung kreisen: sinnloses und brutales Morden im Namen des Kreuzes. Nördlich und nordwestlich des Krak erstreckt sich eine Bergregion mit griechisch-orthodoxer Bevölkerung. Die Dörfer **Mishtaye** und **Marmarita** sowie der Ortsteil Deir Mar Djirdjis (»Kloster des heiligen Georg«) sind beliebte Ausflugsziele und ziehen an den Feiertagen Tausende von Pilgern selbst aus dem Libanon an. Die wichtigsten sind das Fest des heiligen Georg am 6. Mai, das Marienfest am 15. August und das Fest des Kreuzes am 14. September. Ausgelassen gefeiert wird jeweils in der Nacht davor. Sehenswert ist das Georgskloster, in dem sich übereinander drei Bauphasen erhalten haben: zuunterst Reste, die ins 6. Jahrhundert zurückreichen, darüber eine Anlage mit kleiner Kirche, die aus dem 12. Jahrhundert datiert, und schließlich aus dem 19. Jahrhundert das neue Kloster, in dem eine beeindruckende Ikonostase zu bewundern ist (die Ikonen stammen zum Teil bereits aus dem 18. Jahrhundert).

Safita und seine Umgebung

Safita, das man vom Krak auch direkt über die Landstraße nach Westen erreichen kann (etwa 25 Kilometer), und zahlreiche Orte nordöstlich davon in Richtung Masyaf, wie ad-Draikish, Mashta l-Helu oder Wadi l-'Uyun, sind dank ihrer landschaftlich reizvollen Lage und ihres gemäßigten Klimas beliebte Sommerfrischen. Besucher, die etwas mehr Zeit mitgebracht haben und nicht nur das übliche Reiseprogramm absolvieren möchten, sollten hier eine Pause einlegen, sich die Gegend erwandern und abends in einem der zahlreichen Restaurants den Köstlichkeiten der syrischen Küche frönen. Historischen Ruhm genießt Safita aufgrund der Überreste einer Kreuzfahrerburg des Templerordens, deren Bergfried mit seinen 28 Metern Höhe den Ort überragt. Die übrige Burganlage nutzten die Bewohner als Steinbruch für ihre Häuser, und aufmerksame Besucher werden bei einem Gang durch die Stadt so manche Spolie entdecken. Safita, das in den älteren arabischen Quellen Safitha, in den europäischen Chastel-Blanc genannt wird, spielte keine herausragende militärische Rolle und diente wohl in erster Linie als Schaltstelle für die Nachrichtenübermittlung zwischen der Küste und dem Krak des Chevaliers. 1167 und 1172 von Nuraddin, 1202 von einem Erdbeben zerstört und 1206 von Saladin geplündert, wurde Safita von den Kreuzfahrern immer wieder restauriert, bis es 1271 endgültig von

Baibars erobert wurde. Der zweistöckige **Bergfried** birgt im unteren Teil eine dreischiffige, achtzehn Meter hohe Kapelle, die ihr Licht durch fünf schmale Fensterschlitze erhält, die auch als Schießscharten dienten. Die dem heiligen Michael geweihte Kapelle wurde offenbar niemals in eine Moschee umgewandelt, denn es gibt keine Hinweise auf einen Mihrab. Noch vor wenigen Jahren feierten hier die Griechisch-Katholischen - Safita ist mehrheitlich christlich - ihre Gottesdienste. Vom Kircheninneren führt eine schmale Treppe ins Obergeschoß, einen großen und elegant gegliederten Raum. Er ist durch drei massige Pfeiler in zwei Schiffe geteilt, die von je vier Kreuzgratgewölben überspannt sind. Zwölf Fensteröffnungen geben dem Saal, der wohl Repräsentationszwecken gedient hat, sein Licht. Über eine weitere Treppe erreicht man die mit Zinnen bewehrte Dachterrasse, von wo man im Osten den Krak des Chevaliers und im Westen das Meer sehen kann. Wie schon angedeutet, bietet sich Safita mit seiner guten touristischen Infrastruktur auch als Ausgangspunkt für verschiedene Ausflüge an. Einige landschaftlich reizvolle Orte in den Bergen zwischen Safita und Masyaf in nordöstlicher Richtung wurden schon genannt, ad-Draikish, Mashta l-Helu oder Wadi l-'Uyun.

Ebenfalls in dieser Richtung liegt etwa auf halbem Wege (rund 25 Kilometer) **Hisn Sulaiman**, die »Festung Salomos«, das antike Baitokaike. Man nimmt an, daß in dem an drei Seiten von Bergen eingeschlossenen Hochtal bereits ein phönizisches Kultzentrum bestand, das möglicherweise von der kleinen Insel Arwad aus begründet worden war. Die heute sichtbaren Überreste stammen allerdings erst vom Jupitertempel aus dem 2. Jahrhundert n. Chr., also aus römischer Zeit. Die Mauern des Tempelbezirks bilden ein Rechteck mit 134 mal 85 Meter Seitenlänge. Der Tempel besaß vier Tore, wobei das dreitürige nördliche Portal mit sechzehn Säulen als Propylon gestaltet war. Von diesem Nordtor blickt man auf den eigentlichen Tempel in der Mitte des Hofs. Treppen über drei Absätze führten zur Vorhalle des Kultraums. Von diesem stehen noch beachtliche Teile der aus mächtigen Quadern errichteten und außen mit Halbsäulen aufgelockerten Mauern. Nicht so gut erhalten sind im Norden und Südosten zwei weitere Tempel, von denen einer möglicherweise der Astarte geweiht war; die andere war im 4. Jahrhundert noch in eine Kirche umgestaltet worden, bevor der Ort seine Bedeutung verlor.

Auf der Fahrt von Safita nach Tartus können ›Kreuzfahrer-Fans‹ zwei weitere, ebenfalls einst den Templern gehörende Burgen besuchen, von denen sich aber nur recht bescheidene Überreste erhalten haben, nämlich Kal'at al-Arima (auch al-'Uraima, von den Kreuzrittern Arima genannt) und Kal'at Yahmur (Chastel-Rouge). Von **Kal'at al-Arima**, südwestlich von Safita in Richtung Autobahn gelegen, stehen nur noch zwei Türme. Die Burg wurde 1171 von Nuraddin zerstört. **Kal'at Yahmur**, westlich von Safita, ist von hier aus sowohl über die Landstraße Richtung Tartus (rund 20 Kilometer) als auch von der Autobahn aus in nur einem Kilometer zu erreichen. Von der verhältnismäßig kleinen Anlage hat sich ein quadratischer, zweigeschossiger Bergfried erhalten, umgeben von einer ebenfalls quadratisch angelegten Mauer.

Tartus (Tortosa), Arwad und Amrit

Die Hafenstadt Tartus, heute Hauptstadt eines eigenen Distrikts *(muhafaza)*, dürfte inzwischen rund 100.000 Einwohner zählen, die sich aus Sunniten und Alawiten, zu einem hohen Prozentsatz aber auch aus griechisch-orthodoxen, griechisch-katholischen und maronitischen Christen zusammensetzen. Die ältere Geschichte der Stadt ist untrennbar verbunden mit der Geschichte der kleinen Insel Arwad, der einzigen Insel Syriens, 2,5 Kilometer vor der Küste. Aufgrund ihrer Lage dürfte sie, die nur achthundert mal fünfhundert Meter mißt, schon in vor- und frühgeschichtlicher Zeit Menschen als Wohnort gedient haben. Ihre Bewohner, die Arwaditer, werden in der Schöpfungsgeschichte des Alten Testaments als Nachkommen Kanaans, eines Enkels Noahs, erwähnt (Gen. 10:18). Arwad war die nördlichste der fünf bedeutenden phönizischen Hafenstädte, die von Tyros über Sidon, Beirut und Byblos wie eine Perlenkette am Ostufer des Mittelmeers aufgereiht waren. ›Export und Import‹ waren ihre Lebensgrundlage und hatten schon den Phöniziern, wie man bei Herodot nachlesen kann, den Ruch besonderer Geschäftstüchtigkeit eingebracht, der ja noch heute den »Levantinern« vorauseilt. Damit verbunden muß ein hohes Maß an diplomatischem Geschick gewesen sein, denn wenn auch nominell bald die ägyptischen Pharaonen, bald die Hethiter, die Assyrer oder die Perser ihre Herren oder Verbündete waren, konnten sie offenbar doch immer eine gewisse Selbständigkeit bewahren.
Von ihrer Insel aus begründeten die Arwaditer an der Küste und im Hinterland mehrere bedeutende Siedlungen, so auch den Tempelbezirk von Hisn Sulaiman. Während sie in der Seeschlacht von Salamis im Jahr 480 noch auf Seiten der Perser gegen die Griechen gekämpft hatten, ergaben sie sich 333 v. Chr. kampflos Alexander dem Großen. Aus Arwad wurde Arados. Erst mit den

Römern ging die Bedeutung der Insel zurück. An ihre Stelle trat nun das gegenüber an der Küste liegende und von den Arwaditern begründete Amrit, das die Griechen und Römer Antarados (Anti-Arados) nannten. Bei den Kreuzfahrern wurde daraus Tortosa, und im Arabischen entstand über Antartus schließlich der heutige Name Tartus.

Im Jahre 637/38 nahmen die Muslime Antarados ein. Bei dem arabischen Geschichtsschreiber Ibn al-Athir ist zu diesem Jahr zu lesen: »Die Muslime unter Führung von 'Ubada ibn as-Samit eroberten Antartus, das befestigt war. Die Bewohner verließen den Ort, worauf Mu'awiya die Stadt Antarados neu errichten und zu einem Heerlager ausbauen ließ.« (Ibn al-Athir, *Al-Kamil*, Bd.2, S.493) Die Insel Arwad gelangte erst zwei Jahre später in die Hände der Muslime, und Mu'awiya, damals noch Statthalter des dritten Kalifen 'Uthman über Syrien, ließ die Mauern schleifen.

Ins Blickfeld rückte Tartus erneut, als die Byzantiner in der zweiten Hälfte des 10. Jahrhunderts wiederholt in Syrien einfielen und 968 auch Tartus eroberten. Die Stadt blieb dann ein Jahrhundert unter byzantinischer und damit christlicher Herrschaft. Erst für das Jahr 1082 notiert Ibn al-Athir: »In diesem Jahr zog [der Seldschukensultan] Tutush zur syrischen Küste, eroberte Antarados sowie einige Festungen und kehrte nach Damaskus zurück.« (*Al-Kamil*, Bd.10, S.121) Doch die erneute muslimische Herrschaft blieb nur ein kurzes Zwischenspiel. Während des Ersten Kreuzzuges wurde die Stadt schon 1099 heimgesucht und drei Jahre später von den Kreuzfahrern besetzt. Unser arabischer Geschichtsschreiber führt zum Jahr 1102 aus: »Von Tripoli zog Saint Gilles nach Antarados, das zu den Distrikten von Tripoli gehört, belagerte und eroberte es und tötete die Muslime, die sich in der Stadt befanden.« (Ibn al-Athir, *Al-Kamil*, Bd.10, S.344) Tartus und Arwad gehören zu jenen Orten Syriens, die am längsten in der Hand der Kreuzfahrer blieben. Nuraddin (1152) und Saladin (1188) setzten der Stadt zwar heftig zu, scheiterten aber an der Zitadelle beziehungsweise an dessen Bergfried. Ein weiteres Jahrhundert widerstanden die Templer, deren Hauptsitz Tartus seit 1183 war, allen muslimischen Eroberungsversuchen. Im Jahr 1282 schloß Guillaume de Beaujeu, der Großmeister des Templerordens, mit dem Mamlukensultan Kalawun einen Vertrag, in dem Tartus und einige umliegende Orte als Besitz des Ordens »auf ewig anerkannt« wurden. Diese ›Ewigkeit‹ währte nur kurz, denn schon 1291 vertrieb Kalawun die Templer endgültig. Die Insel Arwad hielt sich zehn Jahre länger, doch wurde sie dann ebenfalls von den Mamluken eingenommen und ihre Mauern geschleift. Sowohl die Stadt als auch die Insel blieben über die Jahrhunderte bewohnt, führten aber bis ins 20. Jahrhundert hinein nur ein Schattendasein.

Will der Besucher von Tartus die Sehenswürdigkeiten der Stadt und ihrer Umgebung sozusagen in korrekter historischer Reihenfolge würdigen, muß er mit einer kurzen Schiffsfahrt hinüber zur **Insel Arwad** beginnen, denn von dort aus wurden die Siedlungen an der Küste begründet. Durch die ständige Überbauung sind zwar die altorientalischen und antiken Spuren längst verschwunden, doch haben sich Teile der mittelalterlichen Hafenbefestigung im Osten und einer mit Türmen versehenen Festung im Westen sowie Überreste der Mauern, die einst die gesamte Insel umschlossen, noch soweit erhalten, daß man die Wehrhaftigkeit und die einmalige strategische Position der Insel nachvollziehen kann. Das bunte Treiben im Gewirr der engen Gassen und der Blick auf das gegenüberliegende Tartus und den sich dahinter erhebenden Gebirgszug des Ansariye lohnen allein schon diesen Ausflug. Und wer von der Vielfalt syrischer Geschichte und Landschaft inzwischen gesättigt ist, sollte auch einmal nur an sein leibliches Wohl denken und eines der Restaurants besuchen, bei den Vorspeisen vielleicht noch zurückhaltend sein, dann aber dem frischen Fisch um so reichlicher zusprechen.

Um in der historischen Reihenfolge zu bleiben, müßte das zweite Ziel des Besuchers dann **Amrit** sein, wenige Kilometer südlich von Tartus in der Nähe der alten Landstraße gelegen. Die Ruinen der einstigen phönizischen Siedlung, von den Griechen Marathos genannt, bedecken ein riesiges Gelände, das heute zum

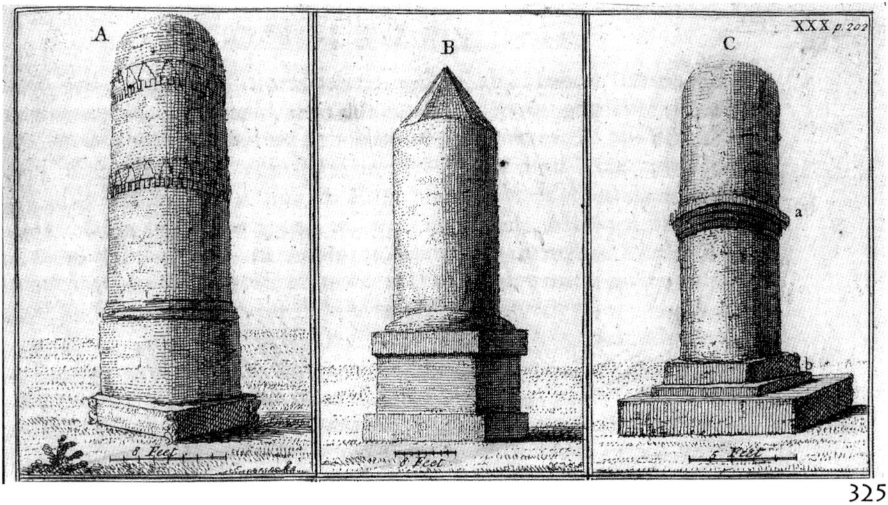

Grabmäler aus Amrit Kupferstich von Pococke (1745)

Teil militärisches Sperrgebiet ist. Die überaus freundlichen Soldaten haben Anweisung, darauf zu achten, daß die Kameras der Touristen wirklich nur auf die historischen Objekte gerichtet sind. Dem Einzelreisenden bieten sie sich in der Regel gerne als Führer zu den wichtigsten Sehenswürdigkeiten an. Um unnötige Irritationen zu vermeiden, sollte man das Angebot annehmen. Es kostet nichts. Es sind vor allem zwei Komplexc, die der Besucher in dem erst zu einem kleinen Teil ausgegrabenen Ruinengelände aufsuchen sollte, nämlich einerseits den Wassertempel und andererseits die beiden Gräber, die »Spindeln« *(maghazil)* genannt werden.

Der **Wassertempel**, der bei den Einheimischen schlicht »Tempel« *(ma'bad)* heißt, ist in seiner Konzeption für Syrien ein einmaliges Quellheiligtum. Sein fünfzig mal fünfzig Meter messender und aus dem Felsen herausgehauener Innenhof ist - zumindest im Frühjahr auch heute noch - mit Wasser gefüllt, das ehemals aus der Quellgrotte an der Ostseite floß. Die ›heilige‹ Stille wird heute nur von quakenden Fröschen unterbrochen, die hier ein großartiges Biotop gefunden haben. Als man das Bassin aus dem Felsen schlug, ließ man in der Mitte einen quadratischen Felsblock von fünf Metern Seitenlänge und drei Metern Höhe stehen. Dieser wurde ummauert und auf ihm die nur an einer Seite offene, mit Zinnen gekrönte und 4,40 Meter hohe *cella* errichtet, die einst das Bildnis der Wasser- und Fruchtbarkeitsgottheit beherbergte. Um den heiligen Teich verliefen an drei Seiten Säulengänge mit monolithischen, quadratischen Pfeilern, von denen einige wieder aufgerichtet wurden, weitere liegen im flachen Wasser. Datiert wird diese phönizische Anlage ins ausgehende fünfte oder beginnende vierte Jahrhundert vor unserer Zeitrechnung.

Aus der gleichen Zeit stammen die beiden **Grabbauten**, die etwa 1,5 Kilometer südlich des Tempels liegen. Wie mehrere umliegende Schächte zeigen, waren sie Teil eines großen Friedhofs, einer Nekropole. Der eine Grabbau besteht aus einem großen quadratischen Sockel, auf dem ein Zylinder ruht, der wiederum eine fünfseitige Pyramide trägt. Der Sockel des zweiten, fast zehn Meter hohen Grabturms ist rund und von vier unvollendet gebliebenen steinernen Löwen umgeben. Über dem Sockel steht ebenfalls ein Zylinder, der einen zweiten, etwas schlankeren, kuppelförmig endenden Zylinder trägt. Beide Zylinder ziert jeweils ein Zinnenfries. Die Form zumindest dieses zweiten Grabturms erinnert sehr an einen Phallus, was möglicherweise mit der im alten Syrien (und nicht nur dort) so engen mythologischen Verbindung von Tod und Fruchtbarkeit in Zusammen-

Die Kathedrale Notre-Dame de Tortosa (11./12. Jahrhundert) ist einer der schönsten Sakralbauten, den die Kreuzfahrer in Syrien hinterlassen haben; im Inneren der Kirche ist heute ein Museum untergebracht.

Gotik in Syrien

Die gotische Architektur entstand in der Mitte des 12. Jahrhunderts im französischen Kronland, einem relativ kleinen Gebiet in der Ile-de-France, also im Herzen Frankreichs. Sie fällt zusammen mit einem großen Wachstum der Wirtschaft und der Bevölkerung, mit der zunehmenden Macht der Kapetinger und der Blüte der Scholastik. Die Schule von Paris war neben Chartres und Sens die berühmteste. Zwei Kirchen gelten als Gründungsbauten der Gotik: Die Abteikirche von Saint-Denis im Norden von Paris und die Kathedrale von Sens. Abt Suger begann 1137 mit dem Neubau von Saint-Denis, einer direkt der Krone unterstehenden Abtei, die auch Grablege der französischen Könige war. 1140 veranlaßte der Erzbischof von Sens den Neubau seiner Kathedrale; normannische und burgundische Kirchen können als Vorbilder betrachtet werden.

Charakteristisch für die Gotik sind ein völlig neues Raumgefühl mit einem gewaltigen Emporstreben zur Höhe, eine bisher ungeahnte Lichtfülle und kühne architektonische Konstruktionen; dabei kommen Strebepfeilern, Kreuzrippengewölbe und Spitzbögen herausragende Bedeutung zu. Die Architekten verstanden es, die statischen Möglichkeiten dieser Bauglieder meisterhaft auszunutzen. Das neue System führte zur Befreiung vom Quadratschema der Romanik und erlaubte die Kombination von Gewölben verschiedenen Zuschnitts. Die Konstruktionsglieder wurden zierlicher, die Baumassen aufgelockert, die Wände durch die leuchtende Folie der vielfach farbigen Fenster ersetzt. Gleichzeitig tritt die Glasan die Stelle der Wandmalerei, die bemalte Fensterscheibe löst das Fresko ab. Entscheidend war ebenso die Zerlegung der Hochschiffwand in zwei parallele Schalen. Bevorzugter Bautypus war die Basilika mit erhöhtem Mittelschiff und eigener Fensterzone (Obergaden) und zwei beziehungsweise vier niedrigeren Seitenschiffen, die oftmals um den Chor geführt wurden. Umfangreiche Skulpturenprogramme zierten häufig die West- oder Querhausfassaden.

Die Entwicklung der gotischen Baukunst war eine technische Großleistung. Am Bauplatz wurden weitere Maßnahmen zur Arbeitsteilung und Rationalisierung eingeführt, die Statik ständig verbessert, die profilierten Werkstücke wurden genormt, neue Hebemaschinen entwickelt. Die Konstruktionen konnten folglich immer kühner gestaltet werden – die Kathedrale von Amiens weist eine Gewölbehöhe von 42 Metern auf! Zunehmend verwendete man Eisen für die Verankerung von Quadern und zur Stabilisierung von Maßwerk, wie die steinernen, reich verzierten Fensteröffnungen bezeichnet werden.

Zwischen 1140 und 1250 wurden nahezu alle nordfranzösischen Kathedralen in gotischen Formen erneuert. Die Bauhütten der Bischofskirchen im Kronland waren die großen Innovationszentren; doch auch Orden wie die Zisterzienser hatten an der Ausbildung und Verbreitung dieser Baukunst einen großen Anteil. Gleichzeitig mit dem Aufstieg der französischen Monarchie entstand somit eine neue Form sakraler Architektur, die für ganz Europa Vorbildcharakter bekommen sollte. Diese ›moderne‹

Kathedrale von Tartus
Kolorierter Stich von L. Mayer
(um 1810)

Baukunst gelangte nach England, Deutschland, Flandern, Skandinavien, Italien, Spanien, Böhmen, Polen, Ungarn und schließlich mit den Kreuzrittern auch in den Vorderen Orient. Die eindrucksvollsten gotischen Kirchen dieser Region stehen auf Zypern, im ehemaligen Königreich der Lusignans: Die 1209 begonnene Kathedrale von Nikosia und die Kathedrale von Famagusta, seit 1298 im Bau, folgten unmittelbar dem Vorbild französischer Sakralbauten der Hochgotik.

Der bedeutendste Kirchenbau aus der Kreuzfahrerzeit in Syrien, die Kathedrale Notre-Dame von Tortosa, ist im Vergleich zu den zypriotischen Bauten viel bescheidener, von durchaus wehrhaftem Charakter, weniger elegant. Kein Maßwerk schmückt den Bau, und lediglich schmale Lanzettfenster beleuchten den Innenraum. Typisch gotisch sind jedoch an der Westfassade die eingestellten runden Dienste (lange, dünne Säulchen) in den Fenstergewänden, die sich als Archivolten, die bandartigen Einfassungen der Rundbögen, fortsetzen. Besonders reich ist die Dreiergruppe über dem erneuerten Hauptportal ausgebildet. Hier plazierte man jeweils zwei Dienste nebeneinander, und auch die Profilierung der Archivolten ist weitaus plastischer ausgearbeitet. Diese sogenannten *en-délit*-Dienste bildeten eine beliebte Schmuckform im 12. und 13. Jahrhundert. Sie sind aus einem Stein gehauen, der entgegen seiner Schichtung verbaut wird. Mit Hilfe von Schaftringen werden sie mit dem Mauerwerk verdübelt. Bemerkenswert sind die schönen, um 1240 zu datierenden Knospenkapitelle. Ähnliche Formen zeigt übrigens auch das Portal der Kapelle auf der Festung Kal'at al-Markab. Weiterhin auffällig am Bau der Kathedrale ist die Verwendung einheitlicher Steinformate. Darin spiegelt sich die Rationalisierung des Bauwesens unter dem französischen König Philipp II. August (1180-1223) wider. Der Raumeindruck der Kathedrale wirkt wenig gotisch, vielmehr ruft er Assoziationen an die gedrungeneren burgundisch-cluniazensischen Bauten des 12. Jahrhunderts hervor. Das auf kräftigen Gurtbögen ruhende Tonnengewölbe im Mittelschiff ist eine Wölbungsform, die in der Gotik kaum noch angewandt wurde, denn die gotische Architektur bevorzugte

das weniger massige sechs- beziehungsweise vierteilige Kreuzrippengewölbe. Auch die Kapitelle des Innenraums muten noch romanisch an. Dabei sind sie jedoch von guter Qualität und großem Formenreichtum, kaum eines der Kapitelle gleicht einem anderen.
Das 12. und 13. Jahrhundert war auch eine Blütezeit des Wehrbaus. Allein in den Kreuzfahrerstaaten wurden hundert Burgen erbaut, deren Dimensionen ins Riesenhafte wuchsen. Der Krak des Chevaliers und die Festung Kal'at al-Markab bieten dafür in Syrien eindrucksvolle Beispiele. Dabei behielten die Kreuzfahrer, als Bauherren der mächtigen Anlagen, zwar alle wesentlichen Merkmale der abendländischen Burg bei, wie die Wohntürme, sogenannte Donjons, übernahmen aber auch vieles vom orientalischen Festungsbau, beispielsweise die Flankierung der Mauern oder die Anlage von Zwingern und Zisternen. Auch in die Profanarchitektur wurden zwar gotische Elemente wie Spitzbogen und Kreuzrippengewölbe integriert, doch fehlt den Wehrbauten das eigentlich ›Gotische‹; hier stand eine wirkungsvolle Verteidigung im Vordergrund, und nicht Leichtigkeit und Transparenz. An manchen Teilen im Wehrbau läßt sich dennoch ›reine Gotik‹ feststellen. Das schönste Beispiel finden wir im Krak des Chevaliers. Der große Rittersaal mit den reich dekorierten Konsolen und dem Kreuzrippengewölbe sowie die wie ein klösterlicher Kreuzgang anmutende Galerie oder Vorhalle, beide wohl gegen 1250/60 entstanden, sind Juwele gotischer Baukunst, ohne Parallele im ganzen Vorderen Orient. Das Fenstermaßwerk, die eingestellten *en-délit*-Dienste (teilweise erneuert), welche die Tür- beziehungsweise Fensteröffnungen rahmen, die Profilierung der Kreuzrippen und Archivolten, die sorgsam gehauenen Laubwerkkapitelle der Galerie – all diese Bauteile im Krak des Chevaliers weisen stilistisch auf Sakralbauten in Reims und Paris, zitieren modernste, das heißt gotisch-französische Formen. Die Forschung bezeichnet diese Stilstufe in der Mitte des 13. Jahrhunderts als *style rayonnant*, abgeleitet von den ›ausstrahlenden‹ Maßwerkfigurationen. Zeitgenössische Quellen sprechen von *opus francigenum* und unterstreichen damit die Bedeutung Frankreichs als Ursprungsland der gotischen Baukunst, die den Ruf der Modernität, der technischen Überlegenheit erlangt hatte. (Gleichermaßen galt das für die französische Kultur, für Wissenschaft und Verwaltung. So wurde beispielsweise der Lusignan-Staat auf Zypern gänzlich nach französischen Rechtsvorstellungen verwaltet.)
Die heute von vielen Betrachtern so bewunderte gotische Baukunst geriet im 15. Jahrhundert in Italien in Mißkredit. Der Mensch im Zeitalter der Renaissance konnte mit dieser Kunst nichts anfangen, sie wurde gänzlich abgelehnt. Die Gotik stand zu sehr im Widerspruch zur antiken Tradition, auf die sich die italienische Kunst des 15. und 16. Jahrhunderts berief.
1435 hat Leon B. Alberti den Begriff ›Gotik‹ erstmals verwendet. Und zwar im eindeutig negativen Sinne, denn »gotico« bedeutet auf Italienisch »barbarisch«, »nicht antik«. Ebenso verächtlich äußerte sich im 16. Jahrhundert Giorgio Vasari, für ihn war dies der Stil jener Goten, die im 5. Jahrhundert die klassische Kultur Italiens zerstört hatten. Erst mit Goethes Artikel »Von deutscher Baukunst«, den er 1773 beim Anblick des Straßburger Münsters verfaßte, begann allmählich die Neubewertung dieser großen mittelalterlichen Kunst.

Walter Appel

hang gebracht werden kann. Die eigentlichen Grabkammern befinden sich unter den Türmen und wurden aus dem Fels gehauen.
Amrits Blütezeit ging bereits im 2. Jahrhundert v. Chr. zu Ende. Nachdem die Stadt versucht hatte, sich von der Vorherrschaft der Arwaditer zu befreien, wurde sie von diesen zerstört und spielte in römischer Zeit keine Rolle mehr. Ihren Platz nahm dann schrittweise Tartus ein.
In Tartus haben sich zwei bedeutende Bauwerke aus der Kreuzzugszeit erhalten: die Zitadelle und die Kathedrale Notre-Dame. Die **Zitadelle** lag einst direkt am Meer, ist heute jedoch durch die Küstenstraße davon getrennt. Sie wurde über die Jahrhunderte hinweg im Inneren völlig verändert und umgebaut, doch entdeckt man bei einem Spaziergang durch die engen Gassen an allen Ecken und Enden alte Gebäudeteile, die in die Häuser integriert wurden. So erschließt sich die Wehrhaftigkeit der halbkreisförmigen Anlage, die zur Landseite hin durch zwei Mauerringe und einen Graben geschützt war, nur noch von außen.
Ganz anders die **Kathedrale Notre-Dame de Tortosa**, die unweit der Zitadelle liegt und als der bedeutendste und schönste Kirchenbau gilt, den die Kreuzfahrer in Syrien hinterlassen haben. Der Legende nach soll bereits Petrus an dieser Stelle eine Kapelle zum Gedenken an Maria begründet haben. Die Kreuzfahrer begannen mit dem Neubau der Kirche in der ersten Hälfte des 12. Jahrhunderts. Da der Bau stilistisch sowohl romanische als auch gotische Elemente aufweist, geht man von zwei Bauphasen aus, einer ersten vor 1188, also bevor Saladin die Stadt heimsuchte und teilweise zerstörte, und einer zweiten im 13. Jahrhundert. Nachdem die Kreuzritter 1291 die Stadt verlassen hatten, wurde die Kathedrale von den Mamluken verschont, doch ist ihr weiteres Schicksal zunächst unklar. Als der englische Reisende Henry Maundrell 1697 Tartus besuchte, notierte er: »[Die Kirche] ist 130 Fuß lang und 93 Fuß breit. Ihre Wände, Bögen und Säulen bestehen aus falschem Marmor und sind noch so intakt, daß ein kleiner Beitrag ausreichen würde, sie wieder zu einer wundervollen Kirche zu machen. Zum Kummer eines jeden christlichen Betrachters ist sie aber jetzt ein Viehstall, und als wir sie besuchten, standen wir bis zu den Knien in Dreck und Kot.« (Zitiert nach Thomas S. R. Boase: *Castles and Churches*, S.93f.) Dieser Zustand änderte sich erst, als die Kirche Mitte des 19. Jahrhunderts in eine Moschee umgewandelt wurde. Im Ersten Weltkrieg diente sie den osmanischen Türken als Kaserne. Erst die Franzosen ließen dann 1922 einige Restaurierungsmaßnahmen durchführen und richteten schließlich ein kleines

Die Mamluken erobern die Festung al-Markab

Der lebhafteste und anschaulichste Bericht über die Eroberung von al-Markab findet sich in einem Werk, das den Titel trägt *Die Beehrung der Tage und Zeiten mit dem Leben des Sultans und Königs, dem der Sieg verliehen wurde*, womit Sultan Kalawun gemeint ist. Der Verfasser des Buches ist unbekannt, doch hat er den größten Teil seines Materials einer verlorengegangenen Biographie des Sultans Kalawun entnommen, die dessen Sekretär Ibn Abdazzahir verfaßt hatte. Der Bericht zeigt, daß hier ein Augenzeuge spricht:

»Die Hospitaliter [Johanniter], die die Festung besetzt hielten, waren immer schamloser, gefährlicher und mörderischer geworden, so daß die Leute der Festungen in der Umgebung wie im Kerker leben mußten, ja, wie im Sarg. Die Franken hielten die Festung für unangreifbar, mit welchen Anstrengungen und Listen auch immer. Daher verharrten sie in ihrer hochmütigen Haltung, hielten ihre Eide nicht, begingen jede üble Treulosigkeit, machten Gefangene und plünderten. Unser Herr lauerte ihnen aber auf wie ein reißender Löwe; ohne noch Augen für anderes zu haben, beschäftigte er sich mit der Festung, und jedesmal, wenn sie einen Kriegsbrand warfen, erleuchtete ihn die ewige Rechtleitung.

In Damaskus ließ er die Belagerungsmaschinen vorbereiten, ohne daß jemand wußte, wofür sie bestimmt waren. Gleichzeitig ließ er aus seinen verschiedenen Ländern die Mannen anrücken, dazu Lebensmittel, Befehlshaber und Ausrüstung – eine unzählbare Menge. Aus Ägypten hatte

der Sultan ein großes Arsenal kommen lassen, in dem sich große Pfeilbündel und andere Waffen befanden. Weiter wurden eiserne Geräte und Rohre zum Flammenwerfen bereitgestellt, wie sie nur in den Magazinen und Zeughäusern des Sultans zu finden waren. Außerdem warb er einige Leute an, die in der Belagerungskunst erfahren waren und sich darauf verstanden, Festungen abzuriegeln. Von den umliegenden Burgen wurden Katapulte herbeigeschafft, lautlos und ohne der jeweiligen Besatzung ins Auge zu fallen. Katapulte und Kriegsgerät wurden auf Schultern bewegt. Schließlich verließ unser Herr, der Sultan, sein Lager und gelangte in Eilmärschen am Mittwoch, den 10. Safar [684 d. H. (das heißt nach der *hidjra*, dem Auszug des Propheten aus Mekka im Jahr 622) = 17. April 1285] zur Festung al-Markab, um sie zu belagern.
Sofort schleppten die Männer die Katapulte heran, und bald schloß sich ein tödlicher Ring um die Festung. Sie begannen, furchterregende und mörderische Steine zu schleudern, während man von allen Seiten anfing, die Mauern zu untergraben. Sobald der Stollen des Sultans zur Minierung fertig war, ließ er ihn mit Holz füllen und am Mittwoch, den 17. Rabi' I [= 25. Mai], in Brand setzen. Das Feuer fraß sich vor bis in die Mitte des Stollens unter dem Turm an der Mauerecke, und die Muslime stürmten vor, um den Turm selbst zu besteigen. Es entspann sich ein heftiger Kampf, die Anstrengungen der Muslime, den Turm zu erklettern, hatten keinen Erfolg, und der Angriff schlug fehl. Gegen Abend stürzte der Turm ein und vergrößerte so nach Meinung der Soldaten die Schwierigkeit, in der Festung Fuß zu fassen [...].
Die Stollen waren unter den Gräben hindurchgeführt worden und reichten bis unter die Türme, ohne daß die Franken es bemerkt hatten. Als sie es nun sahen, erschraken sie über die Maßen und verloren allen Mut, hielten sich für unweigerlich verloren und sahen keinen Ausweg aus der Falle. So erbaten sie Verhandlungen, um freien Abzug zu erhalten und mit gütiger Nachsicht behandelt zu werden.« (Leicht verändert nach Francesco Gabrieli, *Die Kreuzzüge aus arabischer Sicht*, S.396ff.)

In blumigen Worten schildert der Autor sodann, wie den Kreuzfahrern der freie Abzug gewährt wurde und wie der Sultan seinen Plan verwirklichte, die Festung wieder instandzusetzen und zu erhalten, »zur Wut der Ungläubigen und zum Schutz der umliegenden Burgen«.

Museum in der Kirche ein, das heute noch existiert und recht sehenswert ist. Ausgestellt sind unter anderem Exponate aus dem alten Amrit, verschiedene Gegenstände (Venusstandbilder, Lampen etc.) aus griechisch-römischer Zeit sowie ein reich verzierter Sarkophag aus dem 2. Jahrhundert n. Chr.
Die Kirche wird durch acht mächtige Pfeiler in zwei Seitenschiffe und ein Mittelschiff geteilt, die von drei Apsiden abgeschlossen werden. Die Pfeiler haben einen kreuzförmigen Grundriß, wobei die vier Enden des Kreuzes von Dreiviertelsäulen gebildet werden. Während das Mittelschiff von einem Tonnengewölbe überspannt wird, sind die schmaleren Seitenschiffe von jeweils vier Kreuzgratgewölben überdeckt. Der Chorraum wird außen von zwei Türmen flankiert.
Tartus ist heute zunehmend ein Anziehungspunkt für den internationalen Tourismus, aber auch die Syrer selbst haben es schon lange als Urlaubsort entdeckt. An den Wochenenden, also Donnerstag abends und Freitag, sind in der warmen Jahreszeit die Hotels an der Corniche ausgebucht und die Restaurants überfüllt. Das Meer, die Berge und der hohe christlich-arabische Bevölkerungsanteil, bestehend aus Griechisch-Orthodoxen und Griechisch-Katholischen sowie Maroniten mit insgesamt vier Kirchen in der Stadt, verleihen dem Ort ein geradezu libanesisches Gepräge, das bis in den Dialekt hineinwirkt. Diese levantinisch-mediterrane Atmosphäre der Weltoffenheit und heiteren Gelassenheit kann man nun auf der Weiterfahrt an der Küste entlang nach Norden in vollen Zügen genießen.

Banyas und Kal'at al-Markab

Nach Banyas zählt der Tachometer auf der Autobahn von Tartus aus rund vierzig Kilometer. Der von den Phöniziern begründete Ort wurde in der Antike Balanaia genannt und prägte in hellenistischer Zeit sogar eigene Münzen. Bei den Kreuzfahrern hieß der Ort Valenia, und in mittelalterlichen arabischen Quellen erscheint er zuweilen auch als Bulunyas. Heute ist er ein wichtiger Umschlaghafen für Erdöl, hat aber nichts Sehenswertes mehr zu bieten.
Anders die Festung Kal'at al-Markab, die fünfhundert Meter über Banyas auf einem steilen ehemaligen Vulkan thront und nach dem Krak des Chevaliers die wohl – von ihrem Erhaltungszustand her – zweitbedeutendste Burganlage der Kreuzfahrer in Syrien ist.
Begründet wurde die Festung von den Arabern im 11. Jahrhundert, wobei aber offenbar auf die Überreste einer älteren Wehran-

lage zurückgegriffen wurde. Zu Beginn des 12. Jahrhunderts war sie im Besitz der Adelsfamilie Banu Muhriz, die sie 1118 in Verhandlungen an die Kreuzfahrer im Tausch gegen eine andere Festung abtraten. Neben den Kreuzfahrern selbst, welche die Festung nun Margat nannten, wurden auch Armenier im Stadtareal der Anlage einquartiert. Die Auseinandersetzungen zwischen den Kreuzfahrern von Antiochia und jenen von Tripoli gaben den Muslimen die Gelegenheit, sich zwischen 1133 und 1140 wieder der Burg zu bemächtigen, die sie dann aber - angeblich durch eine List - erneut an die Kreuzfahrer verloren. Nuraddin scheiterte 1157 an der Festung, und Saladin verzichtete 1188 bei seinem Zug entlang der Küste nach Norden überhaupt darauf, al-Markab, inzwischen Besitz des Johanniterordens, anzugreifen, zumal ihm zur See die Flotte der Normannen von Sizilien folgte. Ab 1192 bauten die Johanniter die Festung, die inzwischen auch Sitz des Bischofs von Banyas war, weiter aus, so daß einige Jahre später der arabische Geograph Yakut notiert: »Jeder, der die Festung sah, berichtet, daß er noch nie etwas Vergleichbares gesehen hat.« (Yakut, *Mu'djam al-buldan*, Bd.4, S.500) Zur Zeit der Mongoleneinfälle nach Syrien wurden diese massiv von den Johannitern unterstützt, was den Mamluken naturgemäß nicht gleichgültig war und Sultan Kalawun 1285 bewog, die Festung al-Markab endgültig den Kreuzfahrern zu entreißen. Am 23. Mai 1285 war es soweit.

Die Anlage, die mit einem doppelten Mauerring und einem Graben umgeben ist, bildet ein nach Süden ausgerichtetes, spitzwinkliges, gleichschenkliges Dreieck, wobei die Schenkel rund zweihundert und die Grundlinie circa hundert Meter lang sind. Die eigentliche Festung nimmt den spitzen Winkel im Süden ein, während das ganze übrige Gelände einer richtigen Stadt Raum bot, die aber weitgehend zerstört ist. Die von dieser Stadt nochmals durch einen Graben getrennte Burg ist dagegen überraschend gut erhalten.

Dem Eingang an der Westseite, zu dem man heute problemlos mit dem Auto fahren kann, ist eine Treppe vorgelagert, die den Burggraben überspannt. In der eigentlichen Festung sind besonders sehenswert die Kapelle, der Bergfried (Wehrturm) und mehrere Hallen. In der gotischen Kapelle, die 1186 errichtet wurde und die mit ihren Ausmaßen von 23 mal 10 Metern größer ist als die im Krak des Chevaliers, hat sich eine Reihe von Kapitellen erhalten, die mit ihrer Akanthusornamentik an jene in der Kathedrale von Tartus erinnern. Der Bergfried ist 21 Meter hoch und mit fünf Meter dicken Basaltmauern befestigt. Zwischen ihm und der Kapelle liegt ein zweigeschossiges Gebäude mit mehreren Sälen. Gegenüber auf der Westseite befinden sich zwei weitere Säle und im Nordosten verschiedene Magazinräume. Was man aber als Erinnerung mitnimmt, ist der überwältigende Ausblick, den man von der Festung sowohl auf Banyas und das Meer als auch über die Bergwelt im Hinterland genießt.

Djeble (Gabala)

Etwa auf halber Strecke zwischen Banyas und Latakiye (insgesamt 50 Kilometer) fährt man an dem Städtchen Djeble, dem antiken Gabala, vorbei, das einen kurzen Abstecher lohnt. Seit phönizischer Zeit ein wichtiger Hafen und Handelsplatz, wurde es bereits im 5. Jahrhundert v. Chr. griechische Kolonie und behielt auch unter den Römern eine beachtliche wirtschaftliche Bedeutung. Die muslimischen Araber eroberten es 638 - es war einer der wenigen Orte in Syrien, der sich den Muslimen nicht freiwillig ergab -, und Mu'awiya ließ es anschließend neu befestigen. Es blieb dann in muslimischer Hand, bis die Byzantiner bei ihren neuerlichen Vorstößen nach Syrien die Stadt 969 einnahmen und über hundert Jahre besetzt hielten. Einem tatkräftigen Kadi der Stadt gelang es dann, die Byzantiner zu vertreiben, doch schon 1108 eroberten die Kreuzfahrer die Stadt, die sie Gibel oder Zibel nannten, und okkupierten sie - unterbrochen von einem muslimischen Intermezzo unter Saladin - bis 1285, als der Mamlukensultan Kalawun sie endgültig für die Muslime zurückgewann.
Aus dieser wechselvollen Geschichte von Djeble hat sich an Baudenkmälern außer einigen Überresten des **römischen Theaters** kaum etwas erhalten. Doch kultur- und religionsgeschichtlich ist die **Ibrahim-Moschee** für die islamische Welt von größerer Bedeutung, bewahrt sie doch das Andenken an einen der ganz großen Asketen und Mystiker, Ibrahim ibn al-Adham, der 777 in Djeble gestorben sein soll und dessen Grab hier über die Jahrhunderte höchste Verehrung genoß. Die Legenden, die sich um ihn ranken, sind mit vielerlei Ausschmückungen schon früh ins Türkische, Persische, in Urdu (Indien, Pakistan) und verschiedene indonesische Sprachen übersetzt worden.

Latakiye

Auch Latakiye (auf verschiedenen europäischen Karten auch Lattakia oder Ladhikiye u.ä.m. genannt) kann eine lange und wechselvolle Geschichte aufweisen und ist heute mit wohl 500.000 Einwohnern eines der bedeutendsten städtischen Zentren Syriens, nachdem es 1914 ganzen 7000 und auch 1960 erst 68.000 Menschen eine Wohnstatt geboten hatte. Im zweiten Jahrtausend vor unserer Zeitrechnung war es unter dem Namen Ramatha ein von Ugarit abhängiger Ort und blieb über die Jahrhunderte bis zu den Seleukiden offenbar eine recht unbedeutende Siedlung. Im Jahr 327 v. Chr. war es dann Seleukos I. Nikator selbst, der neben mehreren anderen Städten in Syrien auch hier eine neue Stadt gründete, die er nach seiner Mutter, die Laodike hieß, Laodikeia nannte. Im Jahre 64 v. Chr. wurde sie von den Römern unter Pompeius eingenommen. Die Muslime eroberten sie, doch erlaubte man danach den geflohenen Christen gegen Zahlung der Kopfsteuer die Rückkehr, und sie behielten auch

Tetrapylon von Latakiye – Kupferstich von Pococke

ihre Kirche. 719, rund achtzig Jahre später, brandschatzten die Byzantiner die Stadt und führten ihre muslimischen Bewohner in Gefangenschaft, konnten sich aber nicht halten. Der Omayyadenkalif Omar II. baute den Ort wieder auf und kaufte auch die Gefangenen frei. Ab dem Ende des 10. Jahrhunderts teilte dann Latakiye das Schicksal der übrigen nordwestlichen Regionen Syriens und wurde zu einem Zankapfel zwischen Byzantinern, Arabern und Kreuzfahrern; bei letzteren hieß die Stadt La Liche. Erst die Mamluken vertrieben 1287 die Kreuzfahrer endgültig aus der Stadt, die vom 15. Jahrhundert an immer bedeutungsloser wurde.

In Latakiye, das noch im Mittelalter wegen seiner prachtvollen Bauten gerühmt wurde, haben sich nur wenige bauliche Denkmäler erhalten: In der Shari' Bur Sa'id, etwa vierhundert Meter vom Verkehrskreisel Sahat al-Yaman entfernt, befinden sich einige Säulen der **römischen Kolonnadenstraße** sowie ein **Tetrapylon** mit korinthischen Kapitellen. Das **Museum** an der Corniche, seit einigen Jahren in einem ehemaligen osmanischen Khan untergebracht, lohnt, wenn man die großen Museen Syriens gesehen hat, kaum mehr einen Besuch. Der schachbrettartige Grundriß der Stadt allerdings, den der Besucher eher einer modernen Stadtplanung zuschreiben möchte, folgt in großen Teilen immer noch der seleukidischen Anlage.

Es bleibt eine Episode aus der modernen Geschichte der Stadt nachzutragen. Wie schon angedeutet, versuchte Frankreich während der Mandatszeit neben dem Libanon auch einen eigenen Staat der Drusen und einen der Alawiten aus dem syrischen ›herauszuschneiden‹. Bereits 1920 wurde Latakiye zur Hauptstadt eines autonomen alawitischen Gebietes erhoben, das schließlich 1925 gegen den Willen der Syrer zu einem selbständigen ›Staat‹ proklamiert wurde. 1936 wurde dieser zwar wieder Syrien zugesprochen, doch schon 1939 erneut für autonom erklärt. Erst entschiedener Widerstand der Bevölkerung brachte 1942 wieder den Anschluß an Syrien.

Mit seinen zahlreichen Hotels in allen Preisklassen bietet sich Latakiye als Standpunkt für Ausflüge in die Umgebung an. Während die Stadt selbst, wie gesagt, wenig Sehenswertes aufzuweisen hat, ist die Umgebung damit reich gesegnet. Nicht nur Kal'at Sahyun und Ugarit, die im folgenden eingehender beschrieben werden, sollten zum ›Pflichtprogramm‹ des Besuchers gehören, sondern auch die landschaftlich äußerst reizvolle, über 1500 Meter ansteigende und verkehrsmäßig inzwischen gut erschlossene Bergwelt östlich von Latakiye, zwischen der Küste und der vom Orontes gebildeten Senke des Ghab.

Kal'at Sahyun (Kal'at Salahaddin)

Unter den Kreuzfahrerburgen bildet Kal'at Sahyun neben dem Krak des Chevaliers und Kal'at al-Markab den dritten Höhepunkt. »Saladins Festung« liegt in den Bergen 27 Kilometer östlich von Latakiye in der Nähe des Dorfes al-Haffe. Dort werden auf Schildern zwei Routen zu der malerisch auf einem Felssporn thronenden Festung angeboten, von denen man mit dem Auto auf jeden Fall die längere, nach rechts abzweigende Straße wählen sollte, da die andere zum Teil extrem steil und schmal ist.

Eine ältere arabische Festung bestand hier schon im 10. Jahrhundert. Im Jahr 975 wurde diese von den Byzantinern eingenommen und offenbar bis in die Zeit der Kreuzzüge gehalten und ausgebaut. Wann sie in die Hände der Kreuzfahrer fiel, ist nicht bekannt, doch dürfte dies bald nach der Eroberung von Latakiye durch Tankred von Antiochia zwischen 1106 und 1108 geschehen sein, denn 1119 wird bereits ein gewisser Graf Robert von Sahyun erwähnt, den die Muslime gefangennahmen und in Damaskus hinrichteten. Die rege Bautätigkeit, die von den Kreuzfahrern dann hier entfaltet wurde, legt Zeugnis ab von der strategischen Bedeutung, die sie der Festung für die Kontrolle der Wege von der Küste ins Landesinnere beimaßen. Um so erstaunlicher ist es, daß sowohl die europäischen wie die arabischen mittelalterlichen Quellen die Festung bis zu ihrer Eroberung durch Saladin im Jahre 1188 kaum einer Erwähnung wert finden.

Ibn al-Athir (gest. 1233), der bereits mehrfach zitierte arabische Geschichtsschreiber aus dem Norden Mesopotamiens, der 1188 selbst dem Heer Saladins angehörte, beschreibt nicht nur die Eroberung, sondern zeichnet auch ein anschauliches Bild von der Lage der Burg: »Am 27. Djumada I. [im Jahre 584 d. H. = 25. Juli 1188] zog Saladin von Latakiye in Richtung Kal'at Sahyun. Es ist dies eine wehrhafte, hoch in den Himmel ragende und schwer zu erklimmende Festung auf der vorspringenden Nase eines Berges. Ein tiefes, stellenweise schmales Tal umgibt die Burg, so daß an diesen schmalen Stellen Katapulte Steine bis zur Festung schleudern können. Nur im Norden besteht eine Verbindung zum Berg. Dort hatte man einen tiefen Graben gezogen, der als unüberwindbar galt, und fünf starke Mauern errichtet.« (Ibn al-Athir, *Al-Kamil*, Bd.12, S.10)

Die rund siebenhundert Meter lange Befestigungsanlage, die von den Kreuzfahrern Saône genannt wurde und heute Kal'at Salahaddin, »Saladins Festung«, heißt, besteht aus zwei durch einen künstlichen Graben voneinander unabhängigen Teilen, einer

Oberburg im Norden und einer Unterburg im Süden. Die Oberburg, das Kernstück, ist von dem nordwärts anschließenden Bergmassiv durch einen fast dreißig Meter tiefen, aus dem Fels herausgeschlagenen Graben getrennt, in dem man eine - an einen Obelisken erinnernde - Felssäule stehen ließ, um die Zugbrücke abzustützen.
Man betritt heute die Oberburg durch einen Torturm im Südosten der Oberstadt, worauf man sogleich auf die bedeutendsten Überreste arabischer Bauten in der Festung stößt, die erst nach der Eroberung durch Saladin errichtet wurden: die **Moschee** des Mamlukensultans Kalawun aus dem Ende des 13. Jahrhunderts und ein **Hammam**, der bereits unter den Ayyubiden Ende des 12./Anfang des 13. Jahrhunderts entstand und mit seinem von einem Mukarnas und geometrischen Ornamenten

Saladin – »das Licht des Glaubens«

Obgleich er der Hauptkontrahent der Kreuzfahrer war, genoß Saladin aufgrund seiner »ritterlichen Gesinnung« auch bei seinen Feinden hohe Achtung. Er galt als frommer Muslim und fand als eine der Hauptfiguren in Gotthold Ephraim Lessings Drama *Nathan der Weise* Eingang in die deutsche Literatur.
Einer der interessantesten Biographen Saladins war Baha'addin ibn Shaddad, den Saladin zum Kadi seines Heeres ernannte. Für die auch von seinen Gegnern hochgerühmte Menschlichkeit des Herrschers führt er folgendes Beispiel an:
»[...] Dem Sultan wurden fünfundvierzig Franken vorgeführt, die in Beirut gefangen waren und an dem Tage an diesem Ort ankamen. Ich wurde dort Zeuge einer seiner Taten aus gutem Herzen, wie sie größer nie erlebt wurde. Unter den Gefangenen war ein alter Mann weit vorgerückten Alters, der keinen Zahn mehr im Munde hatte und nicht mehr Kraft, als sich gerade noch zu bewegen. Der Sultan sagte zum Übersetzer, er solle ihn fragen: ›Was hat dich dazu bewogen, in so hohem Alter hierher zu kommen? Wie weit ist dein Land von hier entfernt?‹ Er antwortete: ›Mein Land liegt Monate der Reise von hier entfernt, und ich bin gekommen, um zum heiligen Grabe zu pilgern.‹ Den Sultan bewegten diese Worte, er begnadigte ihn und erlaubte ihm, auf einem Pferd ins fränkische Lager zurückzukehren. Saladins junge Söhne baten ihn, einige der Gefangenen töten zu dürfen, aber er erlaubte es ihnen nicht. Ich fragte ihn, warum er es ihnen verboten habe, denn ich selbst hatte ihre Bitte übermittelt. Er antwortete: ›Damit sie sich nicht von klein an gewöhnen, so leichthin Blut zu vergießen. Sie kennen ja nicht einmal den Unterschied zwischen einem Muslim und einem Ungläubigen.‹ Seht die Milde, das empfindliche und strenge Gewissen dieses Herrschers!«

(zit. n. Francesco Gabrieli, Die Kreuzzüge aus arabischer Sicht, *S.255f.)*

gekrönten Portal dem Besucher die großartigen Bauwerke jener Zeit in Damaskus und Aleppo in Erinnerung ruft. Die Nordostseite über dem Graben wird ganz vom gewaltigen zweistöckigen Bergfried mit seinen über fünf Meter dicken Mauern beherrscht. Rechts daneben liegen ein großer Saal, der als Stallung diente, sowie eine Zisterne; links des Bergfrieds haben sich die Relikte der einst über die Zugbrücke erreichbaren Toranlage erhalten. Im südlichen Teil der Oberburg stehen noch einige Mauerreste des einstigen byzantinischen Bergfrieds.

Ugarit (Ra's Shamra)

Nur rund zehn Kilometer nördlich von Latakiye kann man nochmals tief in die ältere Geschichte Syriens eintauchen. Es liegen dort die Ruinen einer Stadt, die auch für die Entwicklung der europäischen Kultur von größter Bedeutung war: Ugarit, heute Ra's Shamra genannt. Die Entdeckung von Ebla, Mari und Ugarit mit ihren reichen Archiven haben - in dieser historischen Abfolge - unsere Kenntnis über die Geschichte Syriens im 2. und 3. Jahrtausend v. Chr. revolutioniert. Die drei Städte wurden aber, chronologisch gesehen, in genau umgekehrter Reihenfolge entdeckt, denn Ugarit machte 1928 den Anfang, Mari folgte 1933 und Ebla war erst 1964 an der Reihe.
Wie später bei Mari, so verdanken die Archäologen auch die Entdeckung von Ugarit einem Zufall. Der Pflug eines Bauern blieb an einem schweren Steinklotz hängen. Der Bauer entfernte ihn und sah darunter einen unterirdischen Gang, der zu einer Grabkammer führte. Da der Bauer auch mehrere gut erhaltene kleine Vasen entdeckte, verbreitete sich die Nachricht von dem Fund rasch bis zur französischen Altertümerverwaltung in Beirut, die sogleich einen Inspektionstrupp organisierte, um Raubgrabungen zuvorzukommen. Vor Ort erzählten die Einheimischen, daß, nicht weit von dem Grab, auf dem Ra's Shamra genannten Hügel, schon mehrfach antike Gegenstände, ja sogar goldener Schmuck gefunden worden waren. Bereits im Jahr darauf begannen unter der Leitung des französischen Archäologen Claude Schaeffer die Grabungen, und was zutage kam, war eine komplette Stadt, die Hauptstadt eines Reiches, dessen Blütezeit zwischen dem 18. und dem 13. Jahrhundert v. Chr. gelegen hatte. Die älteste Besiedlung des Hügels reicht bis in die Mitte des 7. Jahrtausends zurück. Den Niedergang brachte die Invasion der sogenannten Seevölker im ausgehenden 13. Jahrhundert v. Chr.

Die bei den Grabungen gemachten Funde an Keramik, Bronzewaffen und Goldschmuck, Kupfergießereien, Werkstätten zur Herstellung von Purpur und Färbereien belegen, daß Ugarit in den Zeiten seiner Blüte eine Wirtschaftsmetropole mit Beziehungen nach Palästina, Ägypten, Zypern, zu den Inseln der Ägäis, nach Kleinasien und Mesopotamien war. Den aufregendsten Fund bildeten jedoch Tausende von Tontafeln aus den königlichen Archiven sowie aus zwei priesterlichen und zwei privaten Bibliotheken. Die Texte geben Auskunft über politische und wirtschaftliche Vorgänge, rechtliche Vorschriften, über die Verwaltung und vor allem über religiöse Auffassungen.

Man betritt die Ausgrabungsstätte durch ein nach oben spitz zulaufendes Tor im Westen, das ins 15. Jahrhundert v. Chr. datiert wird. Durch das Tor gelangt man über eine Treppe in das Palastareal, das in der letzten Ausbauphase ein Gelände von 6500 Quadratmetern bedeckte. Um mehrere Innenhöfe gruppierten sich die teils zweistöckigen Verwaltungs- und Wohngebäude, in denen man den größten Teil jener Tontafeln fand, die zum Verständnis der damaligen politischen und wirtschaftlichen Verhältnisse relevant sind. Im Norden des Palastes lagen unter anderem Stallungen.

Die Grundrisse der einzelnen Bauteile und ihre ehemalige Funktion sind aufgrund der zahlreichen Bauphasen nur mehr schwer zu bestimmen. Sicher nachzuvollziehen ist aber der Verlauf einer Hauptstraße von Westen nach Osten, von der mehrere Gassen abgingen, die oft als Sackgassen vor den Häusern endeten und damit das Grundrißschema der mittelalterlichen orientalischen Stadt vorwegnahmen. Außer dem Palastbezirk im Westen der Stadt sind im Nordosten, an der höchsten Stelle des Tells, die Überreste der sogenannten »Akropolis« freigelegt worden: zwei Tempel, von denen der eine dem im syrischen Pantheon allgegenwärtigen Baal und der zweite Dagan, dem Gott der Fruchtbarkeit und der Vegetation, geweiht war. Zwischen den beiden Tempeln, in den Häusern der Priester, hat man Hunderte von Keilschrifttexten entdeckt, die über die religiösen Kulte Auskunft geben.

Mit der gebührenden Andacht wird aber nur jener Besucher über die verbliebenen Mauerreste steigen und in die Höhlen der unter den Häusern angelegten Gräber blicken, der zuvor in den Museen von Damaskus und Aleppo, vielleicht auch im Louvre von Paris, die künstlerischen Zeugnisse dieser Kultur betrachtet und sich dabei bewußt gemacht hat, daß auch wir im Abendland syrischen Städten wie Ugarit wichtige Grundlagen unserer Zivilisation verdanken.

Unweit von Ugarit an der Küste nördlich von Latakiye laden einige einfache Fischrestaurants zum abendlichen Verweilen und Schlemmen ein. Und wenn Sie dort zum Abschluß Ihrer Reise einen letzten kulinarischen Streifzug durch die Köstlichkeiten der syrischen Küche unternehmen und von der mit Schilf überdachten Terrasse aus das Farbenspiel der im Mittelmeer versinkenden Sonne betrachten, also schon hinüber in Richtung Europa blicken, kommt Ihnen vielleicht ein alter Mythos in den Sinn: Der Mythos der Königstochter Europa, die auf dem in einen Stier verwandelten Jupiter von der syrisch-libanesischen Küste übers Meer schwamm und dem gegenüberliegenden Kontinent ihren Namen gab.

Ugarit und die Erfindung des Alphabets

Vor dem Eingang zum Grabungsgelände haben sich heute Verkäufer postiert, die neben Ansichtskarten und dem üblichen touristischen Krimskrams auch ein drei mal zehn Zentimeter großes Täfelchen aus gebranntem Ton anbieten, das drei Zeilen mit Keilschriftzeichen trägt. Das Original dieses unscheinbaren Täfelchens, das man ins 14. Jahrhundert v. Chr. datiert, liegt wohlbehütet im Museum von Damaskus und dokumentiert eine der größten Erfindungen der Menschheit: das Alphabet. War bis dahin für die von den Sumerern entwickelte Silbenschrift eine Kenntnis von mehreren hundert Zeichen nötig, genügten den Ugaritern nun dreißig Keilschriftzeichen, mit denen sie die Konsonanten und langen Vokale ihrer semitisch-kanaanitischen Sprache schrieben.

Etwa aus der gleichen Zeit, also dem 14. Jahrhundert v. Chr., datiert ein Schriftzeugnis aus Byblos, das sogar mit nur 22 Zeichen auskam. Ob die Idee der Buchstabenschrift in Ugarit oder in Byblos geboren wurde, ist letztlich gleichgültig; in jedem Fall stand die Wiege dieser Idee an der Küste Syriens. Von hier aus verbreitete sie sich über die Welt, wobei die einzelnen Buchstaben später Formen erhielten, deren gemeinsamer Ursprung inzwischen längst verwischt ist. Nicht nur die anderen semitischen Völker übernahmen das Buchstabenalphabet, wo es noch heute in Gestalt der arabischen, hebräischen und äthiopischen Schrift weiterlebt und über das Syrisch-Aramäische sogar bis zu den Mongolen und nach Indien gelangte. Auch die Griechen bedienten sich des Alphabets aus Syrien, und von ihnen lernten es die Römer, weshalb wir heute »lateinische« Buchstaben schreiben. Die Bezeichnung »Alphabet« erinnert noch an seine ursprüngliche Herkunft aus Syrien: Das Alphabet auf dem Keilschrifttäfelchen, das Sie in Ugarit erstehen können, beginnt – wie heute noch bei uns – mit den Buchstaben A und B, und die semitischen Namen für diese beiden Buchstaben lauten Aleph und Bet.

Eine Bitte zum Schluß

Ihnen, liebe Leserin und lieber Leser, wird nicht entgangen sein, daß ich Syrien, seine Menschen, seine Landschaften und die Zeugnisse seiner Geschichte und Kultur in hohem Maße verehre und liebe. In dreißig Jahren meines Lebens habe ich Syrien immer wieder besucht und dort gelebt. Ich wünsche dem Land für die Zukunft möglichst viele Besucher, denn es hat unendlich viel zu bieten. Doch an eben diese Besucher, an Sie also, möchte ich abschließend noch eine Bitte richten, damit Ihre Gastgeber wie auch Sie selbst Ihren Besuch in bester Erinnerung behalten.
Im allgemeinen sind die Syrer ausgesprochen gastfreundlich und hilfsbereit. Schlendert man durch ein Dorf, hört man immer wieder die Aufforderung *tafaddalu*, »bitte, tretet doch ein«. Und tatsächlich gibt es Touristen, die dieser Einladung prompt Folge leisten und den Familien den letzten Tee wegtrinken und das letzte Gebäck wegessen. Gewiß, in einem Dorf auf der Schwäbischen Alb oder in der Lüneburger Heide würde ein Tourist aus Syrien eine solche Einladung vergebens erwarten, doch muß der Europäer deshalb in Syrien jede Höflichkeitsfloskel gleich zu seinen Gunsten ausnutzen?
Keine Frau in Deutschland käme auf den Gedanken, im Bikini eine Kirche zu betreten. In Syrien habe ich erlebt, daß sich europäische Frauen in kurzen Röckchen darüber aufregten, daß man ihnen beim Betreten einer Moschee einen schwarzen Umhang verpaßte. Bringt es denn wirklich einen besonderen Lustgewinn, die religiösen Gefühle anderer zu verletzen?
Noch in keinem Sommer habe ich in Deutschland so viele europäische Touristen, das heißt die Männer unter ihnen, in Shorts und mit merkwürdigen Kappen durch die Straßen der Städte gehen sehen wie in Syrien; dabei legt der wirtschaftlich bessergestellte syrische Mann größten Wert auf einen gepflegten Anzug. Weiß der Europäer eigentlich, daß er sich in den Augen der Einheimischen der Lächerlichkeit preisgibt? Abgesehen davon, daß er durch diese krasse Mißachtung der landesüblichen Gepflogenheiten die Einheimischen – unbewußt – zu geistig minderbemittelten ›Eingeborenen‹ degradiert.
In Deir ez-Zor am Euphrat fragte ich einmal höflich einen alten Beduinen, der mit seiner – in unseren Augen ›malerisch gekleideten‹ – Frau auf dem Suk Stoff einkaufte, ob ich die beiden zusammen fotografieren dürfte. Der Alte lehnte schroff ab und schickte noch ein unfeines Schimpfwort hinterher. Der junge Händler entschuldigte den Alten, worauf dieser erst richtig los-

polterte und erzählte, daß er vor wenigen Tagen am Abend mit seinen Schafen zum Zelt zurückkam und dort eine Gruppe von Touristen vorfand, die fotografierend mit ihren Schuhen durch das Zelt stapften und auch den Frauentrakt nicht verschonten. Hilflos und verängstigt hätten seine Frau und die Kinder zugesehen. Ich packte verschämt meine Kamera weg. Wie würden Sie, liebe Leserin und lieber Leser, reagieren, wenn Sie eines Tages von der Arbeit nach Hause kommen und in Ihrem Haus arabische Touristen vorfinden, die mit ihren Videokameras gerade einen Schwenk über Ihr Ehebett machen?
Die vier Beispiele mögen genügen, um zu illustrieren, was ich sagen will. Die Angelsachsen haben die wunderbare Losung »*In Rome do as Romans do*« – »In Rom verhalte dich wie die Römer« –, und dies möchte ich auch für Syrien empfehlen. Mit diesem Grundsatz werden Sie dort viele Freunde gewinnen.

STOP

دمة المدينة
القلعة _ الملعب
٤٥٠ ق.س

Reiseinformationen von A–Z

Zur Umrechnung in ihre jeweilige Landeswährung bitten wir die Leser aus Österreich, die DM-Angaben in den »Reiseinformationen« mit dem Faktor 7 zu multiplizieren, für die Schweizer gilt der Faktor 0,9.

Ärzte → Medizinische Versorgung

Alkohol

In den großen Hotels werden Bier, Wein, Whisky etc. ausgeschenkt, in kleineren ist dies vom Besitzer abhängig. Es gibt Hotels, in denen ein – arabischer – Hinweis darum bittet, auch auf den Zimmern keinen Alkohol zu trinken. In der Praxis sieht man bei Europäern aber darüber hinweg. Bezüglich der Restaurants gilt als Grundregel, daß solche in den Christenvierteln (z.B. in Damaskus: Bab Tuma, in Aleppo: al-'Aziziye) immer Alkohol anbieten, in muslimischen Vierteln nur manchmal. In den größeren Städten gibt es spezielle Geschäfte für Alkoholika. Zur Qualität der Getränke ist zu sagen, daß das syrische Bier durchaus akzeptabel ist, während man den syrischen Wein, sieht man in christlichen Gebieten von einzelnen bäuerlichen Produkten zum Eigenverbrauch ab, nicht empfehlen kann. Wichtigstes und bestes einheimisches Getränk ist der Arak *(ʿaraq)*, ein Anisschnaps, der mit Wasser und Eis ›gestreckt‹ wird.

Phantasievoll herausgeputzte Fahrzeuge sorgen in Syrien oftmals für ein buntes Straßenbild.

Anreise

Mit dem Flugzeug
Direktflüge von Deutschland nach Damaskus (bzw. Aleppo) bieten sowohl Syrian Air als auch die Lufthansa an. Die Flugzeit beträgt ca. 4½ Stunden. Syrian Air fliegt von Frankfurt nach Damaskus und zurück am Donnerstag, nach Damaskus über Aleppo und zurück am Dienstag und Samstag; von München nach Damaskus am Sonntag (Rückflug erst am Samstag); von Berlin nach Damaskus am Sonntag.
Die Lufthansa fliegt von Frankfurt nach Damaskus am Montag, Mittwoch und Samstag jeweils um 13.50 Uhr und von Damaskus nach Frankfurt am Dienstag, Donnerstag und Sonntag jeweils um 7.20 Uhr.
Der Preis für den Hin- und Rückflug beträgt ca. 1200 DM. Für günstigere Tarife fragen Sie bei Syrian Air direkt an, und zwar entweder in München (Pacellistr. 2, 80333 München, Tel. 089/22 20 67, Fax 089/29 69 16) oder Frankfurt (Düsseldorfer Str. 4, 60329 Frankfurt, Tel. 069/ 25 10 07, Fax 069/23 67 94).

Mit dem Auto/mit Auto und Schiff
Reizvoller als ein Flug ist die Anreise mit dem Auto (eventuell kombiniert mit einer Schiffspassage). Solange die Situation im ehemaligen Jugoslawien sich nicht stabilisiert hat, sollte man die Strecke durch den Balkan unbedingt meiden und lieber von Ancona oder Brindisi in Italien nach Piräus oder Igumenitsa in Griechenland übersetzen, sofern man von Ancona nicht gleich ein Schiff bis Smyrna in der Türkei bucht. Auskünfte über Abfahrtszeiten der Schiffe und die je nach Linie erheblich

schwankenden Preise erteilen italienische und griechische Reisebüros. Übrigens sind die italienischen Linien zwar teurer als die griechischen, doch sind letztere auch entsprechend schlechter.
Für die von Frankfurt nach Damaskus rund 5000 km lange Strecke mit dem Auto über Griechenland und die Südtürkei beispielsweise sollte man - sofern die Anreise schon ein Vergnügen und kein Streß sein soll - rund zehn Tage einplanen. Beachten Sie, daß es in Syrien zwar Super-Benzin und Diesel gibt, aber kein bleifreies Benzin.

Apotheken → Medizinische Versorgung

Auskunft

In Deutschland
Ein syrisches Reisebüro oder Fremdenverkehrsamt gibt es bisher weder in Deutschland noch in der Schweiz oder in Österreich. Auskünfte erteilen in begrenztem Umfang die Vertretungen von Syrian Air in München und Frankfurt (Adressen s. Anreise), die Botschaft bzw. die Konsulate Syriens (Adressen s. diplomatische Vertretungen) sowie auf schriftliche Anfrage das Tourismusministerium in Damaskus (Anschrift: Ministry of Tourism, Damaskus, Syria, Fax 00963/11/2242636).
In Syrien
Auskünfte erteilen die offiziellen Tourismusbüros *(maktab as-siyaha)*, die in allen größeren Städten zu finden sind. Dort erhalten Sie kostenlose Broschüren und Übersichtskarten zu den einzelnen Regionen.
Die Syrer sind generell sehr auskunftsfreudig. Nicht selten bieten sich nach dem Weg Befragte spontan an mitzufahren. Auch die Polizei ist angewiesen, ausländische Besucher zuvorkommend zu behandeln.

Auto

Verkehrsregeln und Verkehrsverhalten
Im Prinzip gelten dieselben Regeln und internationalen Verkehrszeichen wie bei uns (Ausnahme: der Kreisverkehr hat Vorfahrt - wie in Frankreich). Auf Autobahnen besteht eine gesetzliche **Geschwindigkeitsbegrenzung** von 110 km/h für Pkw und 80 km/h für Lkw und größere Wohnmobile, auf Überlandstraßen 100 km/h, in Städten 50 km/h oder auch 35 km/h. Vielfach (vor allem vor Schulen) werden Geschwindigkeitsbegrenzungen durch Schilder angezeigt. Vor allem an den Ausfallstraßen der großen Städte werden immer häufiger Radarkontrollen durchgeführt.
Derjenige, der bisher nur in Europa mit dem Auto unterwegs war, wird anfangs in den Ballungszentren mit der zuweilen etwas unkonventionellen und sehr individualistischen Fahrweise der Syrer einige Probleme haben. Dafür ist die bei uns soweit verbreitete rechthaberische Rücksichtslosigkeit noch weitgehend unbekannt.
Syrien besitzt inzwischen ein gut ausgebautes **Straßennetz**, darunter auch zwei **Autobahnen**, nämlich eine entlang der Küste und die zweite von Aleppo über Damaskus an die jordanische Grenze. Bei den Autobahnen sollte man aber nicht mitteleuropäische Maßstäbe anlegen; vor allem die nichtmarkierten ›wilden‹ Aus- und Auffahrten können Probleme bereiten.
Einen **Pannenhilfsdienst** gibt es in Syrien nicht. Sollten Sie eine Panne oder gar einen Unfall haben, wenden Sie sich an die Polizei oder - wenn Sie gerade auf dem Land unterwegs sind - an einen der meist sehr hilfsbereiten Einheimischen.
In den Zentren der großen Städte besteht die gleiche **Parkplatznot** wie bei uns. Ortsunkundigen sei in jedem Fall empfohlen, das Auto am Hotel stehen zu lassen und das große Angebot der ungemein billigen Taxen zu nutzen. Will man mehrere Tage auf das eigene Auto verzichten und hat keinen Hotelparkplatz, so

empfiehlt es sich in den großen Städten, einen der **bewachten Parkplätze** in Anspruch zu nehmen. (In Damaskus gibt es eine ganze Reihe davon im Zentrum, in Aleppo z.B. in der Nähe der Omayyadenmoschee.)
Die **Beschilderung** ist in den letzten Jahren erheblich verbessert worden, so daß zumindest die Hauptstrecken generell auch in lateinischen Buchstaben ausgewiesen sind. Problematisch wird es gelegentlich für des Arabischen Unkundige auf Nebenstrecken und auch innerhalb größerer Ortschaften. Hier gilt die Devise: Lieber erst fragen, bevor man sich verfährt, als umgekehrt! (Zumindest in den größeren Orten findet man immer jemanden, der einige Brokken Englisch versteht.) Leider fehlen häufig auch Hinweise auf besondere Sehenswürdigkeiten. Bei Fahrten mit einem Geländewagen über Pisten durch die Wüstensteppe ist der gute alte Kompaß immer noch eine hervorragende Hilfe, doch ersetzt er keinen einheimischen Führer.
Folgende Sorten von **Benzin** stehen zur Verfügung: Normal *(benzin)*, Super *(mumtaz)* und Diesel *(mazut)*. Bleifreies Benzin gibt es noch nicht. Die Qualität des Treibstoffs läßt zuweilen zu wünschen übrig, und empfindliche Motoren reagieren manchmal ›beleidigt‹. Die Oktanzahl bei Super beträgt 88 bis 92. Was mit der ›Güte‹ des Treibstoffs versöhnt, ist sein Preis: Im allgemeinen wird der Benzinpreis nach »Kanistern« *(tanake)* von 20 Litern angegeben.

Bademöglichkeiten

Trotz der fast zweihundert Kilometer langen Küste und trotz jüngster Bemühungen von staatlicher Seite ist es noch schlecht um die Badestrände bestellt. Industrialisierung und Tourismus stehen sich hier in einem kaum lösbaren Konflikt gegenüber. Auch fehlt noch weitgehend die Sensibilität, um die zuweilen landschaftlich durchaus reizvollen Strände entsprechend sauber zu halten. Die saubersten und schönsten Abschnitte findet man nördlich von Latakiye in Richtung Türkei.
Die touristische Infrastruktur ist jedoch kaum entwickelt, man ist daher noch frei, sich eine der hübschen Buchten – teils Sandstrand, teils Felsküste – auszusuchen. Entsprechend fehlt es an Verleihstellen für Surfbretter und Tauchgerät. Surfer habe ich bislang nur vor dem Strandhotel Côte d'Azur in Latakiye gesehen. Das Tauchen dürfte kaum ein größeres Erlebnis sein, da der Küstenbereich inzwischen völlig leergefischt ist. Wassersportmöglichkeiten gäbe es auch am Asad-Stausee, doch fehlt dort ebenfalls noch jegliche Infrastruktur. Baden sollten Männer und Frauen nur in vollständiger Badebekleidung.

Banken ➔ Geld

Botschaften ➔ Diplomatische Vertretungen

Camping

In Syrien gibt es inzwischen eine – wenn auch kleine – Anzahl von offiziellen Campingplätzen, und zwar in Aleppo, Banyas, Hama, Homs, Damaskus, Latakiye, Palmyra, Ras al-Basit (nördlich von Latakiye). Keiner der Plätze entspricht jedoch europäischen Standards. Das Wohnmobil darf man im Grunde überall hinstellen (Ausnahme: in der Nähe militärischer Anlagen), sei es neben ein Hotel, ein Gehöft oder in der Steppe auch neben ein Beduinenzelt, wobei man sich allerdings bei einer Tasse Tee zunächst mit dem Nachbarn ›angewärmt‹ haben sollte. Der sicherste Stellplatz auf dem Land ist übrigens der Hof der nächsten Polizeistation; die Polizisten freuen sich zudem meistens über die Abwechslung.

Diebstahl

Wie überall auf der Welt gibt es auch in Syrien kleine und größere Gauner. Diebstähle sind aber, so mein persönlicher Eindruck, seltener als in unseren europäischen (oder amerikanischen) Großstädten. Ist man dennoch zum Opfer geworden, sollte man den Vorfall unverzüglich der nächsten Polizeidienststelle melden (Dolmetscher mitbringen!). Dies ist natürlich vor allem dann erforderlich, wenn Wertgegenstände (z.B. Filmkamera) verschwunden sind, die bei der Einreise im Paß eingetragen wurden, oder wenn eine Reisegepäckversicherung abgeschlossen wurde. »Polizei« heißt übrigens in Syrien *shurta* (Hocharabisch) oder *bulis* (Dialekt).

Diplomatische und konsularische Vertretungen

Syrische Vertretungen in Deutschland, Österreich und der Schweiz:

Botschaft der Arabischen Republik Syrien
Andreas-Hermes-Str. 5, 53175 Bonn
Tel. 0228/81 99 20, Fax 819 92 99

Generalkonsulat
der Arabischen Republik Syrien
Kerkner Ring 2, 1010 Wien
Tel. 01/50 42 83 00, Fax 5 05 83 81

Generalkonsulat
der Arabischen Republik Syrien
Rue de Lausanne 72, 1202 Genf
Tel. 022/7325658, Fax 7384275

Vertretungen Deutschlands, Österreichs und der Schweiz in Syrien: (ruft man aus dem Ausland an, ersetzt man die Null der inländischen Ortsvorwahl durch 00963):

Botschaft der Bundesrepublik Deutschland
BP 2237; 53, Rue Ibrahim-Hanano, Damascus
Tel. 011/3323 80-0, Fax 3323812

Honorarkonsulat
der Bundesrepublik Deutschland
BP 495; 7, Rue de la Banque Centrale, Aleppo
Tel. und Fax 021/213243

Botschaft der Schweiz Abou Roumane
26, Rue el-Mehdi ben Baraka Immeuble Chora
Damascus, Tel. und Fax 011/3321137

Botschaft der Republik Österreich Rawda
Rue Shafik Mu'ayyad Immeuble Sabri Malki
Damascus; Tel. 011/3336617, 3337528, Fax 3329232

Einladungen

Der europäische Besucher Syriens wird vor allem in ländlichen Gebieten immer wieder mit einem eindringlichen *tafaddal* oder *tafaddalu* (»bitte«) eingeladen, ins Haus zu kommen, um einen Kaffee zu trinken oder mitzuessen. Vielen Besuchern ist leider nicht bewußt, daß es sich dabei lediglich um eine schöne, uns aber völlig fremde Geste der Höflichkeit handelt. Einer solchen ›Aufforderung‹ tatsächlich naiv Folge zu leisten, wird im Zweifelsfalle als billiges Schmarotzertum betrachtet, auch wenn das Gesetz der Gastfreundschaft dazu verpflichtet, den Fremden entsprechend zu bewirten. Etwas anderes kann es sein, wenn Sie auf dem Lande in eine größere Familienfeier, vor allem in eine Hochzeit geraten, wozu meist auch jeder spontan eingeladen wird, der gerade vorbeikommt. In jedem Fall ist etwas Fingerspitzengefühl angebracht - und am besten der Rat eines unbeteiligten syrischen Bekannten.
Haben Sie auf dem Lande bei Bauern oder Beduinen eine Einladung zum Tee oder Kaffee, vielleicht sogar zu einem kleinen Imbiß angenommen, wäre es beleidigend, wollten Sie sich anschließend mit einem Geldschein beim Gastgeber bedanken. Ansonsten tut man gut daran, sich für solche Fälle mit einem gewissen Fundus an Süßigkeiten für die Kinder auszurüsten.

Einreisebestimmungen

Persönliche Papiere
Für die Einreise ist ein **Touristenvisum** erforderlich, das in der Regel postwendend von der syrischen Botschaft (Adresse s. diplomatische Vertretungen) erteilt wird, von der man auch die Antragsformulare anfordert (auch telefonisch möglich). Der **Reisepaß** muß bei Beantragung noch mindestens sechs Monate gültig sein. Kosten für eine einmalige Einreise: 35 DM, für mehrmalige Einreise 55 DM. Die Banküberweisung muß dem Antrag beigefügt werden. Das Visum wird in der Regel für drei Monate ausgestellt. Dennoch ist es, wenn man länger als zwei Wochen im Lande bleiben will, *unbedingt erforderlich*, innerhalb von 14 Tagen beim Immigration Office *(maktab al-hidjra wa l-djawazat)* in Damaskus oder einer der Provinzhauptstädte eine **Verlängerung** zu beantragen (des Arabischen Unkundige tun gut daran, einen syrischen Bekannten mitzunehmen). Dafür müssen drei Paßbilder mitgebracht werden, die man sich am besten noch vor Antritt der Reise zu Hause besorgt. Die Prozedur ist in jedem Fall zeitraubend, am schnellsten geht es noch in Damaskus, doch muß man dort den Paß für einen Tag im Amt zurücklassen! In Aleppo befindet sich das Immigration Office unmittelbar nördlich der Zitadelle an der Straßenecke in die Shari al-Kawakibi. In Damaskus liegt es in der Shari Filastin im Universitätsviertel gegenüber der juristischen Fakultät und neben der syrischen Nachrichtenagentur SANA.

Fahrzeugpapiere
Erforderlich sind:
- Internationaler Führerschein;
- Internationaler Fahrzeugschein (erhalten Sie bei Ihrer Zulassungsstelle);
- falls Sie nicht selbst der Halter des Wagens sind, eine Erklärung des Besitzers, daß Sie zur Nutzung des Fahrzeuges berechtigt sind (am besten in Englisch oder Französisch mit Beglaubigung durch die Botschaft);
- ein *Carnet de Passage* (Passierschein fürs Fahrzeug, der beim Zoll vorgelegt werden muß; erhältlich beim ADAC).

Da die grüne Versicherungskarte in Syrien nicht gilt, müssen Sie an der Grenze eine **Haftpflichtversicherung** für 35 US-Dollar (oder entsprechend in DM) abschließen. Dabei ist *unbedingt darauf zu achten*, daß sie mindestens für zwei Wochen ausgestellt wird, und daß man sie, falls man länger bleibt, vor Ablauf dieser Frist – wie auch das Visum – verlängert. Reist man ohne diese **Verlängerung** aus, muß man mit empfindlichen Geldbußen rechnen. Haben Sie das *Carnet* vergessen, können Sie eine vorübergehende Einfuhrgenehmigung erhalten, doch ist dies sehr umständlich und kostspielig. Obwohl man in letzter Zeit bestrebt ist, die Einreise auch mit dem Auto für Touristen zu erleichtern, bleibt einem an den Grenzübergängen ein mehrstündiger Aufenthalt kaum erspart. Hier bieten sich dem Ausländer auch »Schlepper« an, die lebhaft versichern, die Formalitäten beschleunigen zu können. Die Zeitersparnis ist jedoch gering. Zahlen Sie für diese (illegale) ›Hilfe‹ auf keinen Fall mehr als 10 DM!

Eisenbahn → Öffentliche Verkehrsmittel

Elektrizität

Die Stromspannung beträgt wie bei uns 220 Volt, weshalb man bei Elektrogeräten mit Eurosteckern (nicht Schukosteckern!) keine Probleme hat.

Feste, Feiertage, Festivals

Offizielle Feiertage nach dem islamischen Kalender

Das größte, drei Tage lang dauernde Fest im Jahr ist das **Fest des Fastenbrechens** *('Id al-fitr)* am Ende des Monats Ramadan (9. islamischer Monat), meist kurz *al-'Id* (»das Fest«) genannt. In den kommenden Jahren fällt es auf folgende Daten: 8.1.2000, 28.12.2000, 17.12.2001, 6.12.2002 (da es vom ersten Erscheinen der Mondsichel abhängig ist, sind Verschiebungen um einen Tag möglich).

Das viertägige **Opferfest** *('Id al-adha)* beginnt am 10. des islamischen Pilgermonats Dhu 1-Hiddja, das entspricht in den kommenden Jahren den Daten: 16.3.2000, 6.3.2001, 23.2.2002. Es sind vor allem diese mehrtägigen (und sich im offiziellen Kalender jeweils um ca. 11 Tage zurückverschiebenden) Feiertage, die den ausländischen Besucher insofern in Schwierigkeiten bringen können, als an ihnen alle Ämter geschlossen sind und damit auch keine Möglichkeit zur Verlängerung des Visums gegeben ist!

Weitere Feiertage nach dem islamischen Mondkalender sind:

Mohammeds Geburt am 12. Rabi' al-awwal, dem dritten islamischen Monat. (Entspricht in den kommenden Jahren dem 26.6.1999, 15.6.2000, 4.6.2001, 24.5.2002).

15. Sha'ban (8. islamischer Monat), entspricht in den kommenden Jahren dem 24.11.1999, 17.11.2000, 2.11.2001, 22.10.2002 (zur Bedeutung des Tages s. S.87).

Islamisches Neujahr am 1. Muharram, dem ersten Monat des islamischen Kalenders (entspricht in den kommenden Jahren: 17.4.1999, 6.4.2000, 26.3.2001, 15.3.2002)

Offizielle Feiertage nach dem christlichen Kalender

1. Januar: Neujahr
8. März: Tag der Revolution und der Unabhängigkeit Syriens
März/April: Ostern
17. April: Tag des Abzugs der Franzosen 1946
1. Mai: Tag der Arbeit
6. Mai: Tag der Märtyrer
6. Oktober: Beginn des Oktoberkriegs (gegen Israel)
16. November: Gedenktag der »Korrekturbewegung« (der Machtübernahme durch Hafiz al-Asad im November 1970)
25. Dezember: Weihnachten

So wie Weihnachten ist auch das – im Kalender wandernde – Osterfest ein staatlich geschützter Feiertag.

In den christlichen Gemeinden wird zusätzlich eine Reihe von Feiertagen zu Ehren der Lokalheiligen beachtet, die vom Staat aber nicht zu offiziellen Feiertagen erhoben wurden. Einige dieser Tage habe ich an den jeweiligen Orten aufgeführt (z.B. Ma'lula, Homs).

Festivals

Einen Besuch wert ist in jedem Fall eine Reihe offizieller Festivals (die genauen Daten können jeweils einige Monate vorher im Tourismusministerium erfragt werden,):

Ende April (5 Tage): Folklore-Festival in Palmyra
Ende Mai/Anfang Juni (10 Tage): Blumen-Festival (Flower Show) in Damaskus
August (1 Woche): Musik-Festival (al-Mahabba) in Latakiye
September (nur alle zwei Jahre, also 2000, 2002 etc.): Internationales Folklore-Festival in Bosra
September (1 Woche): Baumwoll-Festival in Aleppo
Oktober (1 Woche): jährlich abwechselnd Theater- oder Filmfestival in Damaskus

Nach dem Essen, im Kaffeehaus oder beim Picknick mit der Familie: Zur richtigen Entspannung gehört für die Syrer und auch für experimentierfreudige Reisende der kühle Rauch der Wasserpfeife (argile).

Flora und Fauna

Die Mosaiken aus römischer Zeit und arabische Jagdschilderungen aus dem Mittelalter weisen Syrien als ein Land mit Löwen, Gazellen und vielen anderen Tierarten aus. Davon ist heute nichts mehr vorhanden. Im Grenzbereich zur Türkei leben in bewaldeten Gebieten einige Rudel Wildschweine. Auch Hasen sind hin und wieder zu sehen. In der Wüste leben, abgesehen von einigem Kleingetier, noch Wüstenfüchse und Schakale, doch werden auch diese immer weiter nach Süden abgedrängt. Unter den Vögeln sind verschiedene Arten von Falken heimisch, doch ist auch hier zu befürchten, daß die Nachfrage nach dressierten Falken aus den Golfstaaten den Bestand rasch dezimiert. Die beeindruckendsten Echsen sind die Warane, die – ohne den langen Schwanz – die Größe von Hunden erreichen und die man mit etwas Glück in der Wüste beobachten kann. Schlangen gibt es in der Wüste und vor allem in den Bergen recht viele, darunter auch giftige, weshalb man bei Wanderungen hohes Schuhwerk tragen sollte.
Was die Flora anbelangt, so bestehen die wenigen Wälder, vor allem im Nordwesten, in erster Linie aus Koniferen. Nur in den höchsten Lagen des Ansariye-Gebirges finden sich noch einige Zedern. Wie auch sonst im Mittelmeerraum sind Zypressen weit verbreitet. In der Wüstensteppe ist das Salzkraut besonders erwähnenswert, da es die Grundsubstanz für Pottasche bildet.

Fotografieren

Syrien bietet dem passionierten Fotografen eine Fülle reizvoller Motive. Mit Ausnahme von militärischen Objekten und in Museen besteht nirgends, auch nicht in Moscheen (Ausnahme: Sitt Zainab im Süden von Damaskus!), Fotografierverbot. Daß man sich während der Gebetszeiten und während der Freitagspredigt äußerste Zurückhaltung auferlegt und schon gar nicht zwischen den Reihen der Beter hindurchgeht, dürfte eine Selbstverständlichkeit sein. Bei Aufnahmen von Personen sollte man grundsätzlich zuerst deren Einverständnis einholen. Während sich Kinder geradezu danach drängen, fotografiert zu werden, und auch Männer im allgemeinen nichts dagegen haben, ist bei Frauen größte Zurückhaltung erforderlich. Filmmaterial gibt es in den größeren Städten, man sollte aber auf das Verfallsdatum achten.

Fremdenführer

Führer werden von den Mietwagenagenturen und Informationsbüros vermittelt. In den Hotels der obersten Kategorie hilft auch die Rezeption weiter. Die Preise sind recht unterschiedlich und richten sich vor allem nach den Fremdsprachenkenntnissen der Führer und ihrer fachlichen Kompetenz. Ein wirklich gut informierter Führer, der z.B. fließend Deutsch spricht, kostet pro Tag ca. 2000 LS, also rund 70 DM.

Geld

Die Landeswährung ist das Syrische Pfund, *lira suriya* (abgekürzt LS oder SP für Syrian Pound). Die Ein- und Ausfuhr der Währung ist untersagt. Sie sollten sich genügend Devisen (US-Dollar oder DM) in bar oder auch in Form von Reiseschecks mitnehmen. Wechseln kann man an den Grenzstationen, auf Flughäfen, in Banken und großen Hotels (dort werden meist auch Euroschecks akzeptiert). Es wechseln jedoch nur Banken mit einem speziellen Schalter »Exchange«! Öffnungszeiten (Ausnahme: Flughäfen) wie bei Behörden. Offizieller Wechselkurs war Ende 1994: 1 US-Dollar = 42 LS, 1 DM = 27,5 LS, 1 ÖS = 3,9 LS, 1 sfr = 33,3 LS. Der obligatorische Zwangsumtausch bei der Einreise wurde inzwischen abgeschafft, und bei der Ausreise wurde auch nicht mehr nach den offiziellen Wechselquittungen gefragt. Zur Si-

cherheit sollte man solche Belege aber dennoch aufheben. Es ist außerdem dringend davon abzuraten, Geld schwarz zu tauschen, da einerseits der Schwarzmarktkurs nur wenig günstiger ist und andererseits der Schwarzhandel unter hoher Strafe steht.
Kreditkarten: Die gängigen internationalen Kreditkarten wie American Express u. ä. werden in Geschäften, die auf Tourismus eingestellt sind, und in den Hotels der oberen Kategorien akzeptiert.
Inflation: Zur Zeit gering, so daß das Syrische Pfund z.B. in den letzten drei Jahren im Wechselkurs zur DM praktisch stabil geblieben ist.
Preisbeispiele: Ein Essen in besseren Restaurants außerhalb der großen Hotels (z.B. in denen, die ich S.369f. genannt habe) kostet mit Vorspeisen und Fleischgericht zwischen 300 und 600 LS, d.h. also zwischen 10 und 20 DM.

Hotels

Es gibt fünf Hotelkategorien: International (*****), De Luxe (****), 1. (***), 2. (**) und 3. (*) Klasse. In den drei oberen Kategorien müssen Ausländer in Devisen bezahlen, und die Preise orientieren sich an internationalen Standards. Als Richtwert kann man grob von folgenden Preisen für ein Einzelzimmer ausgehen: Fünf Sterne: 180 Dollar; vier Sterne: 90 Dollar; drei Sterne: 35-60 Dollar. In den beiden unteren Kategorien kann auch der Ausländer mit Syrischen Pfund bezahlen, und in den Preisen wie auch in den Leistungen ist eine große Spannbreite zu beobachten, die von 200 LS (ca. 7,50 DM) bis 1800 LS (ca. 65 DM) reicht. Auch in den beiden unteren Kategorien findet man durchaus gut geführte und saubere, wenn auch karg und einfach eingerichtete Herbergen, während man in höher eingestuften Etablissements diesbezüglich durchaus auch böse Überraschungen erleben kann. Sucht man vor Ort ein Hotel, sollte man sich in jedem Fall die Zimmer (und die Wäsche!) zeigen lassen, bevor man bucht. Unter den Spitzenhotels sind die verschiedenen Cham-Hotels die gepflegtesten. Sie wurden inzwischen in allen bedeutenderen touristischen Zentren errichtet, und weitere sind geplant. Die Restaurants dieser Häuser bieten meist auch eine gute syrisch-arabische Speisekarte.
Im folgenden habe ich - alphabetisch nach Städten geordnet - die wichtigsten Hotels der oberen Kategorien aufgeführt, ergänzt durch einige wenige aus den unteren Preisklassen, die ich selbst als durchaus empfehlenswert empfunden habe.

Aleppo (Vorwahl: 021)
Die meisten Hotels liegen im Hotelviertel unweit des Nationalmuseums, darunter eine größere Zahl von Häusern mit nur einem Stern und Übernachtungspreisen von unter 10 DM, wobei einige dennoch wegen ihrer Sauberkeit und der Freundlichkeit des Personals genannt werden.
Shahba-Sham* * * * Tel. 215272
Amir* Tel. 214800
Gepflegt, gute syrische Küche, vom Restaurant schöner Blick auf die Stadt.
Bulman* Tel. 667206
Baron*** Tel. 210880
Hotel im Kolonialstil mit fast schon legendärer Vergangenheit; die Zimmer sind heute aber in einem beklagenswerten Zustand, zum Teil gibt es mehrfach gebrauchte Bettwäsche! Es ist daher als Quartier dringend abzuraten, die 3-Sterne-Kategorie wird wohl nur noch aus Nostalgie vergeben.
Ramsis*** Tel. 216700, 216701
Gegenüber dem Hotel Baron gelegen, im Vergleich zu diesem aber sauber.
Siyaha (Tourism) * * Tel. 210156, 210158

Bosra (015)
Cham **** Tel. 790488

Damaskus (Vorwahl 011)
Die Hotels liegen fast alle in der näheren und weiteren Umgebung des Merdje-Platzes, also westlich der Altstadt. Auch die ganz billigen

und einfachen Hotels befinden sich in dieser Gegend.
Cham (Shaw)-Palace* Tel. 2232300
Meridien* Tel. 2229200, 718730
Sheraton* Tel. 2244868, 2229300
Damascus International* Tel. 2212400, Fax 2219966
Al-Faradis* Al-Shouhada Sq. (Marjeh), P.O.B. 10350, Tel. 246546, 219892, 219893 Sauber; die »internationale« Küche ist allerdings nicht empfehlenswert.
Fardos Tower*
Tel. 2232100 bis 2232102, Fax 2235602
Sultan* *
Tel. 2216910, 2216911 Einfach, aber sauber.
Burdj Ala' (Alaa Tower) I**
Tel. 2231692, 2243082, 2247413 Gegenüber dem französischen Kulturzentrum gelegen. Das Hotel, von dem es auch noch die ›Ableger‹ II bis IV in der Nähe gibt, entspricht in Sauberkeit und Ausstattung mindestens der 3-Sterne-Kategorie und hat den Vorteil, daß man in Syrischen Pfund bezahlen kann. Die einzelnen ›Ableger‹ vermitteln auch Zimmer untereinander.

Deir ez-Zor (Vorwahl: 051)
Deir ez-Zor war, was preiswerte und dennoch saubere Unterkünfte anbelangt, schon immer problematisch. Nachdem das bei europäischen Besuchern recht beliebte 2-Sterne-Hotel al-Waha (»Oase«) 1993 wegen angeblicher Steuermanipulationen geschlossen wurde, ist an Mittelklassehotels praktisch nur noch das Hotel Mari übrig.
Furat Cham-Palace* Tel. 225418, 222610
Concorde**** Das Hotel befand sich Ende 1994 noch im Bau und soll im Laufe des Jahres 1995 seinen Betrieb aufnehmen; es ist ein syrisch-italienisches Gemeinschaftsunternehmen.
Mari* Sh. al-Ma'mun, Tel. 224340, 221657 Das Einzelzimmer kostet 35 US-Dollar; das Personal ist ausgesprochen freundlich und entgegenkommend, doch die Zimmer sind schon sehr abgewohnt, obwohl das Hotel relativ neu ist.

Hama (Vorwahl 0331)
Der Ort besitzt eine ganze Reihe sehr unterschiedlicher einfacher Herbergen im Bereich der Altstadt.
Apamea-Cham* * * * * Tel. 227531, 227712
Noria*** Quwatli-Str.

Homs (Vorwahl 031)
Grand-Hotel* * * Tel. 412600, 412601
Safir**** Tel. 412400, Fax 433420

Latakiye (Vorwahl 041)
Zahlreiche billige Hotels findet man im Umkreis des Sahat ash-shuhada', des »Märtyrer-Platzes«.
Côte dAzur* * * * * Tel. 226330, 226331
Meridien* Tel. 488736, 488737
Riviera* * Tel. 221803, 226312, Fax 226315

Ma'lula (Vorwahl 012)
Safir**** Tel. 770251, 770252
Mishtaye/Marmarita/Deir Mar Djirdjis (Vorwahl 031)
Ar-Riyad* Tel. 730402, 735097
Einfache, aber saubere Unterkunft mit ordentlicher einheimischer Küche im Ortsteil Deir Mar Djirdjis. Ideal als Standquartier mit herrlichem Blick auf den Krak des Chevaliers.
Al-Wadi*** Tel. 730456
Unweit des vorgenannten Hotels. Anspruchsvoll, aber auch teuer.

Palmyra (Vorwahl 034)
Cham***** Tel. 222245
Zenobia*** Tel. 220197, Fax 2233050
Das älteste Hotel am Platz, unmittelbar am Rande der Ruinen gelegen; sehr empfehlenswert und deswegen auch oft ausgebucht.

Rakka (Vorwahl 0221)
Karnak* * * Tel. 232265, 232267

Safta (Vorwahl 0321)
Cham* Tel. 525980, 525981

Tartus (Vorwahl 0431)
Shahin* * * Tel. 222005, Fax 227133

Impfungen → Medizinische Versorgung

Kalender

Der offizielle Kalender in Syrien ist der christliche. In Nachrichten, Zeitungen etc. erscheint neben dem christlichen jedoch auch das islamische Datum. Der islamische Kalender beginnt im Jahre 622 (unserer christlichen Zeitrechnung), dem Jahr der Hidjra, d.h. dem Jahr der erzwungenen Auswanderung des Propheten von Mekka nach Medina. Die übliche Abkürzung ist »d.H.« nach der Jahreszahl. Das islamische Jahr ist ein Mondjahr mit 12 Monaten von 29 oder 30 Tagen Länge, Schaltjahre sind unbekannt. Es ist somit im Durchschnitt um 11 Tage kürzer als das christliche, und 100 christlichen Jahren entsprechen 103 islamische (s. auch Feiertage). Wichtigstes Zugeständnis an den islamischen Kalender ist heute in Syrien die Regelung, daß der Freitag als Feiertag den christlichen Sonntag ersetzt hat, Donnerstagnachmittag und Freitag also unserem Wochenende entsprechen.

Kartenmaterial

Eine gute deutsche Autokarte im Maßstab 1:800.000 bietet der Verlag freytag & berndt. Die Tourismusbüros in den großen Städten Syriens verteilen kostenlos Einzelkarten in größeren Maßstäben zu den jeweiligen Regionen, mit Stadtplänen und Kurzinformationen. Einen Touristen-Atlas in den Maßstäben 1:200.000 bis 1:500.000 mit detaillierten Stadtplänen und Indices hat 1989 das Tourismusministerium herausgegeben, und zwar sowohl auf Arabisch als auch auf Englisch *(The Tourist Atlas of Syrza)*. In gleicher Aufmachung hat das Tourismusministerium 1993 einen Touristen-Atlas für Damaskus herausgegeben (bisher allerdings nur auf Arabisch!), der unter anderem Karten der Altstadt im Maßstab von 1:2000 enthält. Leider erschien auch dieser Atlas in zu niedriger Auflage, und die Verteilung durch das Tourismusministerium erfolgt sehr selektiv.

Kleidung

Die Khaki-Uniform und den Tropenhelm können Sie ebenso zu Hause lassen wie das kleine Schwarze bzw. den dunklen Nadelstreifenanzug, wobei ich bei letzterem jedoch einschränkend hinzufügen muß, daß Sie etwas Eleganteres durchaus brauchen können, wenn Sie Kontakte zur ›besseren‹ Gesellschaft haben oder knüpfen wollen. Wenn sie es sich leisten können, legen Syrer großen Wert auf ›korrekte‹, nämlich gute Kleidung im westlichen Stil, und dies heißt beim Mann eben beispielsweise Anzug mit Krawatte. Für unterwegs sollten Sie je nach Reisezeit die Kleidung mitnehmen, die Sie in Deutschland in dieser Zeit auch tragen würden. Frauen sollten jedoch grundsätzlich auf zu kurze und auf ärmellose Kleider verzichten. Auch kurze Hosen werden nicht gern gesehen – übrigens auch bei Männern nicht. Falls Sie bei der Besichtigung von Ruinen zu Fuß unterwegs sind oder auch einfach nur in der Gegend herumspazieren wollen, ist es sehr ratsam, festes Schuhwerk zu tragen! Auf keinen Fall darf man Pullover und andere wärmere Sachen vergessen, da es nachts selbst im Sommer recht kühl werden kann.

Klima und Reisezeit

Unsere Sommerferien fallen auch in Syrien in die heißeste Jahreszeit, in der Temperaturen von über vierzig, im Osten von über fünfzig Grad keine Seltenheit sind. Oft von regelrechten Staub- und Sandstürmen begleitet, ist dies die unangenehmste Zeit im Land. Äußerst unerfreulich kann es aber auch im Winter zwischen Dezember und Februar werden, wenn Regen- und in höheren Lagen Schneefälle das Land zu einer frostigen Angelegenheit machen.

Temperaturen um oder unter Null und Schneefälle sind dann vor allem im Landesinneren und in den Bergen keine Seltenheit. Ideale Reisezeiten sind demnach das Frühjahr zwischen März und Mai sowie der Herbst zwischen September und November.

Medizinische Versorgung

Für Syrien sind keine Impfungen vorgeschrieben. Dennoch ist es ratsam, wenigstens gegen Tetanus und Hepatitis gewappnet zu sein. Die beiden häufigsten Unpäßlichkeiten, mit denen europäische Besucher im Lande zu kämpfen haben, sind Durchfall und Erkältungen. Dagegen sollte man sich vom Hausarzt einige Mittelchen empfehlen lassen. In der Regel sind Ausländer an den entsprechenden ›Mißgeschikken‹ in Syrien nicht ganz unschuldig. Folgende Regeln sollte derjenige beachten, der sich noch nicht mit nahöstlichen Magen- und Darmbakterien angefreundet hat und/oder anfällig ist für Erkältungen:

Obst und Gemüse gründlich waschen; in Restaurants rohen Salat zumindest in der ersten Zeit meiden; anfangs nur das in Plastikflaschen verschlossene (!) und im Handel erhältliche Trinkwasser konsumieren; möglichst auch (oder gerade) bei großer Hitze nichts Eisgekühltes, sondern viel Tee oder Mate trinken; bei hohem Flüssigkeitsverlust durch Schwitzen den Salzhaushalt mittels entsprechender Tabletten oder salziger Kost regulieren; für die kühleren Abende Pullover, lange Hosen und Strümpfe bereithalten.

Sollte es Sie schlimmer treffen, brauchen Sie sich immer noch nicht zu beunruhigen, denn Syrien ist medizinisch recht gut versorgt. Hier eine Auswahl Deutsch sprechender Ärzte in Damaskus:

Internisten/Praktische Ärzte

Dr. Ilyas Girgi, Sh. al-Khatib, P.O.Box 31311, Tel. 443106 (Praxis), 455644 (privat)

Dr. Adnan al-Zein, Sh. Ain al-Kirsch (Nähe Zentralbank), Tel. 2225154

Dr. Nasie Halabi (vor allem Herz und Magen), Tel. 2245673 (Praxis), 886510 (privat)

Gynäkologen

Frau Dr. Ryad Hussaini, Tel. 414007 (Praxis), 417470 (privat)

Frau Dr. Joséphine Hallal (am Tahrir-Platz), Tel. 412155 (Praxis), 422441 (privat)

Dr. Nazih Azmeh, Sh. Rawdah 69, Tel. 3332510 oder 3339861 (Praxis), 419220 (privat)

Augenärzte

Dr. Elie Farah (gegenüber Finanzministerium), Tel. 446950 (Praxis), 446936 (privat)

Dr. Mamoun Hajjar, Sh. 29. Ayyar, Tel. 427419, 427420

Kinderärzte

Dr. Nadja Cherbaji, Sh. Shabander, Tel. 429106 (Praxis), 415151 (privat)

Dr. Majed Al-Attar, Sh. Pakistan, Tel. 443785 (Praxis)

Chirurgen

Dr. Tarif El-Aita (nach Unfällen), Sh. Port Said, Nahas Bldg., 3. Etage, Tel. 2245535 (Praxis), 712586 (privat) Dr. M. Charif, Sh. Shabander, Tel. 446407 (Praxis), 415151 (privat)

Zahnärzte/Kieferorthopäden

Prof. Dr. Nazir Hajjar, Rawda Hospital, B.P. 3666, Tel. 3338392 (Klinik), 3339950 (privat)

Dr. M. Mansour Al-Attar, Kieferorthopädie, Sh. Nassib al-Bakri 28, Tel. 448426 (Praxis), 721216 (privat)

Krankenhäuser/Kliniken

Shami Hospital, Sh. Ibrahim Hanano, Tel. 718970-2, 3734925/6 Medical Care Center (Dr. Hicham Sinan), Sh. Bernich Adawi, Tel. 771212, 2241640

Assadi Hospital, Mezzeh-West, Sh. Aksam Ibn Saifi, Tel. 663344, 669610, 664785
Kinderklinik, Mezzeh (Universität), Tel. 6665403
Das Behandlungshonorar wird von den Ärzten sofort abgerechnet. Achten Sie darauf, daß Sie sich für Ihre Versicherung eine detaillierte Quittung ausstellen lassen.

Apotheken *(saidaliye)* sind zwar reichlich vorhanden, doch gibt es bei der Versorgung mit in Europa gängigen Medikamenten gelegentlich Engpässe. Vor allem Ausländer, die - wie etwa Herz- oder Thrombosepatienten - ständig auf ein bestimmtes Medikament angewiesen sind, sollten sich dies in ausreichender Menge mitbringen. In Damaskus gibt es eine deutschsprachige Apotheke namens Ghada, die Sie auch unter Tel. 3338324 oder 3337878 (privat) erreichen können.

Mietwagen

Den größten Mietwagenverleih unterhält »Europcar« in Damaskus (Stadtteil Baramke), Tel. 2231737, 2210624, 2210625, Fax 22376884, mit mehreren Filialen in Aleppo, Latakiye und Homs. Ich selbst habe in den vergangenen beiden Jahren auch gute Erfahrungen mit »Transtour«, einer Schwesterfirma von »Europcar«, gemacht (ausgesprochen freundliche und hilfsbereite Fahrer, die sich auf Wunsch des Kunden mit den robusten Volvos auch einmal in unwegsames Gelände wagen), Tel. in Damaskus 2245300, Fax 2237688; Tel. in Aleppo 224854, 218664. Die Preise schwanken je nach Fahrzeugtyp ganz erheblich. Ohne Fahrer muß man für einen Volvo pro Tag mit ca. 70 DM rechnen, mit Fahrer kostet er ca. 110 DM. Mietwagen lohnen sich im Grunde erst, wenn man zu zweit oder zu dritt unterwegs ist und die erheblichen Rabatte und die unbeschränkte Kilometerpauschale in Anspruch nimmt, die bei einer mehrtägigen Nutzung eingeräumt werden. Da besonders in der Saison oft nicht genügend Wagen zur Verfügung stehen, ist eine rechtzeitige Reservierung zu empfehlen.

Museen

Im allgemeinen sind Museen an Dienstagen geschlossen (dagegen aber auch an Freitagen und Sonntagen geöffnet). Bei einer Reihe kleinerer Museen wird dies jedoch nicht strikt eingehalten; trifft man deshalb in einem kleineren Ort an einem Dienstag auf ein geschlossenes Museum, das man dennoch gerne besuchen möchte, sollte man nach dem Wärter fragen. In der Regel wird dem Besucher dann trotzdem Zutritt verschafft. Die Eintrittspreise sind relativ hoch. Das arabische Wort für »Museum« heißt übrigens *mathaf*, (Plural *matahif)*. Die wichtigsten Museen sind im Text kurz beschrieben

Öffentliche Verkehrsmittel

Innersyrische Flugverbindungen
Mit Ausnahme der Flughäfen von Damaskus und Aleppo, die international angeflogen werden, gibt es in Syrien Regionalflughäfen in Latakiye, Palmyra, Deir ez-Zor und Kamishli, die ein- bis zweimal in der Woche angeflogen werden. Auskünfte erteilt Syrian Air in Damaskus (Tel. 011/2232154 oder 2232159).

Bus Typ A (Karnak)
Syrien besitzt ein relativ dichtes Netz öffentlicher Verkehrsmittel, wobei der moderne, oft klimatisierte Bus für die längeren Überlandstrecken das beliebteste ist und jeden größeren Ort erreicht. Die Preise sind im Vergleich zu Europa ausgesprochen günstig. Abfahrtstationen sind grundsätzlich die Busbahnhöfe der staatlichen syrischen Transportgesellschaft »Karnak«, die in den betreffenden Orten jedermann kennt. Dort können auch an den Schaltern ein, zwei Tage vorher Plätze reserviert werden, was ich Ihnen übrigens sehr empfehle, da die Busse oft ausgebucht sind.

Bus Typ B (Pullmann, Bas)
Noch billiger als die staatlichen Karnak-Busse sind die privaten Busunternehmen, die vor allem den regionalen Bedarf decken. Mit diesen oft kleineren, älteren, innen sehr einfachen, dafür aber phantasievoll geschmückten und oft überfüllten Bussen erreicht man fast jeden Ort in Syrien. Auch diese Busse fahren nach einem (groben) Fahrplan und ebenfalls ab und zum Busbahnhof, und man sollte sich dort nach Reservierungsmöglichkeiten erkundigen.

Bus Typ C (Mikro und Service)
»Mikro« sind Kleinbusse meist japanischer Herkunft, während als »Service« großräumige gelbe Taxen bezeichnet werden. Beiden ist gemeinsam, daß sie je nach Zielort an bestimmten, den Einheimischen bekannten Halteplätzen losfahren, sobald sie voll sind. Sie nehmen immer dieselben Routen und halten an, wo der Fahrgast auszusteigen oder ein neuer Passagier zuzusteigen wünscht. Es ist dies zweifelsohne die billigste und schnellste Art, sich in Syrien auf kürzeren Strecken mit öffentlichen Verkehrsmitteln fortzubewegen. Allerdings gehören bereits eine gute Ortskenntnis und zumindest Grundkenntnisse des syrisch-arabischen Dialekts dazu, um diese Fortbewegungsweise effizient nutzen zu können.

Eisenbahn
Wenig bekannt ist, daß Syrien auch ein recht weitläufiges Eisenbahnnetz besitzt, das von Der'a an der jordanischen Grenze über Damaskus, Homs und Hama bis nach Aleppo und von dort weiter in den Nordosten bis Kamishli reicht und auch Tartus und Latakiye an der Küste mit dem Hinterland verbindet. Zweimal wöchentlich kann man von Aleppo auch nach Istanbul fahren. Ich habe Studenten aus Europa getroffen, die von ihren syrischen Eisenbahntouren geradezu schwärmten. Auch für den Zug ist eine rechtzeitige Reservierung nötig (in den jeweiligen Abfahrtsbahnhöfen).

Taxi
Zuweilen glaubt man, in den syrischen Großstädten mehr kleine gelbe Taxen zu sehen als sonstige Autos. Natürlich wittert jeder Taxifahrer ein besonders gutes Geschäft, wenn ein Ausländer bei ihm zusteigt. Für uns Westeuropäer sind die Taxipreise aber ausgesprochen günstig (fünf Kilometer sind mit 50 LS, also knapp 2 DM, sehr gut bezahlt). Der ›Anfänger‹ sollte sich zunächst einmal bei einem Einheimischen (z.B. an der Hotelrezeption) nach dem ungefähren Taxipreis für eine bestimmte Strecke erkundigen und dann vor (!) der Abfahrt mit dem Fahrer über die Kosten verhandeln.

Öffnungszeiten

Alle Behörden, die Post, Banken und Museen sind freitags geschlossen. An den anderen Wochentagen besteht in der Regel von 9 bis 13 Uhr Publikumsverkehr. Gesetzlich festgelegte Ladenschlußzeiten gibt es nicht. Die Suks ›öffnen‹ so allmählich, wenn es hell ist, und ›schließen‹ bei einbrechender Dunkelheit. Muslime halten im allgemeinen am Freitag ihr Geschäft geschlossen, Christen auch am Sonntag, doch bestätigen natürlich auch hier Ausnahmen die Regel.

Post

Ihre Briefe und Postkarten können Sie bei der Rezeption Ihres Hotels abgeben oder an den Postämtern in die roten Briefkästen werfen; anderswo gibt es keine Briefkästen. Nach und von Europa dauert die Post ca. vier bis sieben Tage. Haben Sie auf dem Lande mit jemandem Freundschaft geschlossen und möchten in Briefkontakt bleiben, ist es empfehlenswert, die Adresse auch in Arabisch zu schreiben bzw. schreiben zu lassen.

Presse

Zeitungen und Zeitschriften unterliegen staatlicher Kontrolle. Dies gilt für die beiden großen arabischen Tageszeitungen *Tishrin* und *al-Ba'th* ebenso wie für die englischsprachige *Syrian Times*, die sich vor allem an die Europäer im Lande richtet. Die Einfuhr ausländischer Presseerzeugnisse ist in den letzten Jahren erleichtert worden, weshalb in den großen Hotels (und in wenigen Buchhandlungen, z.B. im Avicenna Bookshop in Damaskus) mit einiger zeitlicher Verzögerung auch die wichtigsten deutschen Tageszeitungen und Magazine zu erwerben sind.

Radio und Fernsehen

An deutschsprachigen Sendern ist in Syrien nur die Deutsche Welle zu empfangen und bringt stündlich Nachrichten auf wechselnden Frequenzen. Da die Frequenz halbjährlich gewechselt wird, empfiehlt es sich, vor der Abreise die aktuellen Frequenzen bei der Technischen Beratung der Deutschen Welle, Tel. 0221/389-3208, zu erfragen. Der syrische Rundfunk bietet auch englische und französische Nachrichten; im Fernsehen strahlt der zweite Kanal primär ausländische Filme (mit arabischen Untertiteln) und auch Nachrichten in englischer und französischer Sprache aus. Die Programme sind in der englischen Tageszeitung *Syrian Times* abgedruckt.

Restaurants

Die Hotels der Spitzenklasse haben alle eigene Restaurants (arab. *mat'am*, Plural *mata'im*), die sowohl internationale als auch syrisch-arabische Menüs anbieten, wobei letzteren der Vorzug gegeben werden sollte. Außerhalb der Hotels gibt es in den Großstädten regelrechte Restaurantviertel, in denen sich eines neben das andere reiht. Der Anspruchslose wird zudem an manchen Straßenecken einfache Garküchen und Gyros-Stände entdecken, an denen er den ›kleinen‹ Hunger stillen kann. »Gyros« heißt in Syrien *shawarma* und ist – in Fladenbrot eingerollt – eine beliebte Zwischenmahlzeit. Im folgenden seien nur einige Restaurants in Damaskus und Aleppo ausdrücklich genannt:

Aleppo
Die empfehlenswerten Restaurants konzentrieren sich im Viertel al-'Aziziye. Hier liegen nebeneinander u.a. die Restaurants **Ebla**, **Karam**, **Shallal**, **Cordoba** und **Wanis**, von denen die beiden letzten, die armenisch geführt sind, den besten Ruf genießen. Findet man dort keinen Platz mehr, sollte man es im Karam versuchen, wo ich neben dem guten Essen auch eine besonders höfliche und aufmerksame Bedienung antraf.

Damaskus
Außerhalb der großen Hotels findet sich eine Vielzahl von Restaurants im Christenviertel Bab Tuma im Nordosten der Altstadt (im Teil außerhalb der Stadtmauer), im Viertel um den Merdje-Platz westlich der Altstadt, wo sich auch die meisten Hotels konzentrieren, und entlang des Barada in Richtung Libanon. Letztere sind besonders an den lauen Sommerabenden beliebte Ausflugsziele. Den Reisenden seien zum ersten Kennenlernen der syrisch-arabischen Küche in innenarchitektonisch gelungenem Damaszener Ambiente vier Restaurants empfohlen, die auch bei Syrern sehr beliebt sind und sich in der Altstadt im näheren Umkreis

der Omayyadenmoschee befinden: **Dimashk al-kadima** (»Old Damascus«) östlich der Zitadelle, **al-'Izz** unweit der Zahiriye-Medrese, **al-Kasr al-Umawi** (»Omayyad Palace«) an der Südseite der Omayyadenmoschee und schließlich das **Alf Laila wa Laila** (»Thousand and One Night«) unweit des Osttores (Bab Djairun) der Moschee. Von diesen vier Restaurants wird nur im letzteren Alkohol ausgeschenkt!

Sportmöglichkeiten ➔ Bademöglichkeiten

Sprache

Offizielle Landessprache ist das Hocharabische, alle schriftlichen Dokumente sind darin verfaßt. Im Alltag wird jedoch ausschließlich Dialekt gesprochen. Vor allem in der jüngeren Generation sind Englischkenntnisse recht weit verbreitet. Auch der Französischunterricht bei der Alliance Française, ja auch die Deutschkurse am Goethe-Institut in Damaskus haben schon seit Jahren regen Zulauf.

Strände ➔ Bademöglichkeiten

Telefon

Während das Telefonieren innerhalb Syriens inzwischen relativ problemlos ist, braucht man für Auslandstelefonate mitunter etwas Geduld. Große Hotels, die Zugriff auf eine Satellitenleitung haben, können eine Verbindung im allgemeinen rasch herstellen. Von Deutschland nach Syrien zu telefonieren oder zu faxen, bereitet keinerlei Probleme mehr. Internationale Vorwahl für Syrien: 00963; internationale Vorwahl für Deutschland: 0049, Österreich: 0043, Schweiz: 0041. Telefonzellen gibt es nur in größeren Postämtern. Ortsgespräche in Damaskus kosten 1 LS. Allerdings sind Ein-Pfund Münzen schwer zu bekommen, aber auf Anfrage erlauben Ihnen gerne die Besitzer von Geschäften oder Restaurants, für Ortsgespräche ihr Telefon zu benutzen.
Für Ferngespräche gibt es Telefonkarten zu 200, 500 und 1000 LS. Man erhält sie in den Postämtern und vormittags beim Telegraphenamt am Hedschas-Platz.

Toiletten

Öffentliche Toiletten gibt es keine. Überfällt einen das Geschick unterwegs, z.B. im Suk, wird man zwar stets einen Händler finden, der einen freundlich zu einem winzigen Raum im hinteren Teil des Geschäftes weist, in dessen Mitte sich ein Loch im Boden befindet; doch wird der Besucher spätestens angesichts des Wasserschlauchs und der danebenstehenden Blechbüchse, den einzigen Utensilien in der Kammer, beschließen, künftig immer etwas Toilettenpapier mitzunehmen (das gilt natürlich besonders auch für Fahrten über Land).

Trinkgeld

Offiziell galten im sozialistischen Syrien die Trinkgelder in Lokalen als abgeschafft. In der Praxis wird jedoch weiterhin ›aufgerundet‹. Der Tourist sollte auf keinen Fall mit üppigen Trinkgeldern protzen, sondern sich auch hier an die Landessitte halten, und dies ist eben das ›Aufrunden‹ um 10 bis 15 Prozent, wie wir es auch bei uns gewohnt sind. Besonders peinlich ist das Verhalten mancher Urlauber, die meinen, für jede Gefälligkeit (z.B. für eine Wegbeschreibung) sogleich das Portemonnaie zücken zu müssen. Ein solches Verhalten ist kränkend, wie es das gewiß auch bei uns wäre.

Zeitverschiebung

Der Zeitunterschied zwischen Mitteleuropa und Syrien beträgt eine Stunde. Da das Datum der Umstellung auf die Sommerzeit allerdings in Syrien nicht mit unserem übereinstimmt, kann sich für kürzere Zeit auch ein Unterschied von zwei Stunden ergeben.

Zollbestimmungen

Nicht eingeführt werden darf syrisches Geld. Außerdem achtet der syrische Zoll bei der Einreise besonders auf elektronische Geräte. Kameras machen in der Regel keine Schwierigkeiten, doch schon ein Laptop kann Probleme mit sich bringen. Was zwar nicht den Zoll, dafür umso mehr die Sicherheitsdienste interessiert, ist antisyrisches Schrifttum. Das neueste Propagandamaterial der israelischen Botschaft sollte sich deshalb tunlichst nicht im Reisegepäck befinden!
Schwierigkeiten bei der Ausfuhr kann es mit Antiquitäten geben. Hierfür ist eine Sondererlaubnis der Antikenverwaltung erforderlich. Nur kleinere Mengen an antiken oder mittelalterlichen Münzen läßt man im allgemeinen unbeanstandet durchgehen. Problemlos ausführen kann man als Andenken die Produkte des Kunsthandwerks, doch sollten Sie bei größeren und kostbaren Stücken den deutschen Zoll nicht ganz vergessen, der unter Umständen die quittierte Rechnung sehen will (für Edelmetalle, Teppiche u. ä.). Für Spirituosen und Zigaretten gelten dieselben Bestimmungen wie bei uns.

Kleiner Sprachführer

Wie in allen arabischen Ländern ist die offizielle Landessprache das sogenannte »Hocharabische«, und wie alle Araber sprechen die Syrer im Alltag ausschließlich Dialekte, die von der Hochsprache erheblich abweichen. Die Verwendung der Hochsprache ist auf die Moschee, offizielle Anlässe, die Medien und den schriftlichen Gebrauch beschränkt. Es gibt in Syrien an die fünfzig verschiedene Dialekte. Überall verständlich sind die Dialekte großer Städte wie die von Damaskus, Aleppo oder Hama, an denen sich die folgende Wortliste orientiert.

Die Ausdrücke und Bezeichnungen werden zuerst in arabischer Schrift wiedergegeben, wobei die dialektale Form beibehalten bleibt, dann in einer vereinfachten Umschrift.

Zur Umschrift

Doppelt geschriebene Vokale sind immer lang zu sprechen, einfach geschriebene Vokale kurz, also *mün?* »wer?« gegenüber *min,* »von«. Entsprechendes gilt für Konsonanten: *hammaam,* »Bad«, aber *hamaam,* »Tauben«.

dj = stimmhaftes *dsch* wie in englisch *jimmy,* in Damaskus wie j in französisch *jean: djebel* = Berg.

sh = deutsch *sch;* wenn zwei getrennte Laute zu sprechen sind, steht ein Bindestrich: *is-haal,* »Durchfall«.

th = wie *th* in englisch *thing.* Dieser Laut kommt nur in der Hochsprache und in Beduinendialekten vor, ansonsten spricht man dafür t, manchmal auch ein *s: thalaatha tlaat,* »drei«.

Wenn zwei getrennte Laute zu sprechen sind, steht ein Bindestrich, also: *t-hüne,* »Sesampaste«, *mat-haf,* »Museum«.

dh = wie englisch *th* in *the,* auch dieses nur in der Hochsprache oder in Beduinendialekten, etwa in *al Laadhiqüja,* »Latakiye«, sonst *Laadqiije.*

kh = entspricht immer dem deutschen *ch* wie in *ach ;* nie dem *ch* in *ich,* also auch in *sheekh,* »Scheich«.

q (k) = am Zäpfchen gebildeter *k* Laut, etwa in *Dimashq (Dimashk),* »Damaskus«. Je nach Dialekt wird dieser Laut als q oder als g gesprochen, manchmal auch wie ein Stimmabsatz, den man im Deutschen *in ver|eisen* zwischen *r* und e spricht, im Gegensatz *zu verreisen,* also etwa *Lattakia* je nach Dialekt als *Laad|iijee* oder *Laadqiije,* oder *Raqqa* - *Ragga* - Ra||a.

h nach einem Vokal ist kein Dehnungszeichen wie im Deutschen, sondern wie ein deutsches *h zu* sprechen: *ahlan* = *ah-lan* = Hallo!

Es gibt zwei h-Laute im Arabischen, die hier nicht unterschieden werden.

gh ist wie ein deutsches (oder französisches) Zäpfchen-r zu sprechen, und hat mit dem gerollten *r* (Zungenspitzen-r) nichts zu tun. *gh* und *r* sind also immer auseinanderzuhalten, etwa in: *ghurfe,* »Zimmer«, *dughri,* »geradeaus«. Der UNO-Generalsekretär heißt nicht Butros Gali, wie sein Name in den Nachrichten ausgesprochen wird, sondern Butros Ghali, mit eben diesem gh-Laut!

' ist ein im Schlund gebildeter Quetschlaut, der nur nach langer Übung erlernt werden kann.

Daneben gibt es noch eine Reihe weiterer Konsonanten, die der Tourist auf die Schnelle wohl auch nicht so schnell erlernen wird, wie verschiedene d, s; und t-Laute, und die hier vernachlässigt werden.

Allgemeines

مرحبا	**Hallo! Willkommen!** (Begrüßung tagsüber)	marhaba
اهلن اهلين	**Antwort auf marhaba**	ahlan ~ ahleen
خاطركم	**Auf Wiedersehen** (sagt der Gehende)	khaatirkon
مع السلامة	./. (sagt der Bleibende)	ma' essalaama
السلام عليكم	**»Friede sei mit dir/mit euch!«** (sagen Muslime bei der Begrüßung, aber auch beim Abschied; Christen, vor allem in Städten, benutzen französische Formeln)	salaamu 'aleekum
عليكم السلام	**Antwort auf** *salaamu 'aleekum!*	'aleekum essalaam!
شلونك كيفك	**Wie geht's dir?** (zu einem Mann)	shloonak? ~ kiifak?
شلونك كيفك	./. (zu einer Frau)	shloonik? ~ kiifik?
شلونكن كيفكن	**Wie geht's euch?**	shloonkon? ~ kiifkon?
الحمد لله	**Gott sei gelobt!** (sagt man auf die Frage nach dem Befinden, aber auch zum Beispiel nach einem Mahl als Dankesformel)	alhamdulillaa!
إن شاء الله	**Wenn Gott will!** (fügt man immer hinzu, wenn man von etwas Zukünftigem spricht)	inshalla! ~ insha|allaa!
بكرة	**morgen**	bukra
بكرة إن شاء الله	**»Morgen, wenn Gott will!«**	bukra inshalla!
شكرا	**Danke!**	shukran
يعطيك العافية	./.	yaatik el'aafje

من فضلك	**bitte!** (zu einem Mann)	min fadlak
من فضلك	**bitte!** (zu einer Frau)	min fadlik
عفوا	**bitte!** (Als Antwort auf danke!)	'afwan!
تفضل	**bitte schön! bitte komm herein!** (zu einem Mann)	tfaddal!
تفضلي	./. (zu einer Frau)	tfaddali!
تفضلوا	./. (zu mehreren)	tfaddalu!
صباح الخير	**Guten Morgen!**	sabaah elkheer
مساء الخير	**Guten Abend!**	masaa elkheer
فيه	**es gibt** (gibt es?)	fii (?)
ما فيه	**es gibt nicht**	maa fii
وين	**wo?**	ween?
قديش شقدّ	**wieviel?**	qaddeesh? ~ shqadd?
مين	**wer?**	miin?
ايمتا ايمت	**wann?**	eemta (eemat)
كويس	**gut**	kwayyis
مو كويس	**nicht gut**	muu kwayyis
غالي	**teuer**	ghaali
كثير	**sehr, viel**	ktiir
كثير غالي	**sehr teuer, zu teuer**	ktiir ghaali
ممكن	**möglich**	mumkin
ما عليش	**macht nichts**	maa'alésh
لا	**nein**	la
ايوه	**ja**	aiwa
ما بفهم عربي	**ich verstehe kein Arabisch**	maa bifham 'arabi

بتحكي انكليزي (الماني)	**Sprechen Sie Englisch (Deutsch)?**	btehki ingliizi (almaani)?
بدّي	**ich möchte**	biddi (baddi)
فيه شوب	**es ist heiß**	fii shoob
فيه برد	**es ist kalt**	fii bard
وين ممكن نشتري	**Wo können wir … kaufen?**	ween mumkin nishtiri …
شو اسم	**Wie heißt…?**	shuu isem …?
الماني المانية	**Deutscher/Deutsche**	almaani/ almaaniije
نمساوي نمساوية	**Österreicher/Österreicherin**	nimsaawi/ nimsaawiije
سويسري سويسرية	**Schweizer/Schweizerin**	swisri/swisriije

Essen und Trinken

مطعم	**Restaurant**	mat'am
غداء	**Mittagessen**	ghada
عشاء	**Abendessen**	'asha
طاولة	**Tisch**	taule
مقبلات	**Vorspeisen**	muqabbilaat/ mezze
شوربة	**Suppe**	shooraba
خس	**grüner Salat** (Römersalat)	khass
ثوم	**Knoblauch**	tuum
ثوم مخلل	**eingelegter Knoblauch**	tuum emkhallal
مخلل	**Mixed pickles**	mkhallal
فستق حلبي	**Pistazien**	fustuq halabi

بصل اخضر	Frühlingszwiebeln	basal akhdar
حمص	Kichererbsenbrei	hummus
طحينة	Sesampaste	t-hiine
بابا غنوج	Auberginenpüree	baaba ghannuudj
زيتون	grüne Oliven	zeetuun
عطون	schwarze Oliven	'attuun
ورق عنب يبرق	gefüllte Weinblätter	waraq 'enab ~ yabraq
لحمة لحومات	Fleisch(gericht)	lahme/lhuumaat
شرحات	dünne gegrillte Filets	sharhaat
شقف	gegrillte Fleischstückchen	shuqaf
كباب	Kebab (Hackfleisch am Spieß)	kabaab
كبة	Fleischbällchen (mit Weizenschrot vermischt)	kibbe
برغل	Weizenschrot	burghul
كستليتا	Kotelett	kastaleeta
بفتيك	Steak	bifteek
كبة نيّة	eine Art Tatar	kibbe najje
ظوظ	Hirn	zuuz
لسانات	Hammelzunge	lsaanaat
دجاج	Huhn	djaadj
شيش طاووق	Hühnerfleisch am Spieß gegrillt	shiish tawuuq

مشوي	gegrillt	mashwi
مقلي	gebraten	maqli
سمك	Fisch	samak
خضروات	Gemüse	khudrawaat
محشي	gefülltes Gemüse	mahshi
خبز	Brot	khubz
لبنة	Quark	labne
حلو	Nachspeise	hilu
ميّ	Wasser	majj
ميّ معدنية	Mineralwasser	majj ma'daniije
بوص بوظ	Eis	buus ~ buuz
بوظة	Speiseeis	buuza
قنينة	Flasche	qanniine
بطحة عرق	kleines Fläschchen Arak	bat-het 'araq
نبيذ	Wein	mbiit
نبيذ احمر	Rotwein	mbiit ahmar
نبيذ ابيض	Weißwein	mbiit abyad
بيرا	Bier	biira
شاي	Tee	shaay
قهوة	Kaffee	qahwe
قهوة مرة	bitterer Kaffee	qahwe murra
حليب	Milch	haliib
سكر	Zucker	sikkar
ملح	Salz	milh
ليستا	Speisekarte	lista
فاتورة حساب	Rechnung	faatuura ~ hsaab

كرسون	**Kellner**	garsoon
جيب لي	**Bringen Sie mir…**	djiibli
اعطيني	**Geben Sie mir…**	'atiini…
كاسة	**Glas**	kaase
سكين	**Messer**	sikkiin(e)
شوكة	**Gabel**	shooke
معلكة	**Löffel**	mal'aqa
صحن	**Teller**	sahen

Öffentliche Einrichtungen

بنك	**Bank**	bank
مصاري	**Geld**	masaari
صرف	**Geldwechsel**	sarf
سوق	**Markt**	suuq
جامع	**Freitagsmoschee**	djaami'
مسجد	**Moschee**	masdjid
كنيسة	**Kirche**	kniise
معبد	**Tempel**	ma'bad
متحف	**Museum**	mat-haf
حمام	**(türkisches) Bad**	hammaam
مسبح	**Schwimmbad**	masbah
جنينة	**Park**	djneene
شرطة بوليس	**Polizei**	shurta ~ booliis (bulis)
مكتب	**Büro**	maktab

سفارة	**Botschaft**	safaara
قنصليّة	**Konsulat**	qunsuliije
الهجرة و الجوازات	**Paßamt**	alhidjra wa l-djawaazaat
شركة طيران	**Fluggesellschaft**	shirket tajaraan

Zimmersuche

فندق اوتيل	**Hotel**	funduq ~ uuteel
غرفة	**Zimmer**	ghurfe
حمام	**Bad**	hammaam
تواليت	**Toilette**	twaaleet
دش	**Dusche**	dush
بدّنا نحجز	**wir wollen reservieren**	biddna nehdjjz
بتختين	**mit zwei Betten**	bi takhteen
تخت واحد	**ein Bett**	takhet waahid
فطور	**Frühstück**	ftuur
فيه كندشن تكييف هواء	**Ist es klimatisiert?**	fii kondishen takjiif hawa?

Gesundheit

يا جماعة! يا ناس!	**Hilfe!**	jaa djamaa'a! jaa naas!
فيه حادث	**es gibt einen Unfall**	fii haadis
اسعاف	**Ambulanz**	as'aaf
مستوصف	**Ambulanzstation, kleines Landkrankenhaus**	mustausaf

مستشفى	Krankenhaus	mustashfa
صيدليّة	Apotheke	saydaliije
دواء	Medikament	dawa
دكتور طبيب	Arzt	duktuur ~ tabiib
عندي اسهال	ich habe Durchfall	'andi is-haal
انا مرضان	ich bin krank (sagt ein Mann von sich)	ana mardaan
انا مرضانة	./. (sagt eine Frau von sich)	ana mardaane
سخونة	Fieber	skhuune

Reise und Verkehr

سيارة	Auto	sajjaara
باص	Bus	baas, bas
موقف	Haltestelle	mauqif
محطة	Bahnhof	mahatta
ترين قطار	Zug	treen ~ qitaar
تذكرة	Fahrkarte	taskara
حجز	Reservierung	hadjez
وصول	Ankunft	usuul
موعد سفر	Abreise	mau'id safar
مطار	Flughafen	mataar
كمارك جمارك	Zoll	gamaarig ~ djamaarig
جواز سفر باسبور	Reisepaß	djawaaz safar ~ basboor
شنطة	Tasche, Koffer	shanta

عفش	**Gepäck**	'afesh
تكسي	**Taxi**	taksi
عندك	**Hier halten!** (zum Taxifahrer)	'andak
على البلد	**in die Innenstadt**	'albalad
على الى	**zu**	'ala, la
على الشمال على اليسار	**links**	'ash-shmaal ~ 'alyasaar
على اليمين	**rechts**	'al-imiin
دغري ساوي	**geradeaus**	dughri ~ seewi
مقابيل	**gegenüber**	maqaabiil
مكتب سياحي	**Reisebüro**	maktab sijaahi
شارع	**Straße**	shaari', shari'
طريق	**Landstraße**	tariiq
درب	**Piste**	darb
اوتوستراد	**Autobahn**	utustraad
استراحة	**Raststätte**	istiraaha
كازية	**Tankstelle**	kaaziije
عبّيها	**Volltanken!**	'abbiiha!
ورشة	**Werkstatt**	warshe
بنشر	**Panne**	banshar(a)
ممنوع التصوير	**Fotografieren verboten**	mamnuu' ettaswiir

Wochentage

يوم الإثنين	**Montag**	joom ettaneen
يوم الثلاثاء	**Dienstag**	joom ettalaata

يوم الأربعاء	**Mittwoch**	joom elarb'a
يوم الخميس	**Donnerstag**	joom elkhamiis
يوم الجمعة	**Freitag**	joom eldjum'a
يوم السبت	**Samstag**	joom essabt
يوم الأحد	**Sonntag**	joom elahhad
عطلة	**Feiertag**	'otle

Zahlen

١	**eins**	waahed
٢	**zwei**	tneen
٣	**drei**	tlaate
٤	**vier**	arba'a
٥	**fünf**	khamse
٦	**sechs**	sitte
٧	**sieben**	sab'a
٨	**acht**	tmaane
٩	**neun**	tis'a
١٠	**zehn**	'ashara
١١	**elf**	idaa'sh
١٢	**zwölf**	tnaa'sh
١٣	**dreizehn**	tlattaa'sh
١٤	**vierzehn**	arbattaa'sh
١٥	**fünfzehn**	khamstaa'sh
١٦	**sechzehn**	sittaa'sh
١٧	**siebzehn**	sabattaa'sh

١٨	**achtzehn**	tmantaa'sh
١٩	**neunzehn**	tisattaa'sh
٢٠	**zwanzig**	'eshriin
٣٠	**dreißig**	tlaattiin
٤٠	**vierzig**	arba'iin
٥٠	**fünfzig**	khamsiin
٦٠	**sechzig**	sittiin
٧٠	**siebzig**	sab'iin
٨٠	**achtzig**	tmaaniin
٩٠	**neunzig**	tis'iin
١٠٠	**hundert**	miije
٢٠٠	**zweihundert**	miiteen
٣٠٠	**dreihundert**	tlatmiije
٤٠٠	**vierhundert**	arba'miije
٥٠٠	**fünfhundert**	khamsmiije
٦٠٠	**sechshundert**	sittmiije
٧٠٠	**siebenhundert**	saba'miije
٨٠٠	**achthundert**	tmanmiije
٩٠٠	**neunhundert**	tisa'miije
١٠٠٠	**tausend**	alf

Glossar

Ablak
(Arab. »schwarz-weiß«), Bezeichnung für abwechselnd aus hellen und dunklen Steinen errichtetes Mauerwerk.
Adhan
(Arab.), Gebetsruf, davon abgeleitet der Gebetsrufer *mu'adhdhin,* der »Muezzin«, und »Ma'dhanao«, das Minarett.
Amir s. Emir
Apsis
Halbkreisförmige Nische im Altarraum christlicher Kirchen (nach Osten ausgerichtet).
Arabeske
Eine für die arabische Kunst typische Dekorationstechnik auf und aus verschiedensten Materialien. Immer wiederkehrende stilisierte Pflanzenmotive mit geometrischen Mustern und ornamentaler Ausgestaltung arabischer Schriftzeichen fügen sich zu einem Ganzen zusammen. Die hohe Kunst der weitgehend abstrakten Arabeskentechnik in der arabischen (und islamischen) Welt bot einen gewissen Ersatz für die von der Religion verpönte bildliche Darstellung.
Atabah
(Arab.), ein noch mit den Schuhen betretbarer Vorraum vor Teppichräumen in traditionellen Bürgerhäusern.
Atabek
(Türk. *ata,* oVater«, *bek,* »Herr«), ursprünglich Titel der Prinzenerzieher der Seldschuken aus dem Kreis verdienter Militärsklaven. Einigen Atabeks gelang es im 12. Jahrhundert, eigene Dynastien zu begründen, so z.B. den Zengiden von Aleppo, deren bedeutendster Vertreter Nuraddin war.
Bab
(Arab.), Tor, Tür, auch Stadttor.
Bait
(Arab.), Haus.
Basar s. Suk
Cella
(Lat.), Kaltraum des antiken Tempels, in dem das Bild der Gottheit stand.
Darb
(Arab.), Gasse.
Daula
(Arab.), Staat, Dynastie; im Mittelalter häufiger Bestandteil von Namen und Titeln, z.B. Saifaddaula, »Schwert des Staates«.
Dhikr
(Arab.), eigentlich das »Erwähnen«, d.h. das Aufsagen und die ständige Wiederholung eines der 99 Namen Gottes oder bestimmter religiöser Formeln. Spielt eine große Rolle bei den mystischen Bruderschaften, die sich bei ihren Sitzungen mittels des Dhikr in Verbindung mit bestimmten rhythmischen Bewegungen und Atemtechniken in einen Trancezustand versetzen.
Din
(Arab.), Religion, Glaube; erscheint häufig als Bestandteil von Namen und Titeln, z.B. Nuraddin, oLicht des Glaubens«, Saladin (= Saladin), »Güte des Glaubens«.
Djadda
(Arab., türk. *cadde),* Gasse, Straße.
Djami'
Mehrzahl Djawami' (arab.), Moschee; ursprünglich nur jene Moscheen, in denen am Freitag die Predigt stattfand, im Gegensatz zu Masdjid (s. dort).
Djebel oder **Djabal**
(Arab.), Berg; häufig in Verbindung mit geographischen Bezeichnungen.

Djihad
(Arab.), »Heiliger Kampf«, nicht unbedingt »Krieg«, gegen Ungläubige, wörtlich: »Das Sichbemühen (um Gottes Willen)«. Von islamischen Reformtheologen heute lediglich als geistig-moralischer Kampf gedeutet, von Islamisten aber auch kriegerisch aufgefaßt.
Donjon
(Frz.), Bergfried, Hauptturm und letzte Zuflucht in einer Befestigungsanlage.
Emir
Eingedeutscht für Arab. *amir,* ein Ehrentitel mit der Bedeutung Fürst, Statthalter, Befehlshaber u.ä.; in der Verbindung *amir al mu ininin,* »Befehlshaber der Gläubigen«, Titel des Kalifen.
Fresko
(Ital.), Wandmalerei auf feuchtem Putz.
Hadith
(Arab.), Aussprüche und Handlungen des Propheten im Gegensatz zum Wort Gottes, dem Koran. Der Hadith (auch Sunna genannt) ist in mehreren kanonischen Sammlungen zusammengestellt und bildet nach dem Koran die zweitwichtigste Quelle des Islam.
Hadsch
(Arab. *hadd),* eine der »fünf Säulen« des Islam: Pilgerfahrt nach Mekka, die jeder Gläubige einmal im Leben durchführen sollte.
Hammam
Traditionelles »türkisches« Bad
Haramlik
(Türk.), der Teil des Hauses, in dem sich die Familie einschließlich der Frauen aufhält.
Hisn
(Arab.), Festung.
Imam
(Arab.), im sunnitischen Islam der Vorbeter; bei den Schiiten auch Titel der männlichen Nachkommen Alis.
Intarsie
Holzeinlegearbeit
Iwan oder **Liwan**
Ursprünglich pers. Bezeichnung für die Audienzhalle des (vorislamischen) Königs. Später bei den Arabern Bezeichnung für zum Innenhof offene Bogenhallen in Medresen, Moscheen und Wohnhäusern.
Janitscharen (Türk. *yeni,* »neu«, *ceri,* »Truppe«), seit dem 14. Jahrhundert wichtigstes Element der osmanisch-türkischen Infanterie, zusammengesetzt aus zum Islam übergetretenen Kriegsgefangenen und ergänzt durch zwangsweise islamisierte christliche Jungen vom Balkan. 1826 aufgelöst.
Ka'a
(Arab. *qa'ä),* Saal oder großer Empfangsraum in Palästen und vornehmen Bürgerhäusern.
Kadi
(Arab. *qadi),* islamischer Gelehrter; als religiöser wie weltlicher Richter tätig.
Kal'a
(Arab. *qal'ä),* Festung; taucht häufig in Ortsnamen auf.
Kalif
Eingedeutscht aus arab. *khalifa,* »Stellvertreter«, nämlich *khalifat rasul Allah,* »Stellvertreter des Gesandten Gottes«: Nachfolger des Propheten Mohammed als Anführer der Gemeinde der Gläubigen.
Kasr
(Arab. *qasr),* Burg, Schloß, Palast.
Kibla
(Arab. *qibla),* Gebetsrichtung nach Mekka. Die Kibla-Wand einer Moschee enthält deshalb den *mihrab,* die Gebetsnische.
Khan
(Arab.), aus pers. *hanä,* »Haus«; ins Arabische übernommene Bezeichnung für Karawanserei, einer Herberge für durchziehende Kaufleute mit ihren Tieren, wo sie auch ihre Waren anboten. Eine Sonderform sind die Khane inmitten der großen Städte, in

denen sich meist Großhändler mit ihren Büro- und Lagerräumen zum Teil bis heute fest etabliert haben.

Khutba
(Arab.), Freitagspredigt, die vom *khatib,* dem Prediger, gehalten wird.

Koran
(Arab. *qur'än),* die Heilige Schrift des Islam; er enthält die von Gott über Gabriel an den Propheten Mohammed ergangenen Offenbarungen in 114 unterschiedlich langen Abschnitten, den sogenannten Suren.

Kubba
Mehrzahl Kubab (arab. *qubba, qubab),* allgemeine Bezeichnung für jede Art von Kuppel, dann speziell auch für die »Bienenkorbhäuser« in Nordsyrien.

Kufi
(Arab., abgeleitet von der irakischen Stadt Kufa); arabischer Schrifttyp, in dem die ältesten bekannten schriftlichen Zeugnisse des Arabischen geschrieben sind. Als sogenanntes Zier- oder Blumen-Kufi erfreute es sich später in der Kalligraphie des Mittelalters großer Beliebtheit.

Liwan s. Iwan

Ma'dhana (Arab.), s. Minarett

Madrasa (Medrese)
(Arab.), traditionelle islamische höhere Schule mit vorwiegend theologischen Fächern.

Makam
(Arab. *maqam),* Bezeichnung für einen heiligen Ort im weitesten Sinne. Meist handelt es sich um das Grab eines Heiligen oder auch nur um ein »Erinnerungsgrab«, eine Gedenkstätte, mit oder ohne Reliquien. Aber etwa auch ein Stein oder ein Baum, die in einen bestimmten Bezug zu einer als heilig erachteten Person gesetzt werden, können als Makam Verehrung genießen.

Masdjid
Mehrzahl Masadjid (arab. »Ort, wo man sich betend niederwirft«), allgemeine Bezeichnung für Moschee.

Medrese s. Madrasa

Mihrab
(Arab.), Gebetsnische des Vorbeters in der Moschee, nach Mekka ausgerichtet (d.h. in Syrien nach Süden). Der Mihrab ist kultisch und architektonisch das Herzstück der Moschee.

Minarett
Über das Französische eingedeutschte Form des arabischen Wortes *manara,* eigentlich »Leuchtturm«, und dann auch Bezeichnung für die Türme der Moscheen, von denen der Gebetsruf *(adhan)* erschallt, weshalb die arabisch korrektere Bezeichnung *ma'dhana* lautet.

Minbar
(Arab.), Kanzel in der Moschee, immer rechts neben dem Mihrab gelegen. Der Minbar besteht in der Regel aus Holz und bildet nach dem Mihrab das zweitwichtigste innenarchitektonische Element der Moschee, auf das sich die künstlerische Darstellung konzentriert hat.

Mu'adhdhin
(Arab.), Gebetsrufer, »Muezzin«; bedeutet wörtlich »der den Gebetsruf *(adhan)* erschallen läßt«.

Muhafaza
(Arab.), Bezeichnung der Verwaltungsdistrikte in Syrien.

Mukarnas
(Arab. *muqarnas),* konkav gewölbte Bauzellen, seit der Ayyubidenzeit beliebtes Dekorationselement über Portalen und anderen Architekturteilen; in der europäischen Literatur oft nicht korrekt als Stalaktitenkuppel bezeichnet.

Musalla
(Arab.), der Gebetsraum der Moschee.

Noria
(Arab. *na'ura),* traditionelle bis über 20 m hohe Wasserschöpfräder in Mittelsyrien vor

allem am Orontes. Wie Mosaike belegen, waren Norias in diesem Raum schon lange vor dem Islam in Gebrauch.

Nymphäum
(Lat./gr.), ursprünglich Heiligtum der Nymphen, der Quellgottheiten. In der römischen Kaiserzeit waren Nymphäen Brunnenhäuser, deren Fassaden wie die Biihnenfassaden der Theater prunkvoll ausgestaltet waren.

Q s. Begriffe unter K

Ramadan
Islamischer Fastenmonat, 9. Monat des islamischen Kalenders.

Riwak
(Arab. *riwaq),* Säulengang, Arkaden.

Saha
Nicht überdachter Hof.

Sahn
Hof und speziell der Moscheehof.

Salamlik
(Türk.), eigentlich »der Raum, wo man sich Salam sagt, d.h. sich begrüßt«, also jener Raum eines Hauses, in dem man Besucher empfängt und bewirtet und zu dem die Frauen der Familie keinen Zugang haben.

Tekiye
Auch Takiya, Tekkiye oder Tekke, ursprünglich türkische Bezeichnung für die Ordensklöster der muslimischen Bruderschaften.

Shari'
Straße, bei Straßennamen in Umschrift abgekürzt zu »Sh«.

Shari'a
Islamisches Recht.

Spolien
Wiederverwendete Bauteile, die in später errichtete Gebäude integriert werden (in Syrien vor allem antike Architekturelemente in islamische Bauwerke).

Suk
(Arab. *suq),* Markt, Marktgasse, türk. bzw perl. Basar; z.B. Suk al-Attarin, »Basar der Gewürzhändler«.

Sultan
(Arab.), »Macht«, »Herrschaft«; zunächst von den abbasidischen Kaufen in Bagdad vergebener Ehrentitel, der von den Mainluken und Osmanen schließlich als eigentlicher Herrschaftstitel geführt wurde.

Takiya s. Tekiye

Tauschierarbeiten
Metalleinlegearbeiten

Tekiye
Auch Takiya, Tekkiye oder Tekke, ursprünglich türkische Bezeichnung für die Ordensklöster der muslimischen Bruderschaften.

Tetrapylon
(Griech.), vierseitiger Torbau an Straßenkreuzungen mit Öffnungen an allen Seiten.

Turba
(Arab.), Türk. Türbe, Grab, Mausoleum.

Wadi
Meist ausgetrocknetes Flußtal.

Zawiya
Arab. Bezeichnung für Tekiye (s. dort).

Zeittafel

9. bis 6. Jahrtausend v. Chr.
Erste ständige Siedlungen; ab 8. Jahrtausend v Chr. Ackerbau.
ab 3500 v. Chr.
Städtische Kultur in Nordmesopotamien; kulturelle Einflüsse aus Uruk (Sumer) und Susa (Elam) in Nordsyrien.
ab 3000 v. Chr.
Hochblüte der Stadt Mari (Heiligtümer, Keilschrifttexte).
2650 v. Chr.
Ebla erobert Mari; danach Hochblüte der Stadt Ebla (Palast, Keilschrifttexte).
25. und 24. Jahrhundert v. Chr.
Die Akkader fallen nach Syrien ein.

Altsyrische Zeit

20. Jahrhundert v. Chr.
Shamshi-Adad von Assur erobert Mari, in Aleppo herrscht Jarim-Lim.
1759 v. Chr.
Hammurabi von Babylon erobert Mari.
ab 1750 v. Chr.
Hethiter dringen nach Nordsyrien ein.

Mittelsyrische Zeit

um 1530 v. Chr.
Königreich der Mitanni herrscht über Nordsyrien.
um 1500 v. Chr.
Pharao Thutmosis I. erobert Syrien.
um 1350 v. Chr.
Das Mitanni-Reich wird von den Hethitern erobert.
1285 v. Chr.
Schlacht bei Kadesh zwischen Ägyptern und Hethitern.
12. Jahrhundert v. Chr.
Vordringen der »Seevölker«.

Neusyrische Zeit

ab 1000 v. Chr.
Entstehung mehrerer aramäischer Stadtstaaten.
um 600 v. Chr.
Vorherrschaft Babylons über Syrien.
ab 539 v. Chr.
Babylon wird von den persischen Achämeniden erobert. Syrien wird Provinz des Persischen Reiches.

Hellenistische Zeit

333 v. Chr.
Alexander der Große erobert Syrien. In der Folgezeit ist Syrien Teil des Seleukidenreiches, wobei der Süden des Landes zwischen Seleukiden und Ptolemäern umkämpft bleibt. Gründung von Apameia, Dura Europos und anderen Städten.

Römische Zeit

64 v. Chr.
Pompeius macht Syrien zur römischen Provinz.
3. Jahrhundert
Drei Syrer (Elagabal, Alexander Severus, Philippus Arabs) werden römische Kaiser.
272
Aurelian besiegt Zenobia; Ende des palmyrenischen Reiches.

Byzantinische Zeit

ab 395
Syrien wird Teil des Byzantinischen (»Oströmischen«) Reiches; das Christentum wird kurz darauf zur Staatsreligion erklärt.
609
Die Sasaniden erobern Syrien.
629
Rückeroberung durch Byzanz.

Islamische Zeit

622
Auszug *(hidjra)* des Propheten von Mekka nach Medina; Beginn der islamischen Zeitrechnung.
632
Mohammeds Tod.
632–661
Herrschaft der vier »Rechtgeleiteten Kalifen« Abu Bakr, Omar, Uthman und Ali (in Medina, letzterer im Irak).
640
Abschluß der islamischen Eroberung Syriens.
656–661
Der sogenannte Erste Bürgerkrieg im Islam um das Amt des Kalifen.
661–750
Dynastie der Omayyadenkalifen von Damaskus.
750–1258
Dynastie der Abbasidenkalifen von Bagdad.
877–905
Syrien unter der Herrschaft der Tuluniden von Ägypten bei nomineller Anerkennung des abbasidischen Kalifen von Bagdad.
941–969
Zunächst auch Aleppo, dann nur Südsyrien unter der Herrschaft der Ikhshididen von Ägypten.
944–991
Dynastie der Hamdaniden von Aleppo (diese erkennen die schiitischen Fatimidenkalifen von Ägypten an).
ab 969
Südsyrien (und ab 991 auch Aleppo) unter fatimidischer Herrschaft.
1023–1079
Mirdasiden von Aleppo (ständig bedroht und zeitweilig vertrieben von den Fatimiden).
1094–1117
Dynastie der Seldschuken in Syrien.
1096
Beginn des ersten Kreuzzugs.
1099
Die Kreuzfahrer erobern Jerusalem.
1103–1154
Dynastie der Buriden von Damaskus (Atabeks der Seldschuken).
1127–1174 bzw. 1183
Dynastie der Zengiden in Damaskus und Aleppo.
ab 1174 bzw. 1193
Herrschaft der Ayyubiden in Syrien.
1187
Saladin erobert Jerusalem von den Kreuzfahrern zurück.
1260
Die Mongolen erobern Damaskus und Aleppo und zerstören vor allem letzteres.
1302
Die Mamluken vertreiben die Kreuzfahrer endgültig aus Syrien (Insel Arwad).
1260–1516
Syrien unter der Herrschaft der Mamlukensultane von Ägypten. Den Mamluken gelingt es nochmals 1281, 1299 und 1401 mongolische Invasionen abzuwehren.
1516–1918
Syrien ist Teil des türkischen Osmanenreiches.

16./17. Jahrhundert
Kapitulationsverträge mit Frankreich, Venedig, England und Holland.
1798
Militärische Expedition Napoleons nach Ägypten.
1916
Sykes-Picot-Abkommen zwischen Großbritannien und Frankreich, in dem für die Zeit nach dem Ersten Weltkrieg die Mandatsaufteilung des Nahen Ostens vereinbart wird.
1917
Balfour-Erklärung über die Errichtung einer »nationalen Heimstatt« der Juden in Palästina.
1918
T. E. Lawrence erobert mit den Truppen des Arabischen Aufstandes Damaskus.
1920
Die syrische Nationalversammlung erklärt Syrien zu einem unabhängigen Königreich unter König Faisal. Der Völkerbund erklärt jedoch auf seiner Sitzung in San Remo Syrien und den Libanon zum französischen Mandat.
1941
Formelle Aufhebung des Mandats.
1946
Offizielle Anerkennung der Unabhängigkeit Syriens.
1948
Gründung des Staates Israel durch die UNO und erster arabisch-israelischer Krieg.
1958–1961
Vereinigung Syriens und Ägyptens zur »Vereinigten Arabischen Republik«.
1963
Machtübernahme durch die Ba'th Partei.
Juni1967
Krieg mit Israel, in dem Syrien die Golan-Höhen verliert (Sechs-Tage-Krieg).
1971
Hafiz al-Asad vom »Volksrat« zum Präsidenten gewählt.
1973
Oktober-Krieg mit Israel (»Jom-Kippur-Krieg«).
1982
Niederschlagung eines Aufstandes der islamistisch-fundamentalistischen Muslim-Brüder in Hama.
1991
Syrien beteiligt sich in der Kuwait-Krise an der westlichen Allianz gegen den Irak.
1991
Beginn der Nahostfriedensgespräche in Madrid; Syrien fordert die bedingungslose Rückgabe der Golanhöhen als Voraussetzung für Friedensverhandlungen mit Israel.
1994
Autonomieabkommen zwischen Israel und der PLO für Gaza und Jericho. Friedensvertrag zwischen Jordanien und Israel. Zunehmender Terror palästinensischer Islamisten und fundamentalistischer israelischer Siedler gefährdet den Friedensprozeß. Keine Annäherung der syrischen und israelischen Position.
1993–1998
Die Friedensgespräche im Nahen Osten, die sich vor allem um die Lösung des Palästina-Problems drehen, bringen in der syrisch-israelischen Konfrontation keine Annäherung. Israel ist nicht bereit, die annektierten Golanhöhen zurückzugeben. Seit dem Wahlsieg Netanjahus in Israel - einem erklärten Gegner des Friedensprozesses - geraten auch die Verhandlungen um einen dauerhaften Frieden im Südlibanon ins stocken. Libanon steht in direkter Abhängigkeit zu Syrien und spielt auch deshalb neben Palästina eine Schlüsselfunktion im Friedensprozeß.
1999
Mit dem Sturz des israelischen Premiers Netanjahu wachsen die Hoffnungen auf Fortschritte im Friedensprozeß.

Weiterführende Literatur

Balty, J., *Mosaiques antiques de Syrie,* Brüssel 1977

Bermant, Chaim/Weithman, Michael, *Ebla. Neu entdeckte Zivilisation im Alten Orient,* Frankfurt 1979

Beyer, Hermann W., *Der syrische Kirchenbau,* Berlin 1925

Boase, Thomas S. R., *Castles and Churches of the Crusading Kingdom,* London 1967

Boulanger, Robert, *Mittlerer Osten,* Paris 1966

Browning, Iain, *Palmyra,* London 1973

Butler, Howard C., *Early Churches of Syria,* Amsterdam (Neuauflage) 1969

ders., *Syria,* Publications of the Princeton University Archaeological Expeditions to Syria in 1904–1905 and 1909. Division 2, Section A: Southern Syria, 1907–1919; Section B: Northern Syria, 1907–1920

Cassin, Elena/Bottéro, Jean/Vercoutter, Jean (Hrsg.), *Die Altorientalischen Reiche,* Bde. I und II, Frankfurt 1966 (= Fischer Weltgeschichte Bde. 2 und 3)

Cornelius, Friedrich, *Geschichte der Hethiter,* Darmstadt 1973

Creswell, K. A. C., A *Short Account of Early Muslim Architecture,* Aldershot 1989

ders., *Early Muslim Architecture,* vol. I, part 1 & 2, Oxford 1969

Dodd, Erica C., »The Monastery of Mar Musa al-Habashi«, in: *Arte Medievale* 1992, S. 61–144

Dussaud, René, *Topographie Historique de la Syrie Antique et Médievale,* Paris 1927

Elisséff, Nikita, *La Description de Damas d'Ibn'Asakir,* Damaskus 1959

Encyclopaedia of Islam (erscheint in Leiden seit 1960). Dieses wichtigste Nachschlagewerk der Islamwissenschaft ist Nachfolger von: *Enyklopaedie des Islam.* Bde. 1–4. Leiden/Leipzig 1934

Frank, Hannes, *Syrien, Schauplatz der Geschichte,* Bonn 1989

Freyberger, Klaus S., »Die Bauten und Bildwerke von Philippopolis«, in: *Damaszener Mitteilungen,* 6 (1992) S. 293–311

Gabrieli, Francesco, *Die Kreuzzüge aus arabischer Sicht,* Zürich/München 1973

Gaube, Heinz/Wirth, Eugen, *Aleppo. Historische und geographische Beiträge zur baulichen Gestaltung, zur sozialen Organisation und zur wirtschaftlichen Dynamik einer vorderasiatischen Fernhandelsmetropole,* Wiesbaden 1984

Gaube, Heinz, *Ein arabischer Palast in Südsyrien,* Beirut 1974 ders., »Die syrischen Wüstenschlösser. Einige wirtschaftliche und politische Gesichtspunkte zu ihrer Entstehung«, in: *Zeitschrift des Deutschen Palästina-Vereins 95* (1979) S. 182-208

Grotzfeld, Heinz, *Das Bad im arabisch-islamischen Mittelalter,* Wiesbaden 1970

Kalter, Johannes/Pavaloi, Margareta/Zerrnickel, Maria, *Syrien - Mosaik eines Kulturraums* (Ausstellungskatalog), Stuttgart/London 1991

Klengel, Horst, *Geschichte und Kultur Altsyriens,* Wien/Leipzig 1980

ders., *Syrien,* München 1987

ders., *Syrien zwischen Alexander und Mohammed. Denkmale aus Antike und frühem Christentum,* Darmstadt 1987

Land des Baal. Syrien - Forum der Völker und Kulturen (Ausstellungskatalog), Mainz 1982

Le djebel al-'Arab (Guides archéologiques de l'Institut Français d'Archéologie du Proche-Orient No. 1), Paris 1991

Meinecke, Michael, *Die mamlukische Architektur in Ägypten und Syrien, 2* Bde., Glückstadt 1992

ders., »Der Survey des Damaszener Altstadtviertels as-Salihiya«, in: *Damaszener Mitteilungen,* Bd. 1 (1983), S. 189-240

Mensching, Horst/Wirth, Eugen, *Nordafrika und Vorderasien,* Frankfurt 1989

Moscati, Sabatino, *Die Altsemitischen Kulturen,* Stuttgart 1961

Odenthal, Johannes, *Syrien,* Köln 1993

Perthes, Volker, *Staat und Gesellschaft in: Syrien,* Hamburg 1990

Raymond, André, *La Syrie d'au'jourd'hui,* Paris 1980

Ronard, St. und *N., Lexikon der Arabischen Welt.* Zürich/München 1972

Rotter, Gernot (Hrsg.), *Die Welten des Islam,* Frankfurt 1993

Ruprechtsberger, Erwin M. (Hrsg.), *Syrien, von den Aposteln zu den Kalifen,* Linz 1993

Sack, Dorothee, *Damaskus,* Mainz 1989

Salibi, Kamal *S., Syria under Islam. Empire on Trial 634 -1097,* New York 1977

Schmidt-Colinet, Andreas, Sonderheft »Palmyra«, in: *Antike Welt,* Bd. 2, 1995

Sinjab, Kamil, *Das arabische Wohnhaus des 17.* bis 19. *Jahrhunderts in Syrien,* Aachen 1965

Tchalenko, G., *Villages antiques de la Syrie du Nord,* 3 Bde., Paris 1953 und 1958

Wirth, Eugen, *Syrien. Eine geographische Landeskunde,* Darmstadt 1971

Zitierte Werke der arabischen Literatur in deutscher oder englischer Übersetzung:

Ibn Challikan (Khallikan), *Die Söhne der Zeit,* Übertragen von Hartmut Fähndrich, Tübingen 1984

Ibn Dschubair, *Tagebuch eines Mekkapilgers,* übertragen von Regina Günther, Stuttgart 1985

Ibn Ishaq, *Das Leben des Propheten,* übertragen von Gernot Rotter, Tübingen 1976

Ibn Khaldun, *The Muqaddimah. An Introduction to History,* translated from the Arabic by Franz Rosenthal, 3 vols., New York 1958

Usama ibn Munqidh, *Ein Leben im Kampf gegen Kreuzritterheere,* übertragen von Gernot Rotter, Tübingen 1978

Zitierte arabische Literatur, die nicht in Übersetzungen vorliegt, vom Autor unmittelbar übersetzt:

al-Baladhuri, *Futuh al-buldan,* ed. Munaddjid, al-Qahira o J.

Ibn al-Athir, *Al-Kamil fi t-tarikh,* Bde. 1-12, Beirut 1965

Ibn ash-Shihna, *Tarikh Halab,* ed. Keiko Ohta, Tokyo 1990

at-Tabari, *Tarikh ar-rusul wa l-muluk,* ed. M. Abu I-Fadl Ibrahim, Bde.1–10, al-Qahira 1960

al-'Ulabi, Akram Hasan, *Khitat Dimashq,* Damaskus 1989

Yakut, *Mu'djam al-buldan,* ed. Ferdinand Wüstenfeld, Bde. 1-6, Leipzig 1866–1870

Orts- und Personenregister

E

F

G

H

I

J

K

L

M

N

Über den Autor

Gernot Rotter, geb. 1941, studierte Islamwissenschaft, Afrikanistik, Vergleichende Religionswissenschaft, Völkerkunde und Romanistik. Nach seiner Promotion war er 1968/69 Wissenschaftlicher Referent am Orient-Institut in Beirut/Libanon, danach Assistent bzw. Dozent für Islamwissenschaft am Orientalischen Seminar der Universität Tübingen. 1980 bis 1984 leitete er während des libanesischen Bürgerkrieges das Orient-Institut in Beirut. Seit 1984 hat er eine Professur für gegenwartsbezogene Orient-Wissenschaft am Institut für Geschichte und Kultur des Vorderen Orients an der Universität Hamburg inne. Von 1987 bis 1991 war er Abgeordneter der »Grünen« im Landtag von Rheinland-Pfalz in Mainz und friedenspolitischer Sprecher der Fraktion. Einem breiteren Publikum ist Gernot Rotter bekannt geworden durch die »Bibliothek arabischer Klassiker«, die er begründet und von der er die ersten sechs Bände aus dem Arabischen übersetzt hat. 1993 hat er mit zahlreichen Fachkollegen das von den Medien sehr positiv aufgenommene Buch *Die Welten des Islam* herausgegeben.

Gernot Rotter hat im Verlauf der letzten 25 Jahre Syrien immer wieder intensiv bereist, sowohl zu Forschungszwecken als auch bei längeren beruflichen und privaten Aufenthalten. Er bezeichnet Syrien und den Libanon als seine »zweite Heimat«.

Dankeswort

Für mancherlei Hilfe und Mitarbeit, ohne die dieser Reiseführer nicht entstanden wäre, fühle ich mich in der Schuld von vielen, zum Beispiel auf wissenschaftlicher Seite in der meines Kollegen Prof. Michael Meinecke, dem ehemaligen Direktor des Deutschen Archäologischen Instituts in Damaskus, der mir spontan alle seine Veröffentlichungen über Syrien schickte.

In Syrien möchte ich allen voran Frau Sausan Djouzi, Direktorin im Tourismusministerium in Damaskus, für die unermüdliche Hilfe danken, die sie besonders für die logistische Durchführung meiner letzten Reisen im Lande bot. Herr Nadim Faksh, Tourismusdirektor in Aleppo, ergänzte diese Unterstützung, wie wir sagen würden, in geradezu preußischer Manier für den Norden des Landes. Herr Abdallah Tello, trotz seiner Jugend einer der besten Landeskenner und Tourismusexperten, hat mir manchen wertvollen Hinweis gegeben. Vergessen seien aber auch nicht mehrere syrische Fahrer, die mich in den vergangenen Jahren auch zu abgelegenen Orten chauffierten und mich auf manches aufmerksam machten, was dann – leider – dem begrenzten Umfang dieses Buches meist wieder zum Opfer fiel.

In Deutschland waren es in erster Linie Frau Dr. Karin Hörner und Frau Claudia Stodte, die bei der Materialbeschaffung halfen, Ergänzungsvorschläge machten und auch Korrekturen lasen, und *last not least* Frau Edigna Hackelsberger, die zuständige Lektorin im Verlag. Und sowohl in Syrien als auch in Deutschland half mir mein »alter« Freund, der Sprachwissenschaftler und Dialektforscher Dr. Peter Behnstedt, der das Land seit Jahren in- und auswendig kennt, mit seinem Fachwissen und ständig neuen Anregungen.

Ungewöhnlich mag sein, daß ich abschließend auch einigen schon vor Jahrhunderten Verstorbenen danken möchte, stellvertretend für viele arabische Autoren des Mittelalters vor allem dem Geographen Yakut aus Hama, der Anfang des 13. Jahrhunderts sein mehrbändiges *Lexikon der Länder* schrieb. Auf einer meiner letzten Reisen nahm es in der Bibliothek des Wohnmobils einen Ehrenplatz ein und gab, gleichsam als ein Baedeker des Mittelalters, Auskunft über fast jeden Ort, durch den wir kamen.

Bildnachweis

Hedda Eid: Titelbild u. S. 76 u.l., 253 o., 263 u., 289 u.r., 346 o.l. und u.r., 373, 389 o.l. und r.
Klaus Gallas: S. 4/5, 14, 18, 32, 37 u., 42 o. u. u., 48 u., 62 u., 76 o.r., 96, 121, 185, 224 o., 253 u.l. und r., 259, 263 o., 265, 270, 272, 284, 289 o. und u.l., 295, 301, 346 o.r. und u.l., 353, 374, 389 u.l. und r., 398 o.l., u.l. und r., 420/421.
Niko Heinrich: S. 106, 231.
Volkmar E. Janicke/Archiv Dziemballa: S. 62 o., 326.
Hans Nordmann: Umschlagabbildung
Gernot Rotter: S. 2, 10/11, 12, 35, 37 o., 53, 88/89, 100, 102, 104, 166, 177 o. und u., 181, 204, 243, 260, 275 o. und u., 310, 312/313, 398 o.r.
Marina Tetzner: S. 76 u.r., 134.
Klaus Thiele: S. 195, 224 u., 256 o., 380 o. und u.
Barbara Tolle/Jörg Wagner: S. 55, 76 o.l., 172, 314.
Hugo Walser: S. 256 u.

Textnachweis

Lawrence, Thomas Edward, *Die sieben Säulen der Weisheit*, © Paul List Verlag KG, München 1978. Idliby, Ilfah, »Lebwohl Damaskus«, in: Kabbani, Sam (Hrsg.), *Die Taube der Moschee*, Horst Erdmann Verlag, Herrenalb 1966 (© der dt. Übersetzung: Sam Kabbani). Schami, Rafik, *Der fliegende Baum*, © Neuer Malik Verlag GmbH, Kiel 1986; Ibn Dschubair, *Tagebuch eines Mekkapilgers*, K. Thienemanns KG&Co., Stuttgart 1985; Gabrieli, Francesco, *Die Kreuzzüge aus arabischer Sicht*, © Artemis Verlag, Zürich/München 1973. Appel, Walter, *Gotik in Syrien*. Der Beitrag wurde für den vorliegenden Band verfaßt. © beim Autor, Landau.

Impressum

Die Deutsche Bibliothek - CIP Einheitsaufnahme
Rotter, Gernot: Syrien / Gernot Rotter. - 3., aktualisierte und vollst. überarb. Aufl. - Bremen: Ed. Temmen, 1999 (Edition-Erde-Reiseführer)
ISBN 3-86108-837-1

Dieser Edition Erde Reiseführer wurde nach bestem Wissen zusammengestellt. Im Sinne des Produkthaftungsgesetzes weisen Autoren und Verlag darauf hin, daß inhaltliche Fehler und Änderungen nach Drucklegung dennoch nicht auszuschließen sind. Aus diesem Grund übernehmen Verlag und Autoren keine Verantwortung und Haftung. Alle Angaben erfolgen ohne Gewähr.

Hohenlohestr. 21
28209 Bremen
Tel. 0421-34843-0, Fax 0421-348094